Dieter Vierus

CQD
SOS
MAYDAY

Einst wird kommen der Tag, wenn wir alle vergessen sind,
wenn Kupferdrähte, Guttaperchahüllen und Eisenband
nur noch im Museum ruhen,
dann wird das Menschenkind, das mit dem Freunde zu sprechen wünscht,
und nicht weiß, wo er sich befindet,
mit elektrischer Stimme rufen, die allein nur jener hört,
der das gleichgestimmte elektrische Ohr besitzt.
Er wird rufen: Wo bist Du?
Und die Antwort wird erklingen in sein Ohr:
Ich bin in der Tiefe des Bergwerkes,
auf dem Gipfel der Anden oder
auf dem weiten Ozean:
Oder
vielleicht wird keine Stimme antworten
und er weiß dann, sein Freund ist tot.

William Edward Ayrton (14. Sept. 1847–8. Nov. 1908)

Für meine Enkel
Sven, Tom und Paul

Dieter Vierus

CQD SOS MAYDAY

Vom Knallfunkensender zum Satellitenfunk

100 Jahre Geschichte des Seefunks

DSV-VERLAG

Inhaltsverzeichnis

Einleitung

Die Geschichte des Seefunks ist die abenteuerliche Story von der Besessenheit der Erfinder, dem Experimentieren der Macher, den gegenseitigen Rangeleien von Firmen um die Vorherrschaft auf einem neuen Markt, aber mehr noch ist sie die Geschichte einer Technik und ihrer Bedeutung für eine sichere Schifffahrt. Der Seefunk wurde für die Rettung von Menschenleben aus Seenot unverzichtbar. Ein Jahrhundert lang ist seine technische und organisatorische Basis immer weiter vervollkommnet worden. Seine Handhabung wurde immer einfacher, bis man den Stand erreichte, der sich in nichts mehr von der bequemen Nachrichtenübertragung an Land unterschied, keine speziellen Fähigkeiten und Fertigkeiten mehr verlangte.

Der Seefunk wurde zum Schulbeispiel für Entstehen, Wachsen, Blütezeit und Niedergang eines Berufszweiges – eines Berufsstandes, der aufhörte zu existieren, als die technische Entwicklung ihn schließlich überflüssig machte. Einmal mehr wird deutlich, daß technischer Fortschritt nicht nur Raum für neue Möglichkeiten schafft, sondern auch schmerzliche Einschnitte in die Arbeitswelt bedeutet.

In einer historisch gesehen kurzen Zeit von 100 Jahren, der Zeitspanne von drei Generationen, vollzog sich der Werdegang des Seefunks, dessen Technik vom einfachen Versuchsaufbau bis zum theoretisch ausgefeilten Gerät geführt hat. Begleitet von Erfolgen und gezeichnet von Rückschlägen hat die technische Entwicklung im Seefunk, flankiert von internationalen Konventionen, heute einen Stand erreicht, der durch eine weltweite Kommunikation die Schiffahrt sicherer und leistungsfähiger gemacht hat. Immer haben dabei die Widersprüche zwischen technischem Fortschritt, betriebswirtschaftlicher Notwendigkeit und dem humanen Anliegen, nämlich die Sicherung des menschlichen Lebens auf See, den Weg und die Fortentwicklung des Seefunks bestimmt.

Teilhaber und Mitgestalter dieses Prozesses war in allen Jahren der Funker. So kündet die Geschichte des Seefunks nicht zuletzt auch vom Heldentum der Funkoffiziere, die bis zum Untergang ihres Schiffes an der Seite des Kapitäns ausharrten. Sie erzählt aber auch von der Verzweiflung über das Nicht-Helfen-Können, wenn man ein hastig gesandtes SOS empfing und doch zu weit entfernt war.

Jeder Seenotfall stellte den Funkoffizier vor neue Herausforderungen, war anders, verlangte immer wieder ein Hineindenken in die jeweilige Situation und ein rasches Reagieren auf das, was ihn in Morsezeichen verschlüsselt an Hilferufen erreichte. Wie oft wurden dabei die Grenzen des Funks spürbar, wenn seine technischen Mittel für die Rettung von Menschenleben und die Sicherung des menschlichen Lebens auf See nicht ausreichten. Der Funkoffizier hat nicht aufgegeben und immer wieder versucht, durch Tüfteln die Wirksamkeit seiner Anlage zu erhöhen, technische Verbesserungen an den Geräten anzubringen und den optimalsten Frequenzbereich für die Übertragung der Nachricht zu finden.

Die Geschichte des Seefunks berichtet aber auch vom visionären Wissen um das Ende des Berufsstandes und dem

Bemühen, durch Ausbildungsinhalte den Übergang in andere Berufsfelder zu erleichtern.

Auch wenn das Konkurrieren der großen Gesellschaften manchmal das Anliegen des Seefunks zu überdecken drohte, vermochte eine zähe internationale Politik doch immer wieder einen Konsens zwischen den Funkinteressen der Länder herzustellen.

Heute, nach 100 Jahren, ist eine rasche telefonische Verbindung zwischen Schiff und Land zu einer Selbstverständlichkeit geworden, gehören Fax und Fernschreiben zum funktechnischen Alltag, und die Bedienung der Geräte bedarf keiner Spezialkenntnisse mehr.

Da ist für den Funkoffizier, der besessen von seinem Beruf, vor sich die Taste, den Kopfhörer ans Ohr gepreßt, in den Äther hineinlauschte und den Morsezeichen nachspürte, kein Platz. Die Zeit ist vorbei, in der nur er aus weiter Ferne leise Morsezeichen entschlüsseln konnte, die für ihn nicht nur Striche und Punkte, sondern eine Sprache waren, die er als einziger verstehen konnte. An Bord war er allein auf sich gestellt, aber er kannte keine Einsamkeit, denn wenn er den Kopfhörer aufstülpte, hörte er die vielfältigsten Stimmen, hörte von Geschäften, von Freude und Leid und nahm Anteil an den Geschehnissen in der Welt. Verantwortungsbewußt tat er seine Arbeit zum Wohle von Schiff und Besatzung. In wohl kaum einem anderen Beruf haben sich die Charaktereigenschaften Zuverlässigkeit, Hilfsbereitschaft, Kameradschaft und Erfindungsgabe so ausprägen können wie beim Funkoffizier.

Dieses Buch ist all jenen gewidmet, die mit ihrer Arbeit ein Stück Geschichte des Seefunks geschrieben haben.

Es konnte nicht ohne Hilfe entstehen. Da ist zunächst der Traditionskreis der Funkoffiziere „fx intern“ in Rostock zu nennen, dem ich danken möchte. Die vielen Gespräche über Erlebtes haben den Einblick in die innere Welt der Funker vertieft. Mein Dank gilt auch Petra Eißner, Anette Hinze, Ria Nötzel und Till Vetter, die mit ihren schon vor einiger Zeit akribisch angefertigten studentischen Arbeiten zu den Recherchen beigetragen haben.

Für die Bereitstellung von Unterlagen und einer Zeittafel danke ich Herrn Jurschek vom Museum für Post und Kommunikation in Hamburg und für die Möglichkeit, in das Bildarchiv von Telefunken einzusehen, Herrn Bründel vom Deutschen Technikmuseum Berlin. Herrn Obering. Peter Volk, Rostock, danke ich für seine Ausarbeitungen zu „40 Jahre Seefunk in der DDR“ und Herrn Ullrich Gumpert, Gettorf, für die kritische Durchsicht des Manuskripts. Gedankt sei auch all jenen, die Bilder für die Illustration zur Verfügung stellten.

Mein besonderer Dank gilt den Mitarbeitern der Universitätsbibliothek Rostock, die mich beim Beschaffen der Quellenliteratur sehr unterstützt haben.

Die Wegbereiter

Alessandro Graf Volta machte 1799 die Entdeckung, daß sich zwischen zwei verschiedenartigen, durch eine Säure voneinander getrennten Metallen ein Potentialgefälle, eine elektrische Spannung ausbildet. Mit dieser, einer der wohl revolutionierendsten Entdeckungen in der Physik, wurde das 19. Jahrhundert eingeleitet und damit das Fundament für die Nachrichtenübertragung über elektrische Kanäle gelegt. Die Wissenschaftler stürzten sich auf die neuen Fragestellungen in der Physik und auf die Untersuchung des für sie unbekannten physikalischen Phänomens.

Der dänische Physiker Hans Christian Oerstedt (14. August 1777–9. März 1851) entdeckte 1820, daß ein von einem Strom durchflossener Leiter um sich herum ein gerichtetes Magnetfeld aufbaut. Er beschrieb diese Erscheinung, den Elektromagnetismus, in seiner Schrift „Experimenta circa effectum conflictus electrici in acum magneticam". Im gleichen Jahr gelang es dem französischen Physiker André Marie Ampère (22. Januar 1775–10. Juni 1836), den Strom als physikalische Größe zu quantifizieren, und sieben Jahre später, im Jahre 1827, entdeckte der deutsche Physiker Georg Simon Ohm (16. März 1787–7. Juli 1854), der als Lehrer an der Kriegsschule in Berlin wirkte, den mathematischen Zusammenhang zwischen Spannung, Strom und Widerstand, den er in der Abhandlung „Bestimmung des Gesetzes, nach welchem die Metalle die Kontaktelektrizität leiten" (1826) und in der Schrift „Die galvanische Kette mathematisch bearbeitet" (1827) formulierte. Er fand damit das später nach ihm benannte Grundgesetz der Elektrotechnik.

12 Jahre später entdeckten der Engländer Michael Faraday (22. September 1791–25. August 1867) und der amerikanische Naturforscher Joseph Henry (17. Dezember 1797–13. Mai 1878), daß zwischen den Enden eines Metalldrahtes, der im magnetischen Feld eines Dauermagneten bewegt wird, eine elektrische Spannung entsteht, die bei geschlossenem elektrischem Kreis zu einem Stromfluß führt. Diese Erscheinung wurde als Induktion bezeichnet.

Auf der Suche nach einer geeigneten physikalischen Erklärung, sowohl des Elektromagnetismus als auch seiner Umkehrung, der Induktion, prägte Faraday den äußerst plausiblen und bildhaften Begriff der elektrischen und magnetischen Kraftlinie.

Vom Vorhandensein eines Kraftlinienfeldes ausgehend, begründete James Clerk Maxwell (13. Juni 1831–5. November 1879) die theoretischen Zusammenhänge zwischen elektrischem und magnetischem Feld. In der 1861 veröffentlichten Schrift „Über physikalische Kraftlinien" beschrieb er seine ersten Überlegungen. Nachdem er 1871 eine Professur in Cambridge übernommen hatte, erschien 1873 sein grundlegendes Lehrbuch „Elektrizität und Magnetismus", in dem die berühmten Gleichungen, die das gesamte theoretische Lehrgebäude der Elektrodynamik vom statischen bis hin zu den rasch veränderlichen Wellenfeldern beschreiben, erläutert sind. „Die Aufstellung der Maxwellschen Gleichungen des Elektromagnetismus, die das Zeitalter der Elek-

1856 beschrieb der bekannte französische Physiker Alexandre Edmond Becquerel (24. März 1820 bis 13. Mai 1891) den elektrischen Apparat von Ruhmkorff, den Heinrich Hertz 1887 für seine grundlegenden Versuche benutzte.

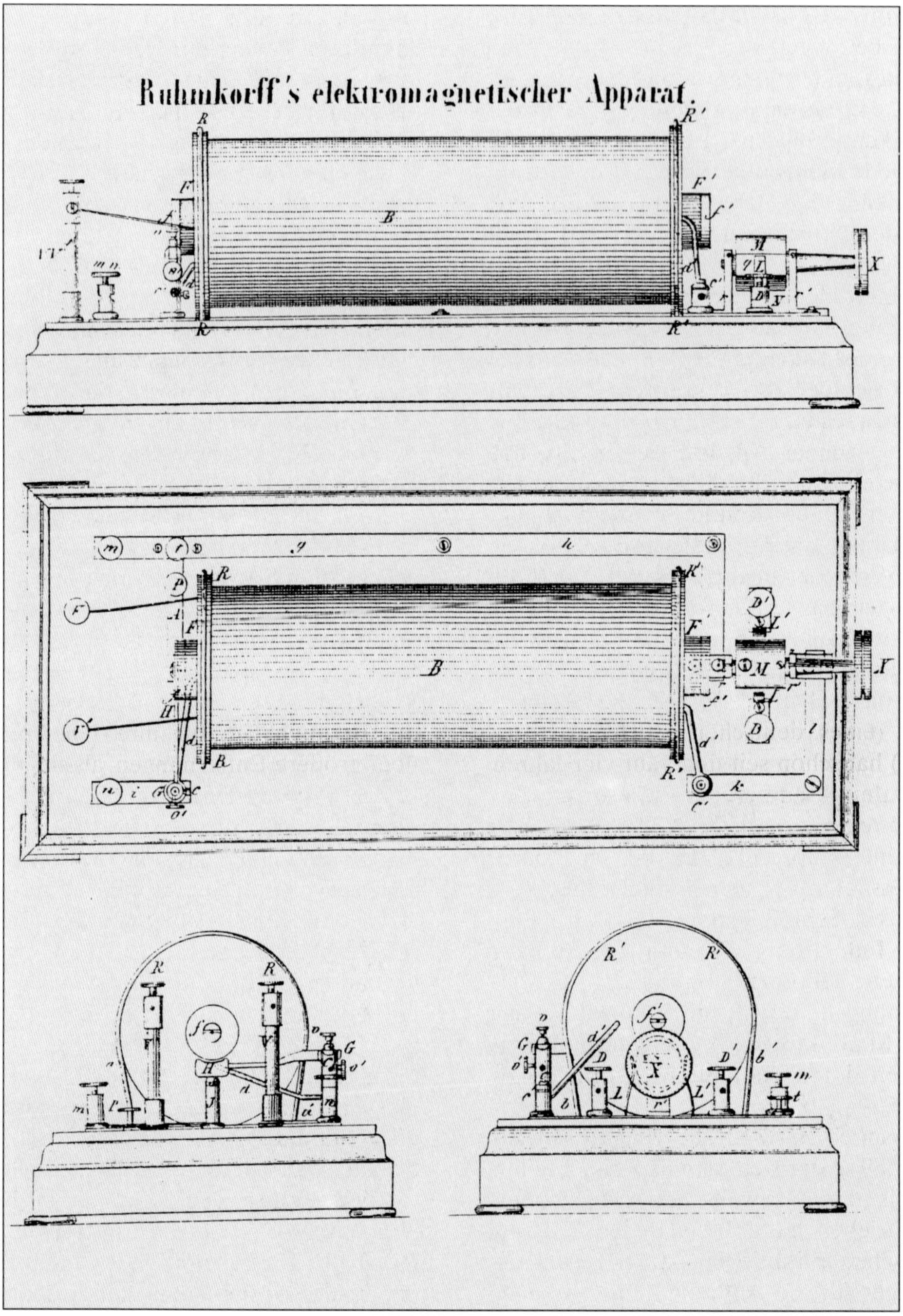

trizität eröffnen, kann als das wichtigste theoretische Ereignis in der Physikgeschichte zwischen der Gravitationstheorie Newtons und der Relativitätstheorie Einsteins betrachtet werden."[1)]

Diese Gleichungen waren so grundlegend, daß ihr experimenteller Beweis die Physiker immer wieder in seinen Bann zog. Jede Versuchseinrichtung mußten sie erdenken, erfinden, jeden Versuch mit geänderten Parametern viele Male wiederholen.

Einen kleinen Beitrag zu den experimentellen Voraussetzungen leistete Heinrich Daniel Ruhmkorff (15. Januar 1803 bis 20. Dezember 1870). Auf der Internationalen Industrie-Ausstellung 1855 in Paris hatte er einen Apparat ausgestellt, mit dem elektrische Funken erzeugt werden konnten. Dabei konnte er nicht ahnen, daß damit einmal grundlegende physikalische Versuche zur drahtlosen Telegraphie durchgeführt werden sollten.

Der französische Physiker Edmond Becquerel beschrieb die Einrichtung und sagte dazu: „Der Apparat des Hrn. Ruhmkorff (eines deutschen Mechanikers zu Paris) hat schon seit ungefähr vier Jahren die Aufmerksamkeit der Physiker und Ingenieure auf sich gezogen, welche mit seiner Hilfe eine große Anzahl von höchst interessanten Versuchen auszuführen vermochten. Sein Zweck ist, einen elektrischen Induktionstrom unter solchen Umständen hervorzubringen, daß dessen Spannung hinreicht, um Funken von einem Konduktor auf einen entfernteren zweiten durch die Luft überspringen zu lassen."[2)]

Heinrich Hertz (22. Februar 1857–1. Januar 1894), der sich dem experimentellen Beweis der Maxwellschen Gleichungen verschrieben hatte, benutzte den Ruhmkorffschen Induktionsapparat als Funkenerzeuger für die Aufladung einer Leydener Flasche, bei deren Entladung der für die Entwicklung einer ganzen Industrie so entscheidende Funke entstand. Durch unermüdliches und systematisches Experimentieren gelang ihm der Nachweis, daß der Funken die Eigenschaften einer elektromagnetischen Welle hat, und er entdeckte, daß sich seine Wirkungen über den freien Raum ausbreiten.

Sein Tagebuch gibt Auskunft über wichtige Stationen dieser Arbeiten:

„6. Dez. 1886: Versuche über die Fernwirkung des Funken.

21. Jan. 1887: Neue quantitative Versuche über die Resonanz angestellt.

Am 25. Jan.: Gemerkt, daß Licht das Wirksame war in der Fernwirkung des Funken.

28. Jan.: Angefangen die Versuche geordnet niederzuschreiben.

8. Febr.: Niedergeschrieben die Versuche über Schwingungen."[3)]

Vieles blieb zunächst noch unklar: die Ausbreitungsgeschwindigkeit, die Hertz anfangs noch mit Unendlich annahm, die Frequenz der erzeugten Schwingung, und die Bedingungen für ihre Übertragung über größere Entfernungen, als sie im Labor realisiert werden konnten. Fragen über Fragen.

Die Zeit aber war reif für neue Entdeckungen, die industriellen Voraussetzungen im ausgehenden 19. Jahrhundert für ihre Umsetzung in die Praxis waren vorhanden.

Hertz erzeugte seine Funken mit einem Induktor. Ihre drahtlose Übertragung bemerkte er bei seinen Versuchen. Noch aber gab es keine brauchbare Anordnung, mit der sich die Existenz elektromagnetischer Wellen nachweisen ließ.

Die Voraussetzungen dafür schuf Edouard Branly (23. Oktober 1844–24. März 1940). Er hatte den Stromdurchgang durch inhomogene, aber leitende Stoffe, wie Metallpulver, untersucht und erkannt, daß sich ihre Leitfähigkeit bei Auftreffen elektromagnetischer Wellen verändert.

Seine Untersuchungen gingen auf eine Erscheinung zurück, die Munck af Rosenschöld bereits 1838 festgestellt hatte, daß nämlich elektrische Entladungen Einfluß auf die Leitfähigkeit von metallischen Pulvern haben. In seiner Zeit wurde diesen Erscheinungen wenig Bedeutung beigemessen. Fast wären sie in Vergessenheit geraten, wenn nicht der Italiener Calzechi-Onesti sie in den Jahren 1884 und 1885 wiederholt hätte und sie so vor dem Vergessen bewahrte.

Branly, der sich seit 1890 mit dieser Fragestellung beschäftigte, ohne von den Arbeiten an anderer Stelle zu wissen, ging bei seinen Untersuchungen weit über die bisherigen Versuche hinaus. Seine erste Veröffentlichung erschien 1890, und die beschriebene Anordnung nannte er „Radioconductor".

Noch ein anderer Physiker, der Engländer Sir Oliver Joseph Lodge (12. Juni 1850–22. August 1940), der seit 1881 als Professor an der Universität Liverpool lehrte, arbeitete auf dem Gebiet der elektromagnetischen Wellen. 1888 hatte er die stehenden Wellen entdeckt und bei seinen weiteren Versuchen so wie auch Hertz festgestellt, daß eine Übertragung der Funkenentladung nur zustandekommt, wenn die Anordnung aus kapazitiv wirkender Leydener Flasche und induktiv wirkender Leiteranordnung mit dem Funkenerzeuger in Resonanz ist. Darüber hinaus war er 1890 auf den gleichen Effekt wie Branly aufmerksam geworden. Er nannte ihn Kohäsion und das „Bauelement" Kohärer.

Lodge veröffentlichte die Ergebnisse seiner Untersuchungen in der zweiten Auflage seines Buches „Modern Views of Electricity", das 1892 in London erschien, und faßte 1897 die Geschichte des Kohärers in einer Veröffentlichung im „Electrician" zusammen.

Und so sah er aus, der erste „Detektor" zum Nachweis elektromagnetischer Wellen: eine zugeschmolzene Glasröhre, in der sich zwischen zwei in die Röhre ragenden Drahtenden Feilspäne befanden, deren Übergangswiderstand sich bei Auftreffen elektromagnetischer Wellen veränderte.

Als Funkenstrecke diente bei den ersten Sendern für elektromagnetische Wellen der Oszillator von Augusto Righi (27. August 1850–8. Juni 1920).
Zwischen den Kugeln B und C, die 1–2 mm voneinander entfernt sind und sich in einem Vaseline-Ölbad befinden, bildet sich der elektromagnetische Funke aus. Die elektrostatische Ladung der Kugeln A und D wird auf die Kugeln B und C übertragen.

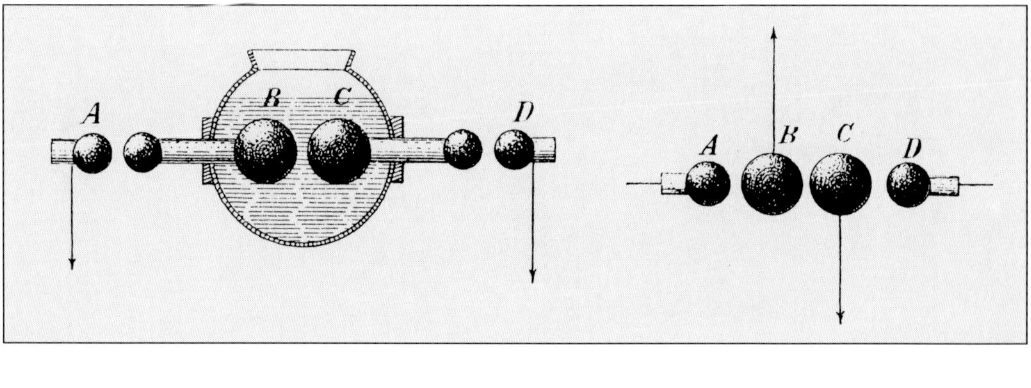

Von den Physikern, die sich an den Universitäten von Paris und Liverpool mit den von Heinrich Hertz als elektromagnetische Wellen erkannten Funkenentladungen experimentell beschäftigten, muß aber noch ein weiterer genannt werden: der in Bologna lehrende Physiker Augusto Righi (27. August 1850–8. Juni 1920). Nach Lehrtätigkeiten 1873 am Technischen Institut in Bologna und 1880 an der Universität in Palermo wurde er 1889 Professor an der Universität Bologna, und dort experimentierte er mit der von Hertz ersonnenen Versuchsanordnung und prägte für den von ihm eingeführten Funkenerzeuger mit definierten Funken den Begriff „Oszillator", der als „Righischer Oszillator" in die Technik eingegangen ist. Das ist die Vorgeschichte der „Funken-Aussendung", kurz des Funks.

Der Erfinder – Alexander Stepanowitsch Popow

Den eigentlichen Anstoß für eine praktische Nutzung der theoretischen Ergebnisse gab Oliver Lodge im Jahre 1894.

Fünf Monate nach dem tragischen Tod von Heinrich Hertz hielt er einen Experimentalvortrag zum Thema „The Work of Hertz and His Successors“ , der sehr viel Aufsehen erregte und wesentlich dazu beitrug, den augenblicklichen Wissensstand auf dem Gebiet der Aussendung von elektromagnetischen Wellen zu verbreiten.

Auch Alexander Stepanowitsch Popow (16. März 1859–13. Januar 1906) hatte von diesem Vortrag gehört. Er begann über die technische Umsetzung der Erkenntnisse nachzudenken.

Am 7. Mai 1895 berichtete er vor der Russischen Physikalischen Gesellschaft in Petersburg in einem Vortrag „Über Beziehungen zwischen Metallpulvern und elektrischen Oszillationen“ über seine Forschungen und deren Ergebnisse und führte dabei einen Empfänger vor, mit dem atmosphärische Störungen akustisch wiedergegeben wurden. Er nannte die Einrichtung „Gewitterankündiger“. Als Wellenanzeiger hatte er in den Stromkreis eines Relais einen Kohärer geschaltet und diesen mit einem isolierten Draht verbunden, den er Luftleiter nannte. Das war die Geburtsstunde der Empfangsantenne.

Neu an seiner Empfangsanordnung für elektromagnetische Wellen war auch der elektromagnetische Hammer, mit dem er das Eintreffen einer elektromagnetischen Welle anzeigte und der gegen den Kohärer schlug, um die Feilspäne nach dem Empfang eines Zeichens wieder in Unordnung zu bringen. Noch im gleichen Jahr wurde ein Gewitteranzeiger mit Schreibeinrichtung im Meteorologischen Observatorium der Forstakademie in Petersburg aufgestellt.

In einer Mitteilung vom 4. Dezember 1895 gab Popow dann seiner Hoffnung Ausdruck, daß es ihm gelingen werde, mit Hilfe elektrischer Wellen regelmäßige Verbindungen herzustellen.

Im Januar 1896 erschien im Journal der Russischen Physikalisch-Chemischen Gesellschaft eine ausführliche Darstellung seiner bisherigen Arbeiten, und er schloß den Beitrag mit den Worten: „Zusammenfassend möchte ich die Hoffnung zum Ausdruck bringen, daß mein Apparat, wenn er weiterentwickelt wird, sich für die Übertragung elektrischer Signale über Entfernungen mit Hilfe schneller elektrischer Oszillationen eignet, sobald wie eine Quelle für solche Entladungen entdeckt

Modell des Gewitterempfängers von Popow, mit dem er am 25. April 1895 in St. Petersburg zum ersten Mal das Vorhandensein elektromagnetischer Wellen in der Atmosphäre nachwies.

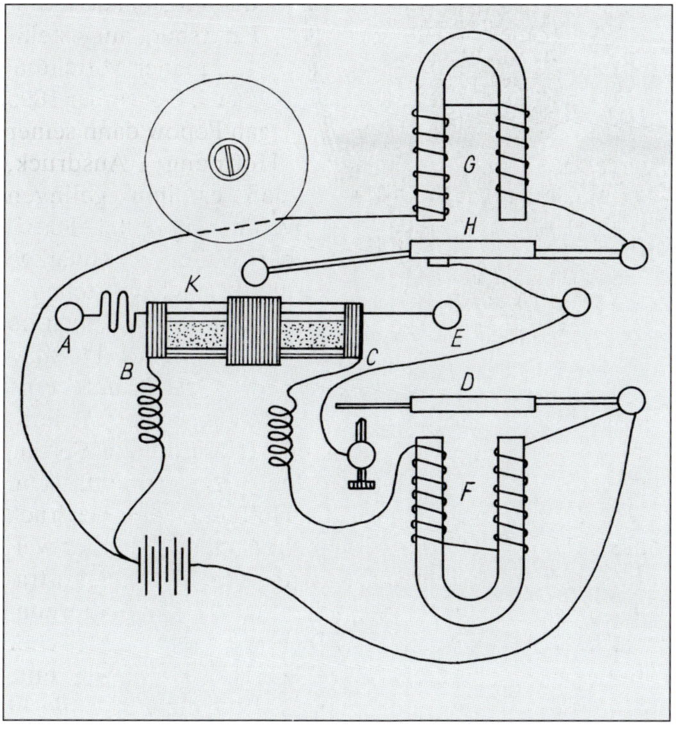

sein wird, die die notwendige Energie liefert."[4]

Damit formulierte Popow den Grundgedanken der drahtlosen Nachrichtenübertragung.

Experimentell führte er sie am 24. März 1896 in einem weiteren Vortrag der Gesellschaft vor. Für eine praktische Nutzung suchte er nach einem kräftigeren Wellengeber.

Auf die entscheidende Idee, statt dessen eine Sendeantenne einzuführen, kam er jedoch nicht. Erst nachdem Marconi den Funkengeber mit einem Draht verband und damit die Sendeantenne entdeckt hatte, gelang es schließlich auch Popow, mühelos größere Reichweiten zu überbrücken.

Prinzipschaltung des Gewitterempfängers.

Durch die Einwirkung elektromagnetischer Wellen verändert der zwischen der Antenne A und der Erde E liegende Kohärer K seinen elektrischen Widerstand. Damit wirkt er zwischen den Punkten B und C als Schalter für den Elektromagneten F.
Fließt ein Strom, wird der Anker D angezogen und schließt den Stromkreis für die Glocke G. Gleichzeitig wird der Stromkreis bei H unterbrochen und der Klöppel schlägt gegen den Kohärer.
Die Feilspäne im Kohärer geraten in Unordnung und der Empfänger ist zum Empfang des nächsten Zeichens bereit.

Titelblatt des Beitrages „Gerät für den Empfang und die Registrierung elektrischer Wellen“ in der russischen Chemisch-Physikalischen Zeitschrift von 1896.

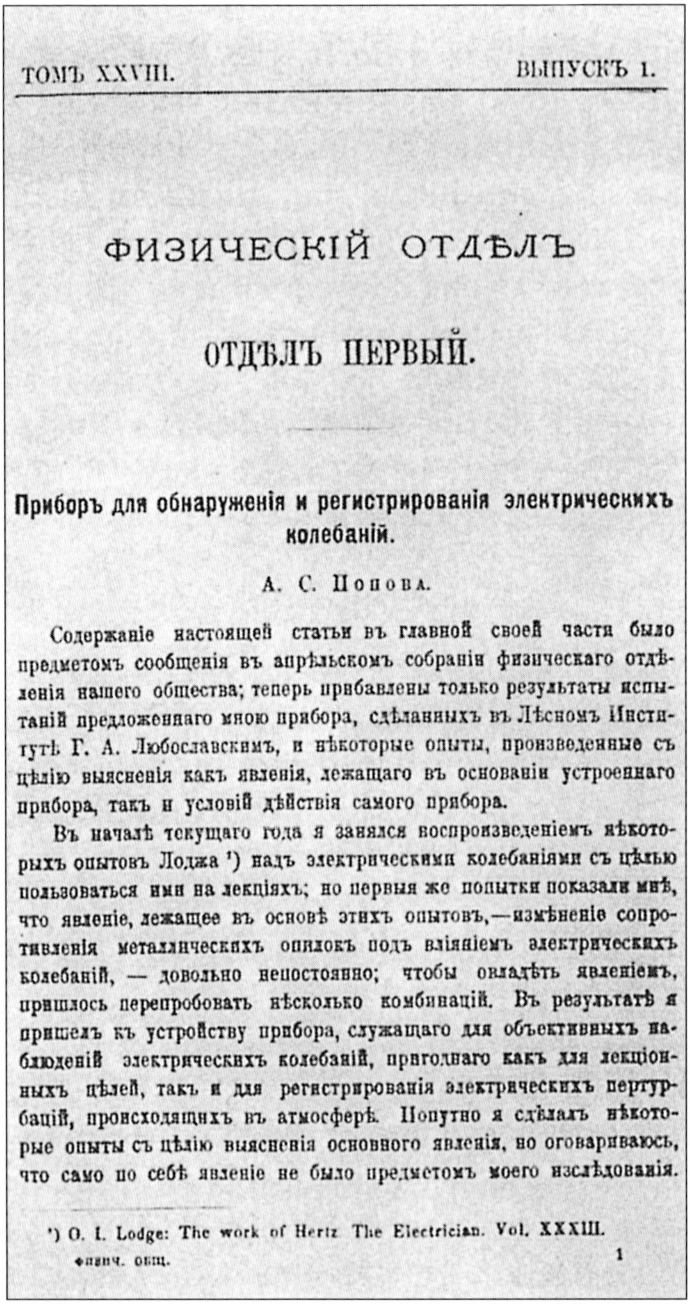

ТОМЪ XXVIII. ВЫПУСКЪ 1.

ФИЗИЧЕСКІЙ ОТДѢЛЪ

ОТДѢЛЪ ПЕРВЫЙ.

Приборъ для обнаруженія и регистрированія электрическихъ колебаній.

А. С. Попова.

Содержаніе настоящей статьи въ главной своей части было предметомъ сообщенія въ апрѣльскомъ собраніи физическаго отдѣленія нашего общества; теперь прибавлены только результаты испытаній предложеннаго мною прибора, сдѣланныхъ въ Лѣсномъ Институтѣ Г. А. Любославскимъ, и нѣкоторые опыты, произведенные съ цѣлью выясненія какъ явленія, лежащаго въ основаніи устроеннаго прибора, такъ и условій дѣйствія самого прибора.

Въ началѣ текущаго года я занялся воспроизведеніемъ нѣкоторыхъ опытовъ Лоджа [1]) надъ электрическими колебаніями съ цѣлью пользоваться ими на лекціяхъ; но первыя же попытки показали мнѣ, что явленіе, лежащее въ основѣ этихъ опытовъ,—измѣненіе сопротивленія металлическихъ опилокъ подъ вліяніемъ электрическихъ колебаній, — довольно непостоянно; чтобы овладѣть явленіемъ, пришлось перепробовать нѣсколько комбинацій. Въ результатѣ я пришелъ къ устройству прибора, служащаго для объективныхъ наблюденій электрическихъ колебаній, пригоднаго какъ для лекціонныхъ цѣлей, такъ и для регистрированія электрическихъ пертурбацій, происходящихъ въ атмосферѣ. Попутно я сдѣлалъ нѣкоторые опыты съ цѣлью выясненія основного явленія, но оговариваюсь, что само по себѣ явленіе не было предметомъ моего изслѣдованія.

[1]) O. I. Lodge: The work of Hertz The Electrician. Vol. XXXIII.

физич. общ. 1

Am 4. Februar 1900 richtete er eine reguläre Funkverbindung zwischen der Insel Kuutsalo in der Nähe von Kotka und der Insel Suursaaren (Hogland) ein.

Sie kann als die erste Funkverbindung für private Mitteilungen und Pressetelegramme angesehen werden.

Die benutzte Wellenlänge betrug 260 m. Ungewollt stand das neue Medium auch sogleich im Dienste der Schiffahrt und half bei der Bergung des in unmittelbarer Nähe der Insel Hogland aufgelaufenen Schlachtschiffes ADMIRAL APRAXIN.

Alle Mitteilungen zwischen dem gestrandeten Schiff und der in Luftlinie etwa 37 Seemeilen entfernten Admiralität wurden, da man das Schiff wegen der ungünstigen Wasser- und Witterungsverhältnisse nicht anders erreichen konnte, mit Hilfe der drahtlosen Telegraphie ausgetauscht. Auf diese Weise konnte die Durchführung der Bergungsarbeiten erheblich erleichtert und beschleunigt werden.

Diese Funkverbindung bestand bis zum April 1900. In dieser Zeit wurden 440 offizielle Telegramme gewechselt.

Der Macher – Guglielmo Marconi

Einem 20jährigen Italiener, Guglielmo Marconi (25. April 1874–20. Juli 1937), war es beschieden, der drahtlosen Telegraphie weltweit zum Durchbruch zu verhelfen. Wie er selbst von sich erzählte, hatte er keine Lust zum regelmäßigen Besuch öffentlicher Schulen, dafür ein großes Interesse für die Physik. Seine aus Großbritannien stammende Mutter gab ihm die Möglichkeit, dieser spontanen Neigung zu folgen, und ließ ihm Privatunterricht in Physik von Professor Rosa geben. Die Lektüre von englischen Fachzeitschriften, in welchen die Versuche von Hertz, Righi, Popow und Lodge über die Erzeugung elektromagnetischer Wellen beschrieben waren, reizte ihn besonders. „Ich widmete mich mit besonderer Hingabe dem praktischen Studium dieses neuen Zweiges der Elektrotechnik. Ich sage praktisches Studium, weil es auf einfachen Experimenten beruht“[5], so sagte er von sich. Und diesem Leitsatz ist er sein Leben lang treu geblieben. Immer stand das Experiment, der Übertragungsversuch, das praktische Tüfteln am Versuchsaufbau für ihn im Vordergrund.

Zwischen 1894 und 1895 machte er in Pontecchio bei Bologna mit einem primitiven Versuchsaufbau die ersten Übertragungsversuche. Die Kugeln des Righi-Oszillators hatte er durch Zinkbleche ersetzt und diese einige Meter über dem Erdboden aufgehängt. Die Sendeantenne war erfunden.

Nach den beeindruckenden Versuchen beschloß Marconi auf Empfehlung des seiner Familie bekannten italienischen Botschafters in London, die Erfindung zunächst durch ein Patent schützen zu lassen.

Im Februar 1896 reiste er in die britische Hauptstadt, und am 2. Juni 1896 reichte er beim dortigen Patentamt das Gesuch auf Erteilung eines Patents über „Verbesserungen für die Übertragung elektrischer Impulse und Signale in Apparaten dafür“ ein. Es wurde unter der Nr. 12039 eingetragen und ein Jahr später, am 13. Juli 1897 auch in den USA unter der Nr. 586193 registriert.

Marconis Apparatur war denkbar einfach. Der Sender bestand aus einer Kugelfunkenstrecke, dem Righischen Oszillator, an den der Sendeluftleiter, die Antenne angeschlossen war. Die Kugelfunkenstrecke wurde durch den Ruhmkorffschen Induktor, einen Übertrager mit Primär- und Sekundärspule, wie ihn schon Hertz benutzt hatte, aufgeladen. Im Primärkreis des Induktors lag der Unter-

Mit dem Patent Nr. 12039 vom 2. Juli 1897 begann das Zeitalter der drahtlosen Nachrichtenübertragung. Titelblatt der ersten Patentschrift für Guglielmo Marconi …

N° 12,039 **A.D. 1896**

Date of Application, 2nd June, 1896
Complete Specification Left, 2nd Mar., 1897—Accepted, 2nd July, 1897

PROVISIONAL SPECIFICATION.

Improvements in Transmitting Electrical Impulses and Signals, and in Apparatus therefor.

I, GUGLIELMO MARCONI, of 71 Hereford Road, Bayswater, in the County of Middlesex, do hereby declare the nature of this invention to be as follows :—

According to this invention electrical actions or manifestations are transmitted through the air, earth or water by means of electric oscillations of high frequency.

At the transmitting station I employ a Ruhmkorff coil having in its primary circuit a Morse key, or other appliance for starting or interrupting the current, and its pole appliances (such as insulated balls separated by small air spaces or high vacuum spaces, or compressed air or gas or insulating liquids kept in place by a suitable insulating material, or tubes separated by similar spaces, and carrying sliding discs) for producing the desired oscillations.

I find that a Ruhmkorff coil, or other similar apparatus, works much better if one of its vibrating contacts or brakes, on its primary circuit, is caused to revolve which causes the secondary discharge to be more powerful and more regular, and keeps the platinum contacts of the vibrator cleaner and preserves them in good working order for an incomparably longer time than if they were not revolved. I cause them to revolve by means of a small electric motor actuated by the current which works the coil, or by another current, or in some cases I employ a mechanical (non electrical) motor.

The coil may however be replaced by any other source of high tension electricity.

At the receiving instrument there is a local battery circuit containing an ordinary receiving telegraphic or signalling instrument, or other apparatus which may be necessary to work from a distance and an appliance for closing the circuit, the latter being actuated by the oscillations from the transmitting instrument.

The appliance I employ consists of a tube containing conductive powder, or grains, or conductors in imperfect contact each end of the column of powder or the terminals of the imperfect contact or conductor being connected to a metallic plate, preferably of suitable length so as to cause the system to resonate electrically in unison with the electrical oscillations transmitted to it. In some cases I give these plates or conductors the shape of an ordinary Hertz resonator consisting of two semi-circular conductors, but with the difference that at the spark gap I place one of my sensitive tubes, whilst the other ends of the conductors are connected to small condensers.

I have found that the best rules for making the sensitive tubes are as follows :—

1st. The column of powder ought not to be long; the effects being better in sensitiveness, and regularity with tubes containing columns of powder or grains not exceeding two thirds of an inch in length.

2nd. The tube containing the powder ought to be sealed.

3rd. Each wire which passes through the tube, in order to establish electrical communication, ought to terminate with pieces of metal or small knobs of a comparatively large surface, or preferably with pieces of thicker wire, of a diameter equal to the internal diameter of the tube so as to oblige the powder or grains to be corked in between.

[*Price* 8*d.*]

… und die beigefügten Skizzen der Anordnung. Die Wirkungsweise der Sende-Empfangseinrichtung ist gut zu erkennen.

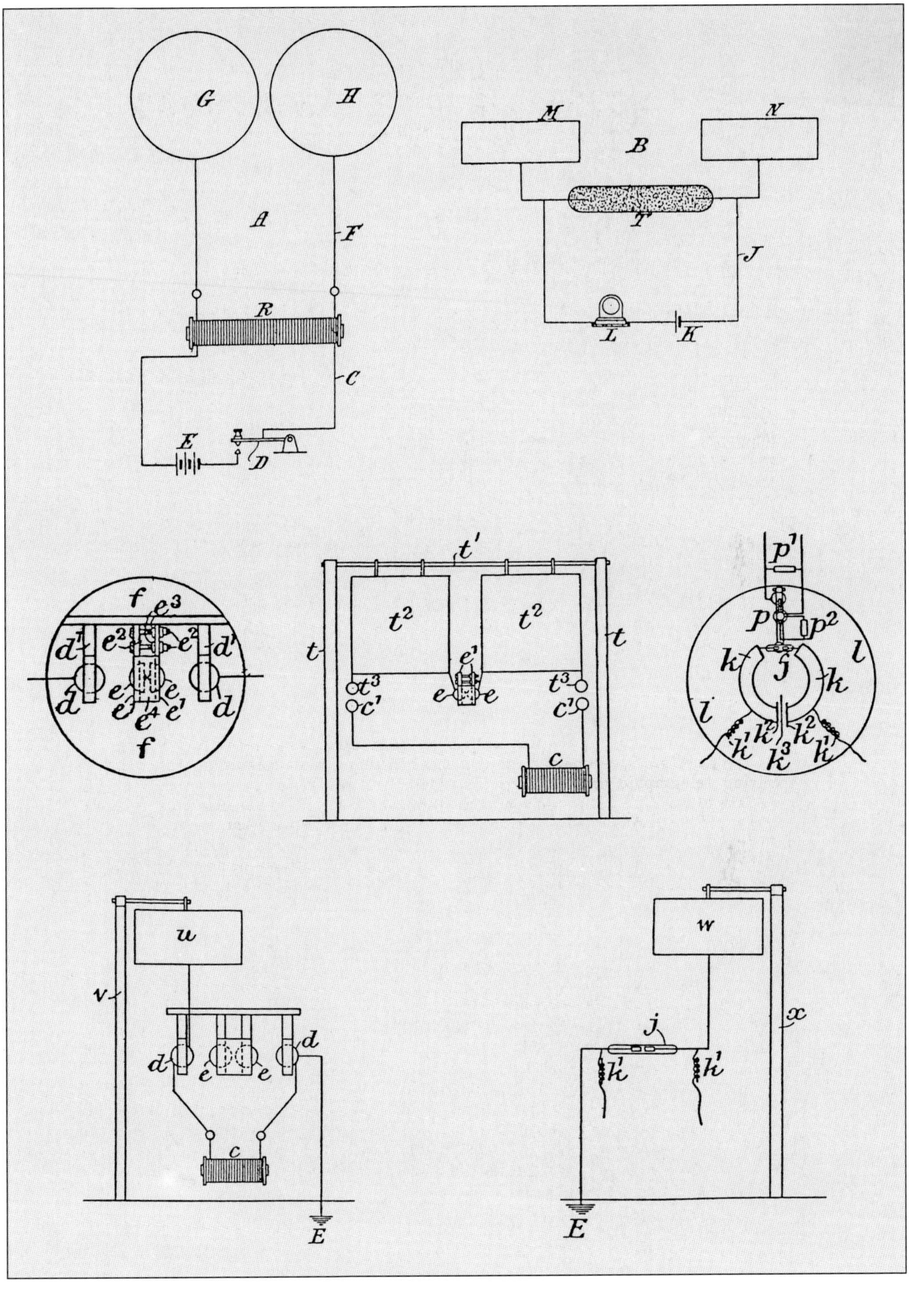

brecher, der die Funkenfolge erzeugte, und die Morsetaste, mit der der Stromkreis im Rhythmus der Morsezeichen geschlossen wurde. Im Empfänger befanden sich zwischen Antenne und Erde der Branlysche Kohärer und zu diesem parallel ein Relais in Reihe mit einer Batterie – eine Anordnung, die bereits Popow benutzt hatte. Der Anker des Relais wurde angezogen, wenn der Durchgangswiderstand des Kohärers beim Auftreffen elektromagnetischer Wellen kleiner wurde.

Die Anordnung zeigt, daß Marconi mit Ausnahme der Sendeantenne auf bereits bekannte Anordnungen zurückgriff, aber neidlos stellte Righi fest:

„Sein Verdienst bleibt es aber, daß er eine tatkräftige Initiative entfaltet hat, wo andere über schüchterne Vorschläge oder tastende Versuche nicht hinausgekommen waren, und daß er sie sofort und mit kühnem Griffe aufs praktische Gebiet übertragen hat, was anderen nur unbestimmt vorgeschwebt oder zu bescheidenen Experimenten gedient hat. In vollem Umfang offenbart sich seine Erfindergabe sodann in der Besiegung zahlloser praktischer Schwierigkeiten und in einer Menge von Einzelheiten und Ergänzungen, die, so unbedeutend auch manche von ihnen für sich genommen sein mögen, doch für den praktischen Erfolg ungemein wesentlich sind.“[6)]

Nach der Patenterteilung stellte Marconi Überlegungen an, wie sich die Erfindung am besten lancieren ließ.

Über einen Verwandten wurde die Erfindung dem Physiker Campbell Swinton zugespielt, der sie dem Generalpostmeister Ihrer Britischen Majestät, Sir William Preece, vorstellte. Preece erkannte nicht nur die Bedeutung der Marconischen Erfindung in ihrer ganzen Tragweite, sondern er erkannte auch die Fähigkeiten des geschäftstüchtigen Erfinders und den Wert der Erfindung für England. Und so durfte Marconi seine Versuchsanordnung am 27. Juli 1896 vorführen. Die überbrückte Entfernung betrug 1 km.

Zwei Monate später, im September 1896, wurde er durch das Post Office aufgefordert, die Versuche zu wiederholen. Sie fanden in Salesbury Plain über eine Entfernung von 2,8 km statt, und die zahlreich vertretene Presse trug dazu bei, daß diese Vorführung von der Öffentlichkeit mit großer Aufmerksamkeit aufgenommen wurde. Beide Versuche hatten den Beweis geliefert, daß eine drahtlose Nachrichtenübertragung grundsätzlich möglich ist.

Marconi wurde von nun an nur von dem einen Gedanken beherrscht: wie sich die überbrückbare Reichweite vergrößern ließe.

Erst neun Monate später, im Mai 1897, meldete er sich für die Öffentlichkeit mit weiteren Versuchen zurück. Dabei sollte die Überbrückung des Bristol-Kanals gelingen. Die Verbindung wurde zwischen Lavernock Point und der Insel Flatholm über eine Entfernung von 5,3 km hergestellt und danach bis nach Brean Down zum anderen Ufer auf 14 km ausgedehnt. Über diese Versuche gibt es einen Augenzeugenbericht. Adolf Heinrich Slaby (18. April 1849–6. April 1913), Professor an der Technischen Hochschule Berlin-Charlottenburg, hatte als einziger ausländischer Beobachter auf Einladung von Sir William Preece an den Versuchen teilnehmen dürfen und sie in einem Bericht anschaulich geschildert:

„Auf der etwa 20 m hohen Klippe von Lavernock Point, eine Stunde von dem freundlichen Badeort Penarth entfernt, war ein 30 m hoher Mast errichtet, durch Drahtseile gehalten. Von der Spitze führte ein isolierter Kupferdraht bis zum Fuß des Mastes an den einen Pol des Empfängers.

Der andere Pol war durch ein langes Drahtseil die Klippe hinunter mit dem Meer (also der Erde) verbunden. Mitten im Kanal, 5 km entfernt von Lavernock Point, liegt das kleine Eiland Flatholm, auf seinen hohen Klippen mit Kanonen bespickt, zugleich Standort eines Leuchtturms. Dort war der Sendeort. In einem Bretterhäuschen stand der Strahlapparat mit einem verhältnismäßig kleinen Induktorium, von einem achtzelligen Akkumulator gespeist … Zunächst gelang es nicht, Zeichen überhaupt zu erhalten. Man schrieb die Schuld den eisernen Drahtseilen zu, welche den Mast hielten und den Empfangsdraht wie einen Käfig umgaben. Als man am anderen Tage diesen um etwa 20 m verlängerte, um den Empfänger seitlich vom Mast aufzustellen, kamen die ersten, aber noch undeutlichen Zeichen. Der volle Erfolg war erst am nächsten Tag (14. Mai 1897) vorhanden, nachdem man mit dem Empfangsapparat hinunter an den Strand gezogen war und damit die wirksame Länge des Drahtes fast verdoppelt hatte … Es wird mir eine unvergeßliche Erinnerung bleiben, wie wir, des starken Windes wegen, in einer großen Holzkiste zu Fünfen übereinander gekauert, Augen und Ohren mit gespanntester Aufmerksamkeit auf den Empfangsapparat gerichtet, plötzlich, nach Aufhissung des verabredeten Flaggenzeichens, das erste Ticken, die ersten deutlichen Morsezeichen vernahmen, lautlos und unsichtbar hinübergetragen von jener felsigen, nur in undeutlichen Umrissen wahrnehmbaren Küste, herübergetragen durch jenes unbekannte, geheimnisvolle Mittel, den Äther, der die einzige Brücke bildet zu den Planeten des Weltalls. Es waren die Morsezeichen des „V“, welche der Verabredung gemäß herüberkamen.“[7)]

Diese Versuche über den Bristolkanal dauerten vom 11. bis 14. Mai 1897. Nach ihrem Abschluß faßte Sir William Preece in einem Vortrag vor der Royal Institution von London die Ergebnisse zusammen und formulierte zum Schluß den folgenreichen Satz: „Marconi hat ein neues Telegraphiesystem geschaffen.“

Diese öffentlich getroffene Feststellung wurde

Kartenausschnitt des Bristolkanals mit Lavernock Point, der Insel Flatholm und Brean Down. Hier fanden vom 9.–14. Mai 1897 die denkwürdigen Versuche Marconis statt.

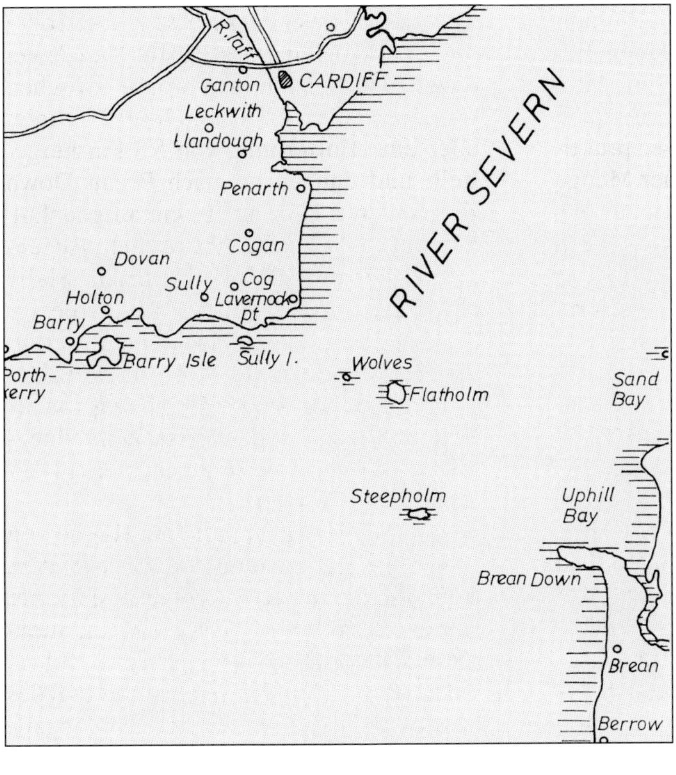

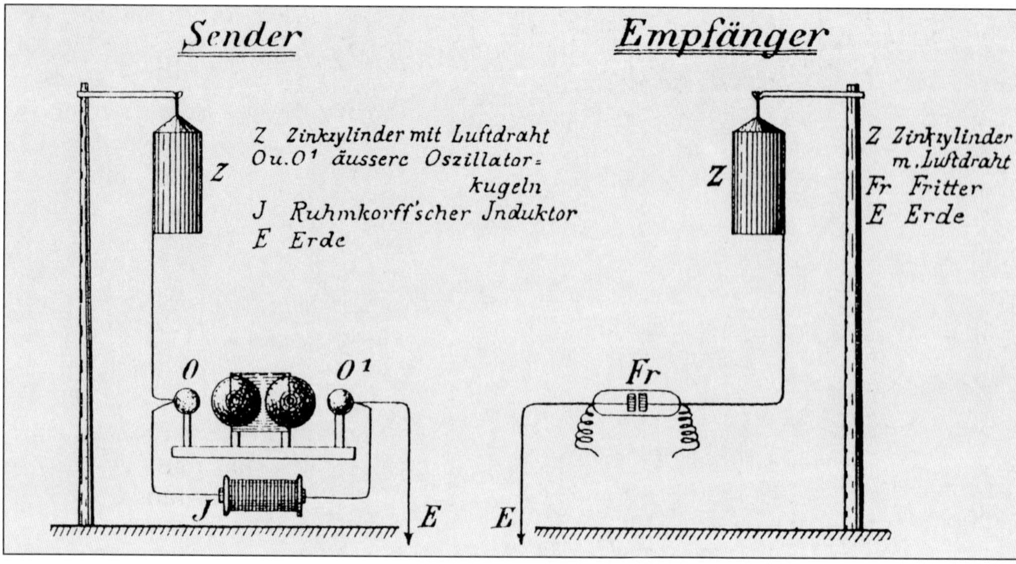

Mit dieser Versuchsanordnung wurden die ersten Zeichen zwischen Lavernock Point und der Insel Flatholm übertragen.

nicht nur von der Presse begierig aufgegriffen, sondern Marconi leitete daraus auch seinen uneingeschränkten Erfindungsanspruch ab.

Nun wurden auch die ausländischen Regierungen auf Marconis Arbeiten aufmerksam. Zunächst zeigte die italienische Regierung ihr Interesse und lud Marconi zu einer Vorführung ein. Für die Ministerien des Krieges und der Marine wurden die Übertragungsversuche unter der Leitung von Marconi vom 11.–18. Juli 1897 bei La Spezia vorgenommen. Zunächst wurden Morsezeichen von einem Sender zu einem 3,6 km entfernten Empfänger übertragen. Die Verständigung war ausgezeichnet. Am 14. Juli wurden die Versuche fortgesetzt, und es wurde zwischen dem an der Ostküste des Golfs von Spezia gelegenen Arsenal von St. Bartolomeo und einem Schleppdampfer telegraphiert. Am 16. Juli wurde schließlich eine Reichweite von 13 km erreicht. Neue Erkenntnisse waren gewonnen worden: Sender und Empfänger mußten in Sichtweite voneinander stehen, und die Höhe der Antenne hatte einen Einfluß auf die Reichweite.

Meinungsverschiedenheiten zwischen Marconi und der italienischen Regierung über die weitere Zusammenarbeit veranlaßten ihn dann aber, nach Großbritannien zurückzukehren.

Hier gründete er am 20. Juli 1897 die „Wireless Telegraph and Signal Company", die 1900 in „Marconi's Wireless Telegraph Company" umbenannt wurde. Arbeitsgrundlage der Gesellschaft waren zwei Sendestationen, eine bei Bournemouth und die andere an der Alum Bay auf der Insel Wight. Die Lage dieser beiden Sendestationen war äußerst medienwirksam gewählt, denn es war nicht zu übersehen, daß sich die königliche Villa auf der Insel befand und die Königin Victoria sich hier häufig aufhielt. Es gab kaum eine Zeitung, die 1898 nicht darüber berichtete, daß der Prinz auf der königlichen Yacht OSBORNE mit der Queen

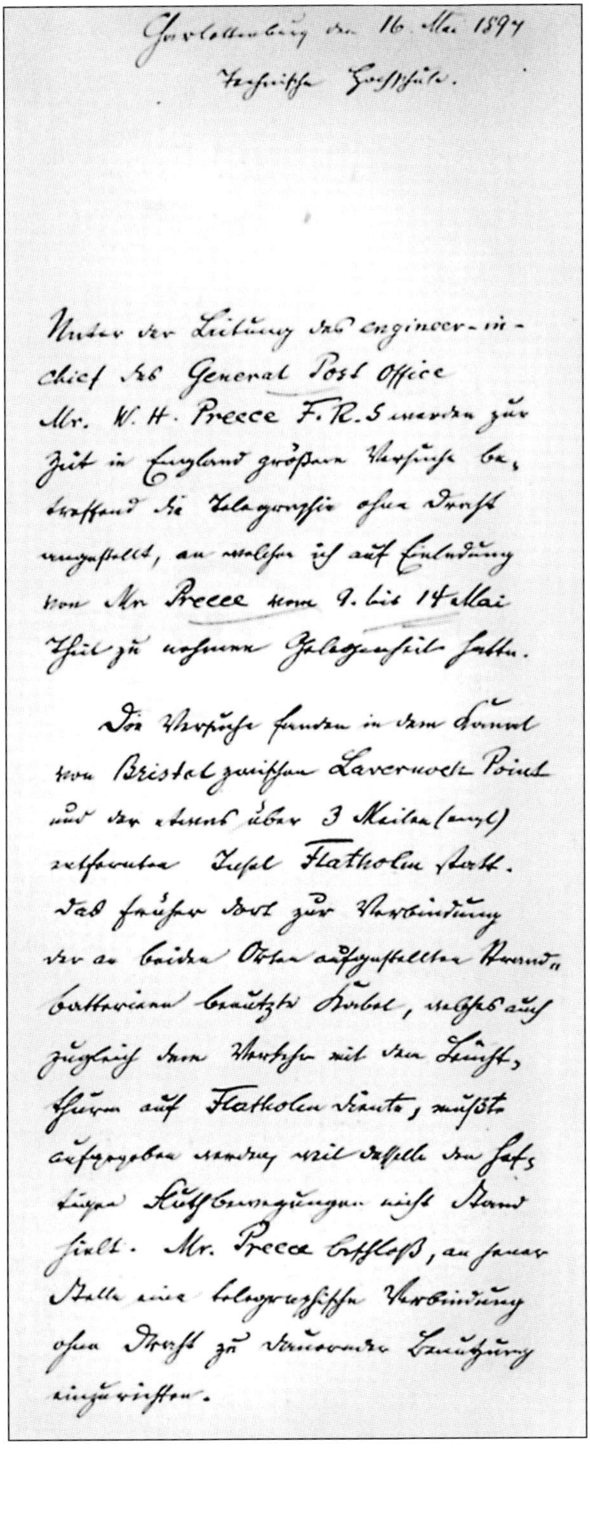
Charlottenburg den 16. Mai 1897
Technische Hochschule.

Unter der Leitung des engineer-in-chief des General Post Office Mr. W. H. Preece F.R.S. werden zur Zeit in England größere Versuche betreffend die Telegraphie ohne Draht angestellt, an welchen ich auf Einladung von Mr Preece vom 9. bis 14 Mai Theil zu nehmen Gelegenheit hatte.

Die Versuche fanden in dem Kanal von Bristol zwischen Lavernock Point und der etwa über 3 Meilen (engl) entfernten Insel Flatholm statt. Das früher dort zur Verbindung der an beiden Orten aufgestellten [illegible] batterien gebrauchte Kabel, welches auch zugleich dem Verkehr mit dem Leuchtthurm auf Flatholm diente, mußte aufgegeben werden, weil dasselbe den [illegible] [illegible] nicht Stand hielt. Mr. Preece beschloß, an seiner Stelle eine telegraphische Verbindung ohne Draht zu dauernder Benutzung einzurichten.

Die erste Seite des Berichtes von Adolf Slaby über die Versuche zur Telegraphie ohne Draht bei Lavernock Point vom 9. bis 14. Mai 1897, den er über den Geheimen Kabinettsrat v. Lucanus an Kaiser Wilhelm II. schickte.

mittels der drahtlosen Telegraphie gesprochen habe.

Das dritte Jahr seiner rastlosen und unermüdlichen Tätigkeit begann Marconi so, wie er das alte beendet hatte: mit Versuchen zur Vervollkommnung seines Systems und der Absicht, immer größere Entfernungen funkentelegrafisch zu überbrücken.

Nachdem er am 23. und 24. Dezember 1898 eine Verbindung zwischen dem Leuchtturm von South Foreland und dem Feuerschiff EAST GOODWIN mit Genehmigung von Trinity House hergestellt und damit eine drahtlose Telegraphieverbindung über 12 Meilen eingerichtet hatte, wurde am 27. März 1899 der Englische Kanal funkentelegraphisch überbrückt. Kurz und lakonisch hieß es dazu in einer Fachzeitschrift unter der Überschrift „Marconis Wellentelegraphie zwischen England und Frankreich“: „Marconi hat jetzt die geplante Anlage zum Telegraphieren über den Kanal errichtet. Die englische Station befindet sich bei South Foreland, die französische bei Wimereux, einige Kilometer nördlich von Boulogne-sur-Mer; die Entfernung zwischen beiden ist über 51 km; es ist dieses die bei weitem größte bisher erreichte Entfernung … der lotrechte Sende-Empfangsdraht war 45 m hoch. Der gesendete Text lautete: ‚vvv sind sie dort vvv‘“.[8)]

Die Arbeiten nahmen ihren Fortgang. Bei drahtlosen Übertragungsversuchen, die im Juni 1899 zwischen der Küste und einem Schiff stattfanden, wurde sowohl zwischen der Leuchtturmstation von South Foreland bei Dover und dem französischen Kreuzer VIENNE und dem Aviso IBIS, als auch zwischen der Station bei Wimereux an der französichen Küste und der VIENNE eine Verbindung hergestellt. Die Antennen waren 22 bzw. 31 m hoch. Die Stationen bestanden jeweils aus Sende- und Empfangsstation, und die erzielten Reichweiten lagen zwischen 30 und 48 km, wobei besonders herausgestellt wurde, daß die Schiffe sich in Fahrt befanden. Die Übertragung war nur unterbrochen, wenn sich zwischen die Stationen ein Hindernis schob.

Über die Ergebnisse dieser Versuche berichtete Marconi sowohl vor der Institution of Civil Engineers als auch vor der Institution of Electrical Engineers und machte so einen breiten Kreis von Fachleuten mit seinen Ergebnissen bekannt.

Das Besondere dieser Versuche lag darin, daß erstmalig Sender und Empfänger auf die gleiche Wellenlänge abgestimmt worden waren. Damit war, wie es in Anlehnung an die drahtgebundene Telegraphie hieß, eine Mehrfachtelegraphie möglich geworden. Zwei Marconi-Patente, Nr. 5387 vom 21. März 1900 und Nr. 7777 vom 26. April 1900, sollten die Priorität der Erfindung sichern. Aber gerade das Patent Nr. 7777 wurde zum Ausgangspunkt für Patentstreitigkeiten mit der deutschen Firma Telefunken, wie man später sehen wird.

Und wieder machte Marconi Schlagzeilen, als er via Funkverbindung über den Englischen Kanal von der in Dover tagenden Jahresversammlung der „British Association for the Advancement of Science“ eine Grußbotschaft an die gleichzeitig in Boulogne tagende „Association Française pour l'Avancement des Sciences“ übermittelte. Als dann auch noch Prof. Fleming, der mit Marconi zusammenarbeitete, von Dover aus via Wimereux einen Gruß an den in Como in Italien versammelten Internationalen Elektrikerkongreß sandte, war zum Publizitätsgebäude Marconis ein weiterer wichtiger Stein hinzugefügt worden.

In diese Zeit fällt auch die Gründung der International Marconi Marine Communication Co., die ab 1900 den Seefunkbereich der Marconi-Gesellschaft übernahm. Sie verkaufte und installierte, wartete und reparierte die Funkanlagen an Bord der Schiffe und auf den Küstenstationen. Sie stellte die Telegraphisten für die Schiffe, die Marconi-Operators, und sie betrieb eigene Küstenfunkstellen, sowohl an britischen Küsten als auch an der französischen, der amerikanischen und auch an der deutschen Küste auf Borkum.

Neben dieser im Seefunk angestrebten Vorherrschaft war nicht zu übersehen, daß alle weiteren Versuche Marconis nur dem einen ehrgeizigen Ziel galten, den Atlantik funkentelegraphisch zu überbrücken. Der geschäftstüchtige Marconi versprach sich durch die transatlantische Funkverbindung ein lukratives Geschäft, denn bei vergleichsweise geringen Investitionen konnte eine stabile drahtlose Weitverbindung für die transatlantischen Kabelgesellschaften durchaus zu einer Konkurrenz werden. Darüber hinaus strebte er, überzeugt von der grundlegenden Bedeutung seines Patents, ein weltweites Alleinmonopol in der drahtlosen Telegraphie an.

Vor diesem Hintergrund begannen 1901 die Vorbereitungen für den Bau einer Sendestation großer Leistung in Poldhu an der Küste von Cornwall. Mit dieser Station hoffte Marconi Funksignale über den Atlantik schicken zu können. Es gab genügend kritische Stimmen, die eine ununterbrochene Funkverbindung zwischen Europa und Amerika für schwierig, wenn nicht gar für unmöglich hielten, und auch Marconi war von echten Zweifeln geplagt, wie er später selbst bekannte, denn der Einfluß der Erdkrümmung stellte eine noch nicht erforschte Größe dar.

Ende September 1901 war der Bau des Senders Poldhu abgeschlossen und am 15. Oktober schiffte sich Marconi in London an Bord des Dampfers SARDINIA ein, um in Neufundland selbst die ersten Signale aus Europa zu empfangen. Nach seiner Ankunft in St. John's begannen die verabredeten Sendungen in Poldhu und am 13. Dezember konnte Marconi nach Poldhu kabeln: „signal received – Marconi". Der Empfang hatte nur wenige Mi-

Antennenanlage von Poldhu im Jahre 1902. Sie wurde zum Inbegriff für Funkverbindungen über weite Strecken.

nuten gedauert. Er konnte nur gelingen, weil man einen empfindlicheren Kohärer benutzt hatte. Marconi bewertete diese nur kurze Übertragung zwischen den Kontinenten später mit den Worten: „Mein Vorrang in den Fernfunkverbindungen war nun gesichert.“[9]

Lassen wir einen Beteiligten, John Ambrosius Fleming (25. November 1849 bis 18. April 1945) zu Worte kommen, der in einer Vorlesung am 23. März 1903 Einzelheiten dieser Tage schilderte:

„Am 12. Dezember 1901 wurden zwischen der Großstation Poldhu in England und St. John's in Nordamerika die ersten telegraphischen Nachrichten ausgetauscht ... Während der letzten Jahre hat sich Herr Marconi mit großem Eifer und schönstem Erfolge der Aufgabe gewidmet, die Funkentelegraphie auch über sehr große Entfernungen auszudehnen, und gerade für dieses Problem herrscht ja zur Zeit im Publikum das größte Interesse ... Noch vor fünf Jahren war es ihm gerade erst möglich geworden, von Alum Bay auf der Insel Wight nach Bournemouth einige Zeichen hinüberzusenden, d. h. auf eine Distanz von etwa 20 km. Heute ist ihm ja bereits eine zweihundertmal so große Entfernung kein Hindernis mehr, ist es ihm doch gelungen, über den atlantischen Ozean hinweg auf eine Distanz von 2000 km nicht bloß einzelne Zeichen, sondern sogar lange Telegramme aller Art durch Hertzsche Wellen zu übermitteln.

Natürlich hat die Kritik zu diesen Erfolgen Marconis nicht geschwiegen; man erklärte, daß jene Resultate niemals eine praktische Bedeutung erlangen könnten, daß die Riesenstationen einen funkentelegraphischen Verkehr auf geringe Entfernungen möglich machen würden und daß die Existenz einer größeren Anzahl weitreichender Stationen schließlich zum Untergang der ganzen Wellentelegraphie führen müßte ... Für mich besitzt die drahtlose Telegraphie auf weite Entfernungen ein besonderes Interesse, da ich an den diesbezüglichen Versuchen Marconis auf seine Einladung, ihn bei der Lösung gewisser Fragen zu unterstützen, fast von Anfang an teilnehmen konnte. Ich wurde insbesondere mit der Aufgabe betraut, die elektrotechnischen Anlagen für die erste große Kraftstation zu Poldhu in Cornwall, von der die elektrischen Wellen von großer Tragweite entsandt werden sollten, zu entwerfen. Als Marconi zu Anfang des Jahres 1900 von Amerika zurückkehrte, war der Entschluß in ihm gereift, einen ernsthaften Versuch zur funkentelegraphischen Überbrückung des Atlantischen Ozeans zu wagen ... Die einzigen Apparate, deren man sich bis zu jener Zeit bedient hatte, um Hertzsche Wellen zu erzeugen, waren Induktorien oder kleine Transformatoren, und die größte Entfernung, in der selbst Marconi noch Wellen nachweisen konnte, betrug auch im transatlantischen Verkehr nicht mehr als ungefähr 200 km. Nunmehr handelt es sich aber darum, elektrische Wellen zu erzeugen, die imstande sein sollten, noch in einer Entfernung von 5000 km merkliche Effekte hervorzubringen. Selbst wenn man als Empfänger die empfindlichsten Marconi-Apparate benutzte, so bedurfte es doch wahrscheinlich eines Gebers, dessen Wellen eine vierhundertmal so große Energie besaßen ... Zur Lösung dieser Aufgabe genügen keineswegs die bekannten Methoden, die dem erfahrenen Elektrotechniker für analoge Fälle zur Verfügung stehen, vielmehr bedurfte es außerdem noch eines eingehenden Studiums zahlreicher unbekannter Probleme und der Konstruktion mancher ganz neuer Apparate ... So verging ein großer Teil des Jahres 1901 mit Experimenten, die von dem Verfasser selbst in kleinem

90 Jahre später – die Reste des Senders Poldhu: das Fundament eines der großen Sendemaste, ein Denkmal für die Versuche von 1902 und eine Erinnerungstafel.

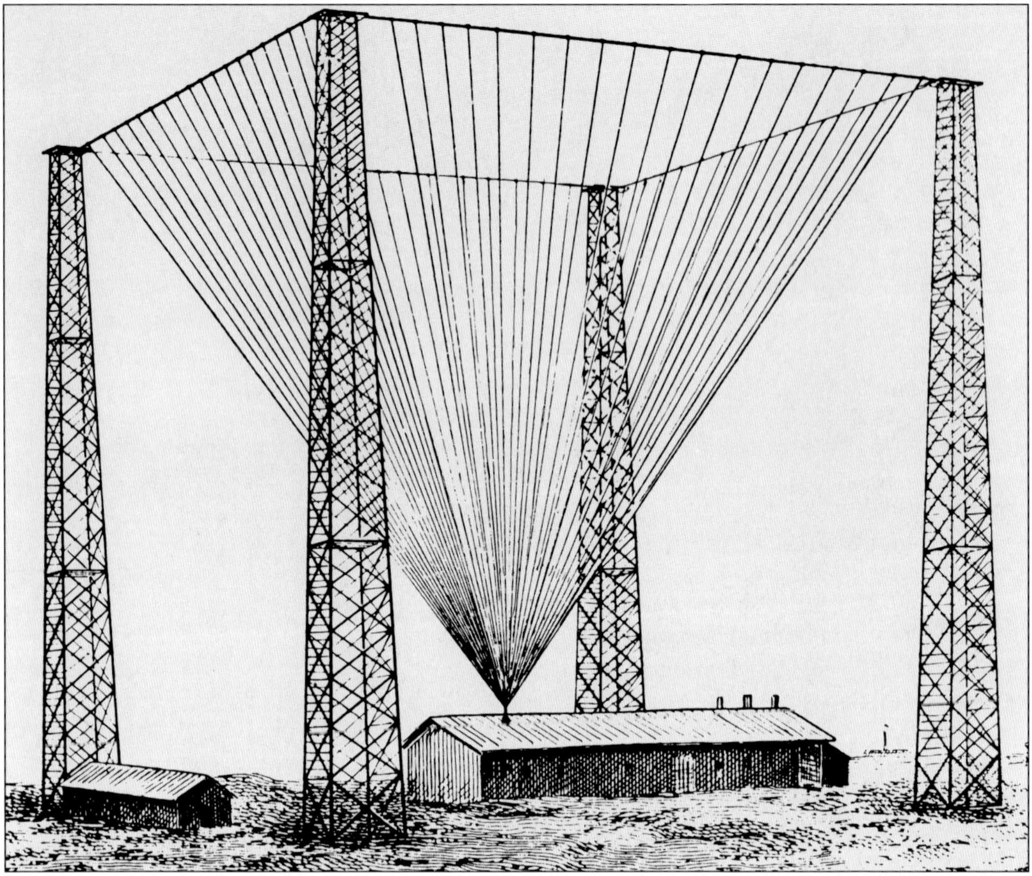

Abb. oben: Die Antennenanlage in Glace Bay (Kanada). Sie bildete die Gegenstation zu Poldhu an der Südwestküste Großbritanniens.
Abb. rechts: Am 10. Juni 1902 begann die Versuchsreise mit der CARLO ALBERTO, auf der Marconi wertvolle Erfahrungen über die Ausbreitung elektromagnetischer Wellen sammelte, die der Entwicklung der drahtlosen Telegraphie weitere Impulse gaben.

Maßstabe in London ausgeführt wurden, und mit der Leitung weiterer mit größeren Mitteln an dem Ort der ersten Kraftstation zu Poldhu (bei Mullion in Cornwall) angestellter Versuche. Erst nach diesen Vorarbeiten gelangte der Bau der Station zur Ausführung."[10]

Diese erste Funkübertragung über große Entfernungen hatte eine neue Frage aufgeworfen, nämlich ob eine Übertragung auch über größere Landstrecken möglich sei. Nur mit einem fahrenden Schiff konnte diese Frage beantwortet werden. Die italienische Regierung war bereit, den Kreuzer S. M. CARLO ALBERTO für diese Versuche fahren zu lassen. Als Sendestation wurde wieder Poldhu an der Südwestspitze von England gewählt.

Am 8. Juli 1902 verließ das Schiff den Hafen von Portsmouth und nahm Kurs auf Kronstadt. An Bord befand sich nur ein Empfänger für den Empfang der Sendungen von Poldhu, deren zeitlicher Ab-

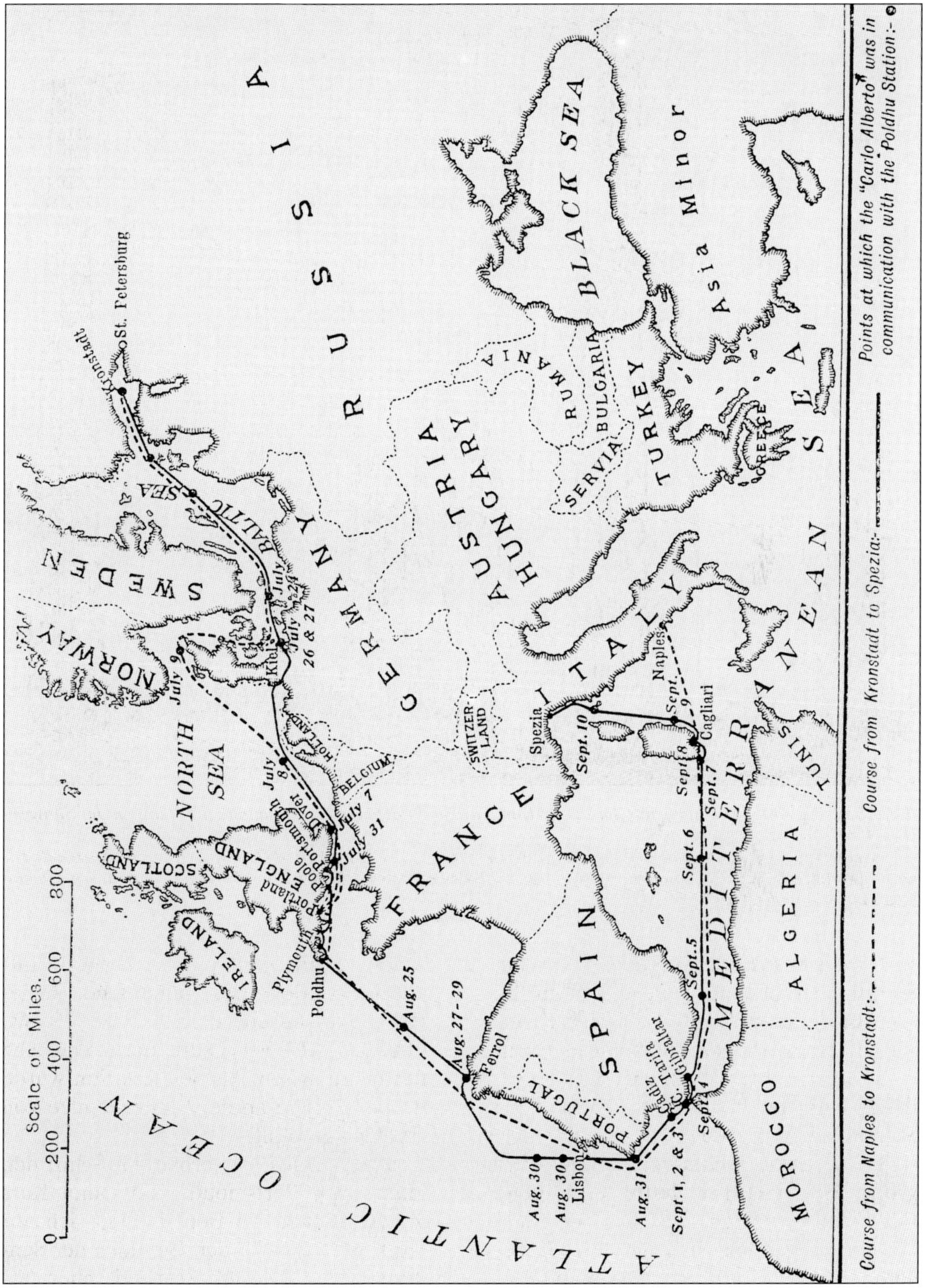

ATLANTIC OCEAN
NORTH SEA
NORWAY
SWEDEN
BALTIC SEA
RUSSIA
BLACK SEA
Asia Minor
GERMANY
AUSTRIA HUNGARY
RUMANIA
BULGARIA
SERVIA
TURKEY
GREECE
SWITZERLAND
HOLLAND
BELGIUM
FRANCE
ITALY
SPAIN
PORTUGAL
MOROCCO
ALGERIA
TUNIS
MEDITERRANEAN SEA
IRELAND
SCOTLAND
ENGLAND
Scale of Miles.
0
200
400
600
800
Kronstadt
St. Petersburg
Kiel
July 9
July 8
July 7
July 31
July 26 & 27
July 28
Dover
Portsmouth
Poole
Portland
Plymouth
Poldhu
Aug. 25
Aug. 27 – 29
Ferrol
Aug. 30
Aug. 30
Lisbon
Aug. 31
Sept. 1, 2 & 3
Cadiz
Tarifa
C. Gibraltar
Sept. 4
Sept. 5
Sept. 6
Sept. 7
Sept. 8
Sept. 9
Sept. 10
Spezia
Cagliari
Naples
Course from Naples to Kronstadt:-
Course from Kronstadt to Spezia:-
Points at which the "Carlo Alberto" was in communication with the Poldhu Station:-

lauf genau festgelegt worden war. Eine vierfache Drahtantenne reichte von einem auf den Besanmast aufgesetzten Topmast von 16 m Länge zum Empfangsraum. Wie bei fast allen Erprobungen, führte Marconi die Arbeiten selbst durch.

Als Kronstadt erreicht worden war, hatten die Funkwellen von Poldhu aus 2000 km überbrückt und die Nachrichten fehlerfrei übertragen. Wieder nach Großbritannien zurückgekehrt, wurde eine neue Antennenanlage, die aus einem Netzwerk von 54 Drähten bestand, das etwa 50 m über dem Brückendeck aufgehängt war, installiert. Und als die CARLO ALBERTO am 3. September von Cadiz nach Cagliari auslief und bis zum Erreichen des Hafens am 7. September immer in Verbindung mit Poldhu gestanden hatte, war auch die Frage, ob sich eine Verbindung herstellen läßt, wenn eine Landmasse zwischen Sendestation und Empfänger liegt, beantwortet. Die Reise hatte wesentliche Erkenntnisse über die Ausbreitung der Funkwellen erbracht, die durch theoretische Überlegungen nicht hätten gewonnen werden können.

Noch vor der Fahrt mit der CARLO ALBERTO war Marconi am 13. Juni 1902 vor der Royal Institution in London aufgetreten und hatte über die transatlantischen Stationen in Poldhu und auf Neufundland referiert. Er hatte dabei auch darauf aufmerksam gemacht, daß der Empfang über große Entfernungen nur mit einem äußerst empfindlichen Gerät möglich ist.

Auf die Unzuverlässigkeit des Kohärers war schon frühzeitig hingewiesen worden, und auch Marconi selbst hatte längst dessen technische Grenzen erkannt. Er suchte nach einem anderen Wirkprinzip für den Nachweis elektromagnetischer Wellen. Bei der Durchsicht einschlägiger Veröffentlichungen war er auf eine 1896 von Prof. E. Rutherford herausgegebene Denkschrift „Ein magnetischer Detektor für elektrische Wellen" gestoßen. Darauf aufbauend konstruierte er den empfindlichen „Marconidetektor".

Trotz kritischer Stimmen, die die Übertragung der Telegramme zwischen Europa und Nordamerika anzweifelten, ließen sich die Regierungen nicht davon abhalten, Großstationen in Auftrag zu geben. Die kanadische Regierung nahm Verhandlungen mit der Marconi-Gesellschaft über den Bau von Sendestationen auf. In dem Abkommen verpflichtete sich die Marconi-Gesellschaft, eine funkentelegraphische Sendestation an der Küste von Großbritannien und eine andere als Gegenstation an der Küste von Neuschottland zu bauen. Mit ihnen sollte ein Nachrichtenaustausch zu „Handelszwecken zwischen Europa und Canada vermittelt werden".[11)]

Im Oktober 1902 reiste Marconi an Bord der CARLO ALBERTO nach Kanada, um den Bau des Senders in Glace Bay zu überwachen. Er benutzte den Kreuzer nicht nur für die Überfahrt, sondern gleichzeitig auch als Versuchsträger, denn so bot sich eine einmalige Gelegenheit, die Übertragungsbedingungen über den Atlantik zu testen.

Am 20. Oktober 1902 verließ das Schiff den Hafen von Plymouth, von der internationalen Presse aufmerksam verfolgt. Zunächst benutzte Marconi noch den Quecksilberkohärer von Castelli als Empfänger, als dieser aber bei einer Entfernung von mehr als 700 km versagte, setzte er den magnetischen Wellenempfänger, den „Marconidetektor" ein. Doch auch dessen Grenzen waren bald erreicht. „Am 28. Oktober 1902 war die Länge von Neufundland erreicht, und in der Nacht wurde der Empfang völlig unmöglich. Am 31. Oktober tauchte die felsige Küste von

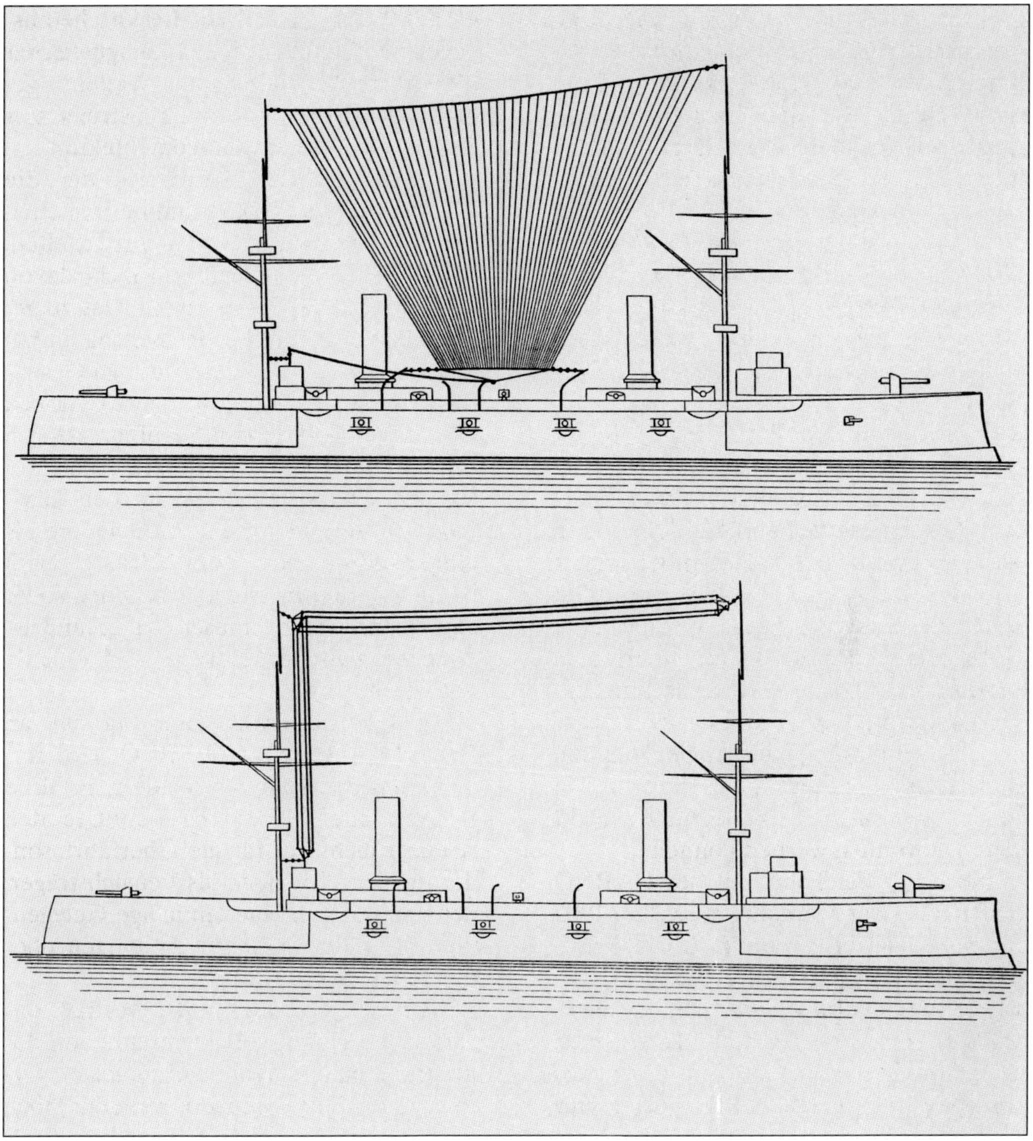

Auf der CARLO ALBERTO untersuchte Marconi verschiedene Antennenanordnungen
a) Fächerantenne b) Marconis geknickte Antennen für gerichtete Abstrahlung.

Kap Breton auf, und mittags waren die Türme der Marconistation Table Head zu sehen"[12]), so beschrieb Solari diese Reise. Mit der Unterbrechung der Verbindung gab Marconi sich nicht zufrieden.

Fieberhaft wurde in den folgenden Wochen an der Verbesserung der Sendestation gearbeitet. Nach fast einem Monat, am 29. November 1902, traf von Poldhu die Nachricht ein, daß unleserliche

Zeichen empfangen worden seien. Am 16. Dezember 1902 bestätigte Poldhu den Empfang leserlicher Zeichen.

Nun entfaltete sich einmal mehr Marconis Organisationstalent: Der Berichterstatter der „Times" aus Ottawa wurde eingeladen, um an der Übertragung von Grußtelegrammen an den italienischen und den britischen König teilzunehmen.

Mit dem Austausch der ersten offiziellen Marconi-Telegramme zwischen Amerika und Europa wurde der Großsender von Glace Bay am 20. Dezember 1902 eröffnet.

„Am 21.12.1902 hat Marconi die ersten Telegramme zwischen den nach seinen Angaben hergestellten Stationen in Poldhu (England) und Kap Breton (Canada) befördert. Zunächst arbeitete Marconi noch mit dem offenen Schwingungskreis, d.h. er schaltete den Luftleiter unmittelbar an die Funkenstrecke des Senders an. Als er aber hierbei einen Erfolg auf größere Entfernungen nicht erzielen konnte, ist er bald zu dem geschlossenen Schwingkreis für Geber- und Empfängerschaltung übergegangen, bei dem die Abschwächung in der Wellensendung erheblich geringer ist und die Möglichkeit einer schärferen Abstimmung des Gebersystems mit dem Luftleiter und dem Empfangssystem sich ergibt"[13], so begann ein Bericht über das Ereignis. Am 10. Januar

Die Prinzipschaltung für drahtlose Telegraphie von Marconi und die Erfindungsbeiträge von Hertz, Branly und Popow.

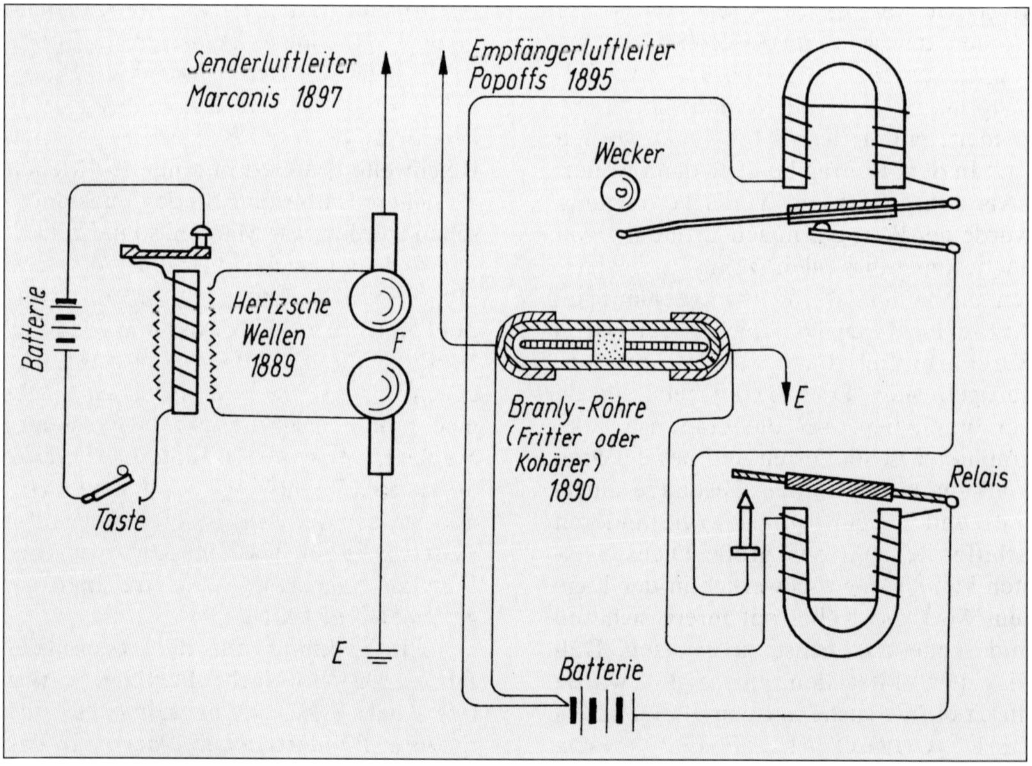

1903 wurde dann auch der erste Großsender in den USA in Cape Cod bei Boston in Betrieb genommen.

Auch wenn diese Übertragungsversuche in der Öffentlichkeit ein breites Echo fanden, blieben doch genügend Zweifel, ob eine transatlantische Funkverbindung eine Zukunft habe. Zu den Kritikern gehörten die Direktoren der atlantischen Kabelgesellschaften. Der Direktor der Deutsch-Atlantischen Telegraphen-Gesellschaft in Köln äußerte sich sehr skeptisch über die Aussichten der drahtlosen Telegraphie. Er schrieb in einem vielgelesenen Beitrag: „Die Erörterung der Ergebnisse Marconis durch verschiedene Sachverständige in England erhebt sich in Vorhandensein der Frage, ob der Wortlaut der Telegramme an die genannten Herrscher nicht schon Wochen vor Beginn der Versuche in den Händen der Marconi-Gesellschaft war. Es ist bereits zugegeben worden, daß die Antwort der Könige von England entgegen den ursprünglichen Behauptungen nicht auf drahtlosem Wege, sondern mittels Kabel befördert worden ist." In dem Beitrag heißt es dann weiter: „Als Marconi seine Versuche begann, wurde der Wert der neuen Erfindung voll anerkannt, aber gleichzeitig bezeichneten schon damals die sachverständigen Kreise die Grenzen, welche dem neuen Verkehrsmittel durch die Naturgesetze gezogen sind. Dementsprechend wurde hervorgehoben, daß die drahtlose Telegraphie zwischen festen und beweglichen Punkten, also z. B. dem Festlande einerseits und Leuchtschiffen, sowie anderen Schiffen andererseits, große Dienste leisten kann, jedoch schwerlich in der Lage sein wird, die Kabel mit ihrem sicheren und schnellen Dienst zu ersetzen. Daß dies den Tatsachen entspricht, wurde durch die Versuche mit dem italienischen Panzer CARLO ALBERTO bewiesen, denn das betreffende Telegramm wurde nicht nur von der Eastern-Station mitgelesen, sondern mußte etwa 2 Tage lang im ganzen ungefähr 70 Mal wiederholt werden, bevor es seine Bestimmung richtig erreichte."[14)]

Auch Marconi selbst muß mit dem Ergebnis seiner Übertragungsgversuche nicht zufrieden gewesen sein, denn am 7. Mai 1904 befand er sich an Bord der CAMPANIA schon wieder auf der Überfahrt, um in Glace Bay Veränderungen an der Sendestation vorzunehmen. Aber weder die Vergrößerung der Sendeleistung noch die Veränderung der Wellenlänge führten zum Erfolg.

Daraufhin erklärte der kanadische Finanzminister am 9. Mai 1903, daß die Sendestation Glace Bay nicht zuverlässig arbeite und er daher die finanziellen Mittel der Regierung streichen würde.

Nachdem nun auch noch in den ersten Sitzungen der am 4. August 1903 in Berlin begonnenen Vorkonferenz zur internationalen Regelung der Funkentelegraphie Zweifel an der von Marconi angegebenen Reichweite geäußert und nur 100 Meilen als sichere Entfernung für den Funk angesehen wurden, war Marconi so tief getroffen, daß er umgehend weitere Versuche plante. Am 22. August verließ er Liverpool an Bord der LUCANIA in Richtung Nordamerika. Doch trotz weiteren Experimentierens stellte sich ein rechter Erfolg nicht ein. Im Januar 1904 mußte Marconi zugeben, daß seine Großstationen Poldhu, Table Head und Cape Cod keine Gewinne abwarfen. In London fielen die Marconi-Aktien und ein Jahr nach der Funkkonferenz von 1906 erreichten sie gar einen Tiefststand.

Ein Rückblick auf die ersten fünf Jahre drahtloser Nachrichtenübertragung zeigt, daß ohne die unermüdliche und rastlose Pioniertätigkeit Marconis das

Gedenktafel für Guglielmo Marconi in der Kirche Santa Croce in Florenz.

neue Nachrichtenmittel nicht so rasch seine Geltung erlangt hätte, wie sie nun allgemein anerkannt wurde. Marconi war die treibende Kraft. Trotz vieler Schwierigkeiten und Unwägbarkeiten hatte er mit einem sicheren Gespür für die richtige technische Lösung den drahtlosen Telegraphen zu dem gemacht, was er um 1905 war: ein Nachrichtenverkehrsmittel für die Verbindung der Schiffe zum Land. Es hatte keinen Versuch gegeben, den er nicht selbst durchgeführt, keine technische Verbesserung, die nicht er initiiert, keinen Senderbau, den er nicht selbst überwacht hätte. Seine theoretischen Kenntnisse waren sicher nicht sehr tiefgehend, aber mit seinen praktischen Erfahrungen war es ihm immer wieder gelungen, Sender und Empfänger zu verbessern. 1901 hatte er in einem Gespräch zu Solari gesagt: „Die hohen Professoren, die glauben, daß sie mich durch Versuche mit elektrischen Wellen zwischen den vier Wänden eines Laboratoriums übertreffen können, werden praktisch nur geringe Fortschritte machen.“[15]

Wie eng diese Aussage war, zeigte sich spätestens, als der Knallfunkensender seine technischen Grenzen erreicht hatte. Nie aber vergaß Marconi auf seine Priorität bei der Erfindung der drahtlosen Telegraphie hinzuweisen. Sein Irrtum war, daß er glaubte, die drahtlose Telegraphie erfunden zu haben – er hatte aber nur einen drahtlosen Telegraphen erfunden.

Die Wissenschaftler – Adolf Heinrich Slaby und Karl Ferdinand Braun

Einen anderen Weg als der Macher Marconi gingen die Wissenschaftler an den Universitäten. Sie spürten den physikalischen Zusammenhängen und deren Gesetzmäßigkeiten nach, übertrugen ihre Gedankengänge in Experimente und führten auf diese Weise den Beweis für ihre Theorie.

Zwar auf empirischem, aber theoretisch untermauertem Weg wollten sie das Wirkprinzip „Funkübertragung" weiter optimieren. Vielleicht wurden sie vom Macher ein wenig belächelt, vielleicht auch bewundert, ganz sicher aber spürte er ihre Konkurrenz und vielleicht unterschwellig auch ihre Überlegenheit, wenn es galt, die Technik weiterzuentwickeln.

Zwei Namen sind in Deutschland mit der Erfindung drahtloser Telegraphen und ihrer Weiterentwicklung verbunden: Adolf Heinrich Slaby und Karl Ferdinand Braun.

Adolf Karl Heinrich Slaby (18. April 1849–6. April 1913)

Slaby, seit 1882 Professor an der Technischen Hochschule in Charlottenburg und ab 1884 Direktor des elektrotechnischen Laboratoriums, arbeitete seit 1897 an der drahtlosen Telegraphie. Angeregt durch den beeindruckenden Marconischen Übertragungsversuch über den Bristolkanal, an dem er auf Einladung von Sir William Preece teilnehmen durfte, schrieb er am 16. Mai 1897, noch ganz beeindruckt von dem Erlebten, einen Bericht für den Kaiser und begann in Berlin die miterlebten Versuche zu wiederholen. Zunächst stellte er zwischen seinem Laboratorium in Charlottenburg und einem nahen Haus eine Verbindung her, dann versuchte er zwischen der Glienicker Brücke in Potsdam und der Pfaueninsel über 3,0 km zu telegraphieren. Als das nicht gelang, wurde dic Sendeapparatur bei der nur 1,6 km entfernten Kirche in Sacrow installiert. Slaby selbst schreibt dazu:

„Ich war so glücklich, die allerhöchste Erlaubnis zu erhalten, auf den Gewässern der Havel bei Potsdam und den umliegenden Königlichen Gärten Versuche anstellen zu dürfen. Fast zwei Monate konnte ich auf diese Forschungen verwenden, unterstützt von den Mannschaften der Königlichen Marinestation."[16]

Dabei machte er die Erfahrung, daß Segelboote, welche die Übertragungsstrecke kreuzten, die Funkwellen auf ihrem Weg störten.

Mitte 1897 fuhr Slaby nach Kiel und führte, tatkräftig von seinem Assistenten Graf Arco unterstützt, unter Beisein von Vertretern der Allgemeinen Elektrizitäts-Gesellschaft Berlin, Versuche durch. Im Oktober 1897 folgte eine Übertragung zwischen dem Schöneberger Schießplatz und dem militärischen Übungsgelände in Rangsdorf über eine Entfernung von 21 km. Für die Versuche war die Antenne von einem Fesselballon in eine Höhe von 200 m gezogen worden. Im Sommer 1898 gelang die Übertragung von Funktelegrammen zwischen Berlin und Jüterbog über eine Entfernung von 63 km.

Die AEG, die schon 10 Jahre früher, am 5. Mai 1887, eine eigene nachrichtentechnische Abteilung gegründet und unter Leitung von Emil Rathenau gestellt hatte, erwarb die Slabyschen Patente und begründete damit ihre Fertigung funktechnischer Anlagen.

Bei einem Vortrag, den Slaby am 22. Dezember 1900 hielt, führte er vor, wie von zwei Empfängern, die an den Blitzableiter eines Fabrikschornsteins angeschlossen, an deren Eingängen aber jeweils verschieden lange leerlaufende Stichleitungen angebracht waren, gleichzeitig und mit einer Geschwindigkeit von 72 Buchstaben in der Minute zwei Depeschen aufgenommen werden konnten, die von zwei Sendern, der eine 4 km, der andere 14 km entfernt, abgegeben wurden.

Georg Graf von Arco (30. August 1869–5. Mai 1940) setzte das Werk von Heinrich Slaby fort.

Am 10. Januar 1901 beschrieb er diese Versuche über abgestimmte und mehrfache Funkentelegraphie und sagte: „Die Funkentelegraphie hat in letzter Zeit mehrfach praktische Anwendung gefunden. Am frühesten hat sich die Marine von den Vorteilen überzeugt, welche die Telegraphie für sie bietet, und die Kriegsschiffe Englands, Frankreichs, Rußlands und Deutschlands sind heute bereits zum allergrößten Teil mit den neuen Apparaten ausgerüstet", und er fuhr fort: „Es war bisher nicht möglich, 2 Stationen derart aufeinander abzustimmen, daß sie ungestört von anderen Stationen sicher miteinander korrespondieren können. Die Abstimmungsfrage ist jetzt aber gelöst. Sender und Empfänger müssen auf die gleiche Frequenz abgestimmt werden."[17]

1901 wird das System von Slaby-Arco

folgendermaßen beschrieben: „Die vom Geberdraht ausgehenden Wellen werden verstärkt durch in Serie geschaltete Kapazität und Induktion und durch die Ausbildung dieses Drahtes zu einer Schleife, wobei jedoch am oberen Ende der Schleife eine Induktionsspule eingeschaltet wird, die so gewickelt ist, daß sie die Ströme von geringer Frequenz durchläßt, jedoch die bei der Funkenentladung auftretenden Ströme von außerordentlich hoher, d. h. nach Billionen zählender Frequenz zurückhält. Im Augenblick der Entladung wirkt die Schleife wie ein einzelner vertikaler Draht. Durch entsprechende Wahl der über der Funkenstrecke eingeschalteten Kapazität und Selbstinduktion kann der Wellenlänge jeder beliebige Wert gegeben werden. Zweckmäßig wird dazu ein Blitzableiter oder Schiffsmast verwendet. Ist die Länge des Empfangsdrahtes genau gleich einem Viertel der Wellenlänge, so bildet die Erdverbindung einen Knotenpunkt, und die größte Amplitude der Wechselspannung tritt am oberen Ende auf. Es wäre also dort der geeignete Ort zum Anschluß des Fritters. Das ist jedoch praktisch nicht durchführbar. Diese Schwierigkeit wird in etwas sinnreicher als einfacher Weise dadurch umgangen, daß am Erdungspunkt des Empfängerdrahtes ein horizontal gelagerter Draht gleicher Länge angeschlossen wird, aus dessen frei und bequem zugänglichem Ende genau dieselben Wechselspannungen auftreten, wie an dem oberen und nicht

Mit diesem Anschreiben an den Geheimen Kabinettsrat v. Lucanus übergab Slaby dem deutschen Kaiser seinen Bericht über die Versuche Marconis bei Lavernock Point.

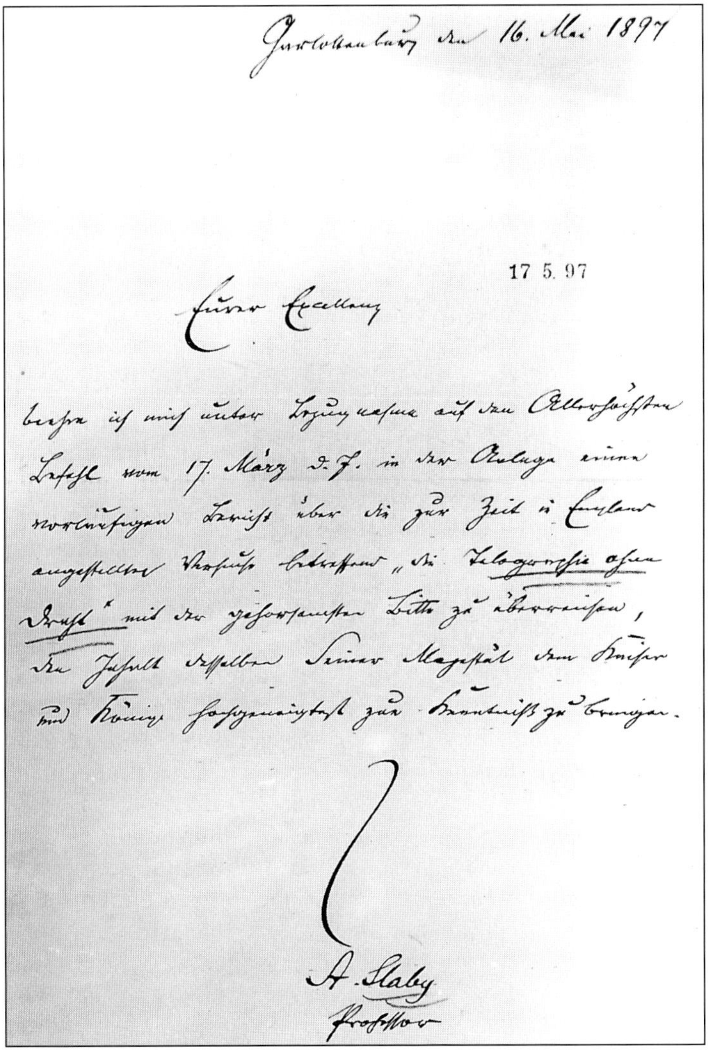

Charlottenburg den 16. Mai 1897

17 5. 97

Euer Excellenz

beehre ich mich unter Bezugnahme auf den Allerhöchsten Befehl vom 17. März d. J. in der Anlage einen vorläufigen Bericht über die zur Zeit in England angestellten Versuche betreffend „die Telegraphie ohne Draht" mit der gehorsamsten Bitte zu überreichen, den Inhalt desselben Seiner Majestät dem Kaiser und König hochgeneigtest zur Kenntniß zu bringen.

A. Slaby
Professor

In Sichtweite von der Glienicker Brücke liegt die Heilandskirche bei Sacrow. Über diese Strecke gelang Slaby die erste drahtlose Übertragung.

Die Heilandskirche bei Sacrow mit ihrem eindrucksvollen Campanile, von dem die Empfangsantenne herabhing.

Der Glockenturm der Heilandskirche bei Sacrow, an dem am 2. Juni 1928 aus Anlaß des 25jährigen Bestehens der Telefunken-Gesellschaft diese Plakette angebracht wurde.

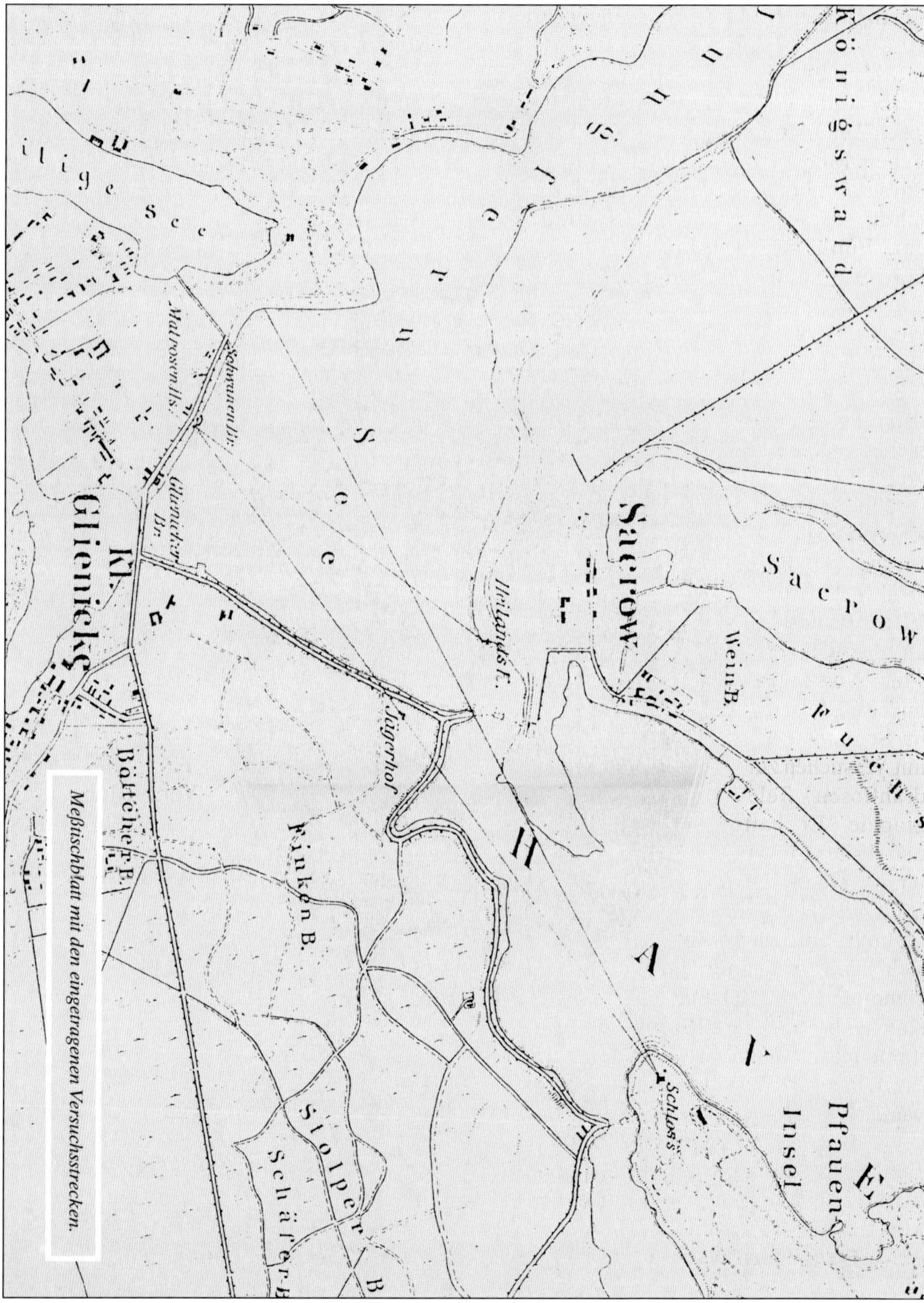

Meßtischblatt mit den eingetragenen Versuchsstrecken.

zugänglichen Ende des Empfängerdrahtes."[18]

Slaby hat ganz erheblich zur Verbreitung der Grundlagen der drahtlosen Telegraphie in Deutschland beigetragen. Meilensteine waren die Vorträge: Physikalische Grundlagen der Marconischen Versuche (1897), Anwendung der Funkentelegraphie in der Marine, neue Schaltungen und die Verwendung von Wechselstrommaschinen als Sendestromquelle (1899) und Abgestimmte und mehrfache Funkentelegraphie (1900).

Ein anderer, Karl Ferdinand Braun (6. Juni 1850 – 20. April 1918), Professor an der Universität Straßburg im Elsaß, begann im Sommer 1898 mit Versuchen zur drahtlosen Telegraphie. Er hatte die bisher bekannten Ergebnisse genau analysiert und schrieb: „Durch Versuche zeigt sich, daß bei einer bestimmten Länge der Funkenstrecke die erzielbare Reichweite ihren maximalen Wert erreicht. Wird die Länge überschritten, sinkt die Reichweite."[19]

Karl Ferdinand Braun (6. Juni 1850–20. April 1918).

Um diese „Eigendämpfung" der Funkenstrecke zu verringern, koppelte er den Luftleiter induktiv an die Funkenstrecke, die dadurch zu einem Teil eines Resonanzkreises, bestehend aus einer Kapazität und der Induktivität des Übertragers, wurde. Eine größere Reichweite bei sonst gleichem technischem Aufbau war das Ergebnis. Im Patent DRP Nr. 111578 „Schaltungsweise des mit einer Luftleitung verbundenen Gebers für Funkentelegraphie", das am 14. Oktober 1898 erteilt wurde und das eines der Eckpatente der drahtlosen Übertragungstechnik ist, beschrieb Braun die Anordnung. Es heißt dort: „Schaltungsweise des mit einer Luftleitung verbundenen Gebers für Funkentelegraphie, gekennzeichnet durch einen eine Leydener Flasche und eine Funkenstrecke enthaltenden Schwingungskreis, an den die die Wellen aussendende Luftleitung entweder unmittelbar oder unter Vermittlung eines Transformators angeschlossen ist, zum Zwecke, mittels dieser Anordnung größere Energiemengen in Wirkung zu bringen."[20]

Diese Anordnung wurde nach der damals gebräuchlichen Klassifizierung als Sender für „schwach gedämpfte Schwingungen" bezeichnet.

Mit diesem Patent wurde die Grundlage der drahtlosen Übertragungstechnik, die Abstimmung auf eine bestimmte Frequenz angedeutet, ein naheliegender Gedankengang, den Marconi bei seinen vielen Versuchen zunächst nicht berücksichtigt hatte. Das Patent enthielt die Be-

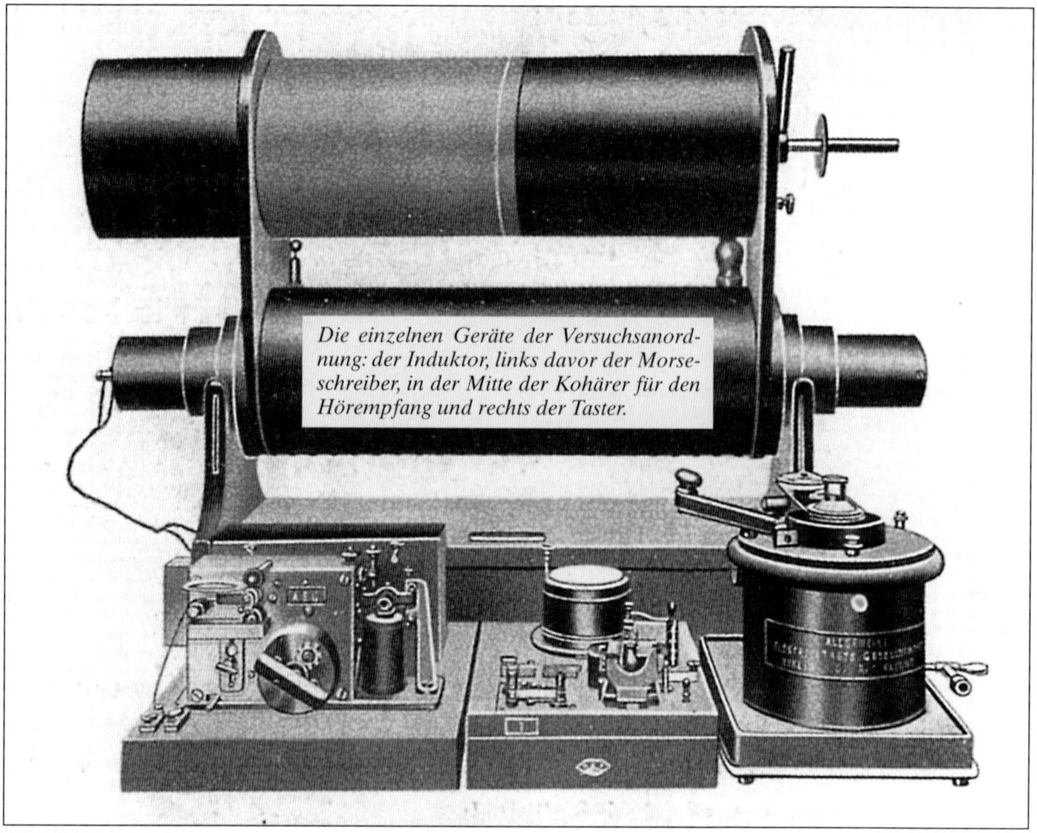

Die einzelnen Geräte der Versuchsanordnung: der Induktor, links davor der Morseschreiber, in der Mitte der Kohärer für den Hörempfang und rechts der Taster.

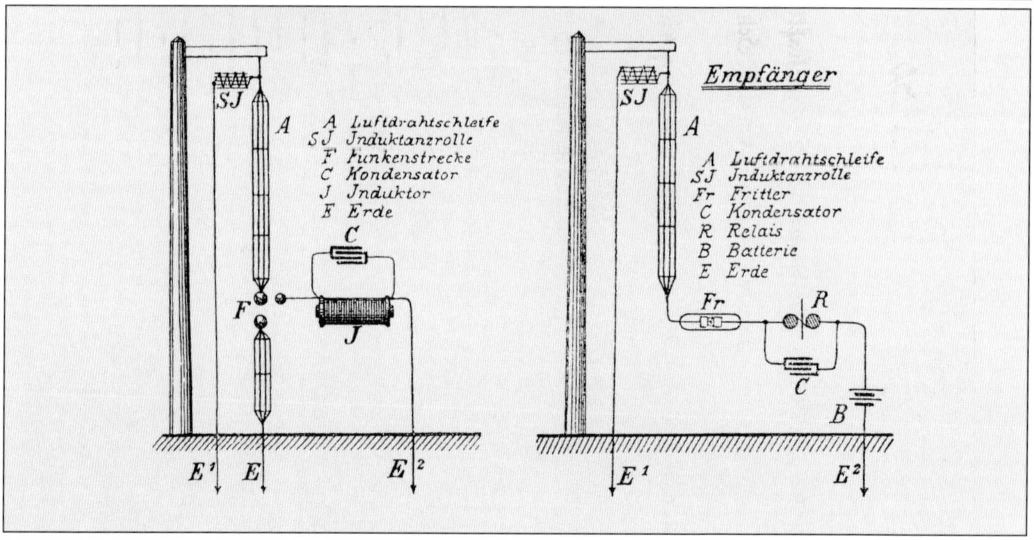

Prinzipanordnung von Sender und Empfänger, nach der Slaby seine Versuche 1897 auf der Havel bei Berlin durchführte.

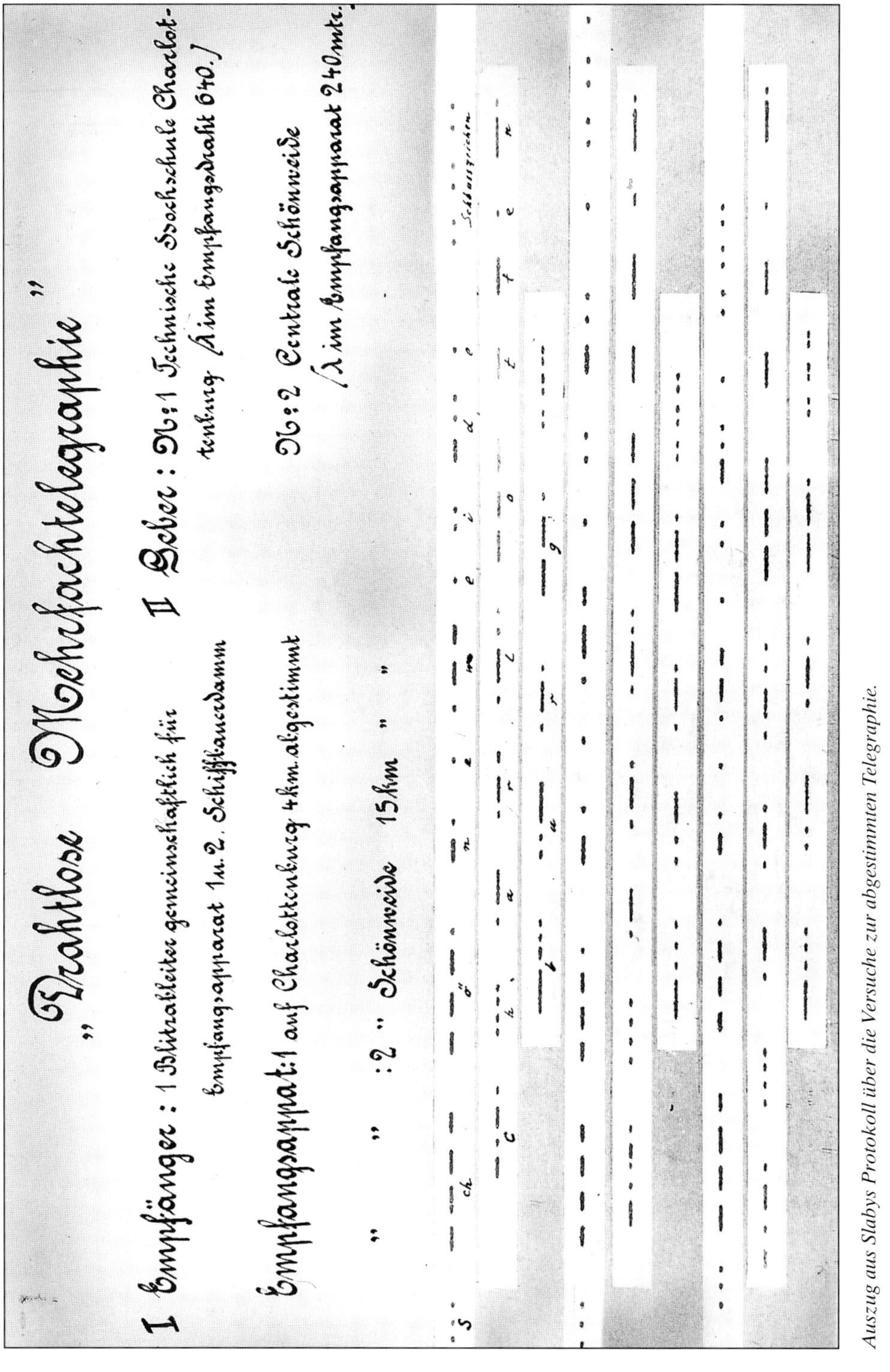

Auszug aus Slabys Protokoll über die Versuche zur abgestimmten Telegraphie.

KAISERLICHES PATENTAMT

PATENTSCHRIFT

— № 111578 — 4

KLASSE 21. a 2

Dr. F. BRAUN in STRASSBURG i. E.

Schaltungsweise des mit einer Luftleitung verbundenen Gebers für Funkentelegraphie.

Patentirt im Deutschen Reiche vom 14. Oktober 1898 ab.

Man unterscheidet bei elektrischen Schwingungen drei Gruppen: nämlich erstens diejenigen Schwingungen, welche durch mechanische Bewegung von Magneten und Spulen gegen einander erzeugt werden; diese können mittels Maschinen hervorgebracht werden, und ihre Periodenzahl ist durch die mechanischen Bedingungen der Maschinen begrenzt. Eine zweite Gruppe ist die, bei welcher durch Leydener Flaschen und Inductionsspulen die Zahl der Schwingungen bestimmt wird. Die Schwingungszahl der zweiten Gruppe ist wesentlich höher, und zwar dermafsen, dafs es praktisch gesprochen aufserordentlich schwierig ist, mit ihr so weit herabzugehen, dafs sie sich der Schwingungszahl der ersten Gruppe nähert. Eine dritte Gruppe ist namentlich durch die Arbeiten von Hertz bekannt geworden. Die Capacität wird dabei nicht mehr durch Leydener Flaschen, sondern durch »einfache Körper« hervorgebracht, und die Selbstinduction rührt bei dieser Gruppe nicht von Spulen, sondern von körperlichen Leitern her.

Bisher hat man zur Telegraphie ohne Draht nur die letzte Gruppe benutzt und besonders auch durch die Verwendung des Righi'schen Gebers die Schwingungszahl möglichst zu vergröfsern gestrebt. Bei dieser Telegraphie mittels Hertz'scher elektromagnetischer Wellen ist es aber wesentliche Bedingung, dafs der Empfänger und der Geber sich ununterbrochen in ihrer ganzen Ausdehnung sehen können. In die Gesichtslinie tretende Schiffssegel, Rauch, Bäume, Gebäude u. s. w. schwächen die Wirkung oder lassen sie ganz aufhören.

Für die Hertz'schen Schwingungen bedarf es ferner einer ganz bestimmten Funkenlänge, um den Funken »activ« zu machen, welche nicht überschritten werden kann. Es liegt hierin offenbar eine Begrenzung des wirksamen Potentials.

Im Gegensatz zu den bisherigen soll das vorliegende System der Funkentelegraphie die zweite genannte Gruppe benutzen, also diejenigen Wellen, welche sich bei Entladung der Leydener Flaschen in Gegenwart von Inductionsspulen ergeben. Es bieten diese Wellen den Vortheil, dafs sie keinen so begrenzten Schatten werfen und auch Leiter mäfsiger Dicke durchdringen. So zeigten Versuche, dafs zwischenstehende Gebäude ebensowenig ein Hindernifs wie Bäume und Büsche bildeten. Ein sich gegenseitiges Sehen selbst nur einzelner Theile von Geber und Empfänger ist bei der neuen Anordnung unnöthig, die Wellen bewegen sich nach Analogie der akustischen Wellen.

Vor allem bieten die langsameren Schwingungen den Vortheil, dafs ihre Energie sowohl durch Vergröfserung der Capacität und durch Verwendung kräftiger Elektricitätsquellen, als auch durch Vergröfserung ihrer Potential-Amplituden (durch Transformation) leicht gesteigert werden können.

Versuche haben insbesondere ergeben, dafs eine kräftige Wirkung (trotz des nur theilweisen Energieumsatzes) in besonders vollkommener Weise erreicht wird, wenn die Entladung nicht direct, sondern erst nach passender Transformation verwendet wird.

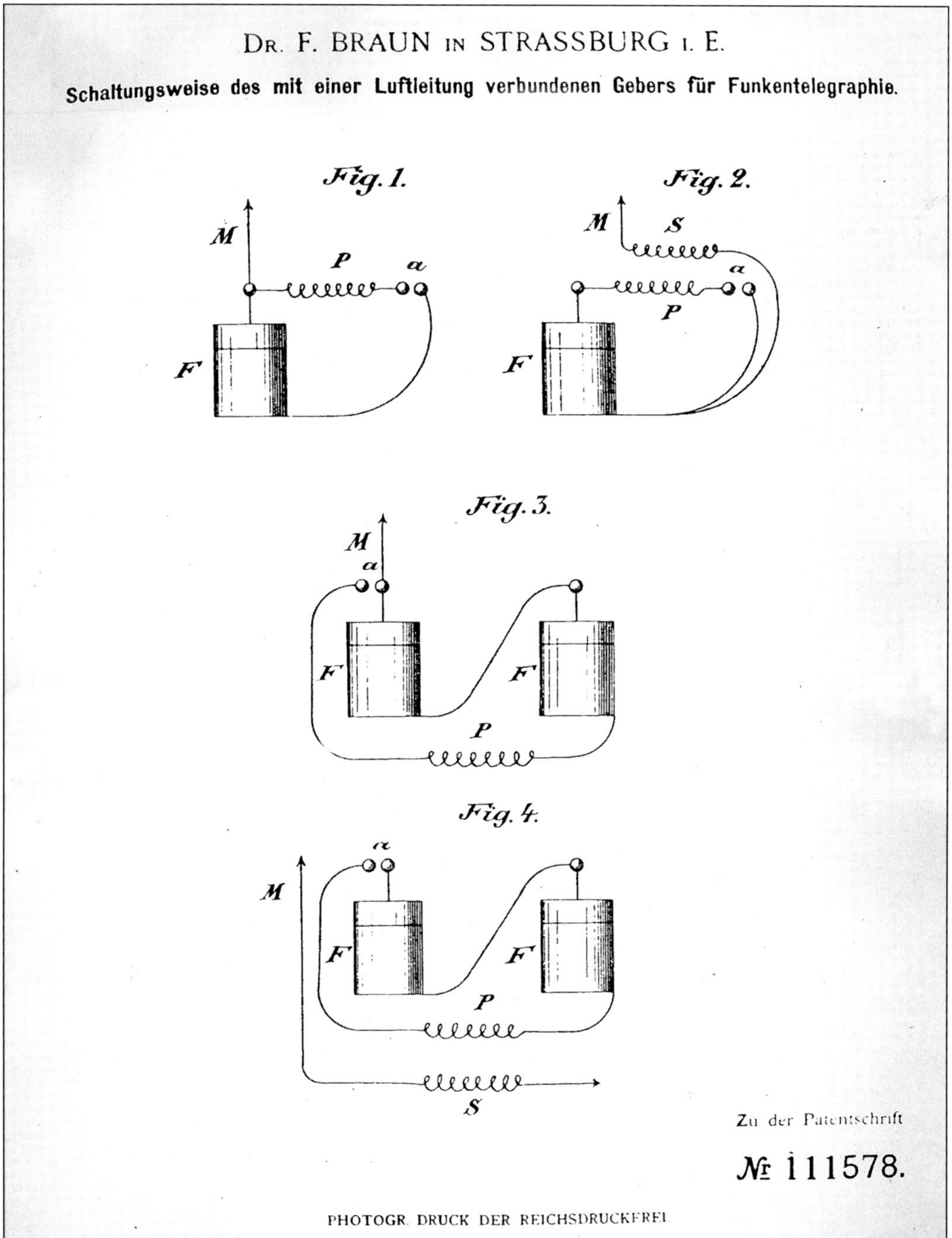

Mit dem Patent Nr. 111578 vom 14. Oktober 1898 führte Ferdinand Braun den Schwingkreis in die drahtlose Telegraphie ein.

PATENT-URKUNDE

№ 115081.

GESETZ v. 7. APRIL 1891

AUF GRUND DER ANGEHEFTETEN PATENTSCHRIFT IST DURCH BESCHLUSS DES KAISERLICHEN PATENTAMTES

an Dr. Ferdinand Braun in Straßburg, Elsass

EIN PATENT ERTHEILT WORDEN.

GEGENSTAND DES PATENTES IST:

Telegraphiesystem ohne fortlaufende Leitung

ANFANG DES PATENTES: 13. Juli 1898.

DIE RECHTE UND PFLICHTEN DES PATENTINHABERS SIND DURCH DAS PATENTGESETZ VOM 7. APRIL 1891 (REICHS-GESETZBLATT FÜR 1891 SEITE 79) BESTIMMT.

ZU URKUND DER ERTHEILUNG DES PATENTES IST DIESE AUSFERTIGUNG ERFOLGT.

KAISERLICHES PATENTAMT.

Diese Patenturkunde erhielt Ferdinand Braun für sein erstes Patent „Telegraphiesystem ohne fortlaufende Leitung" vom 13. Juli 1898.

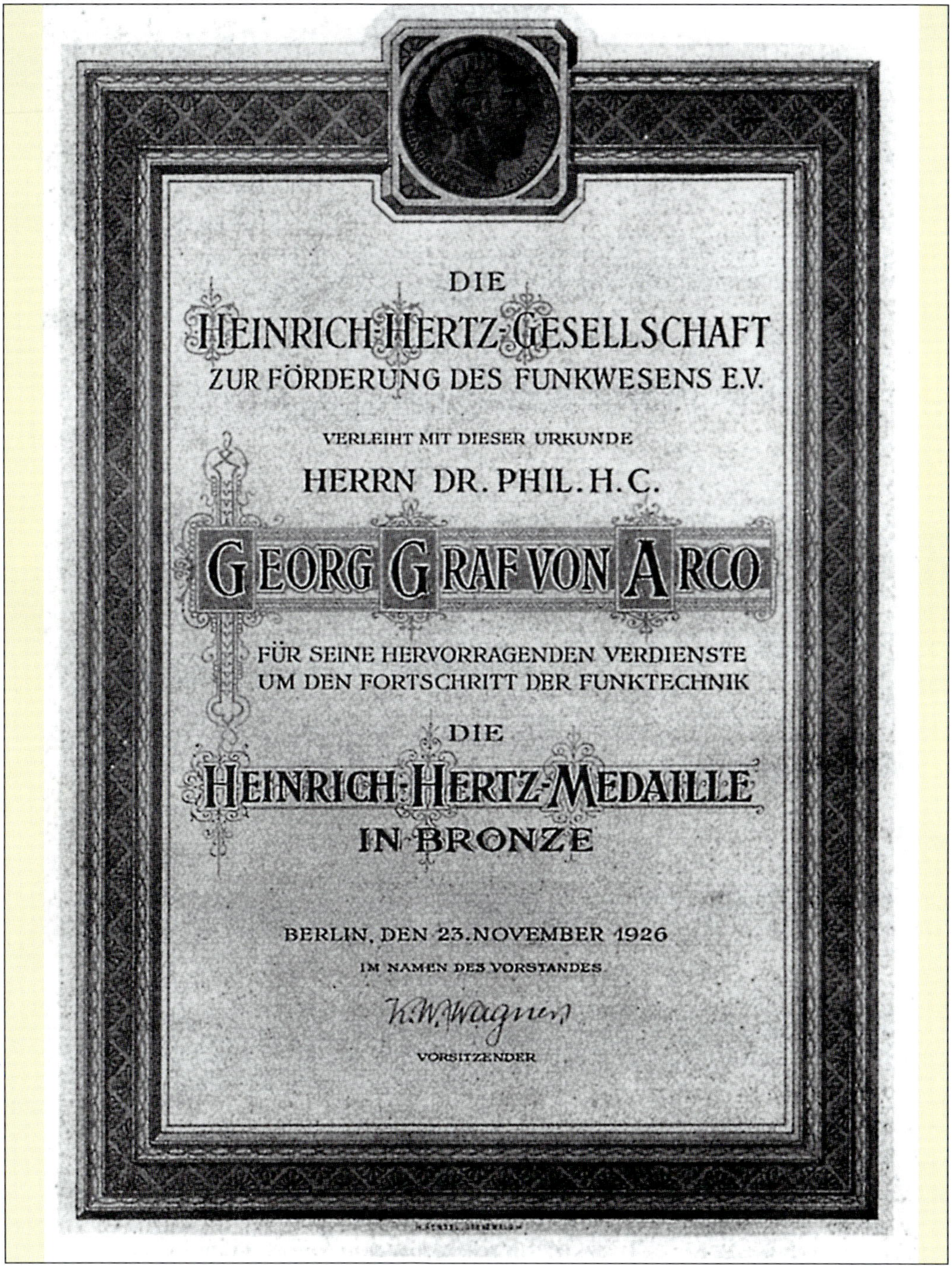

DIE
HEINRICH-HERTZ-GESELLSCHAFT
ZUR FÖRDERUNG DES FUNKWESENS E.V.

VERLEIHT MIT DIESER URKUNDE
HERRN DR. PHIL. H.C.
GEORG GRAF VON ARCO
FÜR SEINE HERVORRAGENDEN VERDIENSTE
UM DEN FORTSCHRITT DER FUNKTECHNIK
DIE
HEINRICH-HERTZ-MEDAILLE
IN BRONZE

BERLIN, DEN 23. NOVEMBER 1926
IM NAMEN DES VORSTANDES
K.W. Wagner
VORSITZENDER

Für seine Verdienste um die Entwicklung der Funktechnik erhält Graf Arco 1926 die Heinrich-Hertz-Medaille.

Die ersten Übertragungsversuche Ferdinand Brauns fanden in Cuxhaven statt. An der Kugelbake hing die Versuchshütte, um den Sender vor den hohen Wellen zu schützen.

antwortung der Frage: Was passiert, wenn von mehreren Sendern Nachrichten zur gleichen Zeit ausgestrahlt werden, jeder Empfänger aber nur eine bestimmte Nachricht erhalten möchte. Ferdinand Braun hatte mit seiner Erfindung das Problem der Abstimmung gelöst, ohne jedoch die ganze Tragweite seines Patentes zu erkennen, denn sein Ziel war nur die höhere Energieausbeute gewesen.

Auf das Problem der Abstimmung hatten bereits Lodge und Muirhead 1897 aufmerksam gemacht und sich in dem englischen Patent Nr. 18644 vom 11. August 1897 und einem Nachfolgepatent Nr. 11575 vom 5. Februar 1898 ihre Schaltungsanordnung schützen lassen. Sowohl für die Leitungsführung in der Sendeeinrichtung als auch im Empfänger hatten sie gleiche geometrische Abmessungen gewählt. Weiter hatten sie beim Righischen Oszillator den beiden mittleren Kugeln Induktivität und Kapazität hinzugefügt und damit die Frequenzeinstellung bewirkt. Nicht ganz so einfach war die Abstimmung beim Empfänger. Sie lösten das Problem durch eine spezielle Schaltung des Kohärers im Resonatorstromkreis.

Noch bevor Braun mit den von ihm entwickelten Geräten praktische Versuche in der Öffentlichkeit machte, gründete er am 7. Juli 1899 die Firma „Prof. Brauns Telegraphie GmbH“ mit einem Anfangskapital von 700 000 Mark.

Das Feuerschiff ELBE I diente bei den Versuchen 1899 zunächst als Empfangsstation.

Im Sommer 1899 begannen die Versuche, die bis zum Herbst 1900 dauerten. Bei Cuxhaven und auf dem Feuerschiff ELBE I standen Stationen, die teils miteinander, teils mit einer auf Helgoland errichteten Station in Verbindung traten. Trotz widriger Umstände, manchmal behinderte schlechtes Wetter die Versuche, dann wieder gab es Schwierigkeiten beim Transport der Apparate zu den Außenstationen, verliefen die Versuche erfolgreich, und im Winter 1899 wurde schon zwischen der Landstation, deren Antenne 29 m hoch war, und dem Dampfer SILVANA, der zwischen dem Festland und Helgoland verkehrte, eine Verbindung bis zu einer Entfernung von 32 km hergestellt. Die Schiffsantenne hatte nur eine Höhe von 15 m. Da der von Braun geführten Firma das Geld für eine Fertigung der Geräte fehlte, kam es zu einer Zusammenarbeit mit der Siemens & Halske AG. In ihr fand Braun nicht nur den Geldgeber und Produzenten, sondern auch Ingenieure mit praktischen Erfahrungen. Im Sommer 1900 hatte Siemens & Halske auf Anregung des Nautischen Vereins nämlich schon Versuche zwischen Laboe und dem

Von der Station Cuxhaven setzte Ferdinand Braun 1899 seine Versuche fort.

von Kiel nach Korsör fahrenden Postdampfer PRINZ SIGISMUND durchgeführt. Der Dampfer hatte Depeschen bis zu einer Entfernung von 18 Seemeilen mit der Signalstation bei Laboe wechseln können. Beide Partner versprachen sich für die Zukunft Vorteile von einer Zusammenarbeit. Der Zusammenschluß selbst wurde mit einer umfangreichen Öffentlichkeitsarbeit vorbereitet.

Am 16. November 1900 begann er mit einem Vortrag Brauns im Hörsaal des Straßburger Physikalischen Instituts vor großem Publikum. Nach den Fusionsverhandlungen im Dezember 1900 erfolgte im Juli 1901 die Gründung der „Gesellschaft für Telegraphie ohne Draht, System Prof. Braun und Siemens & Halske GmbH, Berlin". Die Telebraun brachte ihre Patente ein und die Firma Siemens beendete ihre eigenen, von Dr. Köpsel geleiteten Entwicklungsarbeiten.

Während Slaby sich mit der AEG auf den Einsatz der Funkentelegraphie in der

Die Versuche wurden 1901 bis nach Helgoland ausgedehnt. Ferdinand Braun mit zwei Gehilfen in der Funkstation auf der Insel … und das Innere der Funkstation (Bild unten).

Zwischen dem Postdampfer PRINZ SIGISMUND, der auf der Linie Kiel–Korsör verkehrte, und einer Station bei Laboe führte im Juli 1899 auf Anregung des Vorsitzenden des Nautischen Vereins, Geh. Kommerzienrat Sartori, die Siemens & Halske A.G. Übertragungsversuche durch.
Die PRINZ WALDEMAR (Bild) ist ein Schwesterschiff der PRINZ SIGISMUND.

Marine konzentrierte, entdeckten Braun und Siemens & Halske ihren Markt im Landheer. 1901 wurden die auf Pferdekar ren montierten Anlagen beim Kaisermanöver vorgeführt. Sie hatten sich nach einer Notiz im Militärwochenblatt „außerordentlich gut“ bewährt. Die Antenne war von einem Ballon hochgezogen worden.

Auf die Dauer hatten in Deutschland zwei konkurrierende Firmen und damit getrennte Teams von Entwicklungsingenieuren auf dem Gebiet der drahtlosen Telegraphie keine Zukunft. Ein so intelligenzintensives Entwicklungsfeld wie die Funktelegraphie forderte zwingend die Bündelung aller Ressourcen. Das wurde besonders deutlich, als am 12. Dezember 1901 die Nachricht durch die Weltpresse ging, daß es Marconi gelungen sei, zwischen Poldhu am westlichsten Zipfel der britischen Insel und St. John's an der äußersten Ostküste Neufundlands drahtlos eine Nachricht zu übertragen.

1901 begannen daher die Fusionsverhandlungen zwischen der „Gesellschaft für drahtlose Telegraphie, System Prof. Braun“ und der AEG. Die Standpunkte über die Gründung einer gemeinsamen Gesellschaft waren so gegensätzlich, daß die Verhandlungspartner ohne Einigung wieder auseinandergingen. Auch in einer zweiten Verhandlungsrunde im Mai 1902 gab es keinen Durchbruch. Es war kein

DRAHTLOSE TELEGRAPHIE

DURCH

WASSER UND LUFT

NACH VORTRÄGEN GEHALTEN IM WINTER 1900

VON

PROF. DR. FERDINAND BRAUN

DIREKTOR DES PHYSIKALISCHEN INSTITUTS DER UNIVERSITÄT STRASSBURG

MIT ZAHLREICHEN FIGUREN UND ABBILDUNGEN

LEIPZIG

VERLAG VON VEIT & COMP.

1901

1901 veröffentlichte Ferdinand Braun seine Forschungsergebnisse in dem Buch „Drahtlose Telegraphie durch Wasser und Luft“.

ANNALEN
DER
PHYSIK.

BEGRÜNDET UND FORTGEFÜHRT DURCH

F. A. C. GREN, L. W. GILBERT, J. C. POGGENDORFF, G. UND E. WIEDEMANN.

VIERTE FOLGE.

BAND 8.

DER GANZEN REIHE 313. BAND.

KURATORIUM:

F. KOHLRAUSCH, M. PLANCK, G. QUINCKE,
W. C. RÖNTGEN, E. WARBURG.

UNTER MITWIRKUNG

DER DEUTSCHEN PHYSIKALISCHEN GESELLSCHAFT

UND INSBESONDERE VON

M. PLANCK

HERAUSGEGEBEN VON

PAUL DRUDE.

MIT SIEBEN FIGURENTAFELN.

LEIPZIG, 1902.

VERLAG VON JOHANN AMBROSIUS BARTH.

Der Prioritätsstreit zwischen Slaby und Braun wurde öffentlich in den Annalen der Physik ausgetragen.

10. *Ueber die Erregung stehender elektrischer Drahtwellen durch Entladung von Condensatoren; von Ferdinand Braun.*

1. Der Fall, dass aus einem im Sinne der Geometrie geschlossenen Kreise stehende elektrische Wellen in einer offenen Strombahn erregt werden, kommt öfters vor. Er findet sich bei der Blondlot'schen Anordnung, man kann das Lecher'sche Drahtsystem so auffassen[1]) und er ist von mir (1898) als Senderanordnung mit sehr gutem Wirkungsgrade in die drahtlose Telegraphie eingeführt worden. Ich habe ihn dafür in zwei Formen angegeben:

a) Mit sogenannter *inductiver Erregung* des Senders. Ein Condensatorkreis entladet sich in sich und erregt inductiv in der lange gestreckten offenen, funkenlosen Senderbahn Schwingungen.

b) Mit sogenannter *directer* Schaltung. An einen Punkt des Condensatorkreises ist der Sender unmittelbar angeschlossen.

Eingegangen am 20. März 1902

13. *Bemerkung zu einem Aufsatze des Hrn. Braun „Ueber die Erregung stehender elektrischer Drahtwellen durch Condensatoren"; von A. Slaby.*

In einer Abhandlung „Ueber die Erregung stehender elektrischer Drahtwellen durch Entladung von Condensatoren"[1]) nimmt Hr. Braun (p. 200) an, dass ich die Anordnung der sogenannten directen Schaltung (Anschluss des Senders unmittelbar an einen geschlossenen Condensatorkreis) von ihm entlehnt habe. Dies trifft nicht zu. Ich habe vielmehr mit dieser Schaltung, auf Grund einer Anregung meines damaligen Assistenten Hrn. Dr. Tietz[2]), unter Verwendung einer mehrfachen Funkenstrecke nach nebenstehender Figur bereits im September 1898 gearbeitet. Die Grundbedingung für die erfolgreiche Wirkung dieser Schaltung, welche *in der Abstimmung des geschlossenen Condensatorkreises auf den Senderdraht besteht*, habe ich allerdings, ebenso wie Hr. Braun, erst später erkannt. Ein Prioritätsanspruch auf *diese* für die Funkentelegraphie wichtigste Entdeckung

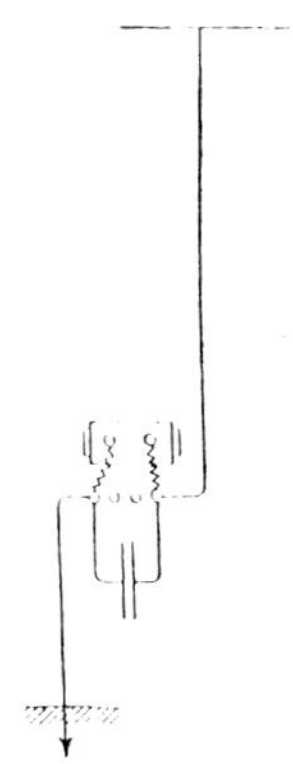

steht Hrn. Braun, soweit ich aus der Literatur ersehe, *nicht* zu. Die experimentellen Studien, welche mich zur Erkennung dieses ausschlaggebenden Zusammenhanges führten, habe ich in der Elektrotechnischen Zeitschrift[3]) veröffentlicht.

Eingegangen am 9. Juli 1902

21. *Entgegnung auf die Bemerkung des Hrn. Slaby; von F. Braun.*

1. In diesen Bemerkungen[1]) bestreitet Hr. Slaby, dass er die directe Senderschaltung[2]) mir entlehnt hat und will diese Anordnung vielmehr auf Hrn. Dr. Tietz[3]) zurückführen.

Zunächst sehe ich mich Hrn. Slaby gegenüber hier zu der Bemerkung veranlasst, dass es den bisherigen wissenschaftlichen Gepflogenheiten, die auch andere Autoren insbesondere in dieser Zeitschrift sonst stets geübt haben, nicht entspricht, lediglich auf Grund allgemeiner Bemerkungen eine Priorität zu *negiren*; Brauch war nur — und es ist wünschenswert, dass es so bleibt — auf Grund genauer positiver Angaben eine solche für sich oder einen anderen zu *reclamiren*. *Eingegangen am 28. Oktober 1902*

10. *Antwort an Hrn. Braun; von A. Slaby.*

Ich bin Hrn. Braun dankbar, daß er seine Ansprüche nunmehr bestimmt formuliert hat. Die nachfolgenden leicht festzustellenden Tatsachen ebenen den Boden für eine Verständigung. Alle nebensächlichen Dinge lasse ich bei Seite, um die Meinungsdifferenz nicht unnötig zu verschärfen.

1. Zunächst die Frage der *„Abstimmung des funkentelegraphischen Gebers in sich"*. Hr. Braun stützt seinen Prioritätsanspruch auf ein Referat der Straßburger Post über einen am 16. November 1900 gehaltenen Vortrag, der die Bemerkung enthält: „Die Braunsche Senderanordnung verlangt — soll ihre Wirkung voll zur Geltung gelangen —, daß Sender- und Primärsystem aufeinander abgestimmt sind." Dieser Vortrag war mir bisher nicht bekannt, wohl aber ein späterer vom 1. Februar 1901, über welchen Hr. Braun, anscheinend selber, in der Elektrotechnischen Zeitschrift vom 28. Februar 1901, sowie in seinem Buche „Drahtlose Telegraphie" p. 52 referiert hat.

Ich erkenne gern an, daß Hr. Braun bereits am 16. November 1900 die Notwendigkeit der „Geberabstimmung in sich" vollkommen klar erkannt, auch die dazu geeigneten Mittel, obwohl er sie nicht veröffentlichte, selbständig erfunden hat.

Eingegangen am 17. Dezember 1902

11. *Erklärung auf Hrn. Slabys Antwort; von Ferdinand Braun.*

Hr. Slaby war so freundlich, mir seine Antwort an mich, wie er sie in diese Annalen zu geben beabsichtigt, schon vorher gedruckt zu übersenden; er ermöglicht mir so, die von ihm gewünschten Äußerungen zur Sache schon jetzt zu geben.

Hr. Slaby gesteht mir die Priorität in beiden von mir beanspruchten Punkten zu; diese sind: 1. die Abstimmung des Flaschenkreises auf den Sender, und 2. die Priorität der Erkenntnis der Wichtigkeit des geschlossenen Schwingungskreises als Erzeuger von Wellen, welche durch den Sender ausgestrahlt werden, und die praktische Einführung des Schwingungskreises in die drahtlose Telegraphie. Er beansprucht aber für sich, daß er 1. unabhängig, 2. vor mir zu denselben Erkenntnissen gekommen sei.

1. Was den einen Punkt angeht, so erkenne ich unumwunden an, daß in Hrn. Slabys Patentanmeldung [1]) vom 17. Oktober 1900 — und von diesem Tage an — der Gedanke der „Abstimmung in sich" ausgesprochen ist und somit ehe etwas von mir über denselben Gegenstand publiziert war.

Eingegangen 27. Dezember 1902

(Nachdem die Herren Slaby und Braun in diesem Prioritätsstreit je zweimal das Wort ergriffen haben, betrachtet die Redaktion denselben nunmehr als abgeschlossen)

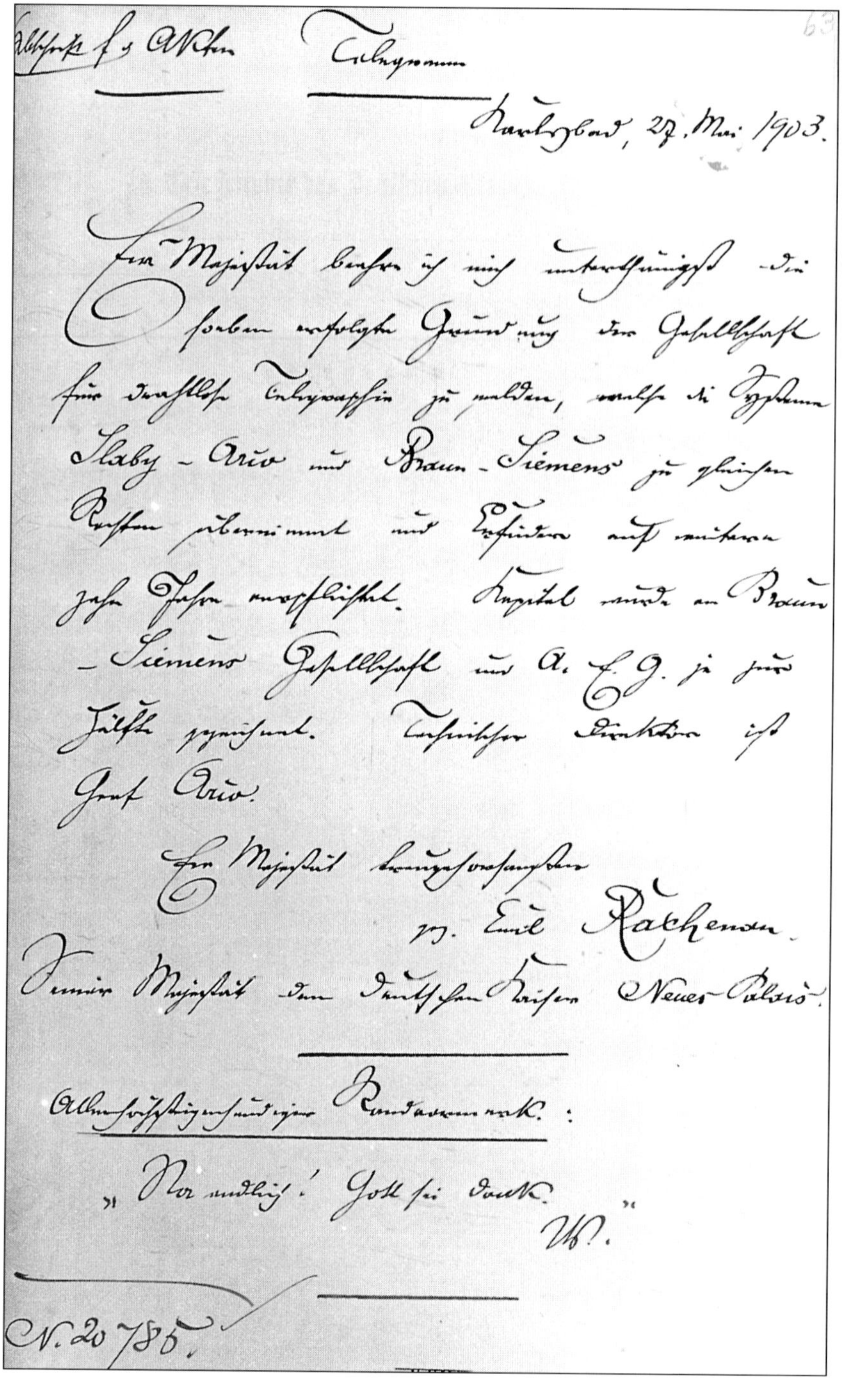
Abschrift f. d. Akten

Telegramm

Karlsbad, 27. Mai 1903.

Eurer Majestät beehre ich mich unterthänigst die soeben erfolgte Gründung der Gesellschaft für drahtlose Telegraphie zu melden, welche die Systeme Slaby-Arco und Braun-Siemens zu gleichen Rechten übernimmt und Erfinder auf weitere zehn Jahre verpflichtet. Kapital wurde von Braun-Siemens Gesellschaft und A. E. G. je zur Hälfte gezeichnet. Technischer Direktor ist Graf Arco.

Eurer Majestät treugehorsamster
gez. Emil Rathenau.

Seiner Majestät dem Deutschen Kaiser Neues Palais.

Allerhöchsteigenhändiger Randvermerk:

„Na endlich! Gott sei dank.
W."

N. 20785.

Nach zähen Verhandlungen zwischen der Siemens & Halske AG und der AEG kann Emil Rathenau Kaiser Wilhelm II. den Zusammenschluß mitteilen.

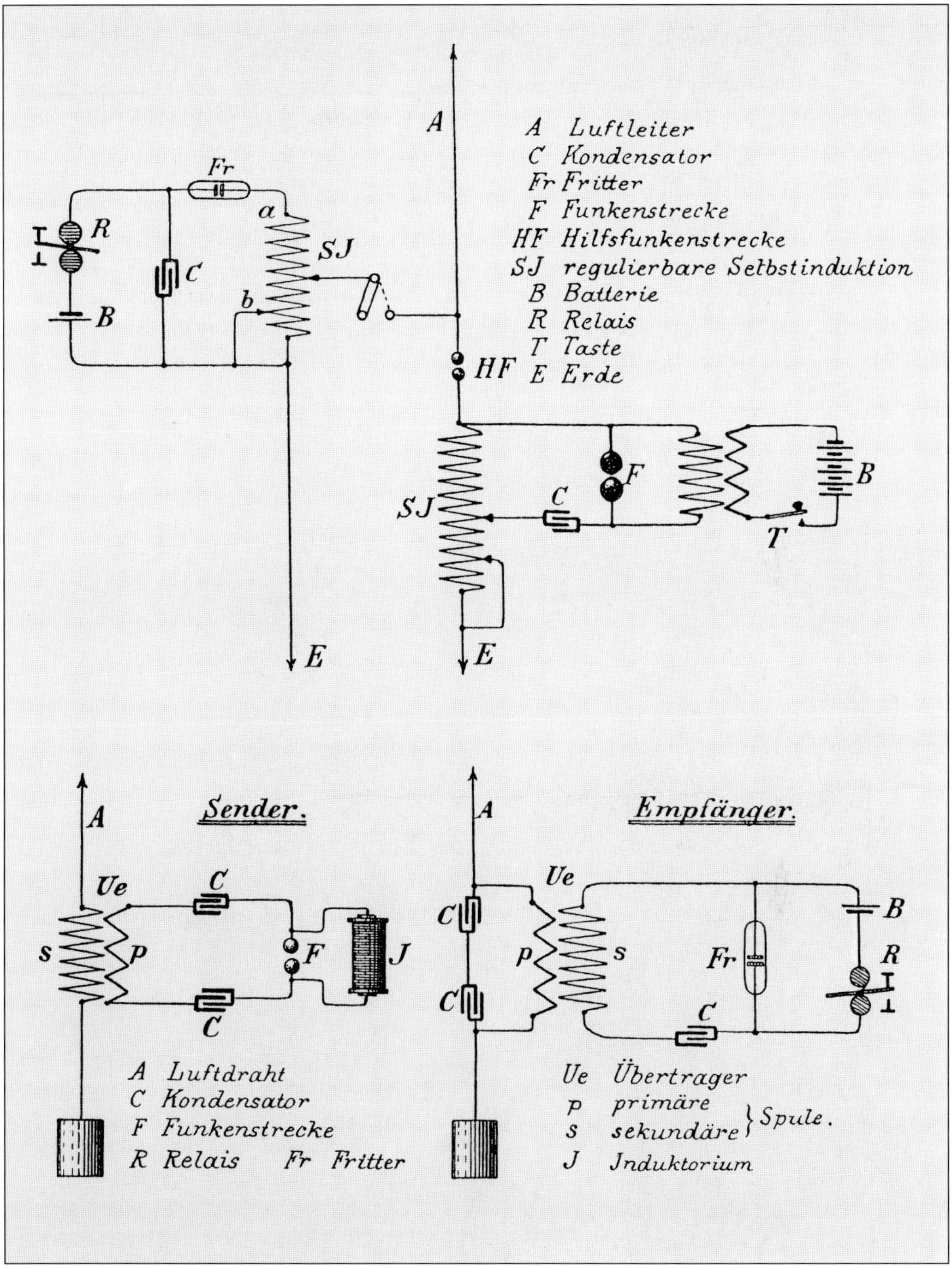

Mit Anlagen nach diesen beiden Schaltungen begann die Gesellschaft für drahtlose Telegraphie mbH (Telefunken) 1903 ihre Geschäftstätigkeit …

zum Luftleiter
Vs
Induktor
Schaltbrett
Regulier-widerstand
Fritter
Ue Sp
Ve
R1
Kond1
T
Turbinenmotor
Turbinenunterbrecher

Streit zwischen zwei Mitbewerbern auf dem Markt, sondern der Zwist zweier Wissenschaftler, der öffentlich ausgetragen wurde und in dem hartnäckig um die Priorität gestritten wurde. Sogar die Presse griff in den Streit ein und unterstellte Braun-Siemens, nichts gegen Marconi, dafür aber alles gegen Slaby zu unternehmen. Der Kaiser drängte auf eine Einigung.

Am 15. Mai 1903 wurde sie erreicht und am 27. Mai mit folgender Erklärung öffentlich gemacht: „Es ist heute eine G.m.b.H. unter der Firma Gesellschaft für drahtlose Telegraphie m.b.H. mit einem Grundkapital von Mark 300.000,00 gegründet worden, welche letzteres nach Bedarf bis zu einer Höhe von 1 Million Mark vermehren kann. Die Gesellschaft wird die unter den Namen Professor Braun und Slaby-Arco bekannten Systeme exploitieren und unter Mitwirkung der genannten Erfinder weiter entwickeln. Sie schließt Fabrikationsverträge mit der Allgemeinen Elektrizitäts-Gesellschaft und der Aktiengesellschaft Siemens & Halske, von denen die erstere die Hälfte der Geschäftsanteile übernimmt, während die andere Hälfte von der Gesellschaft für drahtlose Telegraphie System Professor Braun und Siemens & Halske G.m.b.H. übernommen wird. Zu Geschäftsführern sind ernannt die Herren Ingenieur Graf von Arco und Kaufmann Bargmann. Als Delegierte der Gesellschafter fungieren die Herren Ingenieur Dr. Adolf Franke (S & H) und Direktor Mamroth (AEG). Alle zwischen den Beteiligten schwebenden Patentstreitigkeiten sind durch Begründung dieses gemeinsamen Unternehmens erledigt."[21)]

Das war die Geburtsstunde der unter „Telefunken" weltweit bekannt gewordenen Firma, die sich nun nicht nur der technischen Weiterentwicklung, sondern auch der Expansion auf dem Weltmarkt widmen konnte und wollte. 1904 stellte die Gesellschaft für drahtlose Telegraphie m.b.H befriedigt fest, daß das große wissenschaftliche und technische Material gesichtet und verarbeitet worden sei und die Arbeiten zu einem „System geführt haben, das die von Braun angegebene Methode zur Vergrößerung der Sendeenergie, die Anwendung eines geschlossenen Schwingkreises (L und C in Reihe mit der Funkenstrecke, über der das Induktorium liegt) und induktive Kopplung mit dem Luftleiter umfaßt."[22)]

Abb. links: … und so sah die Anlage aus. Zu erkennen ist der Induktor und seine Sekundärspule. Durch den Turbinenunterbrecher wird die hohe Funkenfolge erzeugt.

Die Anfänge – Seefunk in den Kinderschuhen

Jahrhundertelang hatten sich die Schiffsbesatzungen damit begnügen müssen, ihre Nachrichten durch Rufen oder mit Flaggen zu übermitteln. Bei Nebel machten sich die Schiffe durch Anschlagen der Schiffsglocke bemerkbar, später warnte der tiefe Ton des Typhons vor Gefahren.

Nun hatten die Erfinder ein Nachrichtenverkehrsmittel entwickelt, mit dem unsichtbar und unhörbar über den freien Raum Signale ausgetauscht werden konnten. Auch wenn von einem Seefunk noch nicht gesprochen werden konnte, visionär ließ sich die zukünftige Entwicklung erahnen.

Zunächst experimentierten die Wissenschaftler und Ingenieure, um die Grenzen der überbrückbaren Entfernung weiter und weiter hinauszuschieben. Da bot es sich natürlich an, die Versuche zwischen einer festen Sendestation an Land und einer mobilen Empfangsstation auf einem Schiff durchzuführen. Die ersten mit Anlagen für die drahtlose Telegraphie bestückten Schiffe waren Versuchsträger, doch hier liegen die Wurzeln für den Seefunk.

Zwischen dem Übertragungsversuch zwischen Küste und Schiff und einer ständigen Nachrichtenverbindung vom Schiff zum Land war es nur ein kleiner Schritt. Als Geburtsstunde des Seefunks könnte daher jener Tag gelten, an dem zwischen einer Landstation und einem fahrenden Schiff Nachrichten zu mehr als Versuchszwecken gewechselt wurden. Der Zeitpunkt ist fließend, denn Übertragungsversuch und ständige Nachrichtenverbindung haben sich immer gegenseitig bedingt.

Spektakulär war die erste drahtlose Telegraphieverbindung zu einem Schiff. Sie wurde 1898 zwischen der königlichen Villa auf der Insel Wight und der königlichen Yacht OSBORNE eingerichtet. Die auf der Yacht installierte Antenne hatte eine Höhe von 25 m über der Kommandobrücke, diejenige beim Schloß war 31 m hoch. Die Verbindung gelang bis zu einer Entfernung von 31,5 km. Immer wieder wurde in den Zeitungsberichten hervorgehoben, daß die Queen mit dem Prinzen über den drahtlosen Telegraphen „gesprochen" habe.

Nicht weniger öffentlichkeitswirksam gestaltete sich die Übertragung vom Rennverlauf der mit großem Interesse verfolgten Segelregatta bei Kingston. Auf funktelegraphischem Wege wurden fortlaufend Berichte an eine Dubliner Zeitung gesendet. In Kingston war die Empfangsstation auf dem Grundstück des Hafenkapitäns aufgebaut worden. Die Sendestation mit der 76 Fuß hohen Sendeantenne befand sich auf dem Dampfer FLYING HUNTRESS, auf dem auch die Presseleute saßen.

Ein Jahr später, am 15. September 1899, berichtete die „Electrician", daß der „New York Herald" ein Treffen mit der Wireless Telegraph & Signal Co. vereinbart habe, um ein Marconi-Gerät auf einem Dampfer installieren zu lassen, von dem das Rennen zwischen den beiden Hochseeyachten, der SHAMROCK und der COLUMBIA, verfolgt und die neusten Nachrichten über den Rennverlauf telegraphiert werden sollten.

Als im Oktober das Rennen stattfand, wurden dem „New York Herald" mit

Hilfe der drahtlosen Telegraphie die neusten Nachrichten vom Stand des Rennens übermittelt, und der „Daily Telegraph" veröffentlichte die Telegramme. Marconi und zwei seiner Assistenten bedienten den Apparat, der an Bord der GRANDE DUCHESSE installiert worden war. Der Antennenstab ragte bis 60 Fuß über die Wasserlinie empor. Die Nachrichten gingen nicht direkt an die Zeitung. Sie wurden zunächst an Bord des Kabelschiffes MACKAY-BENNETT, das in der Nähe vom Scotland-Leuchtfeuer ankerte, von zwei Funkern empfangen und von hier über ein Seekabel bis Coney Island weitergegeben. Über die Landleitungen erreichten sie die Büros des „New York Herald" und des „Daily Telegraph". Insgesamt wurden 26 Nachrichten gesendet, von denen die beiden folgenden als Beispiel dienen mögen:

12.05 Uhr: wind läßt nach – ungefähr 4 knoten. die segel der shamrock stehen besser als die der columbia ... shamrock führt.

12.18 Uhr: die shamrock, der führung der columbia folgend, setzt den spinnaker und nimmt den baum nach backbord. [23)]

Auch wenn die Nachrichten in nur eine Richtung – von See zum Land – gesendet wurden, war die Wirkung auf die Öffentlichkeit sehr groß. Zum ersten Mal konnte man hautnah miterleben, was da draußen auf See vor sich ging.

Ganz andere Beweggründe hatten die Marinen der seefahrenden Nationen, als sie sich für die Marconischen Versuche zu interessieren begannen. Aufmerksam hatten sie alles verfolgt, was mit der Funkentelegraphie zusammenhing. Als die überbrückbare Entfernung größer und Reichweiten bis 100 km erreicht wurden, meldeten sie ihr Interesse an praktischen Vorführungen an. Marconi ließ es sich nicht nehmen, die Geräte selbst im praktischen Betrieb vorzustellen. Er war sich wohl bewußt, daß die Marine ein potentieller Abnehmer für seine Apparate sein würde.

Die britische Admiralität war die erste Regierungsbehörde, die den Einsatz der Marconi-Geräte an Bord ihrer Kriegsschiffe wünschte. Die Royal Navy sah den taktischen Wert der drahtlosen Telegraphie voraus und beschloß 1899, das Verfahren anläßlich der jährlich stattfindenden Flottenmanöver zu testen. JUNO, EUROPA und ALEXANDRA wurden mit Geräten ausgerüstet. Marconi selbst hatte auf der JUNO Quartier bezogen und bediente die Anlagen. Der Einsatz der drahtlosen Telegraphie für die Befehlsübermittlung muß ein Erfolg gewesen sein, auch wenn von den der Admiralität vorgelegten Berichten der kommandierenden Offiziere der Schiffe Ihrer Majestät zunächst nichts über die Erfahrungen an die Öffentlichkeit drang. Aber wenig später wurde doch ein Bericht veröffentlicht, der sich auf Aussagen von Capt. E. P. Statham R. N. von der JUNO berief: „Als die Reserveflotte zuerst in Torbay lag, sandte die JUNO täglich Nachrichten über verschiedene Entfernungen zum Flaggschiff. Die Entfernung wurde auf 30 Meilen erhöht, damit 50 Meilen letztendlich erreicht werden konnten. In Milford Haven wurde die EUROPA ausgerüstet. Der erste Schritt war die Befestigung eines Rundholzes an der Mastspitze des Hauptmastes, das eine Spriet tragen sollte, an dem der Empfänger befestigt wurde. Die Antenne des Empfängers wurde auf der Steuerbordseite an einem Isolator befestigt und in ein überdachtes Deckshaus geführt, in dem die verschiedenen Geräte untergebracht waren. Als die Feindhandlungen begannen, wurde die EUROPA, das Führungsschiff eines Geschwaders von 7 Kreuzern, entsandt, um nach dem Konvoi Ausschau zu halten. Die JUNO wurde abkommandiert, die Verbindung zu halten, falls es notwendig sei, und den Feind auszukundschaften. Das Flaggschiff blieb mit dem langsameren Schlachtgeschwader zurück. Die EUROPA blieb in direkter Verbindung mit dem Flaggschiff, lange nachdem sie von Milford Haven ausgelaufen war. Die Entfernung betrug zwischen 30 und 40 Meilen, und bevor sie die Verbindung verlor, dampfte die EUROPA mit einer hohen Geschwindigkeit hinterher. Der Konvoi wurde um 4.00 Uhr nachmittags erreicht und unter Leitung des Oberkapitäns verlassen. Die EUROPA beeilte sich, dorthin zu fahren, wo der Admiral zurückgeblieben war, bis er hören sollte, ob der Feind den Konvoi gefunden und aufgebracht habe. Aber kaum hatte sie Kurs auf die langsameren Schiffe genommen, als JUNO sie anrief und mitteilte, daß der Admiral käme, um den Konvoi zu treffen. Die JUNO war zu dieser Zeit volle 60 Meilen von der EUROPA entfernt. Man stelle sich vor, sagte Kommandeur Statham, eine Kette von Schiffen, 60 Meilen voneinander entfernt. Nur 5 würden ausreichen, um lebenswichtige Befehle über eine Entfernung von 300 Meilen zu empfangen und sofort auszuführen, und das alles in einer halben Stunde und weniger."[24]

Die Flottenmanöver hatten die Erwar-

Schiffsstation von Telefunken 1907.

tungen der Admiralität an das neue Nachrichtenmittel erfüllt und so beschloß sie, verschiedene Schiffe des Kanalgeschwaders, wie die MAJESTIC, die MAGNIFICENT, die HANNIBAL und die JUPITER, mit Telegraphiefunkgeräten von Marconi ausrüsten zu lassen. Die Signalbootmänner der beiden Flaggschiffe und zwei Signalunteroffiziere wurden an Bord der HECTOR im Telegraphiefunk unterwiesen.

Bei den britischen Seemanövern im Jahre 1900 wurden die Übertragungsversuche fortgesetzt und dieses Mal bereits Reichweiten bis 100 km erreicht. Die Antennen waren 38 bzw. 45 m hoch. Die beiden Schiffe JUNO und EUROPA konnten Nachrichten bis auf 136 km Entfernung austauschen. Die Marineoffiziere waren besonders von der Wirkung der Abstimmungsgeräte nach dem Patent Nr. 7777 beeindruckt, denn dadurch war eine „Geheimhaltung" ihrer Befehle möglich geworden. Im Herbst 1900 waren 28 Kriegsschiffe der Royal Navy mit Anlagen für drahtlose Telegraphie ausgerüstet.

1903 hatte die anfängliche Euphorie über die Leistungsfähigkeit des drahtlosen Telegraphen einer sachlichen Bewertung Platz gemacht. In den Kriegsflotten war er als taktisches Hilfsmittel und Faktor einer modernen Kriegsführung anerkannt. Der Satz „Ein kühner Admiral

Die spanische Königs-Yacht wurde 1904 mit einer Anlage für drahtlose Telegraphie ausgerüstet und gehörte damit zu den ersten Schiffen, die eine Telefunken-Anlage an Bord hatten.

nutzt ihn als Offensivwaffe, während ein ängstlicher durch feindliche Signale in Verlegenheit gerät und eine gute Chance zur Lageaufklärung verpaßt"[25] machte in der Navy die Runde.

Im Mai 1904 hob die Marconi Co. die guten Beziehungen zur britischen Admiralität hervor und stellte fest, daß nunmehr 48 Schiffe mit dem abstimmbaren Apparat ausgerüstet seien und mit 55 Landstationen zusammenarbeiten könnten.

Die Einrichtungen an Bord wurden zunehmend perfekter installiert und die Apparate leistungsfähiger. Die Navy hielt 1904 den folgenden Bericht für veröffentlichenswert: „Aus dem Mittelmeer kommt die Nachricht, daß Leutnant Rayn vom Zerstörer PANTHER Nachrichten über 30 bis 40 Meilen mit absoluter Zuverlässigkeit senden und empfangen konnte. Er hatte nur einen Antennendraht an der Mastspitze des Zerstörers befestigt. Damit wird der Wert des Zerstörers als Spähschiff erhöht."[26] Schließlich hieß es 1906 in einer zusammenfassenden Einschätzung:

„Die ausgezeichneten Aufklärungs- und gesamtstrategischen Resultate der kombinierten Flotten zeigen fehlerfrei den Wert und den praktischen Nutzen. Gleichzeitig wird angezeigt, daß Schiffe ohne Funk in Kriegszeiten eine Schwäche darstellen, wenn sie nicht zu einer Gefahr für ihre Flotte werden ... Auf alle Fälle erhalten alle Schiffe ihre Geräte vor Beginn der großen Manöver im Juni/Juli, deren Planung so angelegt ist, daß der Funk unverzichtbar ist."[27]

Auch die Regierung der Vereinigten Staaten zeigte ihr Interesse, die Flotte mit Funkanlagen ausrüsten zu lassen. Sie lud 1899 Marconi ein, zwischen einigen Schiffen der Flotte Übertragungsversuche durchzuführen. Versuchsträger sollten die Kreuzer NEW YORK und MASSACHUSETTS sein. Im November 1899 lagen die beiden Schiffe im North River vor Anker, 480 Yards (438 m) voneinander entfernt. Es war die Entfernung, in der Schiffe während der Geschwaderfahrt laufen. Auf der NEW YORK bediente Marconi, wie so oft, selbst die Sendegeräte. Zwei Mitglieder des Marineamtes führten die Aufsicht. Am Empfänger auf der MASSACHUSETTS saß ein Assistent Marconis unter der Aufsicht eines Mitglieds des Amtes für Entwicklung. Der erste Test bestand in der Sendung eines Auszugs aus einem Zeitungsartikel von ungefähr 1500 Wörtern. Die Nachricht, die mit einer Geschwindigkeit von 11 Wörtern in der Minute gesendet wurde, schrieb der Assistent am Empfänger ohne einen einzigen Fehler nieder. Die nächsten Tests bestanden im Senden einer Reihe codierter Nachrichten. „Dies war genug, um die Ausdauer und Geduld des Funkers zu strapazieren."[28] Es wurden zwei Fehler in diesem Test entdeckt. Nach den Übertragungsversuchen über kurze Entfernung liefen die beiden Schiffe aus. Ungefähr 5 Meilen von den Highlands entfernt ließ die NEW YORK die Anker fallen und die MASSACHUSETTS dampfte weiter. Alle 10 Minuten wurden Signale ausgetauscht. Bei einer Entfernung von 36 Meilen blieben die Nachrichten, die von der NEW YORK gesendet wurden, aus. Getestet wurde auch die Interferenz, wenn eine zweite Station sendet. In diesem Falle wurden die Nachrichten unverständlich. „Marconi erklärte aber, daß er ein Gerät habe, das die Interferenz unmöglich mache."[29]

Der Abschlußbericht zu den Versuchen, der im Dezember 1899 veröffentlicht wurde, begann mit den Worten:

„Wir sind zufrieden mit den Ergebnissen unserer Erforschung des Marconi-

Systems. Es paßt sich gut den Erfordernissen in der Geschwader-Signalisation unter Bedingung von Regen, Nebel, Dunkelheit und Geschwindigkeitsänderungen an. Wind, Regen, Nebel und andere Wetterbedingungen beeinflussen die Wellenausbreitung in der Atmosphäre nicht, aber Feuchtigkeit kann die Reichweite, die Geschwindigkeit und die Genauigkeit durch die Verschlechterung der Isolation der Antennendrähte und Geräte reduzieren ... Wenn zwei Sender zur gleichen Zeit arbeiten, zeigen alle Empfangsantennen innerhalb des Empfangsbereiches durch unlesbare Bänder, daß eine Doppelsendung aufgetreten ist. Mr. Marconi, obwohl er vor dem Beginn der Versuche vor dem Amt bestätigt hat, daß er die Interferenz verhindern könne, erklärte oder versuchte niemals zu demonstrieren, wie dieses geschieht ... Die Übertragungsgeschwindigkeit ist nicht größer als 12 Wörter pro Minute für einen gelernten Funker. Der Schlag von der Senderspule kann sehr gefährlich für eine Person mit schwachem Herzen sein. Es wurden keine tödlichen Unfälle bemerkt ... Das System ist geeignet für den Einsatz auf allen Schiffen." 30) Im Bericht von einem Flottenmanöver wurde der taktische Wert hervorgehoben. „Die Feinde, die sich unter Deckung des Nebels dem Hafen näherten, wurden durch einen Verteidiger entdeckt. Dieser hißte die weiße Flagge, informierte aber erst die anderen Schiffe seiner Seite, die die gesamte Flotte einschlossen und gefangennahmen. Dies wird als großer Sieg des Systems angesehen."31) Im Jahre 1906 kommunizierten die Schiffe des nordatlantischen Geschwaders der USA durch drahtlose Telegraphie bereits auf 480 km miteinander.

In Deutschland begann die praktische Einführung des Seefunks mit einem Vortrag von Adolf Slaby. Auf der ersten ordentlichen Hauptversammlung der Schiffbautechnischen Gesellschaft im Dezember 1899 sprach er über „Anwendung der Funkentelegraphie in der Marine" und berichtete über die Versuchsergebnisse, die mit SMS FRIEDRICH CARL gemacht worden waren. Die deutschen Marinebehörden hatten zunächst Kontakt mit der Marconi-Gesellschaft aufgenommen, um über eine Ausrüstung ihrer Kriegsschiffe zu verhandeln. Doch die Gespräche scheiterten und so wandte man sich an Slaby und Graf Arco. Zwei Jahre später wurde mitgeteilt, daß alle Kriegsschiffe der deutschen Marine und die Marine-Küstenstationen auf kaiserliche Anordnung hin mit funkentelegraphischen Apparaten nach dem System Slaby-Arco ausgerüstet werden. 1905 erhielt die „Gesellschaft für drahtlose Telegraphie m.b.H." den Auftrag, neben dem Lotsendampfer JADE sieben weitere Kriegsschiffe mit drahtlosen Stationen auszurüsten.

Im zivilen Bereich führten die Schiffahrtsgesellschaften, die den Kanaldampferverkehr zwischen dem Kontinent und der britischen Insel aufrechterhielten, zuerst den Seefunk ein. Schon 1899 wurde die gesamte Flotte der Great Eastern Railway Co., die zwischen Harwich und dem Kontinent verkehrte, mit Marconi-Apparaten ausgerüstet und ein Jahr später ließ die South Eastern & Chatham Railway Co. auf all ihren Dampfern von der Wireless Telegraph & Signal Co. Marconische Telegraphen einbauen. In Dover wurde ein Antennenmast errichtet, dessen Höhe so bemessen war, daß die Dampfer auf der Strecke nach Calais bzw. Boulogne ununterbrochen erreicht werden konnten. Die belgische Telegraphenverwaltung richtete 1904 einen allgemeinen Telegraphendienst zwischen den Stationen für drahtlose Telegraphie an den belgischen Küsten und ihren Kanaldampfern ein.

Der amerikanische Dampfer ST. PAUL wurde 1899 mit einer Funkanlage ausgerüstet. Als Marconi sich im November 1899 auf der Rückreise nach Europa befand, schickte er 50 Seemeilen von der Insel Wight entfernt eine Nachricht an die Küstenfunkstation Needles und kündigte sein Kommen an.

Um 1900 hatte die drahtlose Telegraphie das Versuchsstadium überwunden. Die Reedereien versprachen sich organisatorische Vorteile, wenn sie ihre Schiffe mit Anlagen zur drahtlosen Telegraphie ausrüsten ließen.

Schon vor der Ankunft im Hafen konnten so Telegramme gewechselt werden. Organisation und Abfertigung wurden dadurch erheblich erleichtert. In Deutschland wurde der Norddeutsche Lloyd zum Vorreiter in der Ausrüstung seiner Schiffe mit Funkanlagen. In einer Denkschrift für die deutsche Regierung hatte er auf die Notwendigkeit hingewiesen, die großen Ozeandampfer in die Lage zu versetzen, schon auf der Strecke Vlissingen–Leuchtturm „Roter Sand", Telegramme aufzugeben, denn die unsichere Ankunftszeit der Dampfer in Bremen hatte immer wieder zu Problemen bei der Einhaltung des Fahrplans geführt und sich als großes organisatorisches Hemmnis gezeigt. Nun sollte der Einsatz von Funkanlagen Abhilfe schaffen. Die Reichstelegraphenverwaltung prüfte die Frage, ob es zulässig sei, das Feuerschiff BORKUM RIFF mit einer Funkanlage auszustatten und entschied sich für einen Einbau. Der Norddeutsche Lloyd gab, nachdem die Reichstelegraphenverwaltung ihre Zustimmung erteilt hatte, bei der Marconi Wireless Telegraph Co. den Bau der Küstenfunkstation Borkum in Auftrag. Er übernahm die Kosten für die Einrichtung und zahlte auch die jährliche Lizenzgebühr an die Marconi-Gesellschaft. Nachdem Mitte Februar 1900 die Verhandlungen abgeschlossen waren, begann zunächst der Bau der Küstenstation Borkum Leuchtturm. Ein Mast von 38 m Höhe wurde aufgestellt. Die Errichtung der Anlage auf dem Feuerschiff BORKUM RIFF war ungleich komplizierter. Der Schiffsmast mußte auf 30 m verlängert werden. Dazu wurde das Feuerschiff nach Emden verbracht. In dieser Zeit fanden zwischen Borkum Leuchtturm und dem Dampfer KAISER WILHELM DER GROSSE schon die ersten Übertragungsversuche statt. Am 4. Mai wurde das Feuerschiff wieder auf seiner Position verankert und begann mit Versuchssendungen zur Station Borkum Leuchtturm. Am 15. Mai 1900 wurde die erste deutsche Küstenstation in Betrieb genommen.

Sichtete die Besatzung auf dem Feuerschiff BORKUM RIFF einen Dampfer des Norddeutschen Lloyd, telegraphierte sie seine Identität zur Station Borkum Leuchtturm. Von dort gelangte die Nachricht über das Küstenkabel weiter nach Emden und von dort nach Bremen. Bis zum Ende des Jahres 1900 erhielt die Station auf dem Feuerschiff von vorüberfahrenden Schiffen 582 Telegramme mit insgesamt mehr als 7000 Wörtern. Vom Feuerschiff wurden 20 Telegramme an vorüberfahrende Schiffe übermittelt.

Die Seetelegraphenanstalt war eigentlich für die Signalisierung mit Flaggensignalen nach dem Internationalen Signalbuch eingerichtet und versah zunächst daher auch nur einen beschränkten funktelegraphischen Tagesdienst von 6 Uhr morgens bis 8 Uhr abends. Außer den tarifmäßigen Telegrammgebühren wurde für jedes Seetelegramm eine Zuschlaggebühr von 80 Pf. erhoben.

1901 konnte der Betreiber zufrieden feststellen, daß sich die Funktelegraphie zwischen Borkum Leuchtturm und dem Feuerschiff BORKUM RIFF bewährt habe. Auch wenn mit Schiffen überwiegend noch mit optischen Telegraphen korrespondiert wurde, hatte sich das zu Telegraphisten ausgebildete Leuchtturmpersonal rasch an die Bewältigung des Funkverkehrs, auch bei grober See, gewöhnt.

Die KAISER WILHELM DER GROSSE war nicht nur der erste Dampfer des Norddeutschen Lloyd, der 1900 mit einer Marconischen Funkeinrichtung ausgerüstet worden war, sondern mit ihm begann auch der regelmäßige Funkdienst zum Feuerschiff BORKUM RIFF. Bis zu einer Entfernung von 74 km konnte die KAISER WILHELM DER GROSSE noch mit dem Leuchtschiff eine Verbindung herstellen. Nach und nach erhielten alle Schiffe des N.D.L. ihre Funkanlage. Die Vorteile der drahtlosen Telegraphie überzeugten so sehr, daß der Lloyd zur weiteren Verbesserung der Nachrichtenverbindung zu seinen Schiffen in Bremerhaven am Kaiserhafen eine Antenne mit einer Höhe von 64 m errichten ließ. Über sie wurden die Leuchttürme „Ro-

Radiostation auf dem Dampfer KRONPRINZ WILHELM 1903.

Zwischen dem Feuerschiff BORKUM RIFF und dem Leuchtturm auf der Insel Borkum wurde 1900 von der Marconi Wireless Telegraph Co. die erste feste Funkverbindung im deutschen Küstenbereich errichtet.

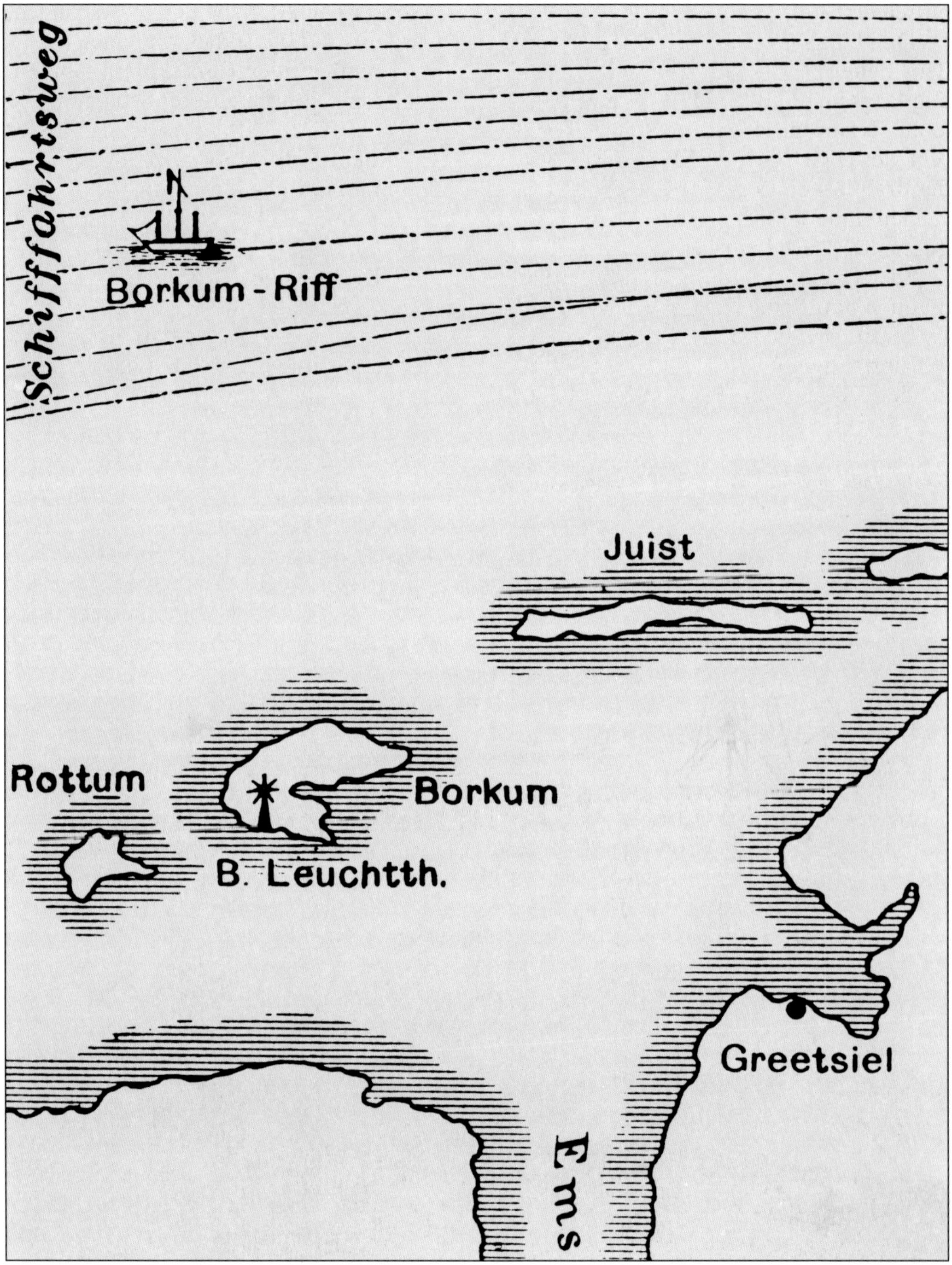

ter Sand“ und „Borkum“, aber auch das Feuerschiff BORKUM RIFF telegraphisch erreicht.

Die Unsicherheiten im Umgang mit dem neuen Kommunikationsmittel wurden langsam überwunden. Nur positiv erlebte Erfahrungen vermittelten ein Gefühl der Sicherheit bei der Anwendung der drahtlosen Telegraphie. Solche Erfahrungen anderen mitzuteilen war das Anliegen vieler Schiffsführer.

So berichtete 1902 Kapitän Hogemann vom Schnelldampfer KAISER WILHELM DER GROSSE, daß er seine Einrichtung für drahtlose Telegraphie in der Nähe von Plymouth auf der Rückreise von den USA hervorragend genutzt habe. „Als wir auf unserer letzten Heimreise in die Nähe der Scillys kamen, wurde es neblig, sodaß wir einen etwas mehr abführenden Kurs steuern mußten. Nachdem wir nach unserer Schätzung die Scillys passiert hatten, meldete mir der Telegraphist, daß er Verbindung mit der Marconi-Station auf Lizard habe. Wir befanden uns zur Zeit etwa 70 Meilen von Lizard entfernt ... Als wir uns nach unserer Schätzung etwa 15 Meilen von Lizard entfernt befanden, wurde es nebliger. Ich ließ durch den Telegraphisten in Lizard anfragen, ob Lizard Nebelsignale gäbe. Es erfolgte die Antwort: nein. Wir fuhren

Der Leuchtturm von Borkum mit der Antennenanlage.

nun langsam, und nach kurzer Zeit fragte ich bei Lizard an, ob man daselbst unsere Dampfpfeife vernehmen könne, was verneint wurde. Ich konnte daher annehmen, es war Windstille, daß wir uns 6 bis 7 Meilen von Lizard entfernt befinden mußten. Ich ersuchte daraufhin Lizard, sobald sie unsere Dampfpfeife vernehmen würden, uns Mitteilung zu machen. Nach einigen Minuten teilte uns Lizard mit, daß man nun Nebelsignale geben würde; 5 Minuten darauf hörten wir das Nebelsignal von Lizard, anscheinend in einer Entfernung von 8–10 Meilen. Wir veränderten den Kurs, bis wir das Signal von Lizard nicht mehr hören konnten."[32]

Solche und ähnliche Veröffentlichungen trugen dazu bei, daß in diesen Jahren um 1900 weitere Funkstrecken eingerichtet und Schiffe ausgerüstet wurden.

1902 wurde zwischen Hoek van Holland und dem Leuchtschiff MAAS eine Verbindung eingerichtet. Die Vorbereitungen dazu reichten bis Ende 1889 zurück. Eine vom Niederländischen Marineministerium eingesetzte Kommission hatte die Möglichkeit einer Verbindung über die 15 km lange Strecke geprüft. Die

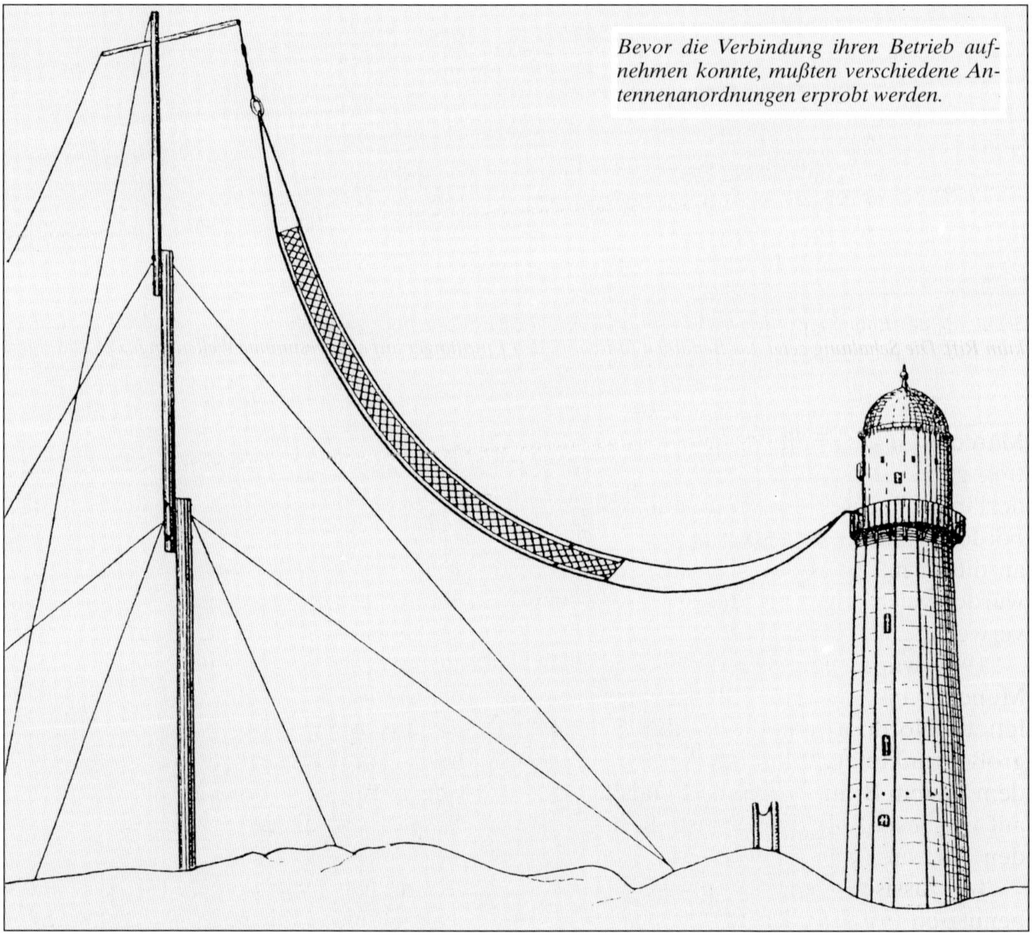

Bevor die Verbindung ihren Betrieb aufnehmen konnte, mußten verschiedene Antennenanordnungen erprobt werden.

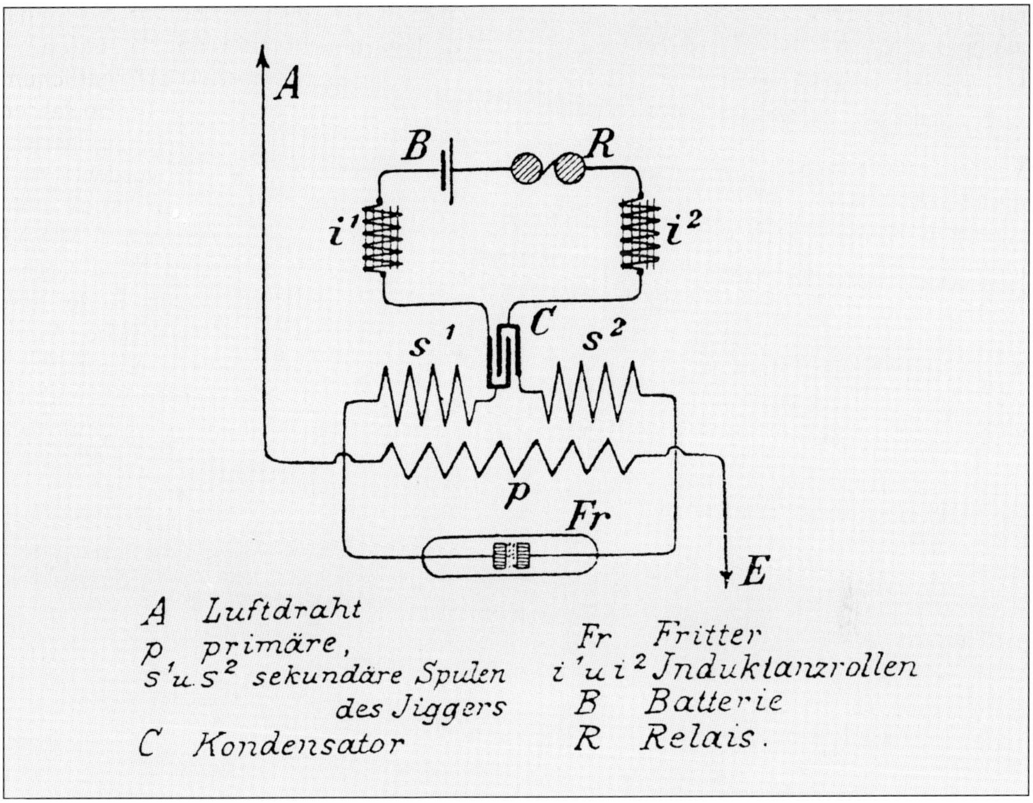

Schaltung des Empfängers der ersten deutschen Funktelegraphenanlage zwischen Borkum Leuchtturm und Borkum Riff. Die Schaltung zeigt das Bemühen Marconis, den Empfänger auf eine bestimmte Wellenlänge abzustimmen.

Marconi-Gesellschaft, an die der Bauauftrag gehen sollte, hatte aber für die niederländische Regierung unannehmbare Forderungen gestellt, so daß der Auftrag an die Firma Ducretet in Paris vergeben wurde, welche die Erfindung von Popow verwertete.

1903 wurde eine von Dr. Scholl aus München und Dr. Anschütz-Kaempfe geleitete Nordpol-Expedition durch eine große funktelegraphische Anlage nach dem System Braun/Siemens & Halske, die auf der Insel Spitzbergen installiert worden war, unterstützt.

Im russisch-japanischen Krieg 1904 benutzten britische Korrespondenten für ihre Berichterstattung vom Kriegsschauplatz den drahtlosen Telegraphen. Sie hatten einen Dampfer gechartert, eine Station für drahtlose Telegraphie einbauen lassen und übermittelten Nachrichten an ihre Agenturen. Ein Vorgehen, das die russische Regierung scharf verurteilte und veranlaßte, den neutralen Mächten mitzuteilen, daß „Kriegskorrespondenten, die in den Operationsbereichen der russischen Flotte auf Schiffen mit Einrichtungen für Funkentelegraphie angetroffen werden, als Spione behandelt werden.“[33]

Das Jahr 1900 war zur Geburtsstunde der drahtlosen Telegraphie in der Seefahrt

Mit dem Schnelldampfer KAISER WILHELM DER GROSSE begann in Deutschland die Ära des Seefunks (1900).

Abb. Seite 73: Für den Funkverkehr mit seinen Schiffen auf der Weser ließ der Norddeutsche Lloyd 1901 eine eigene „Radiostation" in der Lloydhalle in Bremerhaven nach dem System Slaby-Arco einrichten. Blick in die Empfangsstation.

geworden, ihren Platz aber mußte sie sich noch erobern. Der Betreiber, die Marconi-Gesellschaft, ließ keine Gelegenheit ungenutzt, um in der Öffentlichkeit über den erfolgreichen Einsatz und die Einrichtung weiterer Funkstrecken zu berichten.

Haupteinsatzgebiet für funktelegraphische Anlagen blieben die großen Passagierdampfer. Die KAISER WILHELM DER GROSSE hatte durch viele Berichte von Bord immer wieder auf den Wert der Funktelegraphie hingewiesen und gezeigt, wie sinnvoll und nutzbringend eine Funktelegraphenstation an Bord ist. Nun begannen auch andere Reedereien, in ihre Schiffe Anlagen einbauen zu lassen. Die Hamburg-Amerika Linie benutzte 1901 zunächst die DEUTSCHLAND als Versuchsschiff und ließ von der AEG eine Anlage nach dem System Slaby-Arco installieren. 1903 wurde sie aber durch Marconi-Apparate ersetzt, mit denen das Schiff noch in 112 km Entfernung von der Station auf Coney Island Telegramme aufnehmen konnte.

Die DEUTSCHLAND war es auch, die im Sommer 1903 von hoher See einen Hilferuf in den Äther schickte, den der französische Passagierdampfer LA SAVOIE in einer Entfernung von 100 Seemeilen auffing. Er gab die Nachricht über

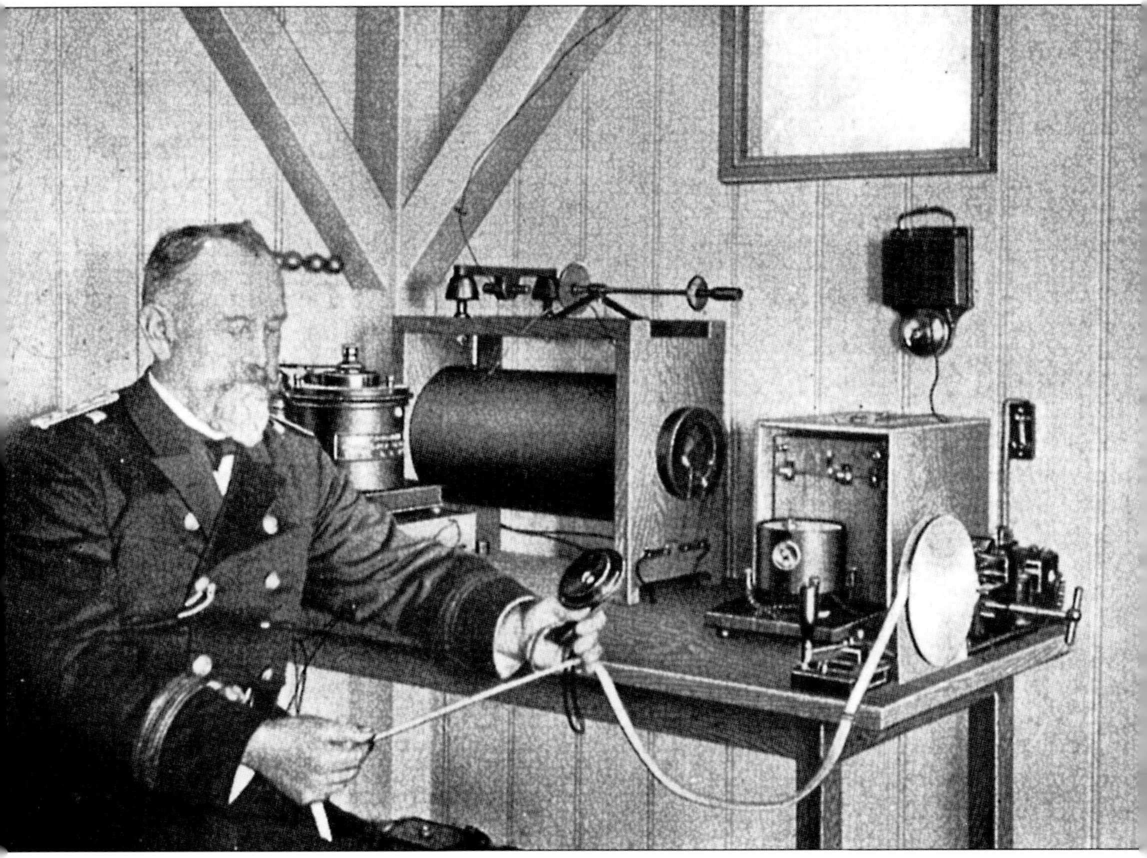

die Havarie an Bord der DEUTSCHLAND nach Long Island weiter, von wo aus die New Yorker Vertreter der Hamburg-Amerika Linie benachrichtigt wurden.

Das erste britische Handelsschiff mit einer Marconi-Anlage war die LAKE CHAMPLAIN der Beaver Line, die 1901 ausgerüstet wurde. Rasch folgten die Cunard Liner LUCANIA und CAMPANIA. Eine Pressemeldung von 1902 machte es öffentlich, „daß der Gebrauch von Marconi-Stationen auf See schnell voranschreitet und ihr Wert sich durch die zunehmenden Möglichkeiten der Kommunikation zwischen Schiffen mit gleichen Anlagen weiter erhöht. Die IVERNIA, die am 15. April 1902 Liverpool verließ, konnte mit Fastnet von einer sehr westlich gelegenen Position aus noch kommunizieren.“[34]

Führend in der Ausrüstung ihrer Schiffe wurde die Allan Line. Ihr erster Postdampfer, der eine Funkanlage erhielt, war die PARISIAN. Da die Schiffe der Allan Line den gefährlichen St.-Lorenz-Strom hinauffuhren, versprach sich die Reederei durch den Funk eine Verbesserung der Sicherheit. Die Schiffe waren nun in der Lage, mit den beiden von der kanadischen Regierung errichteten Stationen an der Süd- und Nordeinfahrt in Verbindung zu treten.

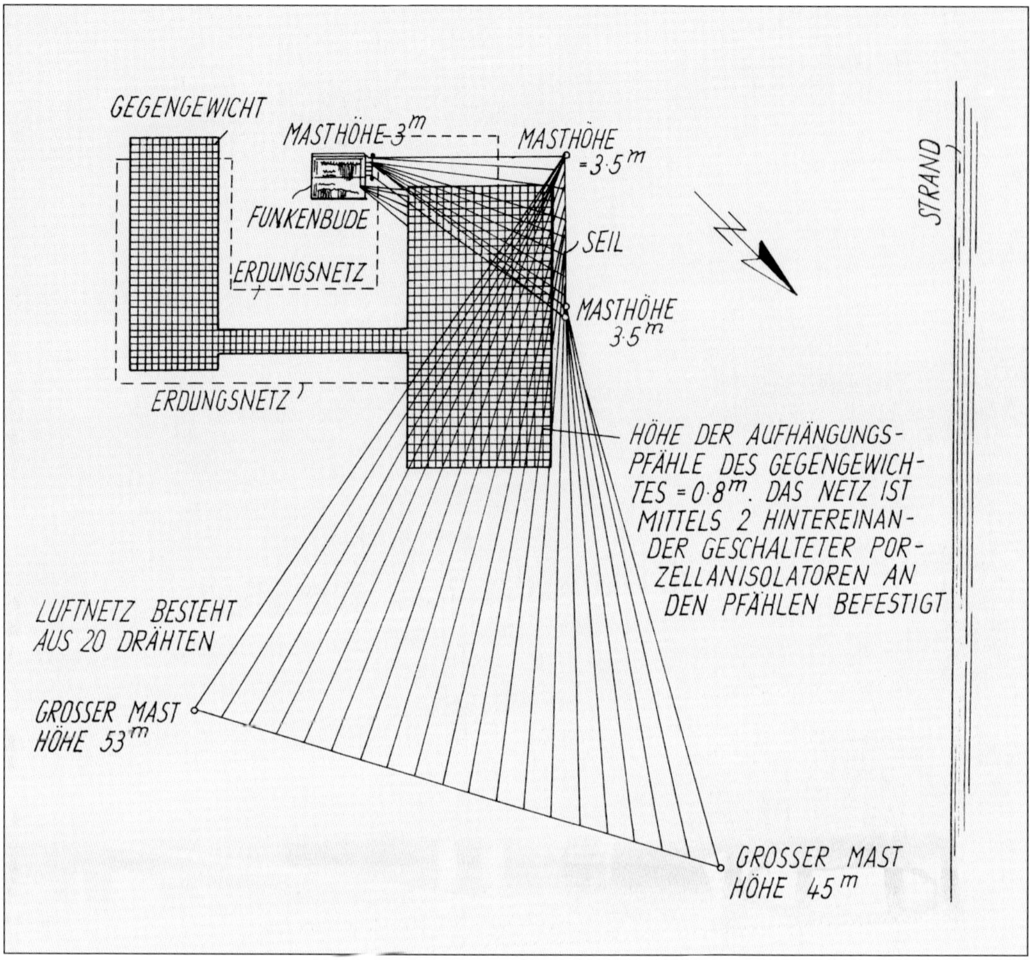

1905 bestand an der holländischen Küste in Scheveningen eine Küstenstation. Lageplan der Antennenanlage und der „Funkenbude".

Mit der drahtlosen Telegraphie an Bord waren die Schiffe in der Weite der Ozeane nicht mehr allein. Sie konnten mit der Heimat sprechen, konnten selbst Telegramme empfangen. Für den Passagier erschloß sich eine neue Welt und bei der Besatzung wuchs das Gefühl für Sicherheit. Vor solchem Hintergrund ist ein Bericht des Postdampfers CAMPANIA der Cunard Line zu verstehen. „Das Schiff verließ Liverpool am 30. August 1902 um 16.30 Uhr und hatte noch bis 18.10 Uhr Funkkontakt mit der im Dock liegenden IVERNIA von derselben Linie. 55 Minuten später empfing der einlaufende New Yorker Postdampfer UMBRIA die Signale aus dem Kanal und hielt die Verbindung bis 20.00 Uhr aufrecht. Eine halbe Stunde später empfing Holyhead die Signale und anschließend Rosslare, welches die Verbindung bis 03.00 Uhr am 31. hielt, kurz bevor die CAMPANIA Queenstown

Ein Sender der „American De Forest Wireless Co." um 1905.

erreichte. Eine Stunde 25 Minuten nach dem Auslaufen aus dem letztgenannten Hafen wurden Signale mit Crookhaven ausgetauscht und die Verbindung mit der irischen Küste ging nur um 15.15 Uhr verloren. Zweieinhalb Tage später, am 3. September um 01.35 Uhr kam die ostwärts fahrende LUCANIA in Reichweite und setzte den Verkehr eine beträchtliche Zeit fort. Weitere zwei Tage später um 16.45 Uhr beantwortete die Nantucket-Station die Rufe der CAMPANIA. Es folgten nach der Passage drei Stunden Funkstille und dann die Verbindung mit der Sagaponack-Station an der amerikanischen Ostküste. Danach verlor die CAMPANIA den Kontakt mit anderen Stationen nicht mehr, bis sie in New York, Babylon und Sandy Hook war."[35]

Solche und ähnliche Veröffentlichungen in der Presse begleiteten die ersten Jahre des Seefunks, und sie überzeugten

Die DEUTSCHLAND war der erste Dampfer, auf dem 1901 die erste Funkanlage nach Slaby-Arco installiert wurde.

auch große Skeptiker. 1905 ließ als letzte der mächtigen Atlantik-Linien die White Star Line ihre Schiffe mit Funkanlagen ausrüsten. OCEANIC, BALTIC, CELTIC, CEDRIC, MAJESTIC und TEUTONIC gehörten von nun an zu den Schiffen, die drahtlos Nachrichten empfingen und auch selbst senden konnten. Damit waren alle Passagierdampfer, die zwischen Europa und den Vereinigten Staaten von Nordamerika verkehrten, in das Marconi-System eingebunden.

Eine kuriose Geschichte aus den ersten Jahren der Funktelegraphie war diese: Im September 1904 hatte ein Zimmermädchen beim Aufräumen eines Schlafzimmers im Londoner Savoy Hotel im Kamin ein zusammengeknotetes Halstuch gefunden und beim Öffnen erstaunt eine Kollektion von Juwelen, Diamanten, Ringen und Halsketten erblickt. Überwältigt vom Anblick dieses Schmuckes lief sie aufgeregt zum Hotelmanager und zeigte ihm den Fund. Noch bevor dieser sich entscheiden konnte, was zu tun sei, traf ein Telegramm von der LUCANIA ein, in dem ein Passagier anfragte, ob in seinem kürzlich bewohnten Zimmer etwas gefunden worden sei, was seine Frau vergessen habe. Schnell war die Antwort übermittelt, daß der Schmuck gefunden worden sei, der auf diese ungewöhnliche Art zur Sicherheit versteckt worden war. „Es wäre sicher eine gute Warnung gewesen, wenn die Ungewißheit geblieben wäre, bis das Schiff in den Hafen einläuft, wie das in früheren Zeiten gewesen ist. Die Möglichkeiten des Telegraphiefunksystems werden aber durch diese Geschichte sehr fein veranschaulicht“[36], schrieb der Korrespondent.

Ausführlich aber wurde die Öffentlichkeit informiert, wenn sich die drahtlose Telegraphie bei der Rettung von Menschen aus Seenot bewährte.

Der wohl erste Notruf kam vom EAST GOODWIN-Feuerschiff. Am 28. April 1899 hatte der von London kommende Dampfer R. F. MATTHEWS bei dichtem Nebel das Leuchtschiff gerammt und es so schwer beschädigt, daß ein Sinken befürchtet werden mußte. Da das Feuerschiff einen Marconi-Apparat an Bord hatte, konnte der Unfall an den 12 Meilen entfernten Leuchtturm von South Foreland gemeldet werden. Schnell wurde Trinity House in Ramsgate benachrichtigt. Ein Schleppdampfer und ein Rettungsboot stachen in See, um Hilfe zu bringen. Die Rettung gelang, der Untergang des Schiffes und seiner Mannschaft konnte verhindert werden.

Bei einem orkanartigen Sturm, der in der Nacht vom 27. zum 28. Januar 1901 über die Nordsee hinwegfegte, brach kurz vor Mitternacht die schwere Ankerkette des Leuchtschiffs BORKUM RIFF. Das Schiff trieb in Richtung Osten auf die offene See hinaus. Unter großen Anstrengungen gelang es der kleinen Schiffsmannschaft nach Aufbringen der schweren Positionslaternen, ein kleines Sturmsegel zu setzen und das Schiff manövrierfähig zu halten. Mit Hilfe der drahtlosen Telegraphie wurde Borkum Leuchtturm von dem Unglück benachrichtigt. Dann vergingen bange Stunden, denn es konnten keine Angaben zur Position gemacht werden. Erst gegen 06.00 Uhr morgens wurde das Feuer des Leuchtturms auf Norderney gesichtet. Durch die schweren Sturzseen schließlich doch manövrierunfähig geworden, trieb das hilflose Schiff auf die Insel zu. Fast in letzter Minute sah ein in Sicht kommender englischer Kohledampfer die auf dem Feuerschiff gehißte Notflagge. Eine Stahltrosse wurde an Bord des Feuerschiffes gebracht. Sie brach, als sie straffgezogen wurde. Gegen acht Uhr wurde die Station Borkum funktelegraphisch gerufen und dieses neuerliche Miß-

Der französische Schnelldampfer LA PROVENCE (Kiellegung 1. Dezember 1903, Stapellauf 21. März 1905, Probefahrt 13. März 1906).

geschick mitgeteilt. Und immer weiter trieb das Schiff auf die See hinaus. Abends befand es sich mit gebrochenem Ruder in der Nähe von Helgoland. Erst am folgenden Tag konnte das Feuerschiff durch den Fischdampfer HEPPENS in den Hafen von Geestemünde geschleppt werden. Nach Ausbesserung der Schäden brachte der Regierungsdampfer FRIESLAND das Feuerschiff BORKUM RIFF wieder an seinen Stationsort, und am 12. Februar konnte der Betrieb wieder aufgenommen werden.

Ein anderes Mal, im Jahre 1901, empfing der Funker eines französischen Dampfers an einer durch Untiefen gefährdeten Stelle in der Nähe von Dünkirchen vom dortigen Leuchtturm die Nachricht, daß er in der folgenden Nacht seinen Betrieb einstellen müsse und damit die Schiffahrt gefährdet sei. Der Dampfer konnte nach seinem Einlaufen in den Hafen für Hilfe sorgen.

In den Kinderjahren des Seefunks war jedes Ereignis, das mit der drahtlosen Telegraphie in Verbindung gebracht werden konnte, eine Pressenotiz wert. So auch die Havarie der KROONLAND. Ende des Jahres 1902 befand sie sich 130 Meilen westlich von Fastnet, als die Rudersteuerung ausfiel. Nachdem der Eigner benachrichtigt worden war und an den Kapitän die Order übermittelt hatte, nach Queenstown zurückzukehren, konnten die Passagiere ihren Verwandten und Freunden in den USA telegraphieren, daß sie selbst wohlauf seien.

Auch als am 20. März 1904 einer der großen Transatlantik-Liner an der Küste bei Cap de la Hague auf Grund lief, konnte durch die über Funk herbeigerufene Hilfe ein Verlust von Menschenleben verhindert werden. Im gleichen Jahr fing der Funker des Cunard Liners AURANIA die Nachricht auf, daß ein großer Dampfer im Atlantik mit einer gebrochenen Propellerwelle treiben würde. Er konnte Hilfe herbeirufen.

Obgleich die Funktelegraphie für die Schiffahrt unverzichtbar zu sein schien,

Das EAST GOODWIN-Feuerschiff wurde immer wieder als Versuchsträger benutzt.

wurden nur die großen Passagierdampfer mit Funkanlagen ausgerüstet. Die kleineren Schiffe, besonders aber die Segler, verzichteten auf diesen „neumod'schen Kram“.

Auch die 1903 in Berlin abgehaltene Vorkonferenz zu einer Funkkonferenz hatte an dem Trend nur wenig ändern können, im Gegenteil, die Positionen der teilnehmenden Länder waren noch so weit voneinander entfernt, daß kaum Impulse für eine raschere Einführung der drahtlosen Telegraphie erwartet werden konnten.

Etwas zu skeptisch allerdings sah die Elektrotechnische Zeitschrift von 1904 die Entwicklung, wenn sie schrieb: „Abgesehen von weni-

Senderaum auf dem Feuerschiff GOODWIN SANDS. Am 3. März 1899 mußte die Besatzung funktelegraphisch Hilfe herbeirufen. Es war der erste drahtlose Hilferuf.

Am 15. Juli 1988 verläßt das letzte Feuerschiff BORKUM RIFF seine Position 53° 48' Nord, 6° 22' Ost und wird im Hafen von Borkum vor Anker gelegt.

gen Dampferlinien, die schon aus Konkurrenzgründen auf den Luxus technischer Neuheiten nicht verzichten dürfen, ist die Anwendung der Funkentelegraphie bisher nur vereinzelt, die darum erhoffte Sicherung des Seeverkehrs bis jetzt ein schöner Traum geblieben. Marconi hat durch seine effektvollen Versuche über den Ozean gezeigt, daß unter Aufwendung entsprechender Mittel Tausende von Kilometern zeitweise überbrückt werden können, er hat aber ebenso einwandfrei gezeigt, mit welchen Störungen durch atmosphärische Einflüsse die Funkentelegraphie zu rechnen hat. Diese liegen in der Natur des übertragenden Mediums und werden niemals völlig zu überwinden sein, so daß eine Konkurrenz mit der störungsfreien Kabeltelegraphie ausgeschlossen erscheint."[37)]

Hemmend wirkte sich auf eine rasche Einführung des Seefunks auch der Alleinanspruch Marconis aus, der nur einen drahtlosen Verkehr zwischen seinen Küstenstationen und den von ihm ausgerüsteten Schiffen zuließ. Eine weitere Begründung für diese schleppende Entwicklung lieferte aber auch die zu geringe Dichte der Sendestationen an Land.

Sowohl die seefahrenden Nationen als auch die beiden Firmen, Marconi und Telefunken, hatten das durchaus erkannt, und sie begannen nach 1904 verstärkt mit dem Ausbau des Netzes von Küstenfunkstellen.

Im August 1904 wurde in Madrid eine

Der gestrandete Dampfer CAP FRIO konnte mit Hilfe der drahtlosen Telegraphie rechtzeitig Hilfe herbeirufen.

Gesellschaft gegründet, deren Aufgabe es war, an der spanischen Küste Stationen nach dem System Marconi zum Verkehr mit vorbeifahrenden Schiffen einzurichten. Bei Finisterre, Tarifa und Palos entstanden die ersten Einrichtungen. Die Regierung der USA öffnete ihre Marinestationen für den Handelsverkehr. Dazu gehörten so wichtige Funkstellen wie New York und Cape Cod. Darüber hinaus beschloß sie aber auch, die nordamerikanische Küste für Funkanlagen anderer Systeme zu öffnen, um so den Wettbewerb zu beleben.

Das Nantucket-Leuchtschiff, das zunächst mit Marconi-Apparaten ausgerüstet worden war, erhielt nun auf Anweisung der Regierung der USA eine Einrichtung von Telefunken. Ende 1904 hatten bereits 30 Stationen den Betrieb aufgenommen.

In Italien waren im Oktober 1904 zehn Küstenstationen in Betrieb, von denen die Küstenstation in Bari eine Reichweite von 600 km hatte. Sie versahen den Telegrammdienst von und zu allen Schiffen, die italienische Häfen anliefen.

Im November 1904 gab die französische Regierung ihre Absicht bekannt, auf einer Insel in der Nähe des Festlandes eine funktelegraphische Station einzurichten. Einen Monat später teilte Telefunken mit, daß sie in der Festung Santa Cruz auf der Isla Grande bei Rio de

Funkentelegraphen-Stationen auf Handelsschiffen.

Land und Reederei	Name des Schiffes	Rufzeichen
Belgien*)		
Regierung	**Prinzeß Clementine**	p c
	La Flandre	l f
	Princeß Henriette	p h
	Princeß Josephine	p i
	Leopold II	l d
	Marie Henriette	m h
	Prince Albert	p a
	La Rapide	r d
	Ville de Douvres	v d
Deutschland		
Hamburg-Amerika Linie	**Deutschland**	d d l
	Moltke	d d m
	Blücher	d d b
	Amerika	?
Deutschland	Meteor	d m r
	König Albert	d k r
Norddeutscher Lloyd	Kaiser Wilhelm der Große	d k w
	Kaiser Wilhelm II	d k m
	Kronprinz Wilhelm	d k p
	Großer Kurfürst	d k g
Hamburg Südamerika-Linie	Cap Ortegal	d c o
	Cap Blanco	d c b
Kiel-Korsör Linie (Sartori & Berger	Prinz Adalbert	d p a
	Prinz Sigismund	d p s
	Prinz Waldemar	d p w
Frankreich		
Cie. Gen. Transatl.	La Lorraine	l l
	La Toraine	l t
	La Bretagne	l b
	La Champagne	l c
	La Savoie	l s
Großbritannien und Irland		
Cunard Line	Aurania	a a
	Campania	c a
	Carpathia	p a
	Etruria	e a
	Invernia	i a
	Lucania	l a
	Umbria	u a
	Saxonia	s a
Allan Line	Parisian	p n
	Tunisian	t n
	Bavarian	b n
Holland		
Red Star Line	Zeeland	z d
	Vaderland	v d
	Finland	f d
	Kroonland	k d
Vereinigte Staaten		
American Line	Philadelphia	p h
	St. Paul	s p
	St. Louis	s l
	Newyork	n k
Atlantic Transport Line	Minneapolis	m s
	Minnehaha	m a
	Minnelonka	m k

Stand der Ausrüstung mit Anlagen für drahtlose Telegraphie auf Schiffen im Jahre 1906.

Küsten-Funkentelegraphen-Stationen auf der Erde.

Land und Station	Rufzeichen und Rufweite	Bestimmung
Belgien.		
Nieuport (Bains)	n p Ostende-Dover	Oeffentlicher Verkehr mit den Ostende-Dover-Staatspostdampfern
Dänemark.		
Blaavands Huk	— 75 km	Oeffentlicher Verkehr mit allen Systemen
Horns Riff-Feuerschiff . . .	— —	"
Wyl-Feuerschiff	—	"
Amager	— 110 km	Versuchsstation
Deutschland.		
Rixhöft	k r x 150 km	Oeffentlicher Verkehr mit allen Systemen
Arcona	k a r 150 km	"
Marienleuchte	k m r 150 km	"
Bülck	k b k 150 km	"
Helgoland	k h g 150 km	"
Cuxhaven	k c x 150 km	"
Brunsbüttelkoog	k b r 150 km	Verkehrt nur mit S. M. S. auf Anruf; sonst in Seenot
Bremerhav.-Lloydhalle . .	k b h 150 km	Nur mit Lloydschiffen u. Weserfischern; sonst in Seenot
Borkum	k b m 150 km	Oeffentlicher Verkehr mit allen Systemen
Borkum-Riff-Feuerschiff . .	f b r —	"
Außenweser-Feuerschiff . . .	f w f —	Nur für Seetelegramme von Schiffen ohne F.T. u. in Seenot
Feuerschiff Elbe I	f e f —	"
Frankreich.		
Ouessant-Stiff	— —	Oeffentlicher Verkehr mit allen Systemen
Großbritannien u. Irland.		
Roche Point	— 180 km	Oeffentlicher Verkehr nur mit Marconi-Stationen
Felixtowe	— 180 km	"
Dover	d d d 180 km	"
Culver Cliff	c l 180 km	"
Portland	— 180 km	"
Scilly Islands	— —	"

Die Küstenfunkstellen im Jahre 1906 nach ausgewählten Ländern.

Name Head	—	?
Fastnet	— 180 km	Oeffentlicher Verkehr nur mit Marconi-Stationen
Flannan Island[1]	— 180 km	″
Butt of Lewis[1]	— 180 km	″
Fraserburgh[2]	— —	″
Caister	c s 180 km	″
Crookhaven	c k 180 km	″
Holyhead	h d 180 km	″
Lizard	l d 180 km	″
Niton	n i 180 km	″
North Foreland	n f 180 km	″
Roßlare	r l 180 km	″
Withernsea	w s 180 km	″
Chelmsford	c d 180 km	Privatverkehr mit Schiff. der Atlant. Tranp. Co.
Frinton	f n 180 km	Privatverkehr
Poldhu	— ultrapotent	Tranzozean. Verkehr
Haven	h h ultrapotent	Oeffentlicher Verkehr nur mit Marconi-Stationen
Malin Head	m h ultrapotent	″
Inistrahull	i h 180 km	″
Holland.		
Overtoom bei Amsterdam	— 350 km	Privatverkehr
Enkhuizen	— 100 km	} Zum Verkehr miteinander
Stavoren	— 100 km	
Scheveningen-Haven	s c h 200 km	Oeffentlicher Verkehr mit allen Systemen
Portugal		
Cascaes-Semafor b. Lissabon	— 300 km	″
Gibraltar.		
Untere Station	gib S4—139 km	?
Obere Station	gib 84—139 km	?

[1]) Im Bau. — [2]) Projektiert. — Soweit nichts besonderes vermerkt ist, sind die Stationen in Betrieb.

Land und Station	Rufzeichen und Rufweite	Bestimmung
Italien		
Capo Mele (Ligurien). . .	— bis 350 km	Oeffentlicher Verkehr nur mit Marconi-Stationen u. Kriegsschiffen mit beliebigem System
Palmario bei Specia . . .	— bis 350 km	"
Monte Mario (Rom) . . .	— bis 350 km	"
Becco di Vela auf Caprera .	— bis 350 km	"
Capo Sperone (Sardinien) .	— —	"
Forte Spuria bei Messina .	f s bis 350 km	"
Cozza Spadaro (Capo Pusero, Sizilien	c z bis 350 km	"
Bari	— bis Antivari-Montenegro	Zum Verkehr mit Antivari
Campovalle Serre (Elba) .	— bis 350 km	Oeffentlicher Verkehr nur mit Marconi-Stationen u. Kriegsschiffen mit beliebigem System
Insel Ponza	— bis 350 km	"
San Maria di Leuca . . .	— bis 350 km	"
Asinara (Sardinien) . . .	— bis 350 km	"
Trapani	— bis 350 km	"
Viesti (Monte Gargano . .	— bis 350 km	"
Monte Capucini (Ancona) .	— bis 350 km	"
Malamocca (Venedig) . . .	— bis 350 km	"

Janeiro eine Station errichtet habe, die Depeschen mit den deutschen Kriegsschiffen VINETA und BREMEN wechseln konnte.

In Deutschland war die Interessenlage für eine rasche Einführung des Seefunks uneinheitlich. Einerseits waren viele große Reedereien durchaus an der Ausrüstung ihrer Schiffe mit Funkanlagen interessiert und hatten schon frühzeitig Geräte der Marconi-Gesellschaft in ihre Dampfer einbauen lassen. Andererseits drängte die deutsche Telefunken-Gesellschaft auf den Markt und verhehlte nicht ihre Absicht, auf deutschen Schiffen eigene Geräte zum Einsatz zu bringen. Das wurde durch die Marconi-Gesellschaft blockiert, die ihre Stationen angewiesen hatte, nicht mit Schiffen einen Funkverkehr aufzunehmen, die Anlagen fremder Hersteller führten. Den Reedern aber war nicht mit einem System gedient, dessen Wirksamkeit durch zu wenige Küstenfunkstationen eingeschränkt wurde.

Es bedurfte schon eines recht spektakulären Anlasses, um hier eine Wende herbeizuführen. Der ergab im sich Jahre 1905, als der deutsche Kaiser an Bord der HAMBURG eine Reise ins Mittelmeer antrat.

Wie alle Dampfer der Hamburg-Amerika Linie war auch die HAMBURG mit Marconi-Geräten ausgerüstet. Der Telefunken-Gesellschaft gelang es, für diese Reise den Einbau einer ihrer Anlagen zu erwirken.

Hans Bredow schreibt dazu in seinen Lebenserinnerungen: „Die Marconi-Station auf der HAMBURG wurde also durch eine mit besonderer Sorgfalt von uns vorbereitete Bordstation ersetzt ... Nun verlief alles programmgemäß. Bei der Ausreise der HAMBURG, als die Privatstation der Marconi-Gesellschaft bei Borkum an der Nordseeküste, die mit Genehmigung der Reichspost betrieben wurde, in Reichweite kam, meldete Kiekebusch (Ingenieur von Telefunken) dem Kaiser, daß jetzt die letzte Möglichkeit sei, noch Telegramme über eine deutsche Küstenstation abzusetzen.

Der immer telegraphierfreudige Kaiser schrieb dann auch sofort mehrere Telegramme, darunter eines an die ihn in Sizilien erwartende Kaiserin. Nun erfolgte der Anruf an Borkum, mit dem Ersuchen, die Telegramme abzunehmen.

Aber der Marconi-Telegraphist, getreu seiner Instruktion, nur mit Marconi-Stationen zu verkehren, lehnte die Annahme der Kaisertelegramme ab ... Die Empörung des Kaisers kann man sich vorstellen. Sie entlud sich in einem an die Staatssekretäre des Reichspostamtes und des Reichsmarineamtes gerichteten Funktelegramm, das über die Marinestation Helgoland geleitet wurde: ‚Versuche soeben vergeblich Funksprüche, darunter einen an die Kaiserin, über Borkum abzusetzen. Marconi-Telegraphist verweigert die Annahme. Diesem geradezu unglaublichen Zustand ist sofort ein Ende zu machen.'"[38]

Damit waren die Weichen für die weitere Entwicklung des Seefunks in Deutschland gestellt. An den deutschen Küsten errichtete Telefunken Sende- und Empfangsanlagen und nachdem entsprechende Lizenzen auch in anderen Ländern erworben worden waren, dehnte die Telefunken-Gesellschaft ihren Wirkungsbereich auch auf andere Küsten aus. So wurden schon bald Küstenstationen bei Montevideo, auf Batavia, bei Cheribon (Java), bei Shanghai, bei New York, bei Cartagena (Columbien), in Sayville-L.I., Melbourne und Sydney errichtet. Damit war eine gute Grundlage für den Absatz von Schiffsanlagen der Telefunken-Gesellschaft geschaffen.

Die Marconi-Gesellschaft anwortete auf diese Aktivitäten 1906 mit dem Bau der Küstenstation in Seagate auf Coney Island und ermöglichte den Ozeandampfern, noch 60 bis 70 Stunden nach der Abfahrt von New York über ihre Küstenstationen mit dem Festland in ununterbrochener Verbindung zu bleiben. Die in der Neuen Welt ankommenden Schiffe gelangten zunächst in den Sendebereich von Cape Race auf Neufundland und durchliefen dann nacheinander die Bereiche von Sable Island, Siasconset, Sagaponack, Babylon und Seagate.

Mit dem Jahr 1905 zeichnete sich eine Wende in der Entwicklung des Seefunks ab. Es ging nun nicht mehr um die Frage, ob es sinnvoll sei, Funkstationen an Bord einzusetzen, sondern einzig und allein um die Frage, wie groß ihre Reichweite und wie stabil die Funkverbindung war.

Als der am 27. Mai 1905 in New York eingetroffene Cunarddampfer CAMPANIA mitteilte, daß sein Bordtelegraphist während der ganzen Überfahrt von Europa in telegraphischer Verbindung mit dem Lande gestanden hätte, wurde das als großer Erfolg gefeiert. Von der Marconi-Station Poldhu waren Zeichen bis zu einer Entfernung von 1700 km empfangen worden. Da war der Dampfer noch 3000 km von Cape Cod entfernt und empfing aber schon die ersten Zeichen dieser Station. Drei Tage lang wurden Nachrichten sowohl von der europäischen als auch von der amerikanischen Station aufgenommen.

Im Mai 1906 bestätigte der französische Liner LA PROVENCE diese Leistung, als es ihm gelang, 1800 Meilen von Poldhu und 1700 Meilen von Cape Cod entfernt gleichzeitig mit beiden Stationen zu kommunizieren und auch die CAMPANIA der Cunard-Linie meldete, daß es ihr auf der Überfahrt von New York nach Großbritannien gelungen sei, in einer Entfernung von 3760 km von der englischen Küste mit der Station Poldhu in telegraphischen Verkehr zu treten.

Durch die ununterbrochene Funkverbindung auf der Transatlantikroute war nicht nur das Sicherheitsgefühl für die Passagiere der großen Luxusliner gewachsen, sondern die drahtlose Telegraphie wurde von nun an auch zu einem Unterhaltungsmittel für die Passagiere. Private Telegramme, gesendet oder empfangen, verkürzten die Überfahrt und bildeten eine willkommene Abwechslung auf einer sonst manchmal recht eintönigen Reise.

Die Internationalisierung – zaghafte Versuche zu gesetzlichen Regelungen

Der Irrtum Marconis, die drahtlose Telegraphie erfunden zu haben, hatte weitreichende Folgen. Er zwang die Erfinder, Systeme zu erdenken, die nichts mit dem Marconi-System gemein hatten und führte zu dem Trugschluß, daß die verschiedenen Systeme nur getrennt voneinander arbeiten könnten. Die Marconi-Gesellschaft ließ nichts unversucht, diese Behauptung aufrechtzuerhalten. Praktische Erprobungen aber hatten längst die Unhaltbarkeit dieser These bewiesen. Schon bei den amerikanischen Flottenmanövern von 1903 war im praktischen Betrieb bestätigt worden, daß die verschiedenen Systeme durchaus zusammenarbeiten können. Damit wurden sowohl die einzelnen Hersteller, aber auch die Länder, die Anwender der Funktelegraphie waren, zur Zusammenarbeit gezwungen. Die Internationalisierung des Seefunks stand auf der Tagesordnung. Die Wireless Telegraph Co. aber beharrte auf ihrem Alleinanspruch und schloß noch 1903 mit dem britischen Lloyd ein Abkommen für die Dauer von 14 Jahren, wonach nur Marconi-Apparate auf den zahlreichen britischen Küstenstationen betrieben werden und mit Schiffen einen Verkehr aufnehmen dürfen, die die gleichen Apparate an Bord haben.

Unabhängig davon hatten sich die Regierungen vieler Länder zwischenzeitlich gezwungen gesehen, aus verschiedensten Gründen über gesetzgeberische Maßnahmen nachzudenken, die zunächst auf nationaler Ebene ordnend in den funktechnischen Wildwuchs eingreifen sollten. Rasch gelangten sie zu der Erkenntnis, daß es ohne grenzübergreifende Regelungen keinen gesicherten Funkverkehr geben würde. Nur durch eine internationale Abstimmung über gesetzgeberische Vorhaben konnte das Ziel erreicht werden.

Das Deutsche Reich war an der Einführung der drahtlosen Telegraphie in zweifacher Hinsicht interessiert. Zum einen natürlich, wie in allen anderen Ländern auch, an dem Einsatz in der Schifffahrt, die sich im letzten Viertel des 19. Jahrhunderts zu einem wichtigen Wirtschaftsfaktor entwickelt hatte. Zum anderen, und das war nicht weniger wichtig, um der am 15. Mai 1903 gegründeten Telefunken-Gesellschaft den Weg zum Weltmarkt zu ebnen. Eine uneingeschränkte Verbreitung der industriell genutzten Forschungsergebnisse von Slaby und Braun durch die Telefunken-Gesellschaft sollte weltweit durchgesetzt werden. Das aber war nur möglich, wenn der Einfluß der Marconi-Gesellschaft zurückgedrängt und der Markt für jeden Bewerber geöffnet wurde.

Über internationale Vereinbarungen, die für den Seefunk ohnehin notwendig waren, sollte aus der Sicht der deutschen Regierung der Markt für die Telefunken-Gesellschaft geöffnet werden. Die ersten Schritte in dieser Richtung erfolgten bereits 1902 durch eine gezielte Pressemitteilung. Sie war von so hoher Brisanz, daß die „Times" sie sofort nachdruckte. Es hieß dort unter der Überschrift „Internationale Konferenz für Funkentelegraphie," daß die Marconi-Gesellschaft die Absicht habe, auf der ganzen Erde Sender zu errichten, um dadurch die Funkentelegraphie weltweit beherrschen zu können. Und weiter: „Es ist zu diesem Zwecke von der Marconi-Gesellschaft mit der englischen Lloyd-Gesellschaft ein Vertrag geschlossen worden, der auf nicht mehr und nicht weniger auszugehen scheint, als Marconi für die Funkentelegraphie mit einem Monopol für die ganze Erde auszustatten. Daß ein solches Monopol sowohl wirtschaftlich wie politisch Bedenken hat, liegt auf der Hand, und von verschiedenen Seiten sind Bedenken gegen eine solche Monopolgewährung geltend gemacht worden. Ein Vorgehen eines einzelnen Staates scheint um so weniger angezeigt, als es sich im wesentlichen um Übermittlung von Botschaften über das Meer, also um eine ausgesprochen internationale Verbindung handelt, welche für eine Regierung nur auf Grund internationaler Vereinbarungen und unter Zustimmung aller beteiligten Mächte erfolgen kann. Von diesem Gedanken ausgehend, hat Deutschland zu einem internationalen Vorgehen die Initiative ergriffen und sich zunächst an England, Frankreich, Rußland, Italien, Österreich-Ungarn und die Vereinigten Staaten gewendet und den Zusammentritt von Delegierten vorgeschlagen, die in mündlicher Beratung eine Einigung über diese wichtige Frage anbahnen und ein Programm ausarbeiten sollen, das den Arbeiten einer später zu berufenden internationalen Konferenz zu Grunde gelegt wird, in dem durch internationale Abkommen diejenigen Bedingungen festgelegt werden sollen, unter denen die Errichtung von Stationen für Funkentelegraphie erlaubt sein soll. Die Anregung des Deutschen Reiches hat bei den befragten Staaten freundlichstes Entgegenkommen gefunden, und es steht zu erwarten, daß demnächst Delegierte der verschiedenen Staaten ernannt werden.“[39]

Marconi erfuhr diese Nachricht auf der Überfahrt nach Nordamerika ausschnittweise aus der funktelegraphisch übermittelten „Times“. „Sie sehen,“ sagte er nach der Lektüre zu seinem Mitreisenden Solari, „die deutsche Regierung erweist mir die hohe Ehre, eine internationale Konferenz einzuberufen, um die Entwicklung meines Funkentelegraphiesystems zu regeln, das heute zweifellos allein geeignet ist, Fernverbindungen zu gewährleisten ... Die deutsche Regierung will nur verhüten, daß England die Kontrolle über das zukünftige Weltfunknetz bekommt.“[40]

Sicher waren das auch Hintergründe für die Einberufung der Konferenz, aber es ging nicht primär um die Fernverbindungen, sondern um die Öffnung des Marktes für alle funktelegraphischen Anlagen an Bord der Schiffe und damit auch um die Sicherheit der Schiffahrt.

Auch in anderen Ländern wurden internationale Regelungen für längst überfällig gehalten. In dem redaktionellen Beitrag einer britischen Zeitschrift aus dem Jahre 1903 wurde auch auf das Problem aufmerksam gemacht: „Die Frage des Telegraphiefunks ist für die Schiffe von so großer Bedeutung, daß der kürzliche Erfolg bei der Kommunikation über den Atlantik dazu führt, die Möglichkeiten dieses Systems als weit größer als bisher anzusehen. Bisher war ein Schiff, das den Hafen verließ, für den Rest der Welt verloren, bis es ein anderes Schiff traf. Es gab keine Möglichkeit der Hilfe, wenn sich das Schiff von der Küste entfernte bzw. Nebel aufkam. In naher Zukunft werden die gegenwärtigen Schwierigkeiten, unter denen die Schiffe arbeiten, zum größten Teil abgeschafft sein, wenn man die Ergebnisse, die uns erreichen, berücksichtigt. Wenn die Schiffe mit Telegraphiefunkgeräten ausgerüstet werden, muß eine generelle Bestimmung für die internationale Kommunikation geschaffen werden“[41]), und die „Elektrotechnische Zeitung“ schrieb im gleichen Jahr: „Wenn es auch noch nicht gelungen ist, die Nachrichtenübermittlung durch drahtlose Telegraphie ebenso brauchbar und sicher wie bei der gewöhnlichen elektrischen Telegraphie zu gestalten, so ist es doch schon gegenwärtig möglich, z. B. zwischen einem Küstenort und Schiffen in See bis zu einer Entfernung von 250 km Nachrichten auszutauschen. Es scheint daher der Zeitpunkt gekommen, das neue Beförderungsmittel, wie es schon in anderen Staaten geschehen ist, der Aufsicht des Staates zu unterstellen, um es für dessen eigene Bedürfnisse und diejenigen des Publikums für Korrespondenzen besonderer Art sicherzustellen. Es wird hierbei in erster Linie an den Verkehr der Schiffe mit der Küste und der Schiffe unter sich, an die Herstellung von Verbindungen zwischen dem Festlande und den Inseln neben den bestehenden Kabelverbindungen gedacht.“[42])

Die Zeit für ein erstes internationales Treffen war gekommen. Zu der als Vorkonferenz in die Geschichte der Funktechnik eingegangenen Zusammenkunft, hatte die deutsche Regierung nach Berlin eingeladen. Den Delegierten war ein umfangreicher Problemkatalog vorgelegt und empfohlen worden, die aufgeworfenen Fragen zu diskutieren. Am 4. August 1903 begann die Konferenz. Sie endete am 13. des Monats und wurde nur durch eine Besichtigung der Fabriken von Siemens & Halske. AG und der Allgemeinen Elektrizitätsgesellschaft, zu der die Gesellschaft für drahtlose Telegraphie – Telefunken – eingeladen hatte, unterbrochen.

Die meisten der Delegierten hatten sich darauf geeinigt, daß Funktelegramme von und nach Schiffen uneingeschränkt und unabhängig von allen technischen Systemen ausgetauscht werden sollten. Dabei müßten die von den Küstenstationen benutzten Wellenlängen öffentlich bekanntgemacht werden. Besonders aber wurde über die Schaffung eines „Ausführungsreglements“ mit einheitlichen Normen für den Funkverkehr zwischen Küstenstation und Schiff und umgekehrt debattiert. Die Frage, ob für Schiffe in Not Vorrechte geschaffen werden sollten und ob dem Inhaber einer Anlage die Verpflichtung auferlegt werden müßte, mit dem Havaristen in Verbindung zu treten, war von besonderem Gewicht. Die vielen Diskussionen machten deutlich, daß die Materie, mit der sich die Teilnehmer auseinanderzusetzen hatten, recht ungewohnt war. Sie offenbarten auch, daß das nationale Recht noch zu unvollkommen war, um Einfluß auf die Unternehmen und die Betreiber von drahtlosen Telegraphieanlagen nehmen zu können. Nur über eins war in der Eröffnungsdiskussion Einigkeit erzielt worden: daß die Funktelegraphie bereits eine so große Wichtigkeit in den internationalen Beziehungen erlangt habe, daß sie auch des internationalen Schutzes bedürfe.

Das war wenig genug für eine internationale Regelung der drahtlosen Telegraphie, viel aber als Option, sich in Kürze über eine noch völlig unübersichtliche Materie einigen zu können.

Die Delegierten der meisten auf der Konferenz vertretenen Staaten hatten sich über die wichtigsten Grundsätze für internationale Regelungen zur Funktelegraphie verständigt. Für die Regierungen begann nach dem Ende der Vorkonferenz die eigentliche Arbeit. Die Empfehlungen mußten in nationales Recht umgesetzt werden.

Die britische Regierung brachte am 15. August 1904 einen Gesetzentwurf „The Wireless Telegraph Act“ ein. Danach unterlag die drahtlose Telegraphie der

Regierungskontrolle, und es war künftig nur mit einer besonderen behördlichen Konzession gestattet, Stationen für drahtlose Telegraphie zu errichten und zu betreiben. Die Standorte für die Sender mußten so gewählt werden, daß keine gegenseitigen Störungen auftreten konnten. Das Gesetz galt für alle britischen Inseln und britischen Schiffe, solange sie sich auf hoher See oder in den Territorialgewässern aufhielten, es galt aber auch für ausländische Schiffe in britischen Gewässern.

Für Irritationen hatte auf der Vorkonferenz ein Vertrag gesorgt, den die britische Regierung kurz vor Eröffnung der Konferenz mit der Marconi-Gesellschaft abgeschlossen hatte. Darin war festgelegt worden, daß der Betrieb und die Errichtung von Küstenstationen an den Küsten des britischen Königreiches und auf britischen Schiffen nur für acht Jahre unter staatliche Kontrolle gestellt wird.

Schon lange vor Beginn der Vorkonferenz hatte Frankreich die mit der Funktelegraphie zusammenhängenden Fragen durch ein Dekret vom 7. Februar 1903 geregelt. Danach stand der Post- und Telegraphenverwaltung das alleinige Recht zu, Stationen für die drahtlose Telegraphie zum Austausch amtlicher oder privater Nachrichten zu errichten. Am 27. Februar wurde dekretiert, daß für den Standort einer Küstenstation das Einverständnis der Post- und Telegraphenverwaltung vorliegen muß. 1905 erließ der Präsident der Republik ein Dekret, in dem bestimmt wurde, daß zwischen Schiffen auf See und den an der Küste gelegenen Funktelegraphiestationen Privattelegramme gewechselt werden dürfen. Vorrang vor jeder Nachricht sollten aber die von Schiffen auf See ausgehenden Ersuchen um Hilfe haben.

In den Vereinigten Staaten wurden 1904 erste gesetzliche Regelungen eingeführt. Sie betrafen aber nur die Marine. Da es kein staatliches Telegraphenamt gab, waren gesetzliche Regelungen auch nur in eingeschränktem Umfang möglich. Die Kontrolle über alle Anlagen für drahtlose Telegraphie an den Küsten der USA, auf den insularen Besitzungen und in der Panama-Kanalzone wurde vom Marine Department ausgeübt. Es war Aufgabe der Marinestationen, Sturmwarnungen von den Wetterbüros entgegenzunehmen und an die Schiffe zu übermitteln. Von den in See befindlichen Schiffen sammelten sie Wetternachrichten ein und schickten sie an die Wetterbüros zur Auswertung.

Im Deutschen Reich trat am 1. April 1905 eine Verordnung zur Regelung der Funktelegraphie in Kraft. Es wurden die Dienstbereitschaft der Küstenstationen und die Betriebsabläufe sowohl für den allgemeinen Funkverkehr als auch für den Notverkehr festgeschrieben und die Gebühren für Telegramme festgelegt. Schließlich erhielten Küstenstationen und Schiffe ein Rufzeichen. Die Verordnung enthielt bereits alle jene Elemente, die auf der nächsten Funkkonferenz international verbindlich in einem Vertragswerk zusammengefaßt werden sollten.

Während sich die nationalen Regierungen mühten, ihre Gesetzgebungsverfahren abzuwickeln, wurde die Vorbereitung der auf der Vorkonferenz beschlossenen internationalen Funkkonferenz weiter vorangetrieben. Doch immer wieder standen einer raschen Einberufung Hindernisse im Weg. Im April 1904 mußte der Beginn der Konferenz wegen des russisch-japanischen Krieges verschoben werden. Weder Rußland noch Japan wollten sich gemeinsam an einen Tisch setzen. Ohne sie aber blieb eine internationale Regelung ein Torso. An die Folgen mochten die an der Konferenz interessierten Staaten nicht denken. Österreich schlug vor, den Beginn der Konferenz bis nach Beendigung des Krieges zu verschieben, und gab zu bedenken, daß Japan allein nicht ausgeschlossen werden könne, andernfalls das Fernbleiben Rußlands „lebhaft zu bedauern sei".[43] Die deutsche Regierung drängte auf eine möglichst rasche Einberufung der Konferenz. Sie machte im Februar 1905 den Vorschlag, daß sich die Regierungen der zur Konferenz geladenen Staaten doch schon vor Beginn der Verhandlungen darauf einigen sollten, daß die Küstenstationen, unabhängig mit welchem Funksystem sie ausgerüstet sind, verpflichtet werden, mit allen Schiffen Nachrichten auszutauschen. Darüber hinaus sollte Druck auf die Unternehmen ausgeübt werden, daß sie sich allen zukünftigen internationalen Bestimmungen über Funktelegraphie unterwerfen. Diese Forderungen machten einmal mehr die Eile deutlich, mit der die deutsche Regierung internationale Festlegungen erreichen wollte. Im November 1905 einigte man sich dann auf einen Konferenzbeginn am 18. Juni 1906. Und noch einmal wurde der Termin verschoben. Auf Wunsch von Großbritannien sollte die Konferenz erst am 3. Oktober 1906 mit der Arbeit beginnen.

Nach diesen Geburtswehen wurde die 1. Internationale Funkkonferenz wie vorgesehen am 3. Oktober 1906 in Berlin feierlich eröffnet. 90 Vertreter aus 32 Staaten hatten sich zusammengefunden, um die unterschiedlichen Interessen zu bündeln und in ein Vertragswerk zu fasssen. Die Konferenz endete am 2. November 1906. 27 Staaten unterzeichneten die „Convention radiotélégraphique internationale".

Am Ende der einmonatigen Konferenz war nach mühevollen Verhandlungen und manchem Kompromiß ein Vertrag zustandegekommen, der, wenn er auch kein Stückwerk war, doch aus drei Teilen bestand, die einzeln unterzeichnet werden mußten. Den Haupttext, in dem es um den Funkverkehr zwischen Küstenstationen und Schiffen ging, unterschrieben 27 Staaten. Da über den uneingeschränkten Funkverkehr zwischen allen Systemen keine Eingung erzielt werden konnte, regelte man diesen Sachverhalt in einem Zusatzabkommen, das nur von 21 Staaten unterzeichnet wurde. In das Schlußprotokoll waren die noch voneinander abweichenden Standpunkte hineingenommen worden. Die Ausführungsübereinkunft schließlich regelte die technischen Fragen.

Für die Sicherheit der Schiffahrt war die Vereinbarung über ein einheitliches Notsignal, bei dessen Empfang jeder andere Funkverkehr sofort abgebrochen werden mußte, besonders wichtig. Die italienischen Vertreter hatten bereits auf der Vorkonferenz 1903 darauf hingewiesen, wie notwendig so ein Signal sei und die Buchstabenfolge „S S S D D D" vorgeschlagen. Die Delegierten von 1903 waren sich zwar einig, daß eine Lösung gefunden werden müßte, hatten aber die Entscheidung auf die Funkkonferenz 1906 verschoben. Unabhängig von einer international verbindlichen Regelung hatte sich das deutsche Reichs-Marine-Amt nach der Vorkonferenz mit dem Problem beschäftigt. Galt es doch wenigstens für den Küstenfunk an den deutschen Seegrenzen eine Regelung zu finden.

In Anlehnung an die auf deutschen Schiffen einer allgemeinen Anfrage vorangestellte Buchstabengruppe S O E, wählte man als Notzeichen S O S. Da der Buchstabe E im Morsealphabet nur aus einem Punkt besteht, dadurch gegenüber Störungen zu anfällig ist und keine genügende Garantie für einen sicheren Empfang bietet, wurde er durch das aus drei

Punkten bestehende S ersetzt. Erst Jahre später wurde die Buchstabenfolge mit den bildhaften Übersetzungen: „Save our Souls", „Save our Ship" oder „Send Out Succor" interpretiert.

Auch die Marconi-Gesellschaft hatte erkannt, wie notwendig die Einführung eines verbindlichen Notsignals war. 1904 erließ sie an alle von ihr ausgerüsteten Schiffe die Anweisung, ab 1. Februar die Buchstabenfolge C Q D als Notsignal zu benutzen. Man hatte den in der Kabeltelegraphie üblichen Anruf C Q durch das D als Abkürzung für „distress" ergänzt. Die sprachliche Umsetzung in „Come quick danger" ist das Produkt eines erfinderischen Funkers.

Beide Vorschläge lagen 1906 der 1. Funkkonferenz vor. Dazu kam noch der Vorschlag der Vereinigten Staaten, das Notsignal N C aus dem Internationalen Signalcode für Flaggensignale zu benutzen. In der Ausführungsübereinkunft zur internationalen Funkkonferenz wurde schließlich das S O S-Signal als international gültiges Notsignal festgelegt. Doch nach wie vor benutzten die Funker auch noch das C Q D. Erst nach 1912, dem Jahr, in dem die TITANIC unterging, setzte sich S O S endgültig durch.

Auch wenn es in dieser ersten Runde einer internationalen Abstimmung nicht unerhebliche Schwierigkeiten gegeben hatte, weil auch die wirtschaftlichen Interessen von Unternehmen berücksichtigt werden mußten, war mit dem Vertragstext doch ein Stück Rechtssicherheit in die Internationalität der drahtlosen Telegraphie und vor allem in den Seefunk eingezogen. Die Funktelegraphiestationen waren verpflichtet, Anrufe von Schiffen in Seenot unbedingt und vordringlich entgegenzunehmen, und für den öffentlichen Verkehr waren die beiden Wellenlängen 300 und 600 m bestimmt worden. Jede Anlage mußte in der Frequenz abstimmbar sein. Die Telegraphiergeschwindigkeit sollte mindestens 12 Wörter pro Minute betragen, und es durften nur Telegraphisten die Anlagen betreiben, die ein von der Regierung ausgestelltes Zeugnis besaßen.

Nach einem Monat mühevoller sachlicher Diskussionen und politischer Gespräche trennten sich die Delegierten in dem Bewußtsein, daß sie ein Vertragswerk auf den Weg gebracht hatten, das den Funkverkehr international regelte, ohne der technischen Entwicklung Hemmnisse in den Weg zu legen. Die Vereinbarung am Schluß der Funkkonferenz, sich 1911 in London wieder an einen Tisch zu setzen und Bilanz zu ziehen, brachte ein bißchen die Genugtuung darüber zum Ausdruck, daß eine gute Arbeit geleistet worden war, und sie überdeckte die inneren Zweifel vieler Beobachter, ob die nationalen Parlamente das Vertragswerk wohl ratifizieren würden. Die Delegierten verließen Berlin, sich wohl bewußt, daß nun erst die Schwierigkeiten begannen.

Die Innovationen – die technische Entwicklung bis 1914

Die Entdeckung der elektromagnetischen Wellen durch Heinrich Hertz hatte einen Innovationsschub ausgelöst, der weit bis ins 20. Jahrhundert hinein wirkte. Angefangen bei der Erzeugung und dem Nachweis elektromagnetischer Wellen war für die Erfinder ein Betätigungsfeld für vielfältige technische Realisierungen erschlossen worden, den Wissenschaftlern fiel die Aufgabe zu, experimentell gefundene Lösungen theoretisch zu begründen und durch die Theorie neue Lösungswege aufzuzeigen. Die Wechselwirkung zwischen praktischem Gerätebau und der Suche nach theoretischen Erklärungen für bisher unbekannte Effekte, aber auch die häufige Einengung der Arbeiten durch bereits erteilte Patente bestimmten die technische Entwicklung der drahtlosen Nachrichtenübertragung bis 1914.

Ihr Weg war vorgezeichnet. Er hieß „Verbesserung und Vervollkommnung von Sender und Empfänger", aber auch „Suche nach neuen technischen Anwendungsgebieten für Funkwellen".

Um 1900, als die drahtlose Nachrichtenübertragung noch in ihren Kinderschuhen steckte, waren Sender und Empfänger eine zusammengehörende Einrichtung. Sie waren aneinander angepaßt, der Empfänger für den jeweiligen Sender konstruiert. Beide bildeten ein „System", meist mit dem Namen der Erfinder oder der herstellenden Aktiengesellschaft versehen und durch Patente geschützt: so das Marconi-System, das Braun-Siemens-System, das Slaby-Arco-System oder das Telefunkensystem. Die Sende-Empfangseinrichtungen unterschieden sich nur in Konstruktion und Schaltungstechnik. Das zugrunde gelegte Wirkprinzip des Knallfunkensenders wurde nicht verlassen und durch ein anderes ersetzt. Bei Sendern wie bei den Empfängern gab es eine Vielzahl von Einzellösungen.

Wie schon vor nahezu 100 Jahren, als die elektrischen Telegraphen erfunden wurden, galt wieder die These: „Erfinde einen drahtlosen Telegraphen". Alle arbeiteten jedoch nach dem gleichen Wirkprinzip. Die Erfinder erkannten nicht, daß erst die Erzeugung ungedämpfter Wellen den Durchbruch zu optimaleren Lösungen bringen würde. Noch wurde mit dem Knallfunkensender experimentiert.

Den Prototyp des Empfängers erfand Popow im Jahre 1895 bei seinen Versuchen zur Registrierung von Gewittern. Im Januar 1896 machte er unter der Überschrift „Apparat für die Erkennung und das Registrieren elektrischer Oszillationen" diese Konstruktion bekannt. Der Empfänger bestand im wesentlichen aus einem Branlyschen Kohärer, der direkt zwischen Erde und Antenne lag. Durch ein in den Kohärerkreis gelegtes Relais wurde ein Klöppel angezogen, der gegen die Glasröhre schlug und die Feilspäne wieder in Unordnung brachte, um sie für den Empfang des nächsten Zeichens vorzubereiten. Dieser Kohärer war, wie man schon bald erkannte, sehr unempfindlich und störanfällig. So begann die Suche nach geeigneteren Wellendetektoren.

Wilhelm Schlömilch (19. September 1870–8. Juli 1939) und Reginald Aubrey Fessenden (16. Oktober 1866–22. Juli 1932) erfanden einen Detektor, der auf elektrolytischer Basis arbeitete und zuverlässiger und empfindlicher reagierte als der Kohärer. Auch Lee de Forest (26. August 1873 bis 30. Juli 1961) griff bei seinem Detektor auf dieses Prinzip zurück. Beim Einwirken eines elektromagnetischen Feldes auf eine elektrolytische Leitungsstrecke verändert sich ihr Widerstand. Diese Widerstandsänderung wird im Fernhörer durch ein Knacken hörbar. Beim Hitzdrahtdetektor von Fessenden verursacht die einfallende elektromagnetische Welle in dem in eine Glasröhre eingeschmolzenen Draht einen zusätzlichen Strom, welcher

Die Empfangsanlage einer Schiffsfunkstation bestand 1903 aus dem Hörempfänger (unten) und dem Schreibempfänger (oben). Auf dem Hörempfänger sind deutlich der Kondensator 2 und die elektrolytische Zelle EZ zu erkennen. Fritter, Klopfer und Relais sind die sichtbaren Baugruppen auf dem Schreibempfänger. Im Vordergrund steht der Morseschreiber.

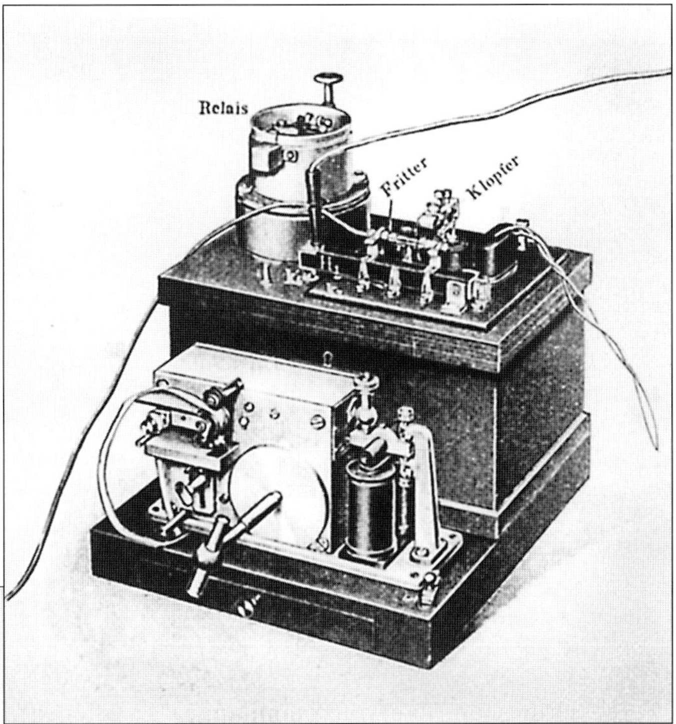

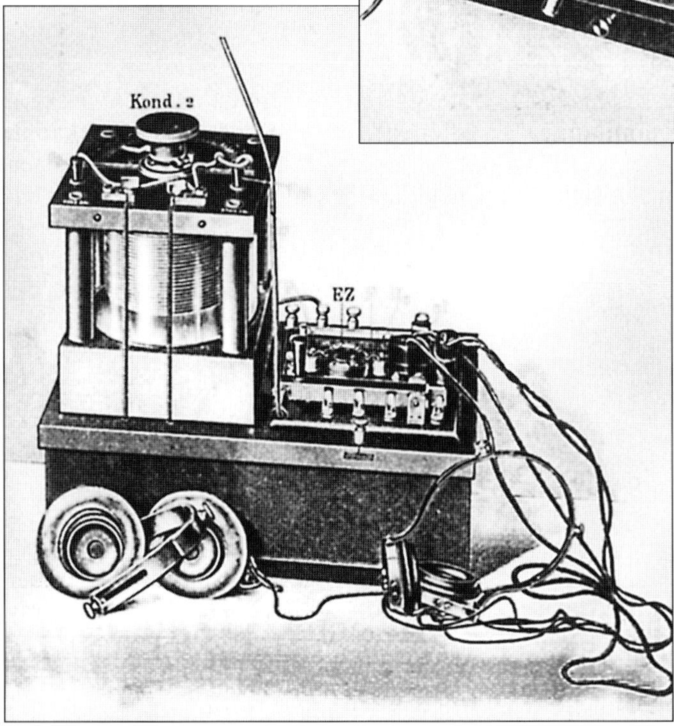

den Draht erwärmt. Die damit verbundene Widerstandsänderung führt ebenfalls zu einem Knacken im Hörer, wenn ein Zeichen empfangen wird. Der wohl komplizierteste Wellendetektor für Knallfunkensender war der Magnetempfänger von Marconi, im DRP Nr. 142224 vom 12. Juni 1902 beschrieben. Ausgenutzt wurde der von Sir Ernest Rutherford (30. Oktober 1871–19. Oktober 1937) bereits 1896 entdeckte Effekt, daß durch Wechselströme hoher Frequenz die Magnetisierung eines Stahlstabes verändert werden kann. In Marconis Empfänger wurde ein endloses Band aus magnetischem Material durch ein Glasrohr gezogen, das von einer Drahtwicklung umschlossen war. Ein Ende der Wicklung war mit der Antenne, das andere mit der Erde verbunden. Eine zweite Spule war induktiv mit dieser Spule gekoppelt. In ihrem Stromkreis lag das Telefon. Das Magnetband wurde, wenn es die Glasröhre und damit auch die Drahtwicklung durchlaufen hatte, an einem Dauermagneten vorbeigeführt. Das Feld des Dauermagneten magnetisierte, das Feld der Antennenspule entmagnetisierte das Band. Die Änderungen in der Magnetisierung waren im Telefon hörbar und zeigten damit das empfangene Morsezeichen an.

So gab es 1903 für den Empfang von funkentelegraphischen Signalen, die von Knallfunkensendern abgegeben wurden, vier grundsätzliche Wirkprinzipen: solche, die auf der Veränderung des Übergangswiderstandes beruhten (Kohärer); solche, bei denen die elektromagnetischen Wellen eine Wärmewirkung und dadurch Widerstandsschwankungen in Bolometerdrähten verursachten; solche, die magnetische Veränderungen hervorriefen, und schließlich solche, die auf der Grundlage chemischer Effekte arbeiteten. Eine höhere Empfindlichkeit des Empfängers war nur noch durch die induktive Ankopplung des Wellendetektors an die Antenne zu erreichen. Marconi hatte diese Lösung am 21. März 1899 im DRP Nr. 121424 vorgeschlagen.

Prinzip der elektrolytischen Zelle von Schlömilch: 1 Platindraht 0,001 mm Durchmesser; 2 Glasröhrchen; 3 Platindraht 0,5 mm Durchmesser; 4 Elektrolyt.

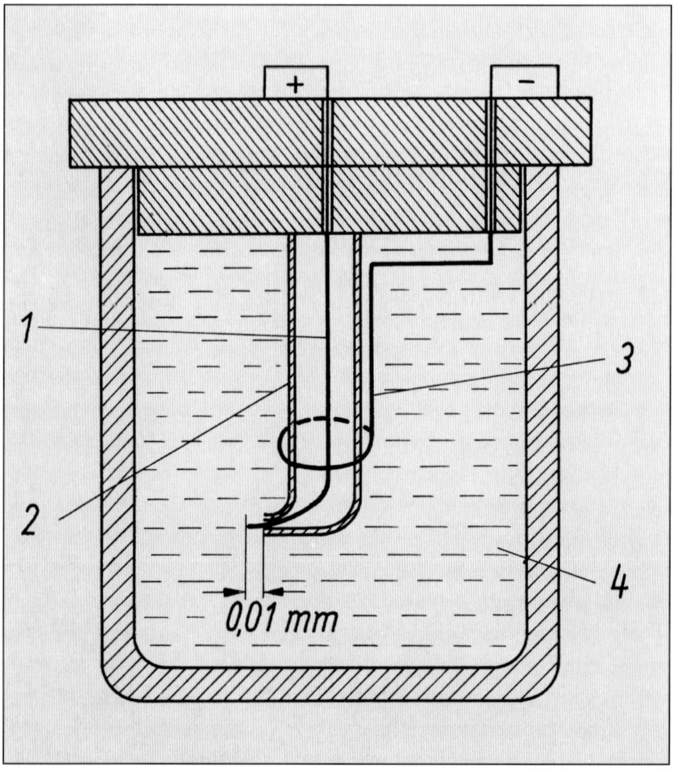

Um 1900 hatte die Zahl der Sender enorm zugenommen, und ihre Aussendungen begannen sich mehr und mehr gegenseitig zu stören. Die Funker konnten nur mit Mühe die für sie bestimmten Nachrichten aus dem Knacken und Rauschen in ihren Kopfhörern heraushören, ein Schreibempfang war unmöglich. Oliver Joseph Lodge und Alexander Muirhead hatten frühzeitig das Problem erkannt und sich am 11. August 1897 eine Schaltung patentieren lassen, die Abhilfe schuf und Sender und ihre Sendungen voneinander trennte. Ferdi-

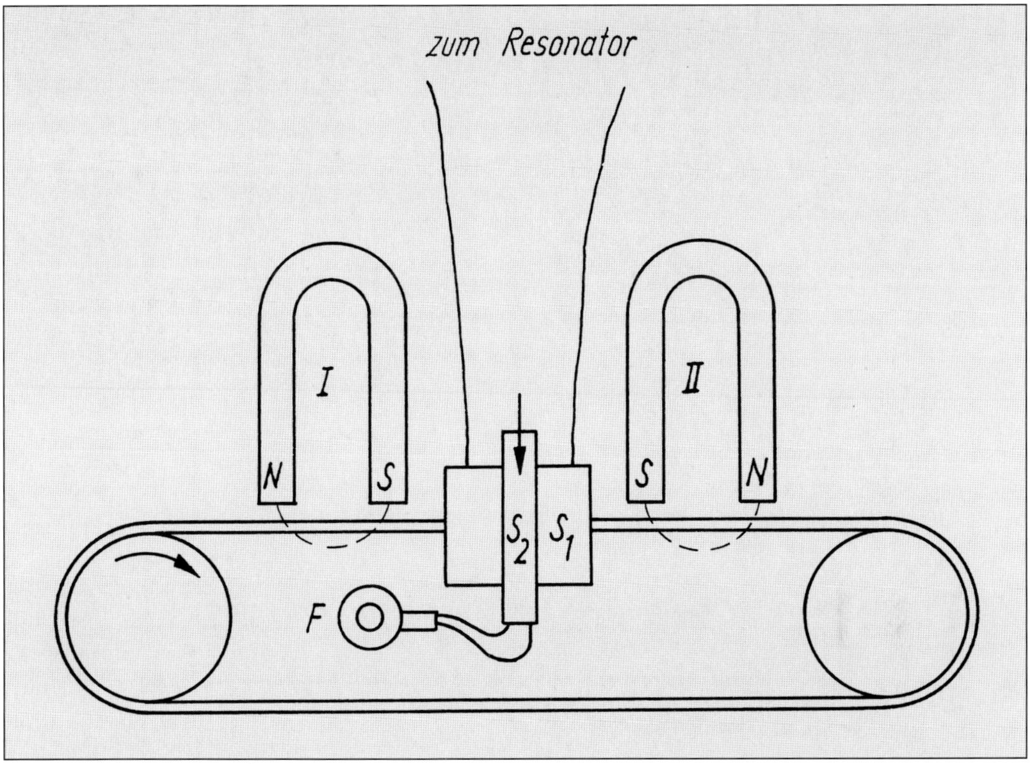

Der „Marconidetektor". Die vom Resonator kommenden elektromagnetischen Wellen erzeugen in der Spule S1 ein Wechselfeld, das die Remanenz des umlaufenden Stahlbandes verändert. Die Remanenzänderungen werden induktiv auf die Spule S2 übertragen und im Fernhörer F hörbar. Für eine konstante Remanenz sorgen die beiden Dauermagneten.

nand Braun sah seinerseits die Lösung des Problems in der selektiven Abstrahlung der elektromagnetischen Wellen vom Sender und ließ sich diese Schaltung in dem Patent 111578 vom 14. Oktober 1898 schützen. Marconi schließlich erhielt am 20. April 1900 das Patent Nr. 7777 auf seine Schaltungsvariante. Drei Patente zum gleichen Gegenstand, das mußte letztlich zu Streitigkeiten führen.

So kann man den technischen Entwicklungsstand beschreiben, wie er sich um 1900 dem Betrachter darbot.

Am Anfang gab es nur Knallfunkensender. Ihre wesentlichen Merkmale: die Kugelfunkenstrecke und der Induktor. Durch das Unterbrechen des Stromflusses im Primärkreis des Induktors wurde die Kugelfunkenstrecke über den Sekundärkreis stoßweise aufgeladen. Die Entladung erfolgte über die Antenne, und der Funke wurde abgestrahlt. Diese Entladungsfunken waren sehr kurz und klangen schnell ab. Die Sender erzeugten gedämpfte Wellen. Allerdings war die Häufigkeit der Entladungen wesentlich größer als die der Morsezeichen, so daß auf ein Morsezeichen immer mehrere Entladungen, also Knallfunken entfielen.

Bei den Reichweitenversuchen hatte

N° 18,644 A.D. 1897

Date of Application, 11th Aug., 1897

Complete Specification Left, 11th June, 1898—Accepted, 16th July, 1898

PROVISIONAL SPECIFICATION.

Improvements relating to Electric Telegraphy.

We, OLIVER JOSEPH LODGE, of 2, Grove Park, Liverpool, in the County of Lancaster, D.Sc., F.R.S., Professor of Physics in the University College, Liverpool aforesaid, and ALEXANDER MUIRHEAD, of Princes Street, in the City of Westminster, D.Sc., Electrical Engineer, do hereby declare the nature of this invention to be as follows:—

Our invention relates to systems of telegraphing by means of Hertzian waves and has for its objects to provide means whereby greater certainty of action is obtained and whereby the distance between the emitting and receiving apparatus may be materially increased; to effect, as compared with the systems of telegraphy at present in vogue, an economy in signalling between distant points, and generally to effect the improvements hereinafter indicated.

In carrying out our invention we use in the receiving circuit a recording telegraph instrument of the Kelvin siphon recorder or other suitable type connected in series with a battery and a coherer of novel construction.

The coherer may be constructed of two or more tubes containing iron or nickel filings or the like, amalgamated or not, joined up in multiple arc and in conjunction with these tubes is a vibrating hammer which is kept in constant motion, preferably by means of clockwork, and is so placed relatively to the tubes of filings that it comes into contact with each tube successively during every period of revolution.

The construction of the coherer may be such that decohesion or the restoration to sensitiveness of the mass, which forms the active part of the coherer after every passage of the Hertzian waves, takes place in the mass itself instantly after the act of cohesion, without the aid of vibrating hammers or similar devices, that is to say, in one form of coherer made according to this invention the filings form a conducting mass spread out on a strip or otherwise supported in the magnetic field between the two poles of either a permanent magnet or an electromagnet so that on the passage of Hertzian waves through the filings, when electrical cohesion or more complete contact has taken place under the electrical stimulus of such waves, a stronger current from the battery in connection with the coherer flows through the strip or mass of filings, the result being a greater deflection of the mass due to the action of the magnetic field. The bending or deflection in one direction of the strip carrying the filings or the disturbance of the mass of filings separates them and thus breaks down the cohesion between them.

For the transmitter we may employ an ordinary extra current spark such as occurs when the current of a voltaic battery is broken or when a current round a self-induction coil is varied, or started, or stopped, or when a condenser is charged or discharged, or any other means of producing an electric jerk or discontinuous or transient current such as are capable of exciting a coherer. And the effect of these electric jerks may be conveyed to the distant coherer either through space or along conductors of any kind, or along bare wires, or the outer sheathing of

[*Price* 8*d*.]

Als erste erkannten Oliver Joseph Lodge und Alexander Muirhead, daß es notwendig ist, Sender und Empfänger auf die gleiche Frequenz abzustimmen.

[Third Edition.]

N° 7777 A.D. 1900

Date of Application, 26th Apr., 1900

Complete Specification Left, 25th Feb., 1901—Accepted, 13th Apr., 1901

PROVISIONAL SPECIFICATION.

"Improvements in Apparatus for Wireless Telegraphy."

We, Guglielmo Marconi, Electrician, and Marconi's Wireless Telegraph Company, Limited, both of 28 Mark Lane, in the City of London, do hereby declare the nature of this invention to be as follows :—

The object of this invention is not only to increase the efficiency of the apparatus hitherto employed, but also to so control the action as to cause intelligible communications to be established with one or more stations only out of a group of several receiving stations.

In the Specification of a former Patent, No. 12039 of 1896, a transmitter is described which consists of an induction coil, one terminal of the secondary circuit being connected to a metal sphere connected to earth and the other to a similar sphere connected to an insulated conductor which generally takes the form of a more or less vertical wire which may or may not terminate or have attached to it a metal body of extended surface, giving it increased electrical capacity.

According to the present invention the vertical wire is connected to earth through the secondary winding of a transformer of a kind suitable for the transformation of very rapidly alternating electric currents and the primary of this transformer is connected to the spheres or terminals of the sparking appliance.

A condenser of suitable capacity is introduced in series with the primary or each end of the primary may be connected to one of the plates of two condensers of suitable capacity, the other plates of which are connected to the sparking appliance.

This device enables much more energy to be imparted to the radiator than heretofore, the approximately closed circuit of the primary being a good conserver and the open circuit of the secondary a good radiator of wave energy.

The arrangement works as follows :—

On pressing the key and actuating the induction coil (in order to produce a signal) the condenser in circuit with the transformer is charged and subsequently discharges through the spark gap. If the capacity, the inductance, and the resistance of the circuit are of suitable values, this discharge is oscillatory, with the result that alternating currents of high frequency pass through the primary of the transformer, and induce similar oscillations in its secondary these oscillations being communicated to the elevated conductor.

The circuit of the elevated conductor should preferably be suitably attuned for this purpose.

The effect of these oscillations in the elevated conductor is to inductively affect similar distant conductors if the self-induction and capacity of the said conductors is of a suitable value or values.

At the receiving end a receiver is employed capable of being actuated by electrical oscillations of high frequency such as those described in the Specifications Nos. 12326 of 1898, and 6982 of 1899.

The transformer which has been used at the transmitting station preferably consists of two windings of a few turns of insulated wire. The length of the wire and dimensions of the transformers may vary between wide limits, but satisfactory results have been obtained when working with vertical wires 100 feet long, with coils constituted of 10, 20, 30, and 40 turns of copper wire two millimetres in diameter, insulated with gutta percha or other suitable insulating material, each turn being about 4 inches in diameter, the primary and secondary being of the same thickness of wire and approximately of same length.

[*Price* 8*d*.]

Erst nach langen Versuchen zur abgestimmten Telegraphie entschloß sich Marconi am 26. April 1900 zur Patentanmeldung.

man immer wieder die traurige Erfahrung machen müssen, daß größere Entfernungen sich nur überbrücken ließen, wenn größere Sende-Energien abgestrahlt wurden. Bei induktiver Ankopplung der Funkenstrecke an die Sendeantenne und die Aufladung einer Leidener Flasche, die parallel zur Funkenstrecke lag, also die praktische Anwendung des Braunschen Patents Nr. 111578, wurde ein erster Schritt in diese Richtung gemacht.

Wenn man nun, so lautete die Frage, die Funkenzahl pro Sekunde erhöhte, würde dann nicht mehr Energie abgestrahlt werden? So bestand der nächste Schritt darin, schneller arbeitende Unterbrecher zu konstruieren. Der Wagnersche Hammer wurde durch den Quecksilberstrahl-Unterbrecher und auch, jedoch seltener, durch den elektrolytisch arbeitenden Wehnelt-Unterbrecher ersetzt. Mit beiden konnten höhere Funkenzahlen erzielt werden, wobei auch noch der beim Wagnerschen Hammer auftretende Kontaktverschleiß wegfiel.

Überall in Europa wurde der Bau von Sendestationen hoher Leistung fortgesetzt. 1906 errichtete die Telefunken-Gesellschaft unweit von Nauen bei Berlin eine Sendestation mit einer Reichweite von 3000 km. Über sie sollten deutsche Schiffe auf See Nachrichten erhalten. Der Antennenturm war 100 m hoch, die Sendeleistung betrug 35 kW. Eine zeitgenössische Darstellung beschreibt, wie diese Leistung erzeugt wurde: „Als Antriebsmaschine ist eine normale Lokomobile aufgestellt, welche bei 7 Atm und 120 Umdrehungen 35 PS leistet ... Vom Schwungrad der Lokomobile wird vermittelst Riemen der Einphasen-Wechselstromgenerator angetrieben, welcher durch eine direkt angebaute Erregermaschine erregt wird ... Der Geberkreis besteht aus einer Kapazität von 360 großen Leydener Flaschen, welche bei einer re-

Der Dampfer CAP BLANCO wurde 1909 als erstes Schiff mit einem Löschfunkensender ausgerüstet.

sultierenden Kapazität von 400 000 cm in dreifacher Hintereinanderschaltung liegen. Ferner aus einer ringförmigen einfachen Funkenstrecke ohne Ventilation und der Selbstinduktion, einer aus einem versilberten Kupferrohr hergestellten Spirale mit Anschlüssen, sowohl für den Erregerkreis als auch zur Kopplung des Luftdrahtes und zum Anschluß der Erdleitung."[44] Nach Aussagen von Ohrenzeugen konnten Spaziergänger die Funkenentladungen schon auf sehr große Entfernungen hören. 1908 waren an der Station wichtige Verbesserungen angebracht worden und es begannen Anfang des Jahres Fernversuche zum Dampfer CAP BLANCO, der auf seiner Reise von Hamburg nach Buenos Aires täglich telegraphische Nachrichten über Nauen erhielt. Das letzte Telegramm wurde in Santa Cruz (Teneriffa) bei einer Entfernung von 3700 km aufgenommen. Der Dampfer befand sich nun acht Tagereisen von Hamburg entfernt. In den folgenden Jahren wurden die hölzernen Masten durch eiserne Türme ersetzt, von denen einer am 30. März 1912 infolge eines heftigen Sturmes umstürzte.

Auch Marconi errichtete nach dem Bau seiner ersten Station in Poldhu weitere Großstationen. In Clifden, an der Westküste Irlands, begannen im Frühjahr 1907 die Bauarbeiten. Die Sendestation hatte acht Masten mit einer Höhe von 80 m, die in zwei fast parallelen Reihen im Abstand von ungefähr 150 m und zwar in der Richtung des größten Kreises, der Clifden mit Glace Bay in Kanada verband, aufgestellt waren. Die Gegenstation in Glace Bay bestand aus vier hölzernen Türmen von 90 m Höhe und vier westlich davon errichteten Masten von 58 m Höhe. 50 Luftdrähte verliefen vom Betriebsraum zunächst zu den oberen Enden der Türme und von dort annähernd waagerecht zu den Spitzen der Masten. Diese Anordnung entsprach dem Marconischen Verfahren, den ausgesandten Wellen eine bestimmte Richtung zu geben.

Als Energiequelle diente eine 500pferdige Dampfmaschine, mit der ein Dynamo direkt gekuppelt war. Er lieferte einen Dreiphasenstrom von 2000 V mit einer Leistung von 350 kW. Die Sendeenergie war auf 70 kW begrenzt worden. Die Zeichengebung war so kräftig, daß sie durch atmosphärische Störungen nicht beeinträchtigt werden konnte. Das Personal der Sendestation bestand aus dem Vorsteher, vier technischen Assistenten, zwei Heizern, zwei Zimmerleuten und zwei Arbeitern, die das Tau- und Drahtwerk in Ordnung zu halten hatten. Im Spätsommer 1907 waren die Bauarbeiten beendet und am 17. Oktober begannen die regelmäßigen Sendungen, zunächst allerdings nur für Pressetelegramme. Die Gebühren je Wort betrugen 21 Pf, für öffentliche Telegramme war die Wortgebühr doppelt so hoch. Fessenden hörte auf seiner Station auf Brant Rock die Übertragung zwischen Glace Bay und Clifden am Eröffnungstage ab. Er bemerkte kritisch, daß statt der angegebenen 20 Worte in der Minute nur 7 Worte telegraphiert wurden und daß nichts getan war, um das Telegraphengeheimnis zu wahren. Sämtliche Nachrichten konnten von anderen Stationen mitgehört werden. Am 3. Februar 1908 gab Marconi in Londoner und New Yorker Zeitungen öffentlich bekannt, daß der ununterbrochene Dienst zwischen England und Amerika der Allgemeinheit vom 8. Februar an zur Verfügung stünde. Die Kabelgesellschaften hatten aber vorher gegenüber dem British Post Office durchgesetzt, daß Telegramme über Marconis Funkstrecke den Vermerk „via Marconi" führen mußten. Diese Bestimmung blieb dem Publikum weitgehend unbekannt, und daher gab es nur einen geringen interkontinentalen Funkverkehr über diese neue Verbindung. Darüber hinaus fehlte der Funkverbindung eine Anbindung an das Landnetz, wie sie den Kabelgesellschaften zur Verfügung stand.

Der von den Erfindern beschrittene Weg, eine höhere Sende-Energie und damit eine größere Reichweite durch eine höhere Funkenzahl zu erreichen, führte zwangsläufig vom periodisch auftretenden Einzelfunken zu einem ununterbrochenen Funkenband, zu einem „Träger", der die Nachricht vom Sender zum Empfänger hinüberträgt. Damit deutete sich der Übergang von den gedämpften zu den ungedämpften Wellen an.

Durch seine Versuchsanordnung zur Funkenerzeugung und den Nachweis, daß sich die Wirkung der Funken über den freien Raum ausbreitet, hatte Hertz eine Entwicklungsrichtung für die drahtlose Telegraphie vorgezeichnet, die eigentlich nicht einer physikalisch-technischen Umsetzung der Maxwellschen Gleichungen im mathematischen Sinne entsprach. Nur die raschen praktischen Erfolge in der drahtlosen Telegraphie hatten zunächst alle anderen Gedankengänge in den Hintergrund drängen können.

Nun, im Jahre 1902, fast 20 Jahre nach der epochalen Entdeckung von Heinrich Hertz, wurde unter Fachleuten mehr und mehr die Meinung vertreten, daß es bei der drahtlosen Übertragung von Nachrichten weniger auf die Zahl der Funken, sondern vielmehr auf die Frequenz der elektromagnetischen Wellen ankäme. Eine Reihe von Forschern beschäftigte sich daher, unbeeinflußt von den Marconischen Unternehmungen, mit der Frage, wie hohe Frequenzen erzeugt werden könnten. 1902 reichte Fessenden ein Patent ein, in dem in sehr allgemeiner Form die Benutzung von ungedämpften Wellen für drahtlose Telegraphie vorgeschlagen wurde. Nach seiner Meinung müßte es möglich sein, hohe Frequenzen durch rotierende Maschinen zu erzeugen.

Auf der 75. Versammlung deutscher Naturforscher und Ärzte 1903 in Kassel wies der Göttinger Professor Hermann Th. Simon in einem Beitrag auf die Bedeutung der hochfrequenten Wechselströme für die drahtlose Telegraphie hin und schrieb: „Die bisherige Erregungsweise von elektrischen Schwingungen mit Hilfe von Luftfunkenstrecken und Induktionsapparaten ist unrationell und liefert Hochfrequenzströme relativ unregelmäßiger Art. Zur dauernden Erregung sehr wirksamer Wellen dieses Typus sind hochgespannte Gleichstromquellen, z. B. Hochspannungsmaschinen oder Hochspannungsakkumulatoren von genügender Stromkapazität weit geeigneter. Unserer Meinung nach läßt sich alles, was man bisher mit Induktionsapparaten geleistet hat, weit rationeller und wirksamer mit Hochspannungsmaschinen erreichen. Und die Technik wird der Praxis der Hochfrequenzströme einen großen Dienst leisten, wenn sie sich zum Bau widerstandsfähiger Hochspannungsdynamos von 10000 bis 20000 Volt entschließt."[45)]

Ernst Fredrik Werner Alexanderson (Jan. 1878–Mai 1975) konstruierte in den Jahren 1904/05 die erste Hochfrequenzmaschine, und 1906 baute die General Electric Company in den USA den Prototyp für eine Frequenz von 50 kHz; ein technisches Wunderwerk, wie Zeitgenossen sagten. Die Maschine wurde in den folgenden Jahren von Rudolph Goldschmidt (1876 bis 1970) weiter verbessert. Die hohe Frequenz wurde erzeugt, ohne die Polzahl zu erhöhen. Die zwischen Eilvese bei Hannover und Tuckerton in den USA eingerichtete feste Funkverbindung mit Goldschmidt-Maschinen arbeitete zwar zufriedenstellend, blieb aber so ziemlich die einzige in ihrer Art. Die Grenzen der Frequenzerzeugung mit rotierenden Maschinen waren bald erreicht und 1909 wurde resignierend festgestellt: „Nach dem gegenwärtigen Stande kann jedenfalls die unmittelbare Erzeugung ungedämpfter elektrischer Wellen durch Wechselstrommaschinen für drahtlose Telegraphie der Praxis noch nicht in Frage kommen.“[46)]

Mit einer anderen Idee, ungedämpfte Wellen zu erzeugen, beschäftigte sich der dänische Ingenieur Valdemar Poulsen (23. November 1896–23. Juli 1942). Er griff auf ein Wirkprinzip zurück, das sich Elihu Thomson (29. März 1853–13. März 1937) am 4. Juli 1893 unter der Nr. 500630 beim amerikanischen Patentamt hatte schützen lassen. Thomson hatte parallel zu einem Lichtbogen, der sich zwischen zwei Elektroden ausbildet, eine Reihenschaltung von Induktivität und Kapazität geschaltet

Valdemar Poulsen (23. November 1869 bis 23. Juli 1942), der Erfinder des Lichtbogensenders

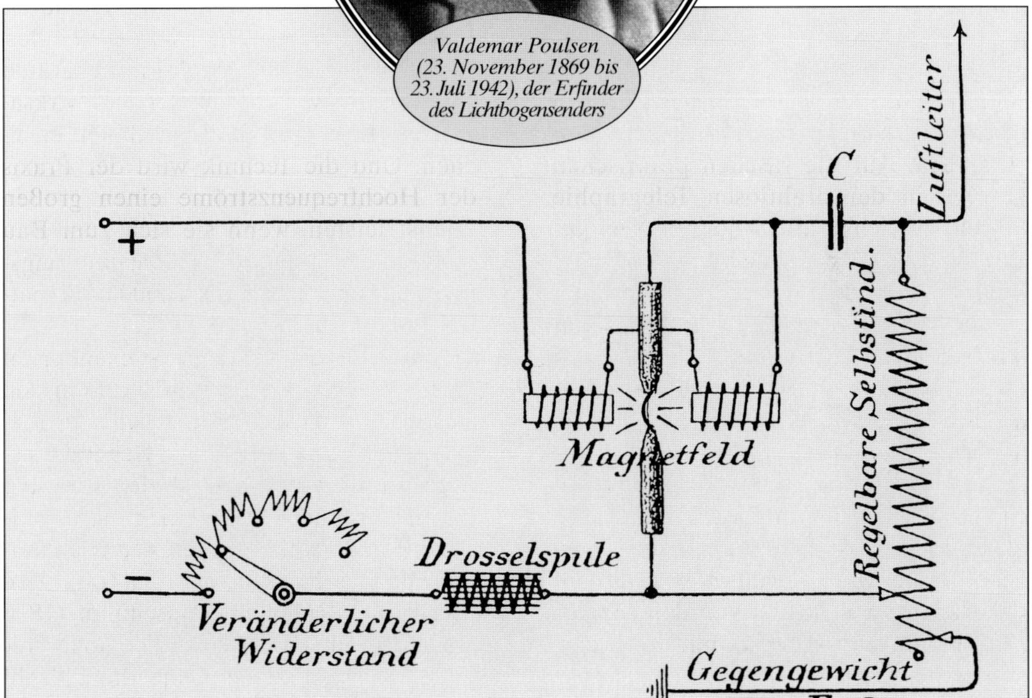

Einfach sieht die Prinzipschaltung des Lichtbogensenders aus …

... kompliziert aber ist sein technischer Aufbau.
Lichtbogengenerator von Valdemar Paulsen, der 1921 in der Funkstelle Lyngby aufgestellt wurde.

und mit dieser Anordnung Schwingungen mit einer bestimmten Frequenz und konstanter Amplitude erzeugt. Er konnte aber nur Frequenzen zwischen 30 und 40 kHz erzeugen. Im Jahre 1900 griff der englische Physiker William de Bois Duddel (1872–4. November 1917) den Gedanken, Schwingungen mit einer bestimmten Frequenz durch Lichtbögen zu erzeugen, auf. Er sagte sich: Will man eine ununterbrochene Folge von Funken erzeugen, kommt es darauf an, dem einzelnen Funken so viel Energie mitzugeben, wie er durch die auftretende natürliche Dämpfung verliert. Trotz des richtigen Denkansatzes gelang auch ihm nur die Erzeugung von Schwingungen bis zu einer Frequenz von 40 kHz. Erst Poulsen fand die Lösung. Er ließ den Lichtbogen sich in einem Wasserstoffstrom ausbilden und erzeugte auf diese Weise Schwingungen bis zu mehreren Millionen Hertz und mit hoher Leistung. Für seine Erfindung „System für die Erzeugung kontinuierlicher elektrischer Schwingungen“ erhielt er 1902 ein dänisches Patent mit der Nr. 5590 und am 12. Juli 1903 ein deutsches Reichspatent. Doch Poulsen hatte es schwer, seine Erfindung gegen die großen Konzerne durchzusetzen und in die Praxis einzuführen. Auf der Weltausstellung 1904 in St. Louis warb er für seine Erfindung mit

Die Morsezeichen der getasteten Schwingung eines Lichtbogensenders werden mit dem Schleifer (links) und dem Ticker (rechts) hörbar gemacht.

einem Vortrag auf dem gleichzeitig stattfindenden „Elektrischen Kongreß". Auch mit seinem am 23. Oktober 1906 vor dem Elektrotechnischen Verein in Berlin zu Ehren der „Internationalen Konferenz für Funkentelegraphie" gehaltenen Festvortrag verfolgte er das Ziel, eine an seinem System interessierte Firma zu finden. Schließlich übernahm die von Lord Armstrong 1906 gegründete Amalgamated Radio Telegraph Co. die Patente, reichte sie aber schon ein Jahr später an die C. Lorenz A.G. in Berlin zur Alleinnutzung weiter. Diese traf mit Telefunken eine Übereinkunft über die Abgrenzung der Entwicklungsgebiete. Am 26. März 1903 hatte auch Hermann Th. Simon aus Göttingen ein Patent auf eine Sendeanordnung mit Lichtbogen erhalten: „Einrichtung zur Erzeugung elektrischer Schwingungen mittels einer mit hochgespanntem Gleichstrom oder

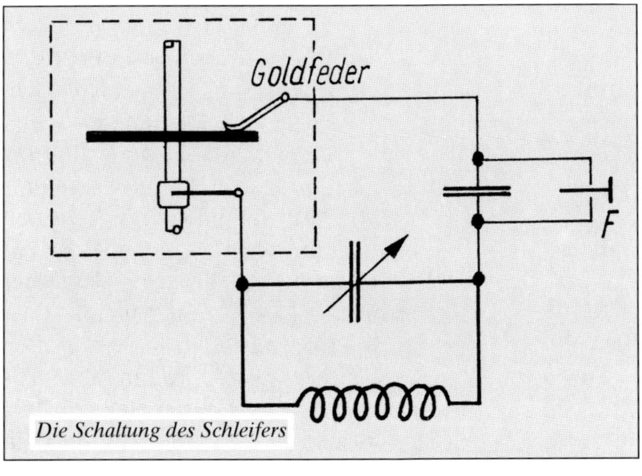

Die Schaltung des Schleifers

langsam wechselndem Wechselstrom betriebenen Funkenstrecke, mit der ein aus Kapazität und Selbstinduktion bestehender Schwingkreis gekoppelt ist, gekennzeichnet durch eine unsymmetrisch geschaltete Funkenstrecke".[47] Auf dieses Patent griff Telefunken bei seinen Lichtbogensendern zurück.

In einem Vortrag, den Graf Arco 1907 vor der Schiffbautechnischen Gesellschaft hielt, ging er auch kurz auf das Poulsensche System ein und sagte: „Unsere deutsche Telefunkengesellschaft ging anfänglich mit dem Gedanken um, die Poulsensche Erfindung zu erwerben. Die Verhandlungen scheiterten aber, und wir mußten versuchen, ohne das Poulsensche Patent dasselbe zu erreichen."[48] Telefunken benutzte für die Erzeugung der Schwingungen statt nur eines Lichtbogens eine Serienschaltung von mehreren Lichtbögen. Am 18. Oktober 1906 wurde zum ersten Mal in Deutschland mit ungedämpften Schwingungen nach dem Verfahren der Gesellschaft für drahtlose Telegraphie telegraphiert, und am 15. November 1907 fanden Reichweitenversuche zwischen Berlin und Rheinsberg über 75 km statt. Die Höhe des Antennenmastes betrug 26 m.

Graf Arco faßte die Ergebnisse der Versuche zusammen und sagte: „In der ganzen Technik der schnellen Schwingungen herrscht augenblicklich Unruhe und Unsicherheit. Sie wird hereingebracht durch die Frage, welche Erzeugungsmethode der schnellen Schwingungen in der nächsten Zukunft die vorherrschende sein wird: die alte Funkenmethode, eine Lichtbogenmethode oder eine andere noch neuere Methode? Ich persönlich glaube an das Fortbestehen der Funkenmethode. Die Funkenmethode hat sich bewährt. Aber sie ist noch verbesserungsbedürftig."[49]

Bei der Benutzung von ungedämpften Wellen für die Nachrichtenübertragung trat ein neues Problem auf: Wie können aus der hochfrequenten Schwingung die Morsezeichen zurückgewonnen werden? Die Detektoren, die sich bei Knallfunkensendern bewährt hatten, versagten beim Empfang einer getasteten Hochfrequenz ihren Dienst. Poulsen entwickelte einen Demodulator, den er Ticker nannte und in dem ein elektromagnetischer Unterbrecher abwechselnd zwei verschieden große Kapazitäten in den Stromkreis schaltete. Der Ticker übernahm die Aufgabe des späteren A1-Überlagerers. Nun wurden die Morsezeichen hörbar.

Die ersten Übertragungsversuche mit Lichtbogensendern hatten alle Erwartungen übertroffen. Mit wesentlich geringeren Sendeleistungen konnten vergleichsweise größere Reichweiten erzielt werden. Bei Versuchen, die 1905 zwischen Lyngby (in der Nähe von Kopenhagen) und Esbjerg durchgeführt wurden, überbrückte man mit einer Sendeleistung von 700 Watt bei einer Antennenleistung von 100 W eine Entfernung von 310 km. Ein Jahr später wurden diese Werte durch Übertragungsversuche zwischen Lyngby und Cullercoats (England) über eine Entfernung von 900 km bestätigt. Die Station Lyngby wurde 1909 zu einer Großstation ausgebaut, die hauptsächlich zum Verkehr mit Schiffen auf Entfernungen über 1000 km dienen sollte. Die Antenne war zwischen zwei etwa 70 m hohen Holzmasten gespannt, die 90 m voneinander entfernt standen. Von der Mitte des Antennenseiles führten 23 Kupferlitzen zum Stationshaus.

Und wie zum Knallfunkensender die Großstation Nauen und zum Sender mit der Hochfrequenzmaschine Eilvese bei Hannover gehörte, so verband sich von nun an mit dem Lichtbogensender der Begriff Knockroe, einige Kilometer nördlich

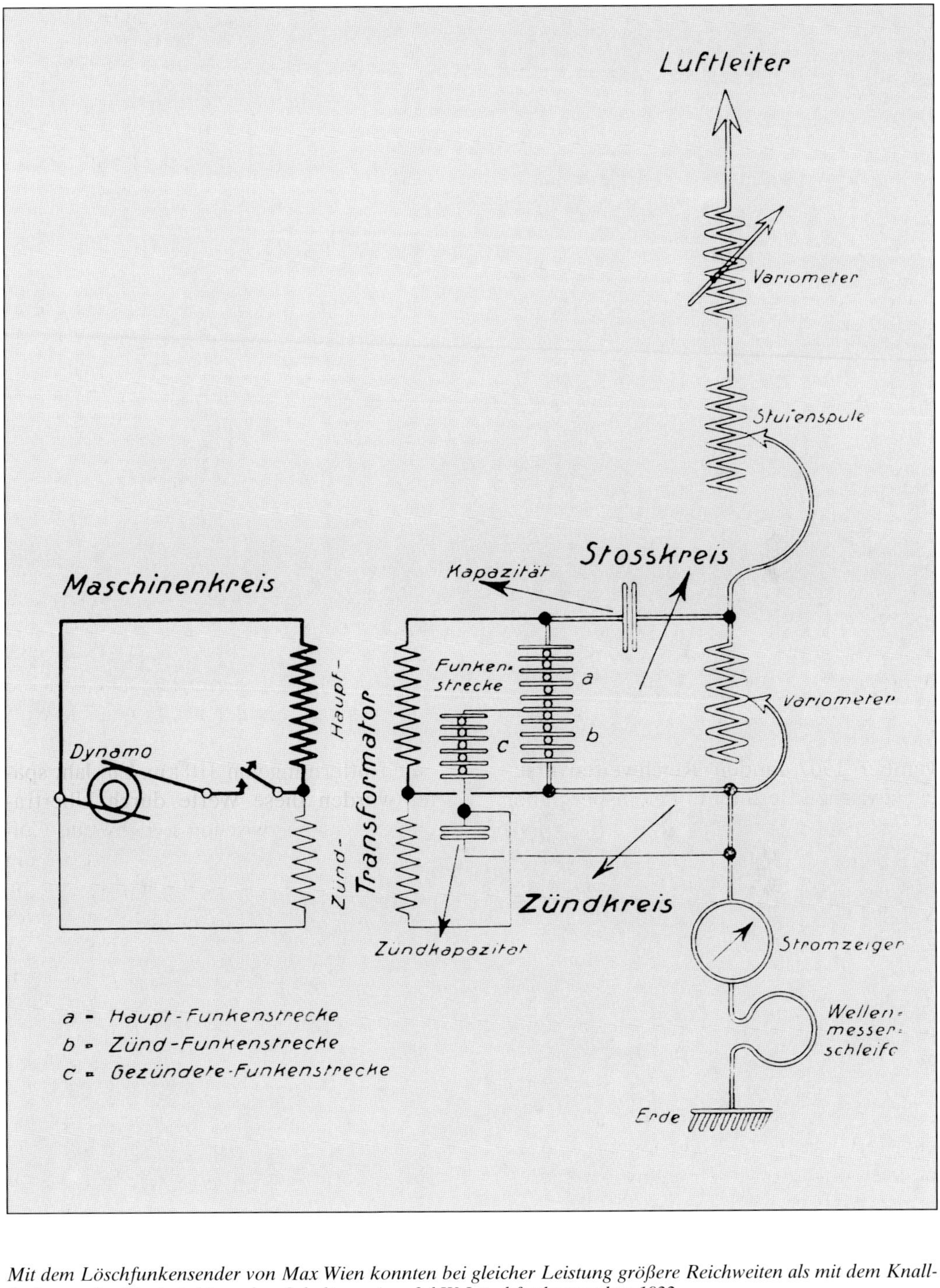

Mit dem Löschfunkensender von Max Wien konnten bei gleicher Leistung größere Reichweiten als mit dem Knallfunkensender überbrückt werden. Schaltung eines 2-kW-Löschfunkensenders 1922.

1906 gelingt die drahtlose Telephonie. Der erste Sender der Gesellschaft für drahtlose Telegraphie mbH für drahtloses Fernsprechen nach dem Lichtbogenprinzip mit in Serie geschalteten Lichtbögen.

KAISERLICHES PATENTAMT.

PATENTSCHRIFT

— № 178871 —

KLASSE **21** *a*. GRUPPE ~~70~~. 38

GESELLSCHAFT FÜR DRAHTLOSE TELEGRAPHIE M. B. H. IN BERLIN.

Wellenempfindliche Kontaktstelle.

Patentiert im Deutschen Reiche vom 18. Februar 1906 ab.

In der drahtlosen Telegraphie wurden bisher wellenempfindliche Berührungsstellen als Detektoren verwendet, bei denen entweder die Berührung von Pulver aus leitender Substanz gegen feste Körper oder feste Körper gegen feste Körper benutzt wurden. Bei der Verwendung der ersteren handelte es sich ausschließlich um Pulverkohärer, welche mit unendlich hohem Anfangswiderstand arbeiteten, während bei letzteren Mikrophonkontakte zur Anwendung gelangten, bei denen die sich berührenden Körper aus Leitern bestanden, die keine elektrolytischen Eigenschaften zeigen. Die Empfindlichkeit derartiger Anordnungen hing im wesentlichen von dem im allgemeinen gering bemessenen Berührungsdruck und der an die Elektroden gelegten E. M. K. ab. Die Anwendung letzterer war in allen Fällen unbedingt erforderlich.

Die vorliegende Erfindung betrifft eine wellenempfindliche Kontaktstelle, bei welcher infolge Verwendung eines bestimmten Materiales für die eine Elektrode des Kontaktes, welches, in Stückform verwendet, elektrolytische Eigenschaften besitzt, die Anwendung eines beliebigen Berührungsdruckes zuläßt, ohne daß die Kontaktstelle an Wellenempfindlichkeit einbüßt, und bei welchem die Zwischenschaltung einer E. M. K.-Quelle zwischen Kontaktstelle und Indikationsinstrument nicht erforderlich ist.

Als Materialien, welche diese Eigenschaft zeigen, konnten durch Versuche nachfolgende Manganverbindungen, wie z. B. Psilomelan, Pyrolusit, Braunit, Manganit sowie ferner Kupferkies, Schwefelkies, Bleiglanz und andere ermittelt werden.

Diese Materialien können in der Weise verwendet werden, daß entweder beide Berührungselektroden oder Kontaktteile oder nur eine der Elektroden oder Kontaktteile aus denselben hergestellt werden.

Besonders vorteilhaft zeigten sich die Anordnungen, bei denen die Elektrode, mit der ein beliebig großer Druck ausgeübt wurde, aus einem genügend widerstandsfähigen Material, z. B. einem Metall, hergestellt war und die andere Elektrode aus einem der oben genannten Materialien bestand.

In Fig. 1 ist eine Ausführungsform der wellenempfindlichen Kontaktstelle dargestellt. Hierin bezeichnet 1 ein Stück Psilomelan, welches vorteilhaft in Zinn 2, das mit einer Messinghülse 3 umgeben ist, eingebettet ist. Gegen die Oberfläche des Psilomelan drückt eine Eisenschraube 4, deren Gewinde in einem Hartgummistopfen 5 eingeschnitten ist. Der Hartgummistopfen 5 ist in das Messingrohr 3 eingeschraubt. Auf dem oberen Teil des achsial durchbohrten Hartgummistopfens ist eine Metallplatte 6 aufgeschraubt, durch die Bohrung ist eine leitende Zuführung 7 von der Metallplatte nach der Eisenschraube 4 geführt. Bei dieser Ausführungsform bildet 4 die Druckelektrode, 1 eine aktive Elektrode und 2 die Zuleitungselektrode.

Das Patent „Wellenempfindliche Kontaktstelle“, das an die Gesellschaft für drahtlose Telegraphie auf die Erfindung von Ferdinand Braun ausgegeben wurde, war die Grundlage für die Demodulation der getasteten hochfrequenten Schwingung eines Löschfunkensenders (siehe Abbildung auf Seite 110).

Valentia an der Westküste Irlands gelegen. 1908 war diese Sendestation mit einer Leistung von 20 kW zur transatlantischen Nachrichtenübermittlung gebaut worden. Ihre Antennenmasten waren 120 m hoch, und sie sollte die Verbindung zu den transatlantischen Dampfern aufrechthalten und mit einer Station auf der kanadischen Seite zusammenarbeiten. „Das hier benutzte Poulsen-System eignet sich ganz besonders infolge seiner scharfen Abstimmfähigkeit und der größeren Ausstrahlungsmöglichkeit für Telegraphie auf große Entfernungen.“[50]

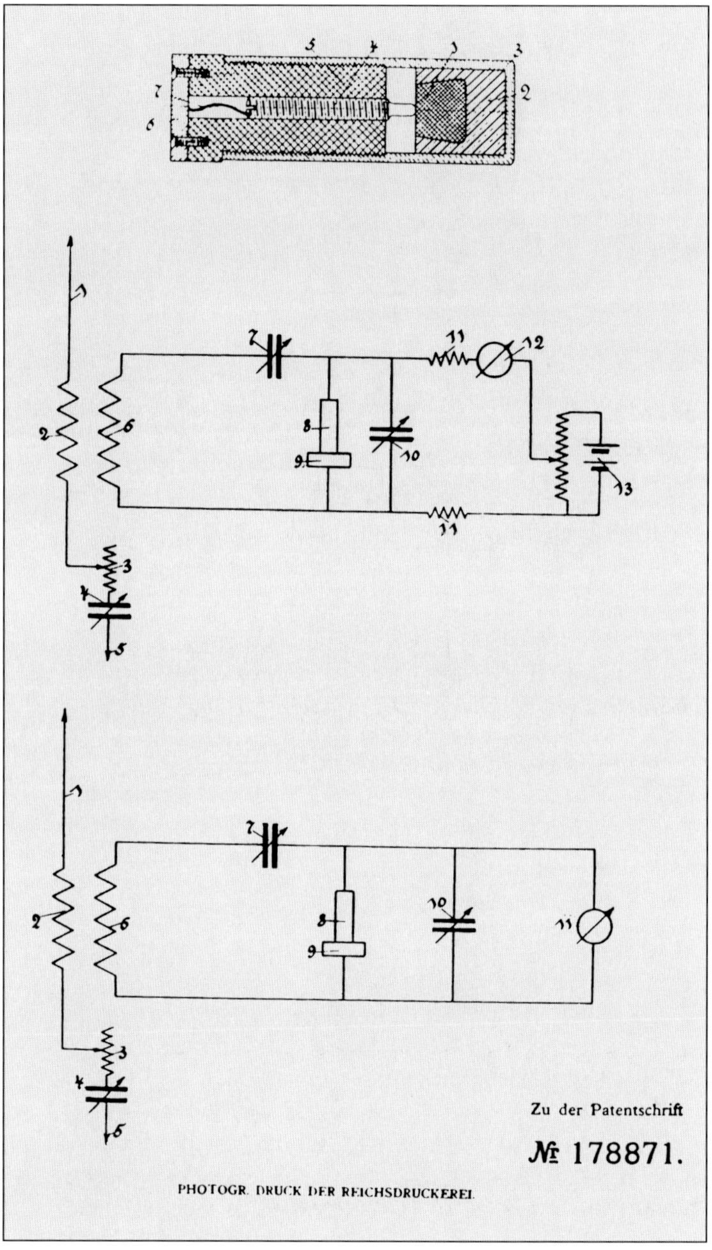

Gerade dieser Vorteil war es, der für das Poulsensche System sprach. Versuche, die 1907 zu einem britischen Kriegsschiff gemacht wurden, zeigten, daß eine Anlage für drahtlose Telegraphie nach dem Knallfunkenprinzip weder die von der Poulsen-Anlage ausgesendeten Wellen empfangen konnte noch sie zu stören vermochte. Erst als die Versuchsingenieure die von ihnen benutzte Wellenlänge bekanntmachten, konnten auch andere Empfänger die Sendung mithören. Sobald jedoch die Wellenlänge geändert wurde, ging die Abstimmung verloren und konnte auch nicht wiederhergestellt werden.

Obgleich sich die ungedämpften Schwingungen, sowohl mit Lichtbögen als auch mit rotierenden Maschinen erzeugt, als ein tragfähi-

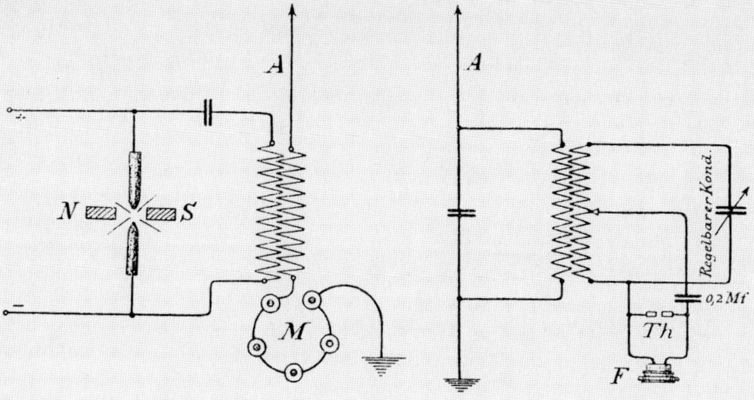

Die ersten grundlegenden Schaltungen für drahtlose Telephonie
a) Schaltung nach Poulsen (1906)

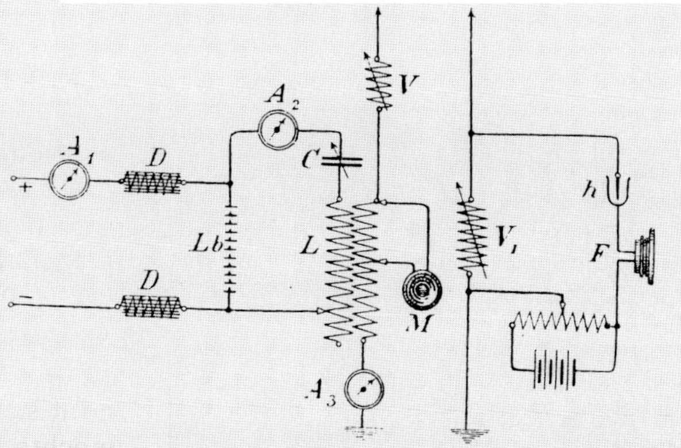

b) System Telefunken. Nach dieser Schaltung arbeitete die Anlage, mit der am 20. Dezember 1906 die ersten Telephonieversuche durchgeführt wurden. Lb sind die in Reihe geschalteten Lichtbögen, V1 ein Variometer zur Abstimmung und h ein elektrolytischer Wellenanzeiger.

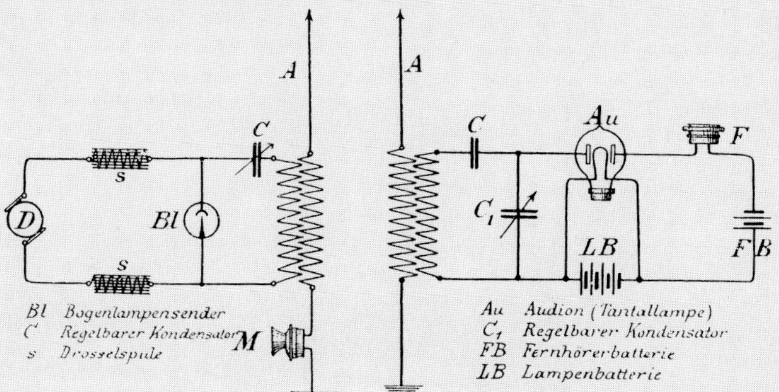

c) System de Forest. Bl ist der Lichtbogen, die Demodulation erfolgt mit Hilfe des Audions Au

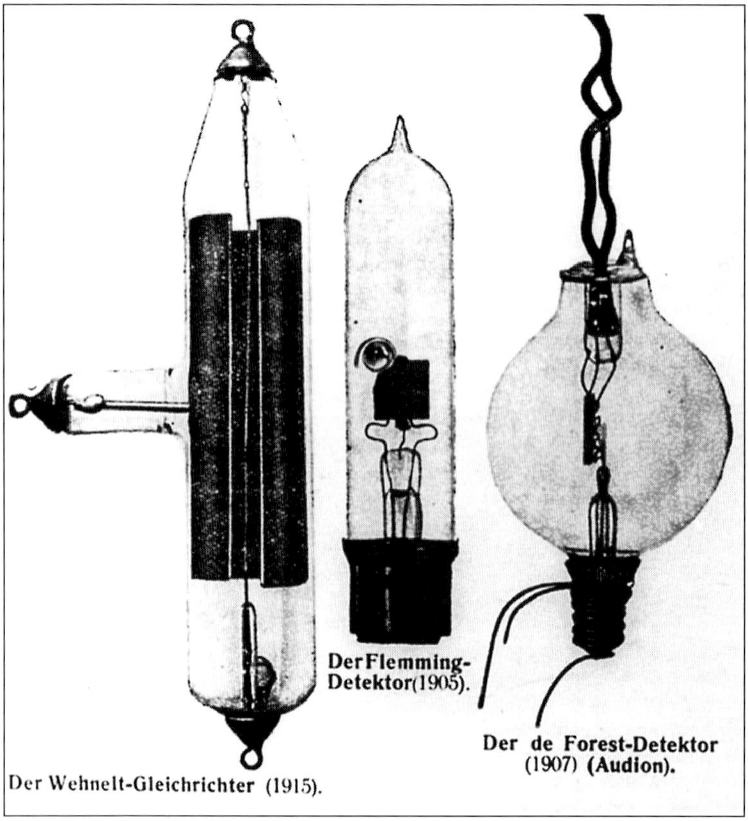

ges und in die Zukunft weisendes Konzept für die drahtlose Nachrichtenübertragung erwiesen hatten, blieb Telefunken dem Prinzip des Knallfunkensenders treu, analysierte seine Nachteile und versuchte Verbesserungen.

Wenden wir uns dieser Entwicklungsrichtung, der Weiterentwicklung des Knallfunkensenders zu. Durch verbesserte und wirkungsvollere Unterbrecher war nach und nach die Funkenzahl und damit die Sendeleistung erhöht worden. Doch zeigte sich bald, daß es für die Funkenzahl eine obere Grenze gab. Jeder Funke brauchte nämlich eine endliche Zeit, um zu verlöschen. Diese Zeit begrenzte die sekundliche Funkenzahl. Sollte dennoch eine höhere Funkenzahl erzeugt werden, blieb nur der Weg, den Einzelfunken vorzeitig zum „Erlöschen" zu bringen.

Max Wien (25. Dezember 1866 bis 24. Februar 1938) berichtete 1906 in der Physikalischen Zeitschrift über ein von ihm erfundenes Verfahren, nach dem der Funke schon kurz nach seinem Entstehen schnell zum Verlöschen gebracht wurde und damit der nächste Funke ausgelöst werden konnte. Die Idee war, den Primärkreis des Induktoriums vorzeitig zu unterbrechen, die freiwerdende Energie an den Antennenkreis abzugeben und durch diesen Energiestoß den Funken zum Erlöschen zu bringen. Der Primärkreis der Induktionsspule wirkte nun als Stoßkreis. Damit aber der Funke erlöschen konnte, war die Funkenstrecke aus besonders geformten Elektroden aufgebaut, die eine schnelle Wärmeleitung ermöglichten. Die Funkenstrecke des Knallfunkensenders wurde zur Löschfunkenstrecke des Löschfunkensenders, mit dem 200 bis 2.000 Funken in der Sekunde erzeugt werden konnten. Die Funkenfolge war so hoch, daß sie als Ton hörbar wurde. Die Sender mit „tönenden Funken" begannen den Knallfunkensender zu verdrängen.

Die Entwicklung von Sendern mit höherer Funkenzahl mußte zwangsläufig auch zum Überdenken des Empfängerkonzepts führen. Die bisherigen Wellendetektoren, die auf eine Energieänderung am Antenneneingang ansprachen, mußten durch solche Elemente ersetzt werden, die keine Energie verbrauchten. Richtungsweisend für die Zukunft war da die Erfindung „Wellenempfindliche Kontaktstelle“, auf die das Reichspatentamt an Ferdinand Braun am 18. Februar 1906 unter der Nr. 178871 ein Patent erteilt hatte. Diese Erfindung, deren Bedeutung zu Anfang des 20. Jahrhunderts niemand erahnte, wurde zum Vorläufer der Kristalldiode und damit zur Grundlage der gesamten Empfangstechnik bis heute.

Nun, 1907, in nur zehn Jahren nach den ersten Versuchen, war die drahtlose Telegraphie zu einem festen Bestandteil der Nachrichtenübertragung geworden. Sie

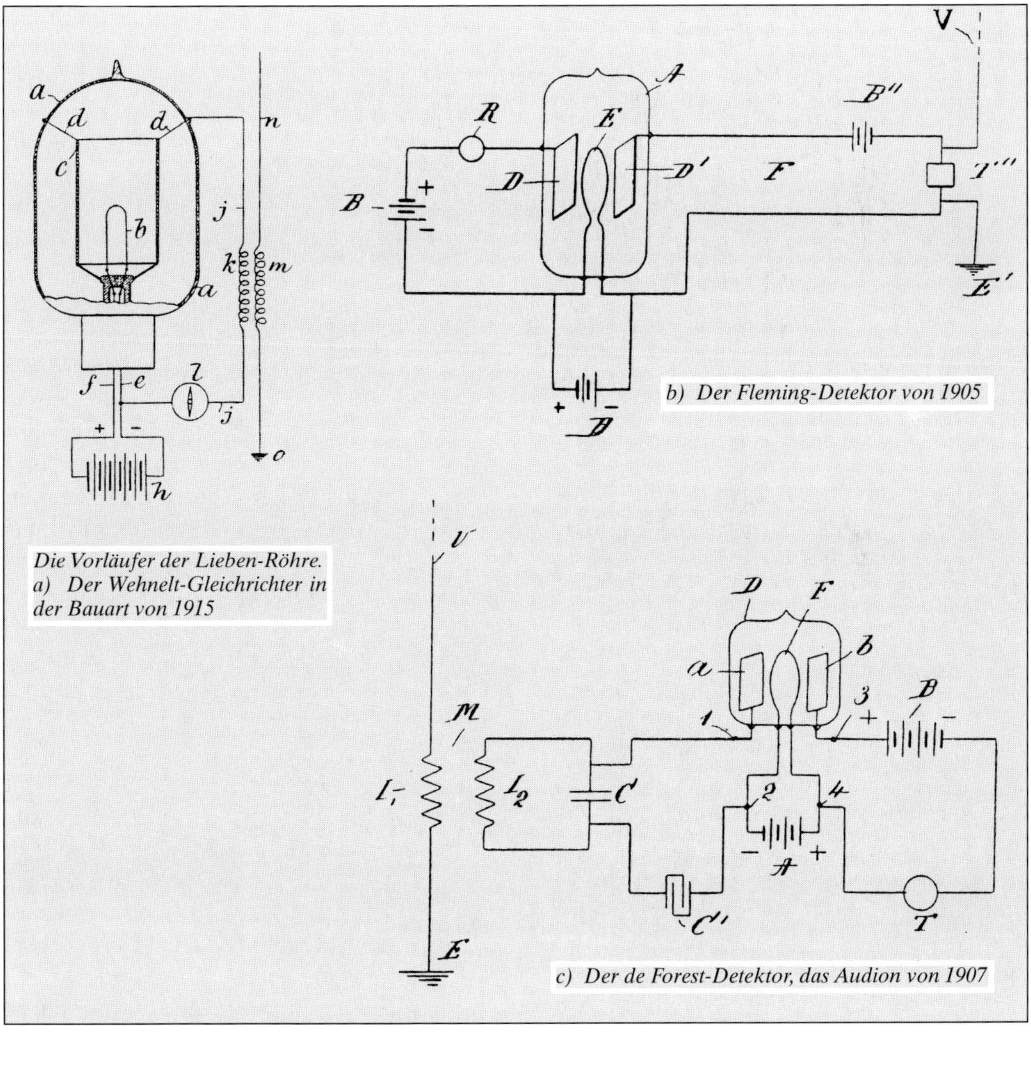

Die Vorläufer der Lieben-Röhre.
a) Der Wehnelt-Gleichrichter in der Bauart von 1915

b) Der Fleming-Detektor von 1905

c) Der de Forest-Detektor, das Audion von 1907

KAISERLICHES PATENTAMT.

AUSGEGEBEN DEN 19. NOVEMBER 1906.

PATENTSCHRIFT

— № 179807 —

KLASSE 21g. GRUPPE 4.

ROBERT von LIEBEN in WIEN.

Kathodenstrahlenrelais.

Patentiert im Deutschen Reiche vom 4. März 1906 ab.

Die vorliegende Erfindung bezweckt, mittels Stromschwankungen kleiner Energie solche von großer Energie auszulösen, wobei Frequenz und Kurvenform der ausgelösten Stromschwankungen denen der auslösenden entsprechen.

Die diesem Zweck entsprechende Relaisanordnung ermöglicht es, durch die Wahl der Stärke des durch eine Entladungsröhre fließenden Stromes die im beeinflussenden Stromkreise vorhandenen Energiemengen zu multiplizieren und eignet sich daher für alle Fälle, wo eine derartige Multiplikation innerhalb weiter Grenzen gefordert wird. Insbesondere für manche Probleme der Telephonie (Übertragung der Sprache auf große Entfernungen, Kabeltelephonie, drahtlose Telephonie, Verstärkung der Sprach- und Musikübertragung usw.) kann die Anwendung dieses Relais von Vorteil sein; ferner auch für manches Problem der Fernphotographie, Phonographie usw.

Um diesen Zweck zu erreichen, wird die von Wehnelt gefundene Eigenschaft glühender Metalloxyde benutzt, im Vakuum als Kathoden bei verhältnismäßig niedrigen Potentialen (etwa 200 Volt) Kathodenstrahlen zu emittieren. Die so erzeugten Kathodenstrahlen besitzen geringe Geschwindigkeit und werden daher schon von schwachen magnetischen oder elektrostatischen Feldern stark abgelenkt. Diese Kathodenstrahlen befinden sich hier in dem zu beeinflussenden Stromkreise und werden durch die schwachen Stromschwankungen eines zweiten unabhängigen Stromkreises magnetisch oder elektrostatisch verschieden stark abgelenkt. Diese Ablenkungen bewirken nun durch die Wahl der im folgenden beschriebenen Anordnung die gewünschten starken Schwankungen, die im Stromkreis der Kathodenröhre erfolgen.

Letztere besteht nun, wie aus der Zeichnung ersichtlich ist, aus der hoch evakuierten Glasröhre *r*, in welche die zur Erhitzung der Kathode *k* erforderlichen Stromzuführungsdrähte z_1 und z_2 eingeschmolzen sind.

Die Kathode *k* besteht aus einem durch den elektrischen Strom heizbaren, hitzebeständigen Körper, dem die Form eines Hohlspiegels gegeben wird. Die dem Metallkörper *f* zugekehrte Oberfläche dieses Hohlspiegels *k* ist mit einer dünnen Schicht eines nach Wehnelt wirksamen Metalloxydes (*Ca O*, *Ba O* usw.) überzogen. Wird nun das negative Potential der Stromquelle *b* an den beispielsweise durch die Batterie b_1 elektrisch geheizten Hohlspiegel *k* angelegt, so entsendet derselbe Kathodenstrahlen, die sich in einem Brennpunkte (oder in einer Brennlinie) schneiden. Wie man sieht, fällt dieser Brennpunkt in die Öffnung *o* des Faradayschen Hohlzylinders *f*. Durch diese Öffnung gelangen die Strahlen weiter in den inneren Hohlzylinder f_1. Beide Hohlzylinder sind konzentrisch, voneinander elektrisch isoliert und durch die eingeschmolzenen Zuführungsdrähte z_3 z_4 nach außen abgeleitet. Wie die Schaltung zeigt, führt z_4 (unter Vorschaltung eines passenden Widerstandes *w*) direkt, z_3 unter Zwischenschaltung eines für Strom

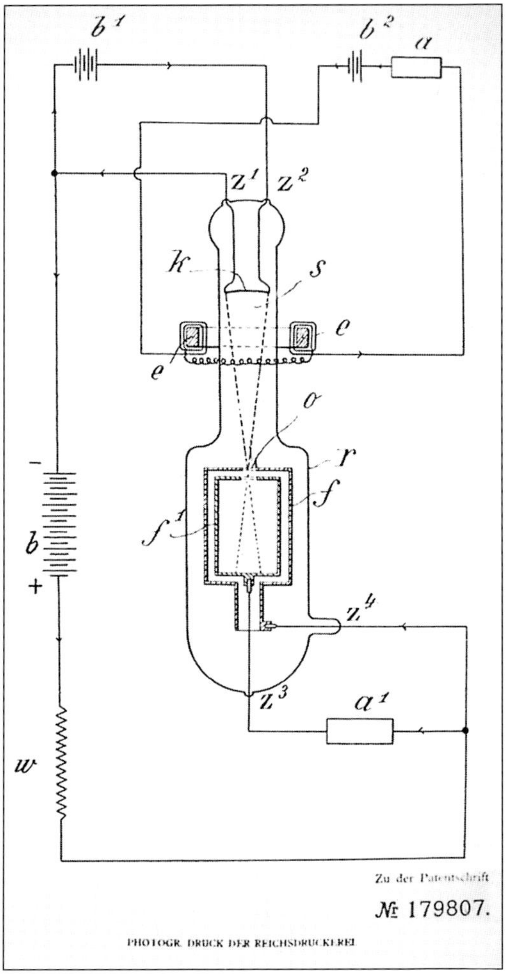

Ein bahnbrechendes Patent der drahtlosen Telegraphie, das „Kathodenstrahlrelais".

hatte alle Bereiche der Wirtschaft erfaßt und wie die Erfindung der Dampfmaschine die Welt ein weiteres Mal revolutioniert. Ein Ende der Entwicklung war nicht abzusehen.

Von der Tastung ungedämpfter Wellen bis zur Modulation einer Trägerschwingung mit Sprache war es nur ein kleiner Schritt. Was mit Knallfunkensendern gar nicht und mit dem Löschfunkensender nur bedingt möglich war, konnte mit der Hochfrequenzmaschine und dem Lichtbogensender verwirklicht werden: das drahtlose Telefonieren. Fessenden machte am 11. Dezember 1906 den ersten erfolgreichen Telephonieversuch zwischen Brant Rock bei Boston und Plymouth. Auch wenn er nur 18 km überbrückte, war das schon ein großartiger Erfolg. Die ungedämpften hochfrequenten Schwingungen mit einer Wellenlänge von 81700 Wechseln in der Sekunde hatte er mit einer Hochfrequenzmaschine von 1 kW erzeugt. Im Juli 1907 setzte Fessenden die Versuche fort. Er telefonierte zwischen Brant Rock und Jamaica (Long Island) über ungefähr 320 km. Auch am Tage war die Verständigung gut. Die Höhe der Masten für die Luftleitung betrug etwa 60 m. Drei Jahre später, 1910, konnte Fessenden bereits über eine Entfernung von 425 Meilen drahtlos fernsprechen.

Telefunken wartete zum Jahresausklang 1906 mit einer Überraschung auf. Am 20. Dezember machte das Unternehmen seine ersten erfolgreichen drahtlosen Telephonieversuche über eine Entfernung von 40 km zwischen dem Laboratorium in Berlin und der Großstation Nauen. Es war eine kleine Sensation. Zur Erzeugung der ungedämpften Schwingungen waren mehrere Lichtbogen in Reihe geschaltet worden, die 2,5 kW Gleichstromenergie brauchten, um eine Antennenleistung von 250 W zu liefern. Ein Jahr später, am 15. November 1907, lief bei Telefunken ein umfangreiches Versuchsprogramm, das mit Telephonieübertragungen zwischen Berlin und Rheinsberg begann und mit Versuchen zwischen Weißensee bei Berlin und Lyngby (Dänemark) fortgesetzt wurde. Bei den ersten Telephoniegeräten lag das Mikrophon direkt im Antennenkreis und wurde daher von einem hohen Strom durchflossen. Dieser Mangel war

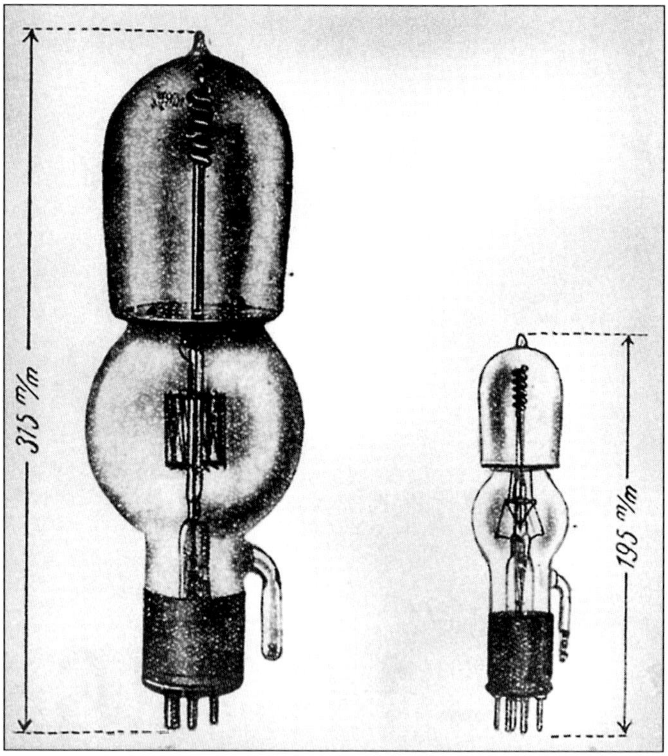

Das sind die ersten „Lieben-Röhren".

Tuckerton über 6500 km eine Nachricht zu übermitteln."[51)]

Poulsen und de Forest benutzten für ihre Telephonieversuche den Lichtbogensender. Ersterer hatte mit einer Leistung von 900 W zwischen Esbjerg und Lyngby über 270 km eine gute Verständigung erzielt. Die Höhe der Sendeantenne betrug 60 m und die Wellenlänge 1200 m. De Forest konzentrierte sich auf die Entwicklung eines Systems für die Schiffahrt. Die pazifische Flotte der USA wurde vor ihrer für 1914 vorgesehenen Weltreise mit 28 dieser Stationen ausgerüstet, die eine durchschnittliche Reichweite von 40 km hatten.

Im Juli 1907, während einer von der Interlake Association ausgerüsteten Segelregatta auf dem Erie-See, wurde die drahtlose Telephonie in der Schiffahrt praktisch benutzt. Die Yacht THELMA, die von der Radio Telephone Co. mit Apparaten zum drahtlosen Fernsprechen nach dem System de Forest ausgerüstet worden war, begleitete die Segelboote. Die Entfernung zur Landstation betrug bis zu 6,5 km. Die THELMA hatte einen 220 V Generator mit einer Leistung von 1 kW an Bord, der den Oszillator speiste. Als Wellenempfänger diente ein Audion nach de Forest. Die Erdung war zunächst an die Schraubenwelle gelegt worden, wurde jedoch bald durch zwei ins Wasser reichende Zinkplatten ersetzt.

Mit den Knallfunken, den Löschfunken und dem Lichtbogen begann die Ära der drahtlosen Nachrichtenübermittlung. Die

der Grund, daß die drahtlose Telephonie nur langsam in den praktischen Betrieb überführt werden konnte.

1914 wurde der technische Stand der drahtlosen Telephonie wie folgt beschrieben: „Für den Betrieb kommen nur Lichtbogensender und Hochfrequenzmaschinen in Frage. Von den Lichtbogensendern hat sich das Poulsen-Lorenz-System für den Betrieb als brauchbar erwiesen. Recht gute Erfolge sind auch mit Hochfrequenzmaschinen von Goldschmidt und von Telefunken erzielt worden. Telefunken erreichte mit 6 kW Antennenleistung eine Reichweite von 700 km (Nauen–Norddeich). Mit der Hochfrequenzmaschine von Goldschmidt ist es sogar gelungen, zwischen Eilvese und

KAISERLICHES PATENTAMT.

AUSGEGEBEN DEN 3. MÄRZ 1914.

PATENTSCHRIFT

— № 271059 —

KLASSE 21 *a*. GRUPPE 68.

GESELLSCHAFT FÜR DRAHTLOSE TELEGRAPHIE M. B. H. IN BERLIN.

Empfangseinrichtung für drahtlose Telegraphie.

Patentiert im Deutschen Reiche vom 3. September 1911 ab.

In der drahtlosen Telegraphie sind Empfangseinrichtungen bekannt, bei denen zum Nachweis der elektrischen Schwingungen Vakuumröhren mit glühender Kathode und einer oder mehreren kalten Anoden verwendet werden. Es wurde jedoch bei diesen bekannten Einrichtungen bisher nur die unipolare Leitfähigkeit der durch die Heizelektrode ionisierten Gasstrecke benutzt, um die elektrischen Schwingungen in Gleichströme (Pulsströme) umzuformen und damit für den Nachweis mittels des Telephons oder eines Gleichstrominstrumentes geeignet zu machen.

Den Gegenstand der Erfindung bildet ein Verfahren zum Empfangen elektrischer Schwingungen der drahtlosen Telegraphie, bei dem nicht die Ventilwirkung solcher Vakuumröhren zum Nachweis der elektrischen Schwingungen benutzt wird, sondern bei dem die Vakuumröhre nur dazu dient, die elektrischen Schwingungen zu verstärken, ohne daß es auf eine Änderung ihrer Kurvenform infolge der Ventilwirkung ankommt.

Es geschieht demnach der Nachweis der elektrischen Schwingungen nicht, wie bei den bekannten Einrichtungen, durch die Vakuumröhre selbst, sondern durch besondere Indikatoren, wie z. B. durch Thermozellen oder elektrolytische Gleichrichter.

Auf der Zeichnung ist eine Schaltung dargestellt, mit deren Hilfe das Verfahren ausgeübt werden kann

a ist die Vakuumröhre, welche in ihrem Innern die von der Batterie *b* geheizte Oxydkathode *c*, die Anode *d* und die zweckmäßig in Form eines Netzes oder Gitters ausgebildete Hilfsanode *e* trägt.

Die von dem Luftleiter *f* in der Spule *g* erregten Schwingungen beeinflussen den von der Batterie *h* kommenden Gleichstrom in der Weise, daß sie den zwischen der heißen Kathode *c* und der Hilfsanode *e* fließenden Ionenstrom nach der einen Richtung hin verstärken, während sie dem Strom nach der anderen Richtung hin entgegenwirken. Hierdurch erfährt aber nicht allein der zwischen *c* und *e* liegende Teil der Strombahn eine entsprechende Veränderung, sondern der ganze, zwischen der Kathode *c* und der Anode *d* mit dem Strom der Batterie *i* fließende Ionenstrom wird im Rhythmus der Schwingungen beeinflußt. Es pulsiert demnach zwischen den Punkten *c* und *d* ein hochfrequenter Wechselstrom, dessen Amplitude größer ist wie die ursprüngliche der Schwingungen, weil sie von der Größe der angelegten Hilfsspannung zwischen den Punkten *c* und *d* abhängig ist.

Bei den bisher bekannten Schaltungen wurde in dem die Stromquelle *i* enthaltenden Kreise das Telephon oder ein empfindliches Gleichstrominstrument eingeschaltet. Es ist jedoch ersichtlich, daß bei einer derartigen Anordnung die Relaiswirkung der Röhre gar nicht zur Geltung kommen konnte, weil die hochfrequenten elektrischen Schwingungen bekanntlich solche Instrumente direkt nicht beeinflussen können. Zum Nachweis der Schwingungen kam demnach bisher nur die verhältnismäßig geringe unipolare Leitfähigkeit solcher Gasstrecken in Betracht. Nach vorlie-

grundlegenden Schaltungsprinzipien wurden mit ihnen erfunden, die Eigenschaften der drahtlosen Telegraphie und Telephonie und die Ausbreitung der elektromagnetischen Wellen mit ihnen studiert. Man wußte, daß ungedämpfte Wellen erzeugt, mit der Nachricht moduliert und mit hoher Leistung abgestrahlt werden müssen, und man wußte auch, daß durch eine stromrichtungsempfindliche Leitungsstrecke die in den Hochfrequenzbereich hineinmodulierte Nachricht zurückgewonnen werden kann. Mit dem Wissen um diese Zusammenhänge arbeiteten die Erfinder weiter, versuchten empfindlichere und trennschärfere Empfänger und wirksamere Demodulatoren zu finden.

Arthur Wehnelt (4. April 1871–5. Februar 1944) entdeckte bei diesen Arbeiten 1904, daß zwischen zwei in eine Glasröhre eingeschmolzenen Elektroden, wenn eine davon zum Glühen gebracht wird, der Strom in nur eine Richtung fließt. Auf diese Erfindung ließ er sich ein Patent erteilen, ohne zu ahnen, daß die von ihm erfundene Elektrodenanordnung Grundlage für eine ganze Industrie, die Röhrenindustrie werden sollte. Auch Fleming, der bereits an Marconis Übertragungsversuchen mitgearbeitet hatte, beschäftigte sich mit der Stromleitung in evakuierten Röhren. Er erfand eine thermische Röhre, „thermionic valve", und erhielt 1904 darauf auch ein Patent.

Man könnte nun doch, so mag Robert von Lieben (5. September 1878–20. Februar 1913) gedacht haben, mittels Stromschwankungen kleiner Energie solche von großer Energie auslösen, wenn in das Wehneltsche Glühkathodensystem eine dritte Elektrode als Steuerelektrode einführt würde. Am 4. März 1906 erhielt er auf diese Idee das DRP Nr. 179807. Er nannte seine Erfindung „Kathodenstrahlrelais". Damit begannen die Jahrzehnte der Elektronenröhre in der Nachrichtentechnik.

Wie grundlegend die Erfindung war und welche weitreichenden Anwendungen mit ihr möglich sein könnten, war 1906 noch nicht zu erkennen. Zunächst sollten auch nur die Telephonieströme auf

Das zweite wichtige Patent der Hochfrequenztechnik ist der „Hochfrequenzverstärker".

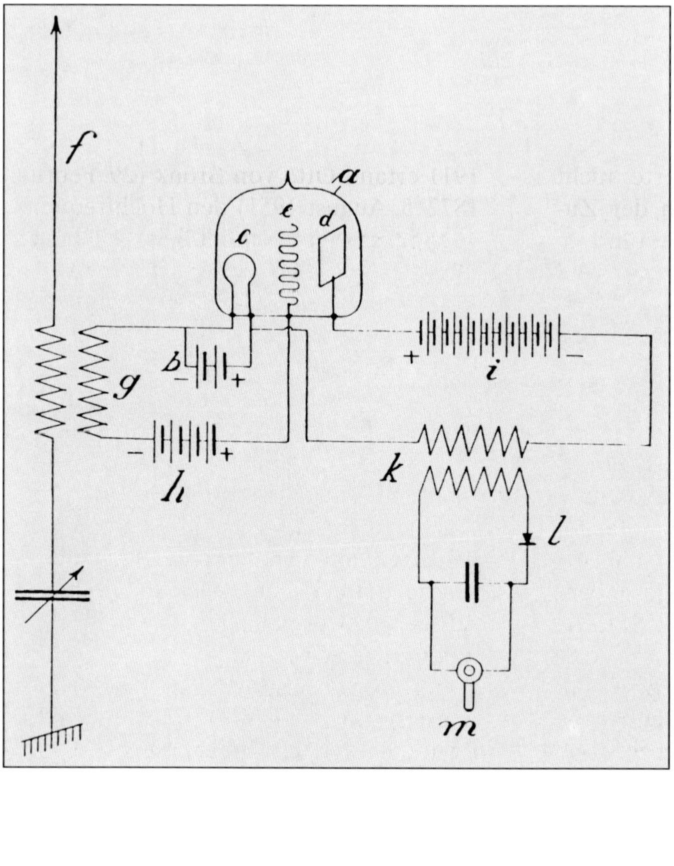

Ein Muster des Hochfrequenzverstärkers von Otto von Bronk, 1911.

den langen Kabelverbindungen verstärkt werden. Aber es dauerte nicht lange und die Röhre wurde in der Zusammenschaltung mit Widerständen, Kondensatoren und Spulen zu einem vielverwendeten Bauelement. Es entstanden Schaltungen, welche die unverhofftesten Eigenschaften besaßen.

Die erste Schaltung war der in dem vom Liebenschen Patent enthaltene Niederfrequenz-Verstärker. Lee de Forest steuerte noch im gleichen Jahr die Audionschaltung bei. Sein Wellenempfänger hatte zwei Elektroden, von denen die eine aus Quecksilber bestand und die andere ein Glühfaden war, der von einer Batterie gespeist wurde. Das Quecksilber wurde so erhitzt, daß sich Quecksilberdampf bildete. Mit einem Elektromagneten wurde die Leitfähigkeit der Dampfstrecke zwischen den beiden Elektroden beeinflußt. 1911 erfand Otto von Bronk (29. Februar 1872–5. August 1951) den Hochfrequenzverstärker und schließlich Alexander Meißner (14. September 1883–3. Januar 1958) 1913 den Oszillator, den Schwingungserzeuger. Jahre später wurde die letzte der Grundschaltungen, der Breitbandverstärker durch Manfred von Ardenne entwickelt.

Eine kleine Notiz in der Elektrotechnischen Zeitschrift vom Februar 1914 machte versteckt auf eine weitere Entwicklung, auf den kommenden Röhrensender aufmerksam. „Der Telefunkengesellschaft ist es gelungen, kontinuierliche elektrische Schwingungen ohne Hochfrequenzmaschine oder Lichtbogen zu erzeugen und die Vorzüge der alten Funkenmethode mit denen der Hochfre-

DEUTSCHES REICH

AUSGEGEBEN AM 23. JUNI 1919

REICHSPATENTAMT

PATENTSCHRIFT

— № 291604 —

KLASSE 21a GRUPPE 66

GESELLSCHAFT FÜR DRAHTLOSE TELEGRAPHIE M. B. H. IN BERLIN.

Einrichtung zur Erzeugung elektrischer Schwingungen.

Patentiert im Deutschen Reiche vom 10. April 1913 ab.

Die vorliegende Erfindung betrifft eine Einrichtung zur Erzeugung elektrischer Schwingungen, die darauf beruht, daß ein oder mehrere Schwingungskreise mit einem elektrischen Relais, dessen die Relaiswirkung ausübendes Mittel aus Kathodenstrahlen oder einem ionisierenden Gas o. dgl. besteht, so verbunden wird, daß die in den Schwingungskreisen durch irgendwelche Stöße oder andere Mittel hervorgerufenen Anfangsschwingungen dem Relais zugeführt werden und die von diesem verstärkten Ströme wieder auf die Schwingungskreise einwirken, wodurch die Amplitude der Eigenschwingung der Kreise erhöht wird. Da der wirksame Bestandteil dieser Relais im Gegensatz zu mechanisch arbeitenden keine Masse besitzt, so ist es gerade mit diesem Relais möglich, elektrische Schwingungen bis zu den höchsten Frequenzen in der angegebenen Einrichtung zu erzeugen und da die Frequenz der Schwingungen nur durch die Eigenschwingung des Schwingungssystems bedingt ist, und im Relais andererseits keine störenden Einflüsse sich geltend machen, so erzielt man mit dieser Einrichtung zum ersten Mal ungedämpfte Schwingungen von absolut konstanter Schwingungszahl und Amplitude.

Eine z. B. für diesen Zweck sehr geeignete Form dieser Relais besteht aus einem ganz oder teilweise evakuierten oder mit Gasen oder Dämpfen unter geringem Druck gefüllten Glasgefäß, das eine erhitzte Kathode und eine oder mehrere Anoden enthält. Die von der Kathode ausgehenden Kathodenstrahlen sind entweder selbst das wirksame Agens oder bewirken eine Ionisation des Gases, so daß ein dauernder Stromweg im Relais hergestellt wird. Die zu verstärkenden Ströme können der erhitzten Kathode und einer Hilfsanode (Primärseite des Relais) zugeführt werden. Die verstärkten Ströme treten dann in dem über die Kathode und Hauptanode (Sekundärseite) geführten Stromkreis auf, wobei die vermehrte Energie dieser Ströme aus der den Dauerstrom liefernden Stromquelle entsteht.

Eine Ausführungsform der Schaltung unter Zugrundelegung eines solchen Relais ist in der Figur dargestellt.

1 ist das Kathodenstrahlrelais, das die von der Batterie 2 geheitzte Kathode 3 und die Anode 4 enthält. 5 ist eine Hilfselektrode, die mit der Kathode 3 über die Kopplungsspule 6 leitend verbunden ist. 7 ist ein Schwingungskreis, der aus dem Kondensator 8 und den beiden Selbstinduktionen 9 und 10 besteht. Dieser Schwingungskreis 7 steht einerseits mit der Anode 4 und andererseits, über die Stromquelle 11, mit der Kathode 3 in Verbindung. Der Schwingungskreis 7 ist also sowohl mit der Primär-, wie mit der Sekundärstrecke des Relais gekoppelt. 12 ist eine Drosselspule, die gemeinsam mit der Kapazität 13 erforderlich ist, sofern als Stromquelle 11 nicht eine Batterie, sondern eine Maschine zur Speisung des Entladungsrohres 1 benutzt wird. In diesem Fall dient die Einrichtung dazu, die störenden Wirkungen des

Im Mai 1913 wurde erstmals ein Schwingungserzeuger nach Alexander Meißner mit einer Lieben-Röhre erprobt.

quenzmaschine zu vereinen. Ein besonderer Vorteil der neuen Methode besteht darin, daß alle mit dem Funkensystem bisher ausgerüsteten Küsten- und großen Landstationen durch ein einfaches Zusatzgerät in die Lage versetzt werden können, nicht nur diskontinuierliche Wellen wie bisher, sondern außerdem noch kontinuierliche auszusenden, ohne daß eine eigene Hochfrequenzmaschine nötig ist."[52)]

Die Erfindungen im ersten Dezenium des 20. Jahrhunderts und die auf sie erteilten Patente bildeten von nun an das Fundament der Nachrichtenübertragungstechnik, sowohl der drahtlosen Telegraphie und Telephonie als auch der drahtgebundenen Übertragungs- und Trägerfrequenztechnik. Der Oszillator wurde zur Grundlage für die Erzeugung hoher Frequenzen, der Verstärker die Basis für das Ausstrahlen großer Leistungen.

Der Siegeszug des Röhrensenders begann. „Eine gewaltige Entwicklung technischer wie wirtschaftlicher Art hat auf dem Gebiet der Nachrichtenübermittlung eingesetzt. Das lang umworbene Problem,

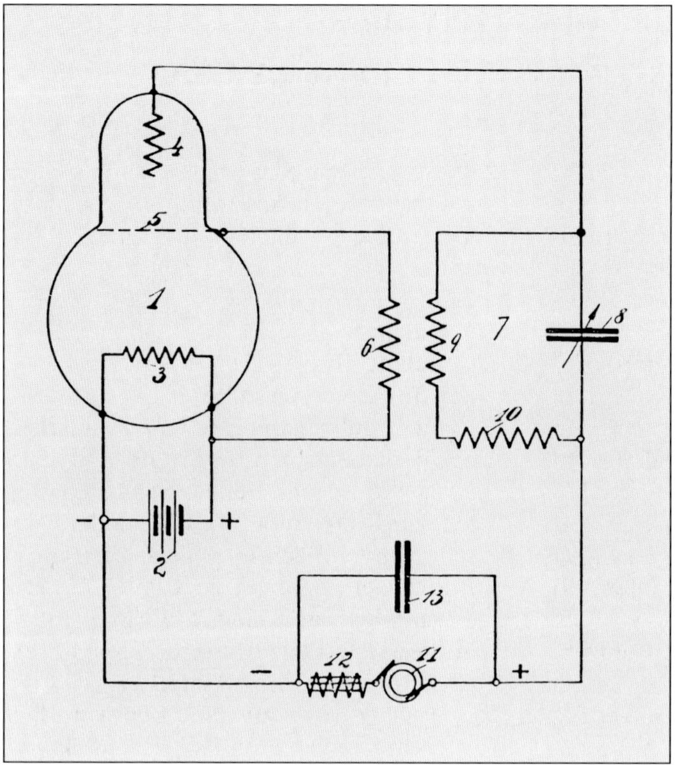

Mit der Erfindung der Rückkopplungsschaltung durch Alexander Meißner wurde die Grundlage für den Röhrensender geschaffen.

das Telefonrelais, die formgetreue Verstärkung schwacher Wechselströme ist durch die Elektronenröhre in einer Weise gelöst, die selbst die kühnsten Hoffnungen erfüllt hat. Die allerschwächsten Wechselströme, deren Existenz bisher auf keine Weise hätte nachgewiesen werden können, lassen sich in beliebiger Stärke wiedergeben, und es sind mit Hilfe dieses ‚elektrischen Mikroskops' schon eine ganze Reihe von Erscheinungen entdeckt worden, die sich bisher jeder Beobachtung entzogen."[53)]

So charakterisierte Heinrich Barkhausen (2. Dezember 1881–20. Februar 1956), einer der Pioniere der Schwachstromtechnik, im Jahre 1921 den erreichten Stand.

Die Gesetzgebung – die Jahre nach der ersten Funkkonferenz

Die 1. Internationale Funkkonferenz Berlin hatte am 2. November 1906 ihre Arbeit beendet. Grundsätzliche Prinzipien für die Anwendung der drahtlosen Telegraphie waren formuliert und Übereinstimmung für die notwendige internationale Zusammenarbeit und die nationale Abgrenzung erzielt worden. Daß in erster Linie die Schiffahrt von den Empfehlungen einer internationalen Konferenz profitieren würde, hatte sich bestätigt. Die Mehrheit der Bevollmächtigten der teilnehmenden Regierungen unterzeichneten den Vertrag in allen seinen Teilen, die Vertreter einiger Staaten, deren Vollmachten nicht so weit gingen, unterschrieben nur Teile. Nun lag es bei den nationalen Parlamenten, den Vertrag oder Teile von ihm zu ratifizieren. In vielen Fällen mußte dafür zunächst nationales Recht verändert, ergänzt oder neu geschaffen werden. Es verging ein Jahr der Meinungsbildung, bis die ersten Aktivitäten öffentlich wurden.

Zunächst aber meldete sich Marconi, der an der Berliner Konferenz nicht teilgenommen hatte, zu Wort. Er beklagte, daß „die englischen Delegierten sich wenig entschlossen gezeigt und dadurch auch den italienischen Kollegen, die auf ihre Unterstützung mit gutem Recht rechneten, Unbequemlichkeiten gemacht hätten ... Die bei den verschiedenen Nationen verwandten Apparate seien noch viel zu ungleich, um Zuverlässigkeit in solchem Verkehr zu garantieren ... Durch den Berliner Vertrag würde die Entwicklung der Funktelegraphie aufgehalten werden, da die Anwendung neuer Methoden erschwert würde. Deutschland habe nur das System Slaby begünstigen wollen, das bisher wenig angewendet wurde, da es nur wenige Landstationen habe“[54], so schrieb das italienische „Giornale d'Italia“. Marconi drohte mit Patentklagen, vor allem gegen Telefunken, wenn die Gesellschaft ihre Anlagen auf britischen Schiffen einsetzen sollte.

In Großbritannien nahm ein Ausschuß des Parlaments den Bericht der Delegierten entgegen und beriet über einen Beitritt zur Konvention. Auch wenn der britische Bevollmächtigte den Vertrag in Berlin nicht unterzeichnet hatte, die Regierung war an seiner Ratifizierung sehr interessiert. Der britische Premier erklärte dazu vor dem Unterhaus, daß die Regierung aber ablehne, den vor dem Ausschuß erstatteten Bericht im Parlament einer Debatte unterziehen zu lassen. „Die Regierung wird dem Vertrage ohne weiteres zustimmen.“[55]

Marconi aber lehnte der Vertrag ab. „Wenn England der Konvention fern bleibe, könne es dabei nur gewinnen und nichts verlieren. Wenn erst die drahtlose Telegraphie sich weiterentwickelt haben würde, werde es noch Zeit genug sein, sich mit den Fesseln internationaler Kontrolle zu binden. Er sehe in der Konvention einen direkten Versuch, die wohlorganisierte Marconi-Gesellschaft zu vernichten“[56], so schrieb der deutsche Botschafter in London in einem Bericht für seine Regierung über die Haltung Marconis und er teilte weiter mit, daß Marconi gedroht habe, falls die Regierung dem Abkommen beiträte, er jeden Verkehr seiner Apparate mit anderen Apparaten ablehnen wolle.

Trotz des anfänglich eingenommenen Standpunktes mußte die britische Regierung auf massiven Druck hin den Bericht dann doch vor dem Unterhaus vortragen.

Es war ein langer Bericht. Nach einigen einleitenden Bemerkungen folgte zunächst eine Abhandlung über die Geschichte der Funkentelegraphie und eine Einschätzung zur politischen Entwicklung. Dann kamen Ausführungen über den Vertrag selbst und seine Auswirkungen auf die britischen Interessen. In einem weiteren Abschnitt wurde ein Überblick über die Lage der Marconi-Gesellschaft gegeben. Abschließend wurde in dem Bericht festgestellt: „Wenn die Regierung den Vertrag nicht annehme und die Marconi-Gesellschaft sich weigere, von Anlagen anderer Systeme ausgehende Nachrichten aufzunehmen, so würden die dem Vertrag beigetretenen Regierungen sicher die Entfernung aller Marconi-Apparate von ihren Schiffen und Stationen veranlassen. Die Annahme des Vertrages aber werde den Gebrauch der drahtlosen Telegraphie erleichtern, gebe die Mittel in die Hand, Verwirrung zu verhindern, sichere allgemeine Verkehrsfreiheit und gewähre allen Systemen freies Spiel, wodurch der Fortschritt gefördert werde.“[57)]

Der Ausschuß sah gute Voraussetzungen für den Beitritt Großbritanniens zur Funkkonferenz. Die Vereinbarungen, daß sich die Aussendungen nicht gegenseitig stören dürfen und daß Schiffen bestimmte Wellenlängen zugeteilt werden, entsprach den britischen Vorstellungen. Auch daß in dem Vertrag auf die Interessen der britischen Kolonien Rücksicht genommen worden war, sprach für die Annahme der Schlußdokumente. Besonders wurde in dem Ausschußbericht hervorgehoben, „... daß der Vertrag nicht ohne Zustimmung Großbritanniens zu dessen Schaden geändert werden könne“.[58)]

Damit war in Großbritannien die letzte große Hürde in der parlamentarischen Debatte genommen und der Weg zum Vertragsbeitritt geebnet. Anfang 1908 beschlossen alle britischen Kolonien mit Selbstverwaltung, ausgenommen Neufundland und die Oranje-River-Kolonie, dem internationalen Vertrag zur Regelung der Funkentelegraphie beizutreten, und im Juni gab auch die britische Regierung ihren Entschluß bekannt, dem internationalen Abkommen zur Regelung der drahtlosen Telegraphie nicht weiter fernbleiben zu wollen. Diese Erklärung wurde noch vor dem 1. Juli 1908 der deutschen Regierung übermittelt und damit konnte der Vertrag fristgemäß ratifiziert werden, nachdem nun die notwendige Zahl von Regierungen ihren Beitritt erklärt hatte. Am 1. Juli 1908, nach nahezu zwei Jahren, trat der am 3. November 1906 zu Berlin abgeschlossene „Internationale Vertrag zur Regelung der Funkentelegraphie“ nebst Zusatzabkommen und Ausführungsübereinkunft in Kraft.

Nach dem ersten Welttelegraphenvertrag vom 17. Mai 1865 war für das Nachrichtenwesen nun ein weiterer, weltweit wirkender Vertrag zustandegekommen. Nationale Interessen mußten sich ihm unterordnen. Das zarte Pflänzchen Globalisierung trieb erste winzige Blättchen.

Der Vertrag enthielt grundlegende Vorschriften über den Verkehr zwischen Küsten- und Schiffsstationen, die Ausführungsübereinkunft regelte den Dienstbetrieb und das Zusatzabkommen bezog sich auf den Funkverkehr der Schiffe untereinander.

Bis zum 1. Juli 1908 waren Belgien, Brasilien, Bulgarien, Dänemark, Deutschland, Großbritannien, Holland, Japan, Mexiko, Norwegen, Rumänien, Schweden und Spanien den Vereinbarungen beigetreten.

Italien hatte sich durch einen Vertrag mit der Marconi-Gesellschaft die Hände gebunden und konnte erst nach Ablauf dieses Vertrages den Funkvertrag ratifizieren.

Zu den wichtigsten Bestimmungen des Funkvertrages zählten, daß alle Funkentelegraphenstationen verpflichtet wurden, Anrufe von Schiffen in Seenot mit unbedingtem Vorrang entgegenzunehmen.

Als Notsignal wurde das Morsezeichen S O S, bestehend aus der Folge von drei Punkten – drei Strichen – drei Punkten, festgelegt. Es sollte im Notfall in kurzen Abständen wiederholt gesendet werden. Empfing eine Funkstation das Notsignal, mußte sofort jeder andere Funkverkehr abgebrochen werden.

Nach der Ratifizierung traten weitere Regierungen der Konvention bei. In Frankreich wurde Anfang 1909 der Deputiertenkammer ein Gesetzentwurf vorgelegt, mit dem der Funkentelegraphenvertrag für Frankreich in Kraft gesetzt werden sollte. Ein Jahr später billigte die Kammer den Beitritt. Ab sofort nahmen alle französischen Stationen Telegramme von und nach Schiffen auf See, sowohl im inländischen als auch im internationalen Verkehr, an. Die Küstenstationen Boulogne, Ushant, Saint-Marie-de-la-mer und Fort de J'Eau führten den ununterbrochenen Dienst ein. 1910 traten auch Österreich-Ungarn, Rußland, die Türkei, Portugal, Tunis, Sansibar und Curaçao dem Vertrag bei.

1911 ratifizierte das Fürstentum Monaco den Vertrag und die französischen Kolonien, Niederländisch-Indien und die Südafrikanische Union mit Kapkolonie, Transvaal, Natal und der Oranje-River-Kolonie traten dem Vertrag bei. Von den 27 Unterzeichnerstaaten, hatten 20 die Ratifikation vollzogen. Der Zusatztelegraphenvertrag mit dem Schlußprotokoll und der Ausführungsübereinkunft war bis zu diesem Zeitpunkt von 16 Staaten ratifiziert worden. Auch Italien konnte sich auf Dauer diesem Druck nicht entziehen. Die italienischen Küstenstationen erhielten die Erlaubnis, vom 1. Juni 1911 an unbeschränkt mit deutschen Bordstationen zu kommunizieren.

Nach der Ratifizierung des Vertragswerkes gingen die Regierungen daran, seine Bestimmungen in nationales Recht umzusetzen. In Deutschland wurde der Inhalt des Gesetzes über das Telegraphenwesen des Deutschen Reiches vom 6. April 1892 durch das Gesetz vom 7. März 1908 auf die drahtlose Telegraphie übertragen. Weiterhin blieb ausschließlich das Reich berechtigt, Telegraphenanlagen zu betreiben. In Österreich wurden die Errichtung und der Betrieb von Funkentelegraphie-Stationen an eine staatliche Konzession gebunden. In Großbritannien erließ der General-Postmeister Bestimmungen für den Betrieb von Anlagen der drahtlosen Telegraphie auf fremden Schiffen in britischen Gewässern, die am 1. Juli 1908 in Kraft traten. Die Regierung von Neuseeland beschloß, den Betrieb funkentelegraphischer Anlagen in der Kolonie nicht Privatunternehmen zu gestatten, sondern dem Staat vorzubehalten. Seit Anfang 1909 durften fremde Schiffe, die sich in norwegischen Hoheitsgewässern aufhielten, ihre funkentelegraphischen Anlagen nur mit besonderer Genehmigung betreiben. Sogar die Regierung von Sansibar erließ 1910 Bestimmungen, wonach die Errichtung und der Betrieb von funkentelegraphischen Anlagen künftig an eine staatliche Genehmigung geknüpft wurde. 1914 erklärte Frankreich die drahtlose Telegraphie zum Staatsmonopol.

In den USA, die dem Vertrag nicht beigetreten waren, führte das Fehlen gesetzlicher Bestimmungen über die drahtlose Telegraphie zu drastischen Störungen im Funkverkehr der Marine. Da es Unbefugten nicht verboten war, eine Funkanlage zu betreiben, konnte es zu Situationen kommen, die die nationale Sicherheit gefährdeten. Beispielsweise hatte 1907 in Washington ein junger Mann, der in der Nähe der Marinewerft wohnte, eine Funkanlage gebaut und machte sich ein Vergnügen daraus, in den Zeiten einer amtlichen Nachrichtenübermittlung fingierte Telegramme zu senden, als deren Absender er entfernte Marinestationen oder Kriegsschiffe auf See angab. Die örtlichen Polizeibehörden besaßen keine rechtliche Möglichkeit, diesem groben Unfug einen Riegel vorzuschieben. Sie erklärten, daß man nur eingreifen dürfe, wenn unter den gegenwärtigen Verhältnissen der Kriegszustand ausgerufen würde. Präsident Roosevelt verlangte nach diesem Vorfall kategorisch einen gesetzlichen Schutz für drahtlos übermittelte Regierungstelegramme, damit künftig jeder Mißbrauch der Funktelegraphie unter Strafe gestellt werden könne. Im Hinblick auf den Internationalen Funkentelegraphenvertrag blieben die USA bei ihrer abwartenden Haltung. Noch 1908 entschied der Senatsausschuß für Auswärtige Angelegenheiten, daß gegenwärtig keine Schritte unternommen werden sollten, um der Konvention beizutreten. Man wolle abwarten, ob sich die Gesellschaften nicht selbst einigen könnten, Telegramme von in Seenot befindlichen Schiffen entgegenzunehmen. Bei dieser Haltung der amerikanischen Regierung glaubte die Marconi-Gesellschaft, einen Verbündeten gefunden zu haben, mit dem es gelingen könnte, die Ergebnisse der Funkkonferenz von 1906 zu torpedieren. Sie legte dem Ausschuß für Auswärtige Angelegenheiten des Kongresses eine Denkschrift vor, in der sie noch einmal ihre Gründe für die Ablehnung des Funkvertrages darlegte. „Der Vertrag legt privaten Unternehmungen wie der Marconi-Gesellschaft die Verpflichtung auf, mit allen anderen Schiffen und Stationen Telegramme auszutauschen, ohne Unterschied der angewandten Systeme und ohne Rücksicht, ob vorher geschäftliche oder Betriebsvereinbarungen stattgefunden haben. Dadurch wird eine Genossenschaft erzwungen, zu der die Marconi-Gesellschaften alles, die deutschen Apparatefabriken nichts einbringen, weder Erfindung, noch Kapazität, noch geschickte Unternehmung. Kurz: Die deutsche Gesellschaft sucht auf künstlichem Wege, durch internationale Gesetzgebung den Vorteil der Stellung zu erreichen, welche die Marconi-Gesellschaft in offenem Wettbewerb, durch private Anstrengungen und durch Aufwendung eigener Kosten erlangt hat.“[59] Obgleich sich die Departments für Krieg, für Marine und für Handel für einen Beitritt zu dem Vertrag aussprachen, sie befürchteten sonst Nachteile für die amerikanischen Schiffe und den Handel, zögerte die Regierung immer noch. Bis März 1912 hatte der Senat dem Beitritt der USA noch nicht zugestimmt. „Nur durch private Abmachungen und Inanspruchnahme der Gefälligkeit sei es 11 amerikanischen Schiffen möglich, mit Stationen für drahtlose Telegraphie in fremden Ländern zu verkehren“,[60] sagte der leitende Offizier des Signalcorps der US Army. Er empfahl dringend, die Errichtung und den Betrieb von funkentelegraphischen Anlagen gesetzlich zu regeln. Dem schlossen sich auch amerikanische Funktelegraphie-Ingenieure an. Sie vertraten auf einer in New York abgehaltenen Sitzung ihrer Gesellschaft den Standpunkt, daß eine gesetzliche Regelung wünschenswert sei und daß ein Funkverkehr im Notfall Vorrang haben müsse. Es müsse auch die Tätigkeit als Funktelegraphist unbedingt von einer behördlichen Bestätigung abhängig gemacht werden. Den Funkamateuren und Sendern zu Versuchszwecken könne man die kurzen Wellen zuweisen. Diese Empfehlung hatte besonders weitreichende Auswirkungen auf die technische Entwicklung. Durch sie wurde die experimentelle Erschließung des Kurzwellenbandes den Tüftlern überlassen, die mit ihrem Basteln die industrielle Einführung der Kurzwellentechnik vorbereiteten.

Trotz all dieser Vorstellungen beharrte die US-Regierung auf ihrem Standpunkt. Erst der Untergang eines Passagierdampfers bewirkte ein Umdenken.

Am 22. Januar 1909 war der Dampfer REPUBLIC der White Star Line mit vielen amerikanischen Passagieren an Bord aus dem Hafen von New York ausgelaufen. Am 23. Januar, eine Tagereise von der amerikanischen Küste entfernt, kam es zum Unglück. Nach einer Kollision mit dem Dampfer FLORIDA sank die REPUBLIC. In einer dramatischen Rettungsaktion übernahm die über Funk herbeigerufene BALTIC die Passagiere. Das C Q D des Funkers der REPUBLIC hatte die Rettung vieler Menschen ermöglicht.

Nun kam Bewegung in das Gesetzgebungsverfahren. Dabei mußte man nicht ohne Beklemmung feststellen, daß bisher eine so wichtige Frage wie die Ausrüstungspflicht international nicht geregelt worden war.

Die Seefahrt treibenden Länder reagierten sofort. In den USA wurde noch 1909 ein Gesetzentwurf eingebracht, der vorsah, daß alle Ozeandampfer, die Passagiere an Bord haben und amerikanische Häfen anfahren oder von ihnen auslaufen, binnen Jahresfrist mit Funkanlagen ausgerüstet sein müssen. Im Juni 1910 stimmte die Justizkommission des Repräsentantenhauses dem Gesetzentwurf zu, der vom Präsidenten am 24. Juni 1910 als „An Act to require apparatus and operators for radio-communication on certain ocean steamers“ unterzeichnet wurde. Bei Verstößen sollten drastische Strafen bis zu einer Höhe von 5000 Dollar verhängt werden. Das Gesetz bestimmte, daß jeder in den USA oder im Ausland beheimatete Ozeandampfer mit 50 oder mehr Personen an Bord, der aus einem Hafen der USA auslief, mit funkentelegraphischen Apparaten ausgerüstet sein mußte. Ihre Reichweite sollte mindestens 160 km betragen und sie mußten mit anderen funkentelegraphischen Systemen zusammenarbeiten können. Am 1. Juli 1911 trat das Gesetz in Kraft.

In den folgenden Jahren wurde es strikt angewendet. So mußte sich 1911 der Kapitän der TEMPLEMORE vor Gericht verantworten, weil sein Schiff während einer Reise nach Großbritannien mit einer großen Zahl republikanischer Politiker an Bord keine Funkanlage hatte. „Wegen Zuwiderhandlung wurde kürzlich gegen den Dampfer TEMPLEMORE der Johnson Line, der Passagiere befördert hatte, ohne mit drahtlosen Telegraphenapparaten ausgerüstet zu sein, das gerichtliche Verfahren eröffnet. Bei der gerichtlichen Verhandlung wurde von der Verteidigung angeführt, daß die Passagiere keine Fahrgäste, sondern Mannschaft gewesen seien, da ihnen bestimmte Arbeiten und Handleistungen übertragen worden wären; so hätte z. B. ein Passagier den Raketenapparat zu bedienen gehabt.“[61)]

Aber es kam immer wieder zu Verstößen gegen die Ausrüstungspflicht. So berichtete Anfang 1913 das Berliner Tageblatt, daß der Kapitän des Dampfers NUMIDIAN der Allan Line wegen Verletzung des Gesetzes über die funkentelegraphische Ausrüstung von Schiffen verhaftet worden sei. Sein Dampfer hatte eine Station mit nicht genügender Reichweite an Bord. Der Vossischen Zeitung zufolge traf das gleiche Schicksal den Kapitän des Dampfers WINFREDIAN. Ihm wurde vorgeworfen, daß zwischen der Kommandobrücke und dem Bordtelegraphisten keine wirksame Nachrichtenverbindung bestünde. Auch andere Länder setzten nach und nach die Ausrüstungspflicht für ihre Schiffe durch, wenngleich bei Verstößen nicht solch drastische Strafen verhängt wurden wie in den USA. Eine Ausnahme allerdings machte Großbritannien. Zwar brachten am 13. Juli 1910 Abgeordnete des House of Commons den Gesetzentwurf „Bill to render installation of wireless telegraphy on passenger ships compulsory" ein, aber er stieß bei den meisten Abgeordneten auf erheblichen Widerstand und wurde daher abgelehnt. Diese unentschlossene Haltung des Parlaments bewog die britische National Sailors' and Firemen's Union 1913, darüber nachzudenken, ob sie ihren Mitgliedern nicht raten solle, den Dienst auf Schiffen ohne drahtlose Telegraphie zu verweigern. In Norwegen dagegen wurde durch eine Königliche Resolution vom 27. August 1909 die Ausrüstungspflicht für norwegische Schiffe mit mehr als 50 Passagieren an Bord Gesetz. Auch österreichische Dampfer, die weiter als bis nach Gibraltar oder Aden fuhren, mußten ab 8. November 1910 die Verordnung des Handelsministeriums betreffs der „Ausrüstung von Passagierschiffen in weiter Fahrt mit Funkentelegraphenstationen" erfüllen. Der Schiffseigner hatte beim Handelsministerium einen Antrag auf Ausrüstung mit Funkgeräten zu stellen, und die Staatsverwaltung übernahm die Unterhaltung und stellte für die Bedienung zwei Telegraphisten ein. Im Gegenzug hatte der Eigner für deren Unterbringung und die Verpflegung an Bord zu sorgen. Sie mußten sich jedoch der allgemeinen Schiffsdisziplin unterwerfen. In Italien erließ das Auswanderer-Kommissariat am 28. Oktober 1910 ein Gesetz zur Ausrüstung der Schiffe mit Funkanlagen. Es trat am 1. Januar 1911 in Kraft und schrieb vor, daß alle Schiffe, die Auswanderer zwischen Italien und anderen Ländern befördern, Marconi-Apparate für eine Wellenlänge von 600 m mit einer Mindestreichweite von 300 km mitführen müssen.

In Frankreich erhielten die Schifffahrtsgesellschaften mit Seepostdienst die Auflage, in ihre Dampfer Funkanlagen mit einer Reichweite von 300 km einbauen zu lassen. Der Conseil Superior de la navigation maritime legte darüber hinaus den Entwurf für ein Gesetz über die obligatorische Ausrüstung französischer und fremder Handelsschiffe mit mehr als 50 Personen an Bord vor. Aus der Senatssitzung am 21. Februar 1912 hörte man, daß dieser Entwurf Aussichten hätte, angenommen zu werden. Dem spanischen Parlament lag ein Gesetz zur Beratung vor, nach dem ab 1. Januar 1913 kein Schiff in spanischen Häfen Passagiere aufnehmen durfte, wenn es nicht mit einer funkentelegraphischen Anlage ausgerüstet war.

In Deutschland wurde über eine Ausrüstungspflicht ernsthaft erst 1912 nachgedacht. „In richtiger Erkenntnis der wichtigen Dienste, die der Schiffahrt durch die Funkentelegraphie geleistet werden, haben die Reedereien aus freien Stücken zahlreiche Dampfer mit Bordstationen ausgerüstet. Es ist an der Zeit, über eine Ausrüstungspflicht nachzudenken, auch wenn das mit höheren Kosten für die Reederei verbunden ist."[62] Ein Jahr später, im Juli 1913, kam die Mitteilung, daß am 1. Oktober 1913 durch eine Abänderung der Unfallverhütungsvorschriften der Seeberufsgenossenschaft Bestimmungen über die zwangsweise Einführung der drahtlosen Telegraphie auf Seeschiffen in Kraft treten würden. Passagierdampfer mit mindestens 75 Personen an Bord mußten eine funktelegraphische Anlage mit einer Mindestreichweite von 100 sm haben.

Der Untergang der REPUBLIC 1909 hatte zwar im Hinblick auf die Ausrüstung mit Funkanlagen einiges bewirkt, aber nicht für eine weltweit einheitliche Abwicklung des Funkverkehrs gesorgt. Dieses Dilemma wurde 1912 beim Untergang der TITANIC deutlich. Die rühmliche, aber auch die unrühmliche Rolle, welche die Funktelegraphie bei der Rettung der Passagiere und der Besatzung gespielt hatte, schreckte alle Regierungen auf. Es gab keine Widerstände mehr, als für 1912 die Zweite Internationale Radiotelegraphische Konferenz nach London einberufen und am 4. Juni 1912 eröffnet wurde. Am 5. Juli ging die Konferenz zu Ende und das Schlußdokument wurde von allen Teilnehmerstaaten unterzeichnet. Als wesentlichstes Ergebnis wurden alle Vertragsländer nun endgültig zur uneingeschränkten Aufnahme des Funkverkehrs, unabhängig von dem benutzten Funksystem, verpflichtet. Während in der Internationalen radiotelegraphischen Konvention allgemeine Grundsätze formuliert waren, enthielt die Dienstordnung Festlegungen zur Organisation des Dienstbetriebes. Die Dienststunden auf den Stationen wurden genauso geregelt wie die Reihenfolge bei der Übermittlung von Telegrammen oder der Ablauf des Anrufverfahrens. Das Notsignal S O S galt als international verbindlich. Bis Anfang April 1914 hatten 32 Staaten den Internationalen Funktelegraphenvertrag vom 5. Juli 1912 ratifiziert.

Die Londoner Funkkonferenz hatte auch bei der Regierung der USA ein Umdenken bewirkt. Nicht nur, daß sie dem Internationalen Funkvertrag nun beitrat, sie beschleunigte auch die nationale Gesetzgebung.

Am 13. Dezember 1912 trat das Gesetz über das Funkwesen in Kraft, in dem vorgeschrieben wurde, daß der öffentliche Funkverkehr genehmigungspflichtig ist und die Stationen nur von solchen Personen betrieben werden dürfen, die eine Lizenz besitzen. Jeder Station wurde eine Wellenlänge bis 600 m oder über 1600 m als Sendefrequenz zugeteilt und jede Bordstation mußte das S O S-Notsignal auf der internationalen Welle 600 m senden können. Jede Küstenfunkstelle mußte alle 15 Minuten für 2 Minuten die Welle 600 m abhören.

In Deutschland regelte die „Anweisung für den Funkentelegraphendienst" vom 15. Juni 1913, mit der die Anweisung vom 12. August 1909 außer Kraft gesetzt wurde, die Betriebsabläufe im Seefunkverkehr nach den Bestimmungen des Londoner Vertrages.

Technik und Betrieb des Funkverkehrs in der Schiffahrt hatten sich in London international einheitlich regeln lassen, doch fehlte immer noch eine weltweit gültige rechtliche Ausrüstungsverpflichtung. Dieses Problem griff die deutsche Regierung auf. Im Juni 1912, schon wenige Monate nach dem Untergang der TITANIC, trafen sich im Reichsamt des Innern Vertreter von Regierung, Reedereien, Werften und Institutionen, um über Sicherheitsmaßnahmen für die überseeische Personenbeförderung zu beraten. Die Frage, wie ein Sinken havarierter Dampfer verhindert werden könne, war genauso Tagesordnungspunkt wie die Ausrüstung mit Rettungsbooten. Ein weiterer Schwerpunkt der Gespräche betraf die

Verzeichnis der deutschen Funkentelegraphenstationen (Küstenstationen)*.

Namen	Geographische Lage (Meridian von Greenwich)	Rufzeichen	Normale Reichweite Seemeilen	Wellenlänge (normale unterstrichen)	Art des Verkehrs, dem die Station dient
		A. Mutterland:			
Adlergrund-Feuerschiff (Ostsee)	14° 22′ 12″ östl. Länge 54° 49′ 59″ nördl. Br.	K A G	55	300	beschränkter öffentl. Verkehr
Amrumbank-Feuerschiff (Nordsee)	7° 53′ 12″ östl. Länge 54° 33′ 12″ nördl. Br.	K A F	27	300, 600	«
Außenjade-Feuerschiff (Nordsee)	7° 56′ 40″ östl. Länge 53° 51′ 30″ nördl. Br.	K A U	55	300	«
Borkum, Neuer Leuchtturm (Nordsee)	6° 40′ 12″ östl. Länge 53° 34′ 48″ nördl. Br.	K B M	100	300, 600	allgemeiner öffentl. Verkehr
Bremerhaven, Lloydhalle (Nordseeküste)	8° 33′ 08″ östl. Länge 53° 33′ 04″ nördl. Br.	K B H	200	300	beschränkter öffentl. Verkehr mit Schiffen des Nordd. Lloyd zum Telegrammempfang
Bülk (Kieler Bucht)	10° 12′ 00″ östl. Länge 54° 27′ 00″ nördl. Br.	K B K	110	300	allgemeiner öffentl. Verkehr
Cuxhaven (Nordseeküste)	8° 42′ 42″ östl. Länge 53° 52′ 27″ nördl. Br.	K C X	tags 110 nachts 170	300, 600	«
Danzig (Ostseeküste)	18° 39′ 08″ östl. Länge 54° 20′ 56″ nördl. Br.	K A Z	tags 330 nachts 660	300, 600, 1800	«
Eider-Feuerschiff (Nordsee)	8° 18′ 18″ östl. Länge 54° 16′ 06″ nördl. Br.	K A I	30	300, 600	beschränkter öffentl. Verkehr
Eider Lotsen-Galliote Feuerschiff (Nordsee)	8° 37′ 00″ östl. Länge 54° 13′ 30″ nördl. Br.	K C L	21	300, 600	«
Elbe-Feuerschiff I (Nordsee)	8° 15′ 00″ östl. Länge 54° 00′ 30″ nördl. Br.	K B F	60	300	«
Helgoland (Nordsee)	7° 53′ 00″ östl. Länge 54° 11′ 00″ nördl. Br.	K A H	110	300	allgemeiner öffentl. Verkehr
Norddeich (Nordseeküste)	7° 08′ 00″ östl. Länge 53° 36′ 00″ nördl. Br.	K A V	tags 420 nachts 830	300, 600, 1800	«
Saßnitz (Rügen)	13° 18′ 29″ östl. Länge 54° 30′ 52″ nördl. Br.	K C V	110		
Swinemünde (Insel Usedom)	14° 15′ 13″ östl. Länge 53° 54′ 40″ nördl. Br.	K A W	tags 330 nachts 660	300, 600, 1800	«
Weser-Feuerschiff (Nordsee)	7° 49′ 03″ östl. Länge 53° 54′ 18″ nördl. Br.	K C W	80	300	beschränkter öffentl. Verkehr

Die deutschen Küstenstationen bei Ausbruch des Ersten Weltkrieges im Jahre 1914.

Ausrüstung der Schiffe mit drahtloser Telegraphie und die ununterbrochene Hörwache für Notrufe auf der Wellenlänge 600 m. Auch die Betriebssicherheit der Funkanlage bei Ausfall der elektrischen Hauptzentrale wurde in den Themenkreis einbezogen. Allen Beteiligten war klar geworden, daß die Sicherheit der Schiffahrt nur durch eine internationale Konvention gewährleistet werden kann.

Am 12. November 1913 begann in London eine Konferenz, die als Titanic-Konferenz in die Geschichte der Seefahrt eingegangen ist und die am 20. Januar 1914 ihre Arbeit mit der Vorlage des ersten internationalen Vertrages zum

Schutze des menschlichen Lebens auf See, kurz, dem „Schiffssicherheitsvertrag“, beendete. Im Bereich Funktelegraphie waren Mindestforderungen für Ausrüstungspflicht, Hörbereitschaft, technische Parameter der Funkgeräte und die Qualifikation der Funker formuliert worden.

Nun endlich gab es für alle mit der drahtlosen Telegraphie in der Schiffahrt zusammenhängenden Fragen gesetzliche Rahmenbedingungen, auch wenn die Vertragswerke im Laufe der Jahrzehnte immer wieder neuen technischen Gegebenheiten angepaßt werden mußten.

Die Konkurrenten – Marconi gegen Telefunken

Die Zahl der mit Funkanlagen ausgerüsteten Schiffe hatte seit der Jahrhundertwende rasant zugenommen und der Seefunk stellte für die Schiffahrt ein unverzichtbares Hilfsmittel dar. Vor diesem Hintergrund trugen die beiden großen Kontrahenten auf dem Funkmarkt, die Marconi-Gesellschaft auf der einen und die Telefunken-Gesellschaft auf der anderen Seite, ihre Auseinandersetzungen um Marktanteile aus. Der Konkurrenzkampf nahm an Schärfe zu und wurde mit allen Mitteln geführt. Marconi hatte die drahtlose Telegraphie aus der Taufe gehoben, doch um ihre technische Weiterentwicklung hatten sich viele Erfinder, Ingenieure und Wissenschaftler verdient gemacht. Als die Wireless Telegraph & Signal Co. von Marconi gegründet worden war, gab es nur einen Hersteller für Funkgeräte und für die Nachnutzung der Marconischen Patente bestand keine Gefahr. Als in Deutschland Ferdinand Braun und Adolf Slaby die ersten Patente anmeldeten und die geistigen und industriellen Potenzen in der Gesellschaft für drahtlose Telegraphie m.b.H. gebündelt wurden, änderte sich die Situation schlagartig. Daß daraus ein Konkurrenzkampf entstehen mußte, war abzusehen. Zwischen den beiden Gruppierungen, Marconi und Telefunken, wurde der Kampf um den Markt mit aller Härte geführt und in unzähligen Patentprozessen ausgefochten.

Mit seinem ersten Patent vom 2. Juni 1896, unter der Nr. 12039 beim britischen Patentamt registriert, hatte Marconi die potentiellen Konkurrenten vom Markt fernhalten wollen. Die Absicht schlug fehl, weil er das Verfahren in Verbindung mit seinem System schützen ließ, nicht aber seine Erfindung, den Sendeluftleiter. So blieb der Marconi-Gesellschaft nur der technologische Vorsprung, der ihr zunächst allerdings eine Führungsrolle und eine Monopolstellung verschaffte. Das an die Betreiber ihrer Geräte ausgesprochene Verbot, mit anderen Systemen zu kommunizieren, sicherte den Vorsprung. Da jede Gesellschaft in den verschiedenen Küstenländern Baulizenzen für Sendestationen erwarb, um ihre eigenen Funklinien aufzubauen, gab es zunächst keine Reibungsflächen. Als aber immer mehr Schiffe mit Geräten für drahtlose Telegraphie ausgerüstet wurden, änderte sich das rasch. Der einsetzende Kampf zwischen den beiden großen Kontrahenten auf dem Funksektor, Marconi und Telefunken, wurde zum Paradebeispiel dafür, wie Patentgerichte beschäftigt werden können. Jede der Gesellschaften hatte sich auch die kleinste Erfindung patentrechtlich schützen lassen, um dem anderen eine Patentverletzung nachweisen zu können. Jeder versuchte aber auch die Patente zu umgehen, um nicht vom Markt verdrängt zu werden. Für die Patentgerichte wurde der Dschungel immer weniger durchschaubar.

1899 deuteten sich die ersten Patentstreitigkeiten an, als Prof. A. E. Dolbear aus den USA ankündigte, die Rechtskräftigkeit von Marconis Telegraphiepatenten anzweifeln zu wollen. Es ist wohl bei der Absicht geblieben, denn in der Öffentlichkeit wurde darüber nicht weiter gesprochen. Die Meldung machte aber deutlich, wie fragwürdig Marconis erster Patentanspruch war.

Zunächst aber ging die Marconi-Gesellschaft selbst in die Offensive, klagte gegen die De Forest-Gesellschaft und gewann 1905 den Prozeß. In der Urteilsbegründung hieß es, daß die Marconi's Wireless Telegraph Co. dann das alleinige Erfinderrecht zur drahtlosen Nachrichtenübermittlung habe, wenn der Sender aus einem einseitig geerdeten Luftdraht mit Funkenstrecke und der Empfänger aus einem einseitig geerdeten Luftdraht mit unvollkommenen elektrischen Kontakten besteht.

Die De Forest Wireless Telegraph Co. verlor nach einer am 19. März 1906 von einem australischen Gerichtshof gefällten Entscheidung auch auf diesem Kontinent den Prozeß gegen Marconi. Ihr war die Verletzung des Marconi-Patents Nr. 11813 vorgeworfen worden. In den USA klagte die Marconitochter, Marconi Wireless Telegraph Co. of America 1907 gegen die American De Forest Wireless Telegraph Co. wegen der Verletzung von Patentrechten am elektrolytischen Detektor. Diese Klage wurde aber vom Gericht mit der Begründung abgewiesen, daß der benutzte Baretter ein vollkommener Kontakt sei, Marconis Patentanspruch sich aber nur auf den unvollständigen Kontakt bezöge.

Um nun gegenüber der mächtigen Marconi-Gesellschaft ein größeres Gewicht zu bekommen, schlossen sich Anfang 1908 die amerikanische De Forest Wireless Telegraph Co. und die United Wireless Telegraph Co. zu einer neuen Gesellschaft zusammen, die damit alle wichtigen Patente außer den Marconischen besaß.

Auch in Deutschland klagten Firmen wegen Verletzung ihrer Patente gegeneinander. Der Marktführer Telefunken fühlte sich beispielsweise durch die Poulsensche Erfindung des Lichtbogensenders in seiner führenden Rolle bedroht. Die Poulsen-Patente waren 1906 zunächst von der De Forest Wireless Telegraph Co. erworben worden und dann an die Amalgamated Radio Telegraph Co. übergegangen. Die C. Lorenz A. G. mit Sitz in Berlin hatte die Vertretung und Verwertung dieser Patente für Deutschland übernommen. Telefunken witterte den amerikanischen Konkurrenten und tat alles, um ihn zu verdrängen. Wie aus einem Brief des Staatssekretärs des Auswärtigen Amtes an den Staatssekretär des Reichspostamtes vom 14. Januar 1907 hervorgeht, hatte Professor Slaby dem Kaiser berichtet, „... daß sich eine englische Gesellschaft mit der ausgesprochenen Absicht gebildet hätte, die deutsche Telefunkengesellschaft zu vernichten. Die englische Gesellschaft habe der Telefunkengesellschaft kürzlich durch große Geldangebote acht ihrer besten Ingenieure abspenstig gemacht, so daß die Arbeiten stockten.“[63)]

Nach der Funkkonferenz von 1906 war die Vorherrschaft Marconis auf dem Weltmarkt gebrochen, denn die Teilnehmerstaaten hatten erkannt, daß die verschiedenen Funksysteme technisch zusammenarbeiten können und man nicht auf die Geräte der Firma Marconi angewiesen sei. Die Geschäftslage der Marconi-Gesellschaft verschlechterte sich daher in den Jahren 1907, 1908 und 1909 zusehends. Gegen neue Sende-Einrichtungen, wie die Hochfrequenz-Wechselstrommaschine von Goldschmidt und Alexanderson oder den Poulsenschen Lichtbogensender, konnte die Gesellschaft nicht mehr patentrechtlich vorgehen. Hinzu kam, daß die Konkurrenz der amerikanischen und europäischen Funkgesellschaften von De Forest, Poulsen, Fessenden und Telefunken im Laufe der Zeit immer stärker geworden war. Die Patentklagen zielten nun in eine neue Richtung: die Benutzung von Schaltungseigenschaften und die Verletzung zugehöriger Patente. Zum Dreh- und Angelpunkt dieser Auseinandersetzungen wurde das Marconi-Patent Nr. 7777, mit dem die Abstimmung von Sender und Empfänger auf eine bestimmte Wellenlänge patentrechtlich geschützt worden war. Marconi behauptete, daß er das Abstimmungsprinzip erfunden habe und begründete das mit dem ihm am 26. April 1900 auf seine Erfindung erteilten britischen Patent. Das Patentamt in London hatte aber übersehen, daß bereits für Lodge und Muirhead unter der Nr. 18644 am 11. August 1897 eine Schaltung zur Abstimmung auf eine bestimmte Wellenlänge patentiert worden war. Schließlich gab es aber auch noch das Patent Nr. 111578 von Ferdinand Braun vom 13. Oktober 1898, in dem die Abstimmung des Senders durch eine Reihenschaltung aus Induktivität und Kapazität beschrieben war. Unter dieser Konstellation begann die nächste Stufe der Patentprozesse. Ausgelöst wurden sie, nachdem der von Telefunken entwickelte leistungsfähigere Löschfunkensender an Bord von Schiffen installiert und die Großsendeanlage Sayville in den USA gebaut worden war.

Bis 1910 waren Telefunkens Geschäfte im Ausland weder durch die National Electric Signalling Co., welche die Fessenden-Patente besaß, noch durch die Marconi Wireless Telegraph Co. oder eine ihrer Töchter behindert worden. Nun begann der Streit. Zunächst richteten sich die Patentklagen der Marconi-Gesellschaft gegen die kleine British Radio Telegraph & Telephone Co., die das Telefunkensystem benutzte. Ihr wurde eine Verletzung des Patentes Nr. 7777 vorgeworfen. Marconi gewann den Prozeß und machte das Urteil einer breiten Öffentlichkeit zugänglich. Das Rundschreiben enthielt einen Auszug aus der Klageschrift, das vom britischen Richter Justice Parker gefällte Urteil und die Urteilsbegründung, in der festgestellt wurde, daß „... das durch das Patent Nr. 7777 geschützte System das einzige drahtlose System sei, welches einen wirklich praktischen Wert hat und modernen Ansprüchen genügt. Infolgedessen stellt jedes andere drahtlose System, selbst wenn es praktisch von Wert ist, eine Verletzung des Marconi-Patentes dar."[64]

Dieses Urteil erregte die Fachwelt. Zunächst reagierte die Siemens Brothers & Co., Ltd. London Woolwich als Inhaberin der britischen Telefunkenpatente und erklärte, daß das System der tönenden Löschfunken (Telefunken), welches sich bei zahlreichen Anlagen in der ganzen Welt bewährt habe, in keiner Weise das Marconi-Patent Nr. 7777 verletze. „Die Firma ist bereit, ihre Abnehmer gegen jede Inanspruchnahme wegen Patentverletzung zu schützen."[65] Und weiter hieß es: „Wir wollen hierbei nicht prüfen, ob das Marconische Patent zu recht besteht oder nicht."[66]

Die Siemens Brothers & Co. hatte darüber hinaus von gerichtlichen Sachverständigen ein Gutachten eingeholt, in dem es hieß: „Wir haben die Anordnung des Telefunkensystems für drahtlose Telegraphie, welches unter dem Namen ‚tönendes Löschfunkensystem' bekannt geworden ist, unter Berücksichtigung des Marconi-Patentes Nr. 7777 genau untersucht und sind zu der Ansicht gelangt, daß sie in keiner Weise das Marconi-Patent verletzt, und bei Abgabe dieses Gutachtens haben wir ganz besonders das von Justice Parker gefällte Urteil an dem kürzlich stattgehabten Prozeß Marconi contra British Radio Telegraph Co. in Berücksichtigung gezogen. Die Begründung dieses Urteils scheint das Gutachten, zu welchem wir selbst in dem vorliegenden Falle gekommen sind, nur zu unterstützen."[67]

Danach ging Telefunken in die Offensive und reichte am 20. Oktober 1911 über die Firma Siemens Brothers & Co. eine Klage gegen die Marconi-Gesellschaft wegen Verletzung des Braunschen Patents ein, nachdem sie vorher die Marconi-Gesellschaft von ihrer Absicht unterrichtet hatte. Diese wiederum reichte kurze Zeit zuvor eine Klage gegen die Siemens-Gesellschaft wegen Verletzung des englischen Marconi-Hauptpatentes Nr. 7777 ein, um die Priorität in der Klageanstrengung zu erhalten und die Klage der Siemens-Gesellschaft lediglich als Widerklage darstellen zu können. Das Vorgehen war aber zu durchsichtig und die Marconi-Gesellschaft zog daher diese Klage zurück.

Ihr nächster Schritt bestand darin, die noch schwebenden Patentstreitigkeiten mit der Lodge-Muirhead Syndicate Ltd. zu beenden. Das gelang mit der Übernahme der Firma. Dadurch gingen die Lodge-Muirhead-Patente an die Marconi Wireless über. Sir Oliver Lodge trat als wissenschaftlicher Berater in die Marconi-Gesellschaft ein. Für die Gerichte wurde die Verfahrenslage zunehmend unübersichtlicher und es kam zu einem Vergleich, der mit folgender Verlautbarung öffentlich gemacht wurde:

„Die Deutsche Gesellschaft für drahtlose Telegraphie (Telefunken) Berlin und die englische Marconi Wireless Telegraph Co. London, fechten seit mehreren Jahren einen heftigen Patentkampf aus. Es schweben zur Zeit noch sieben Prozesse, welche die Gesellschaften in verschiedenen Ländern wegen Patentverletzung gegeneinander angestrengt haben. Dieser Kampf, der große Summen gekostet und die weitere Entwicklung der Funkentelegraphie sehr behindert hat, ist, wie aus nachstehenden Erklärungen ersichtlich, beigelegt worden. Die Telefunken-Gesellschaft mit Zustimmung der Marconi-Gesellschaft sagt:

»Die englische Marconi-Gesellschaft und die deutsche Telefunken-Gesellschaft haben vereinbart, die zwischen ihnen in mehreren Ländern schwebenden Patentklagen zurückzuziehen. Die Marconi Company verzichtet darauf, die Gültigkeit der bereits von den deutschen Gerichten anerkannten Telefunkenpatente, u. a. der Braunschen Patente zu bestreiten.«

Die englische Siemens-Gesellschaft mit Zustimmung der Marconi-Gesellschaft sagt:

»Die Herren Siemens Brothers & Co. Ltd., die in England die Interessen der deutschen Gesellschaft wahrnehmen, haben die Gültigkeit des Marconi-Patentes Nr. 7777 vom Jahre 1900 zugegeben, und es sind Vereinbarungen getroffen worden, nach welchen die von der Gesellschaft gegenseitig angestrengten Prozesse beigelegt werden.«"[68]

Anfang 1914 schloß die Deutsche Betriebsgesellschaft für drahtlose Telegraphie mbH (DEBEG) mit der Compagnie de Télégraphique sans fil in Brüssel als Lizenzträgerin der deutschen Marconi-Patente ein Abkommen und gelangte damit in den Besitz der Marconi-Rechte. Die DEBEG erreichte damit, daß die bisher von Telefunken und Marconi unabhängig voneinander betriebenen deutschen Schiffsstationen von nun an einschließlich des Personals und der geltenden Betriebsverträge gemeinsam unter dem Dach der DEBEG betreut wurden. Damit war der Konkurrenzkampf zwischen den beiden Gesellschaften, soweit er Funkanlagen auf deutschen Handelsschiffen betraf, beigelegt.

Während in Europa in den Patentstreitigkeiten eine relative Ruhe eingetreten war, entbrannte der Streit in den USA. Die amerikanische Tochter der Marconi Wireless Telegraph Co. fühlte sich an das in Europa mit Telefunken geschlossene Abkommen nicht gebunden. Sie ging zunächst gegen das dem britischen Patent Nr. 7777 entsprechende amerikanische Patent Nr. 763772 der United Wireless Telegraph Co. (De Forest) mit Erfolg vor. Im Mai 1912 war die Entscheidung gefallen: „Die Beklagten haben die Gültigkeit des Patents anerkannt, seine Verletzung zugegeben und sich dem Urteil unterworfen.“[69] In den nächst höheren Instanzen konnte der Prozeß nicht weitergeführt werden, da die United in der Zwischenzeit von der Marconi-Gesellschaft übernommen worden war.

Seit 1910 waren Patentklagen der amerikanischen National Electric Signalling Company (Fessenden) gegen die Telefunken Wireless Telegraph Co. of America anhängig. Gegen die Telefunkentochter war Klage wegen der Verletzung der Fessenden Patente 918 306 und 918 307 erhoben worden. 1913 erging das Urteil, Telefunken verlor.

1912 klagte die National Electric Signalling Co. gegen die Marconi-Gesellschaft wegen Verletzung ihrer Patente über die Verwendung waagerechter statt senkrechter Antennen. Die Marconi-Gesellschaft antwortete daraufhin mit einer Widerklage wegen Benutzung ihrer Schaltung zur Abstimmung. In der Berufungsinstanz gewann Marconi. Doch die National Electric Signalling Co. gab nicht auf. Mit der gerichtlichen Entscheidung, daß allein sie das Recht zur Benutzung einer Funkenfolge von mehr als 250 in der Sekunde habe, erwirkte sie am 17.11.1913 gegen die Marconi-Gesellschaft eine einstweilige Verfügung, „wonach sich die Marconi-Gesellschaft jeder weiteren Verletzung der Patente zu enthalten habe“.[70]

Zum gleichen Sachverhalt erwirkte die National Electric Signalling Co. gegen die amerikanische Telefunkentochter, die Atlantic Communication Company (Atlacom), eine einstweilige Verfügung, wonach es der Atlacom untersagt wurde, eine Funkenfolge von mehr als 250 in der Sekunde zu benutzen. Damit wurden aber die Löschfunkensender hinfällig. Nachdem eine Kaution von 50.000 Dollar gestellt worden war, wurde die einstweilige Verfügung bis zum endgültigen Urteil ausgesetzt. Nach dem Ausbruch des 1. Weltkrieges veränderten sich die wirtschaftlichen Beziehungen. Die Marconi- und die Fessenden-Gesellschaft einigten sich auf eine gegenseitige Mitbenutzung ihrer Schutzrechte und die amerikanische Marconitochter ging nunmehr massiv gegen Telefunken vor. Sie forderte als Entschädigung für die Verletzung ihrer Patente, daß die Telefunken-Gesellschaft ihre Station Sayville schließt, ein Ansinnen, das abgelehnt wurde. Daraufhin erwirkte die Marconi-Gesellschaft eine einstweilige Verfügung, Telefunken antwortete mit dem Stellen einer Kaution. Es folgte der Prozeß. In seinem Verlauf wurde deutlich, daß eine Wendung zugunsten der Telefunken-Gesellschaft nur erreicht werden konnte, wenn Ferdinand Braun als der Erfinder aussagte. Mit seinem Assistenten Zenneck reiste er unter den schwierigen Bedingungen des Krieges in die USA und erreichte, daß die Entscheidung aufgeschoben wurde. Als die USA am 6. April 1917 in den Krieg eintraten, veränderte sich die Lage grundlegend. Braun und Zenneck wurden interniert und Telefunken konnte nicht mehr in die Patentprozesse der Atlacom eingreifen. Sie verlor, auch in den Prozessen gegen die Fessenden-Gesellschaft. Schließlich starb am 20. April 1918 auch noch Ferdinand Braun in der Internierung. Der Krieg überdeckte alle noch schwelenden Streitigkeiten.

Auch wenn die vielen Patentprozesse aus heutiger Sicht eher wie an Haaren herbeigezogen denn als nutzbringend erscheinen mögen, haben sie dazu geführt, daß die großen Unternehmen ihre Einflußbereiche gegeneinander abgrenzen konnten, aber sie haben auch die technische Entwicklung beflügelt und die Erfinder angeregt, manches Patent mit einer anderen, wenn nicht sogar besseren Lösung zu umgehen. Die Auseinandersetzungen haben aber auch gezeigt, daß sich der technische Fortschritt nicht durch Patentprozesse aufhalten läßt, wenn sie mit dem Ziel geführt werden, Erfundenes für alle Zeiten als das Nonplusultra anzusehen. Der Knallfunkensender, auf den sich die Marconi-Patente bezogen, hatte sich durch die Erfindung von Schaltungen zur Erzeugung ungedämpfter Wellen mit Lichtbogen und Hochfrequenzmaschine längst als überholt erwiesen.

Seefunk tut not – die Entwicklung von 1906 bis 1912

Die Ergebnisse der Funkkonferenz von 1906 gaben der Entwicklung des Seefunks in dem nun folgenden Jahrzehnt die Impulse. Dem Bestreben der Marconi-Organisation, ihr weltweit angestrebtes Monopol im Seefunk auszuweiten, waren die meisten Länder entschieden entgegengetreten. Ein international wirkender Wirtschaftszweig wie die Schiffahrt ließ sich nur schwer an monopolistische und dazu noch nationale Gruppierungen ketten. Auch andere Firmen, die in den Markt der drahtlosen Telegraphie drängten, hatten die Expansion der Marconi Wireless Telegraph Co. sehr aufmerksam beobachtet. Die Konkurrenz zwischen den beiden führenden Firmen, der Marconi Wireless und der Gesellschaft für drahtlose Telegraphie, zeigte ihre Auswirkungen. Nutznießer blieben letztlich die Anwender im Seefunk.

Die Funkentelegraphie war ihren Kinderschuhen entwachsen und zur Funktelegraphie geworden. Obgleich mehr und mehr Schiffe mit Anlagen zur drahtlosen Telegraphie ausgerüstet wurden, gab es noch genügend Zweifler, ob Funkanlagen für die Schiffahrt wirklich so wichtig seien. Der potentielle Anwender, die Schiffahrt, mußte immer wieder von der Nützlichkeit der drahtlosen Telegraphie überzeugt und über den technischen Stand aufgeklärt werden. Pressemitteilungen über die Verbreitung von Funkanlagen gehörten genauso dazu wie die Berichte über den Bau neuer Küstenstationen und Mitteilungen der Firmen über von ihr mit Funkanlagen ausgerüstete Schiffe. Besonders aufmerksam wurden jene Pressenotizen gelesen, die von den erzielten Übertragungsreichweiten berichteten. Doch all diese Nachrichten wurden durch Zeitungsmeldungen in den Schatten gestellt, welche die Rettung von Menschen aus Seenot mit Hilfe der drahtlosen Telegraphie schilderten.

Aber erst, nachdem genügend Küstenstationen ihren Betrieb aufgenommen hatten, machte die Ausrüstung der Schiffe mit Funkanlagen einen Sinn. In den ersten Jahren kommunizierten die Schiffe noch mit Küstenstationen, die in erster Linie zu Versuchszwecken errichtet worden waren. Nun, nach 1906, galt für die Betreiber nicht mehr das Verbot der Marconi-Gesellschaft, ihre Anlagen mit anderen Systemen zusammenarbeiten zu lassen. So erwarben viele Firmen Lizenzen zum Bau von Sendeanlagen an den Küsten. Das Netz der Küstenstationen wurde enger, der Bedeckungsbereich für die Schiffahrt wies immer weniger Lücken auf.

Besonders an der Ostküste Nordamerikas erlangten die Küstenstationen für die Sicherheit der Passagierschiffahrt auf dem Atlantik große Bedeutung. Kanada hatte schon früh an den Küsten seiner östlichen Provinzen ein dichtes Netz von Sendestationen bauen lassen. 1906 besaß die kanadische Regierung bereits 13 Küstenfunkstationen, mit deren Hilfe entlang der gesamten Küste von Anticosti nach Belle Isle, Cape Mary, Cape Race, Sable Island, Halifax und um die Westküste von Nova Scotia herum über die Bay von Funday nach St. John's eine lückenlose Verbindung zu den Schiffen hergestellt werden konnte. Mehrere ihrer eigenen Schiffe hatte die kanadische Regierung mit Marconi-Anlagen für einen

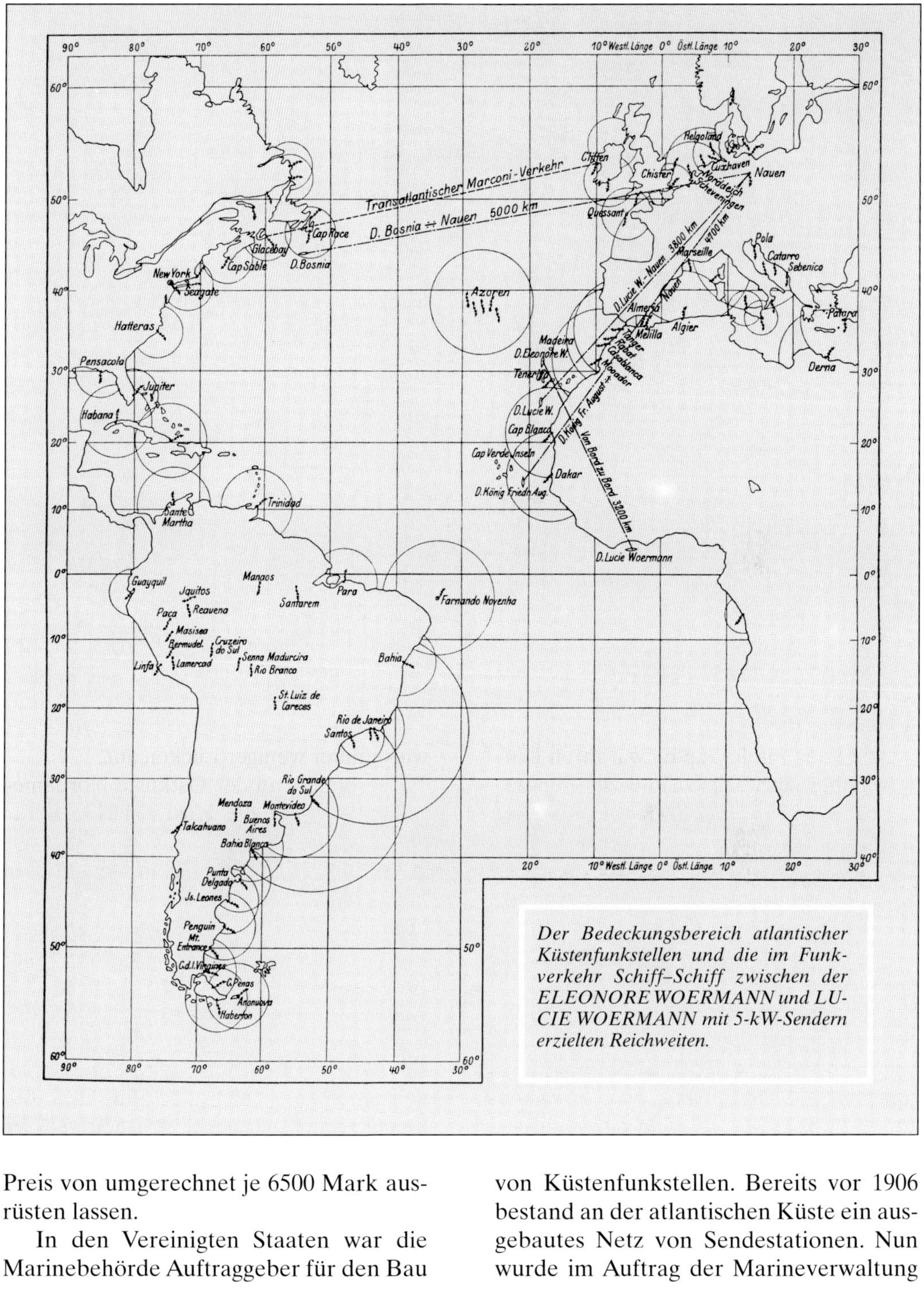

Der Bedeckungsbereich atlantischer Küstenfunkstellen und die im Funkverkehr Schiff–Schiff zwischen der ELEONORE WOERMANN und LUCIE WOERMANN mit 5-kW-Sendern erzielten Reichweiten.

Preis von umgerechnet je 6500 Mark ausrüsten lassen.

In den Vereinigten Staaten war die Marinebehörde Auftraggeber für den Bau von Küstenfunkstellen. Bereits vor 1906 bestand an der atlantischen Küste ein ausgebautes Netz von Sendestationen. Nun wurde im Auftrag der Marineverwaltung

Die Sendefunkstelle Norddeich im Jahre 1913 …

an der Küste des Stillen Ozeans in ähnlicher Weise eine Kette funktelegraphischer Stationen errichtet. Dazu gehörten die Anlagen in San Diego, Arguello, Farralona und Marc Island, weiter die Stationen in Table Bluff, Cape Blanco, North Head und Cape Flattery. 1907 beschloß die Marineverwaltung, auf den Philippinen sechs neue Stationen bauen zu lassen. Darüber hinaus übernahm die Marine auch die De Forest-Anlagen von Guantanamo auf Kuba, von Panama und von Key West. Auch private Betreiber durften Sendestationen errichten. Am 28. Februar 1906 nahm die Funkstation von De Forest in New Orleans den Verkehr zu Schiffen im Golf von Mexiko auf. Und auch das Ereignis war 1907 eine Nachricht wert: „Im Kapitol zu Washington ist eine Station für drahtlose Telegraphie eingerichtet worden. Sie be-

...und 70 Jahre später (1983).

fand sich während der neulichen Reise des Präsidenten nach Panama in ununterbrochener funkentelegraphischer Verbindung mit dem Kriegsschiff LOUISIANA, auf dem der Präsident fuhr.“[71]

Die britische Regierung war besonders daran interessiert, die Sicherheit der Schiffahrt an ihren Küsten zu verbessern. So erhielt 1906 das für die Schiffahrt besonders wichtige Goodwin-Leuchtschiff eine Einrichtung für drahtlose Telegraphie. Im Herbst des gleichen Jahres lagen Anträge für den Bau von Stationen bei Poldhu, Lizard, Rosslare, Crookhaven,

Idyllisch liegt die Empfangsfunkstelle von Norddeich Radio bei Utlandshörn (1972).

Caister, Holyhead, North Foreland und Porthcurno (Cornwall) vor.

In Frankreich wurden Sendestationen großer Reichweite für Ushant, Toulouse, Bizerte und Orange geplant. Die Stationen in Saintes-Maries-de-la-Mer bei Marseille und in der Nähe der Stadt Algier wurden dem Verkehr übergeben, Küstenfunkstellen in Boulogne-sur-mer, Le Havre, St. Nazaire, La Coubre, Nizza und Cap Corsica wurden in Erwägung gezogen.

Es entstand eine Küstenstation in Rumänien und in Japan nahm eine Station den Dienst auf, um eine ständige Verbindung zu den amerikanischen Ozeandampfern bis zu einer Entfernung von 160 km zu halten. Kuba ließ von der Telefunken-Gesellschaft acht Stationen auf der Insel errichten, welche mit Schiffen und den amerikanischen Küstenstationen verkehren sollten.

In Deutschland begannen 1905 die Vorbereitungen zum Bau einer Küstenfunkstelle, nachdem die Marconi-Station auf Borkum sich geweigert hatte, ein kaiserliches Telegramm entgegenzunehmen. Der Auftrag des Kaisers an seine Staatssekretäre, diesem Zustand ein für alle Mal ein Ende zu setzen, war eindeutig. Die Planungen zum Bau der Sendestation begannen unverzüglich und am 15. August 1905 erwarb das Postamt Norddeich im Auftrag des Reichspostamtes geeignetes Bauland. Die Bauarbeiten gestalteten sich bei den schlechten Bodenverhältnissen sehr kompliziert; es mußten nicht nur die vier eisernen Masten errichtet, sondern auch die Energieversorgung für den Sender gebaut werden. Trotzdem begannen im April 1906 die Versuchssendungen. Für den Knallfunkensender, der auf 2000 m (150 kHz) seine Sendungen abstrahlen

Wenn sich der Abend über die Küstenfunkstelle Norddeich niedersenkt, beginnt die Hauptbetriebszeit im Kurzwellenverkehr.

sollte, galt eine Reichweitenforderung von 1500 km. Der große Kreuzer VINETA und der kleine Kreuzer MÜNCHEN fungierten als Versuchsschiffe. Aber schon nach wenigen Tagen erkannte man, daß so die geforderte Reichweite nicht erzielt wurde. Mit um je 10 m verlängerten Antennentürmen begannen die Versuche am 23. Februar 1907 erneut. Die VINETA verließ den Kieler Hafen und lief in die Ostsee aus. Auf der Wellenlänge 360 m (833 kHz) war bis zu einer Entfernung von 300 km ein Empfang möglich, auf 1200 m (250 kHZ) wurden bis zu einer Entfernung von 450 km die Morsezeichen gehört und bei einer Wellenlänge von 2000 m (150 kHz) erreichten die Zeichen die für Weitverbindungen vorgesehenen Werte. Bis zur spanischen Westküste auf der Breite von Vigo funktionierte der Sendebetrieb einwandfrei. Die Reichspost zeigte sich zufrieden und übernahm am 30. April 1907 die technischen Einrichtungen in Norddeich. Am 1. Mai 1907 wurde der Funkverkehr zunächst mit Schiffen der Reichsmarine aufgenommen und vom 1. Juni 1907 an schaltete sich Norddeich mit dem Rufzeichen „k n d“ in den allgemeinen öffentlichen Seefunkverkehr ein. In den nun folgenden Jahrzehnten wurde die Küstenfunkstelle Norddeich weltweit zu einem Begriff und ihre Funker zu einem Markenzeichen für Können, Einsatzfreude und Kameradschaft im internationalen Seefunkverkehr.

Die Zahl der Küstenfunkstellen hatte nach 1906 erheblich zugenommen. Schiffe mit einer Funkanlage standen dadurch länger mit dem Land in Verbindung. Die Reedereien ihrerseits erkannten die Vorzüge der drahtlosen Kommunikation zu ihren Schiffen. Von nun an verließ kein Schiffsneubau größerer Tonnage eine Werft, ohne mit einer Funkanlage ausgerüstet zu sein.

Die Installation von Telefunken-Anlagen blieb allerdings 1906 noch eher die Ausnahme. Auf den Dampfern der Hamburg-Südamerikanischen Dampfschifffahrts-Gesellschaft wurden sie eingebaut. CAP BLANCO, CAP ORTEGAL und CAP VILLANO hießen die ersten Dampfer, auf denen sie zum Einsatz kamen. Ende Oktober 1909 erhielt der Dampfer CAP BLANCO als erstes deutsches

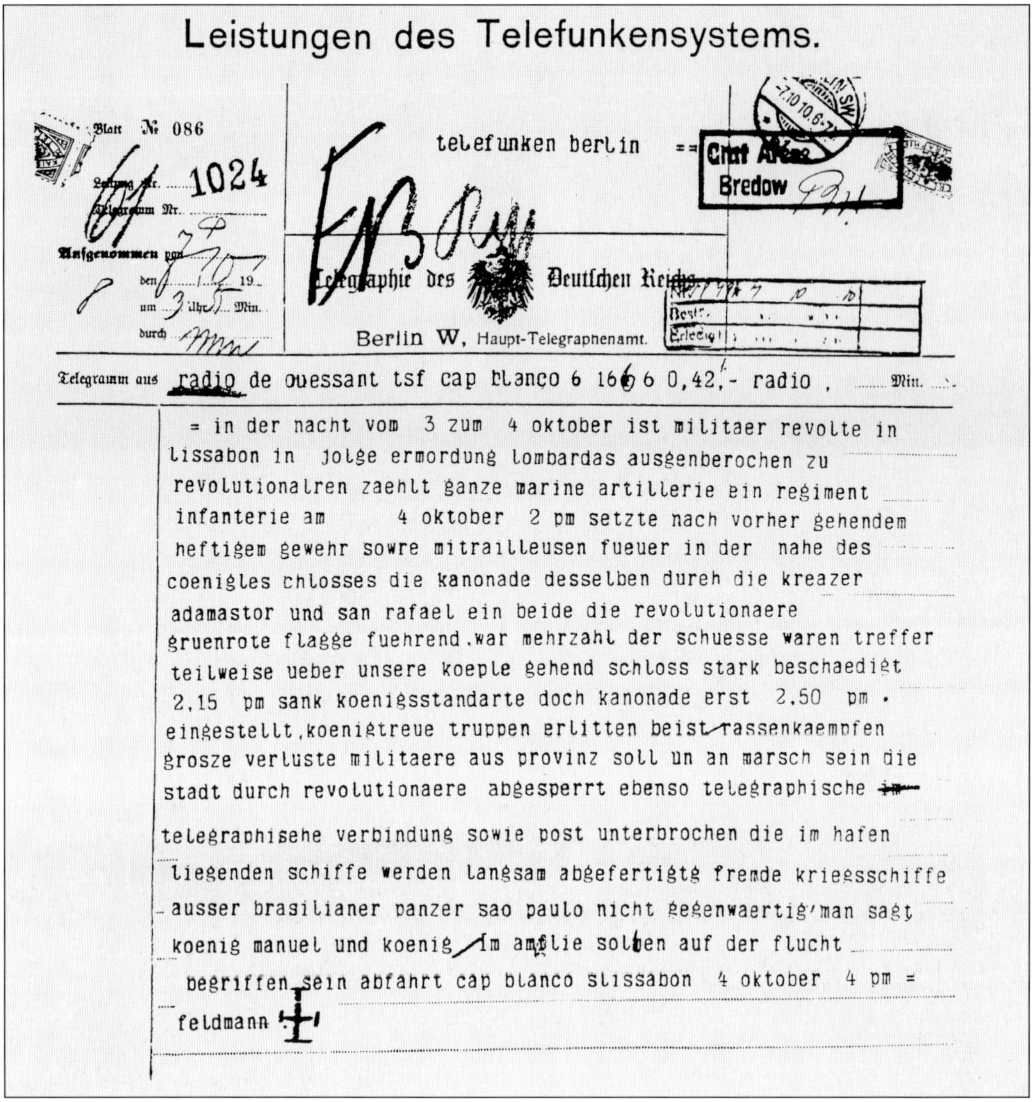

Leistungen des Telefunkensystems.

Blatt № 086

Leitung Nr. 1024

Telegramm Nr.

Angenommen von

den 19

um Uhr Min.

durch

telefunken berlin ==

Graf Arco

Bredow

Telegraphie des Deutschen Reichs

Berlin W, Haupt-Telegraphenamt.

Telegramm aus radio de ouessant tsf cap blanco 6 166 6 0,42,- radio , Min.

= in der nacht vom 3 zum 4 oktober ist militaer revolte in lissabon in jolge ermordung lombardas ausgenberochen zu revolutionalren zaehlt ganze marine artillerie ein regiment infanterie am 4 oktober 2 pm setzte nach vorher gehendem heftigem gewehr sowre mitrailleusen fueuer in der nahe des coenigles chlosses die kanonade desselben dureh die kreazer adamastor und san rafael ein beide die revolutionaere gruenrote flagge fuehrend.war mehrzahl der schuesse waren treffer teilweise ueber unsere koeple gehend schloss stark beschaedigt 2,15 pm sank koenigsstandarte doch kanonade erst 2.50 pm . eingestellt,koenigtreue truppen erlitten beist rassenkaempfen grosze verluste militaere aus provinz soll un an marsch sein die stadt durch revolutionaere abgesperrt ebenso telegraphische telegraphisehe verbindung sowie post unterbrochen die im hafen liegenden schiffe werden langsam abgefertigtg fremde kriegsschiffe ausser brasilianer panzer sao paulo nicht gegenwaertig'man sagt koenig manuel und koenig im amelie sollen auf der flucht begriffen sein abfahrt cap blanco slissabon 4 oktober 4 pm = feldmann

Um 1910 war der Empfang von Schiffstelegrammen aus großen Entfernungen immer noch etwas Besonderes und eine Veröffentlichung wert.

Schiff einen Löschfunkensender mit einer Primärenergie von etwa 2 kW. Die Leistungsfähigkeit dieses Senders mit den „tönenden Funken" begeisterte die Funker täglich von Neuem. Sie trug wesentlich dazu bei, daß viele Dampfer auch anderer Reedereien auf das neue System wechselten. Die Tage des Knallfunkensenders gingen zu Ende. 1910 gab es bereits 62 deutsche Schiffe, die mit einem Löschfunkensender arbeiteten.

1912 teilte der Österreichische Lloyd mit, daß er seine Schiffe ATLANTA, COLUMBIA, FRANCESCA, SOFIA HO-

So sah der Funkraum auf einem der großen britischen Passagierdampfer, der mit Funkanlagen von Marconi ausgerüstet ist, um 1909 aus.

HENBERG, WIEN und HELUAN auf Löschfunkensender umstellen und in Bälde 26 weitere Schiffe ausrüsten lassen werde.

Auch bei den Marinen ging die Ausrüstung mit Funkanlagen zügig voran. 1907 ordnete der griechische Marineminister an, daß alle Kriegsschiffe mit Geräten für drahtlose Telegraphie auszustatten seien, und die britische Admiralität beschloß, alle für die Ozeanfahrt bestimmten Torpedoboot-Zerstörer der „River"-Klasse mit Funkanlagen ausrüsten zu lassen.

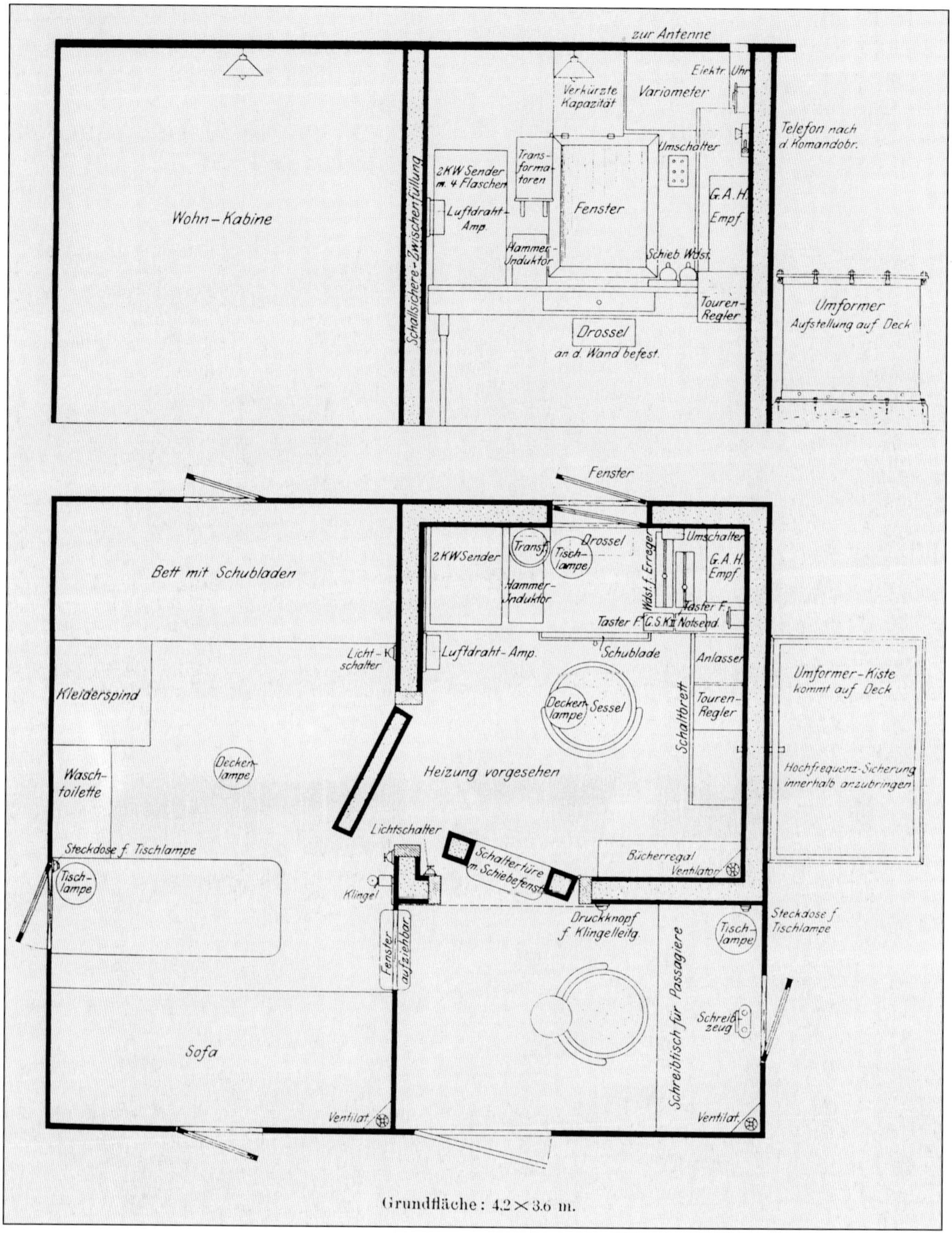

Die Einrichtung des Arbeitsbereiches eines Bordtelegraphisten auf einem Passagierdampfer um 1912 …

In Deutschland waren im Jahre 1907 auf 80 Kriegsschiffen und auf 31 Passagierdampfern des Norddeutschen Lloyd, der Hamburg-Amerika Linie und der Hamburg-Südamerikanischen Dampfschiffahrts-Gesellschaft Bordstationen verschiedenster Hersteller installiert. Großanlagen von Marconi mit einer Reichweite von 400 km besaßen die Dampfer GROSSER KURFÜRST und KAISER WILHELM DER GROSSE, Anlagen von de Forest mit einer Reich-

... und der Empfänger mit Tonverstärkung (System der tönenden Löschfunken) wie auf dem Dampfer ELEONORE WOERMANN (1911) sind Elemente einer Schiffsfunkanlage vor dem Ausbruch des Ersten Weltkrieges.

Die Antennenanlage (die vierdrähtige Sendeantenne bedeckt den kleinen Dampfer wie ein Schirm).

Der Post- und Passagierdampfer BREMEN des Norddeutschen Lloyd (gebaut 1897 auf der Schichau-Werft in Danzig). Nachdem er am 30. Juni 1900 im Hafen von New York völlig ausgebrannt war, erhielt er nach seiner Wiederinstandsetzung im Oktober 1901 auch eine Marconi-Anlage.

weite von 370 km gab es auf den Dampfern der Prinzenklasse der Hamburg-Amerika Linie, Anlagen nach dem System Marconi mit einer Reichweite von 300 km hatten u. a. die Dampfer AMERIKA, BLÜCHER und DEUTSCHLAND der H.A.L. erhalten und Telefunkenanlagen mit einer Reichweite von 200 km waren auf den Dampfern der H.S.D.G. installiert.

Nach 1906 wurde auch die schon vor der Funkkonferenz begonnene Installation von Funkanlagen auf den Kanaldampfern fortgesetzt. 1908 ließ die Great Eastern Railway Co. alle ihre Dampfer ausrüsten, nachdem sich gezeigt hatte, daß die Kanaldampfer COPENHAGEN und DRESDEN mit Funkanlagen wesentlich pünktlicher verkehrten.

Und auch in die Hochseefischerei zog die Funktelegraphie ein. 1910 übermittelte ein britisches Fischerboot aus der Nordsee das erste Funktelegramm nach London. Die „Münchener Zeitung" schrieb aus diesem Anlaß: „Wenn die zwischen Großbritannien und dem Festlande dauernd verkehrenden 600 Fischdampfer sämtlich mit Funktelegraphie-Apparaten ausgerüstet werden, so würde daraus im Kriegsfalle dem Mutterlande ein wichtiges Material an Aufklärungs- und Informationsschiffen erwachsen."[72)]

Als erster deutscher Fischdampfer erhielt 1911 der Blankeneser Kutter S.B. 57 eine Empfangsanlage für Wetternachrichten und Sturmwarnungen. Im gleichen Jahr trat der Finkenwerder Hochseesegler H.F. 235 seine erste Fangreise mit einer funktelegraphischen Ausrüstung an Bord an. Die amerikanische Regierung kaufte 1912 mit einem Kostenaufwand von etwa sieben Millionen Dollar Funkanlagen und gab sie den Fischern gegen Abzahlung. Auf diese Weise wollte man die amerika-

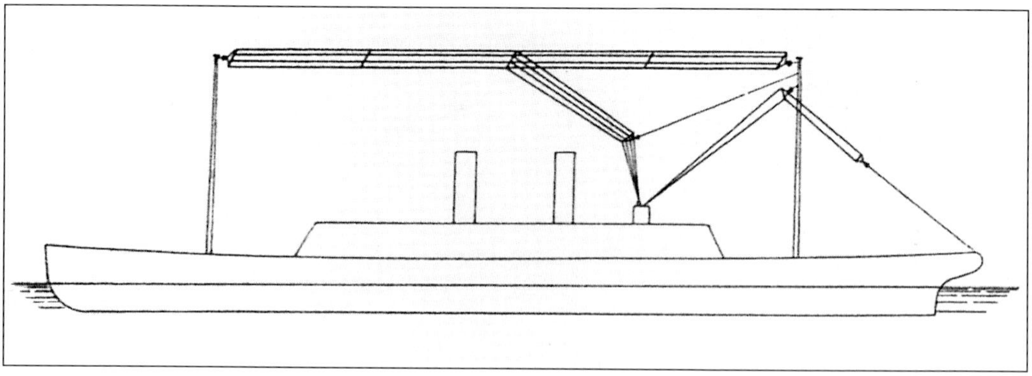

Die Antennenanlage des Dampfers BREMEN (2) des Norddeutschen Lloyd besteht aus einer Haupt- und einer Hilfsantenne.

nische Küstenfischerei sicherer machen. Nach einer 1910 vom britischen Parlament veröffentlichten Statistik gab es Ende 1909 116 Schiffe mit Funkanlagen. Dazu gehörten nicht nur die Kabeldampfer BUCANEER, CAMBRIA, COLONIA und MACKAY-BENNET, sondern auch sieben Frachtschiffe, vier kombinierte Fracht- und Passagierdampfer, vier Öldampfer und vor allem 96 Passagierdampfer.

1910 kündigte die niederländische Dampfschiff-Gesellschaft an, daß sie ihre Schiffe GROTIUS, KÖNIG WILLEM II., ORANJE, REMBRANDT, VONDEL, KÖNIG WILLEM III. und PRINZESS JULIANA mit Funkanlagen ausrüsten lassen werde.

1912 war ein Ausrüstungsgrad erreicht, den man 12 Jahre zuvor noch nicht für möglich gehalten hätte. Alle größeren Schiffahrtslinien, die ihre Dampfer zwischen Europa und Amerika verkehren ließen, achteten darauf, daß ihre Schiffe über eine Funkanlage verfügten. Die Passagiere fühlten sich sicherer, und die Schiffsleitung konnte sowohl die Abwicklung der Hafenformalitäten beschleunigen als auch die Vorbereitungen für die Verproviantierung der nächsten Reise vereinfachen.

Der Wert der drahtlosen Telegraphie war quantitativ allerdings nur schwer zu fassen. Die Zahl der Telegramme, die über die Landlinien zu Schiffen gesendet oder von Schiffen empfangen und ins Landnetz weitergeleitet wurden, ergab nur eine recht ungenaue Bewertungsgröße. In den Anfangsjahren der Telegraphie wurde sie aber immer wieder benutzt, um das Wachsen dieses neuen Zweiges der Nachrichtenübertragung anschaulich zu machen.

Im Jahr 1906 hatten die mit Marconi-Apparaten ausgerüsteten Schiffe insgesamt 1261000 Wörter auf funktelegraphischem Wege übermittelt und damit gegenüber 1905 mit 783950 Wörtern die Zahl fast verdoppelt. Im Zeitraum vom 1. Januar 1905–31. März 1906 waren das beispielsweise 669 Telegramme in Richtung Land–See und 12649 in umgekehrter Richtung.

Als weitere Bewertungsgröße für die technische Leistungsfähigkeit der Funkanlage galt die überbrückbare Reichweite, die maximale Entfernung, die noch einen Funkverkehr zwischen der Küstenstation und dem Schiff erlaubte. Seit Mar-

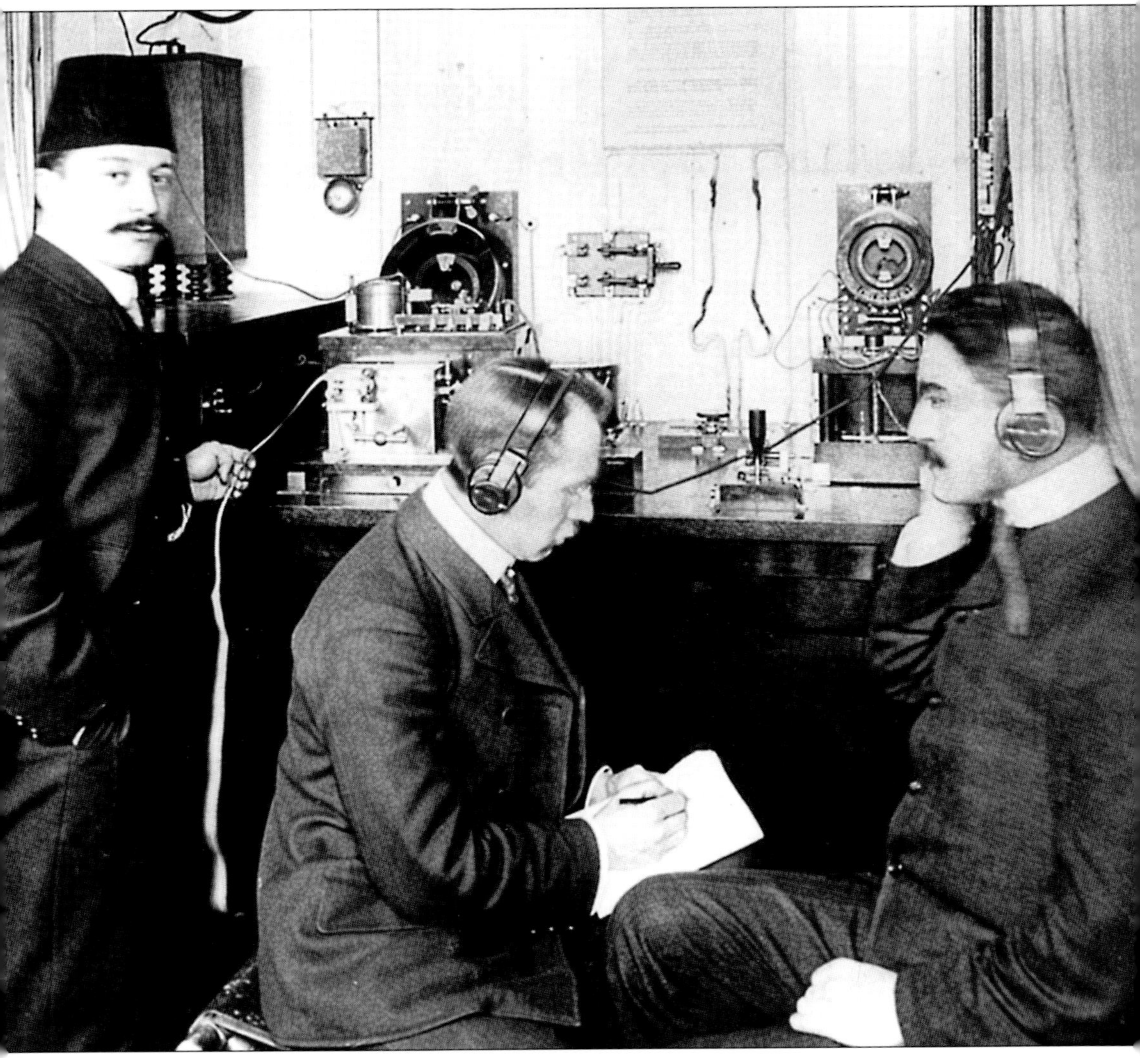

Im Funkraum des Dampfers BREMEN im Jahre 1912.

conis ersten Versuchen war sie zum Qualitätsmerkmal gemacht geworden. Sie hatte sich nicht nur fest in das Bewußtsein der Menschen eingeprägt, sondern bildete auch für die Schiffahrt mit ihren ständig wechselnden Entfernungen zum nächsten Hafen eine sehr gute Meßgröße. Die Möglichkeit, von Land aus mit dem Schiff ununterbrochen eine Verbindung herstellen zu können, und die Gewißheit, im Notfall jederzeit mit Hilfe der drahtlosen Telegraphie Helfer rufen zu können, machte den Wert des Seefunks aus.

Es wurde als großer Erfolg gewertet, daß die BREMEN 1906 bei ihrer Überfahrt über den Atlantik vier Tage hindurch von der Station Nauen täglich Zeitungste-

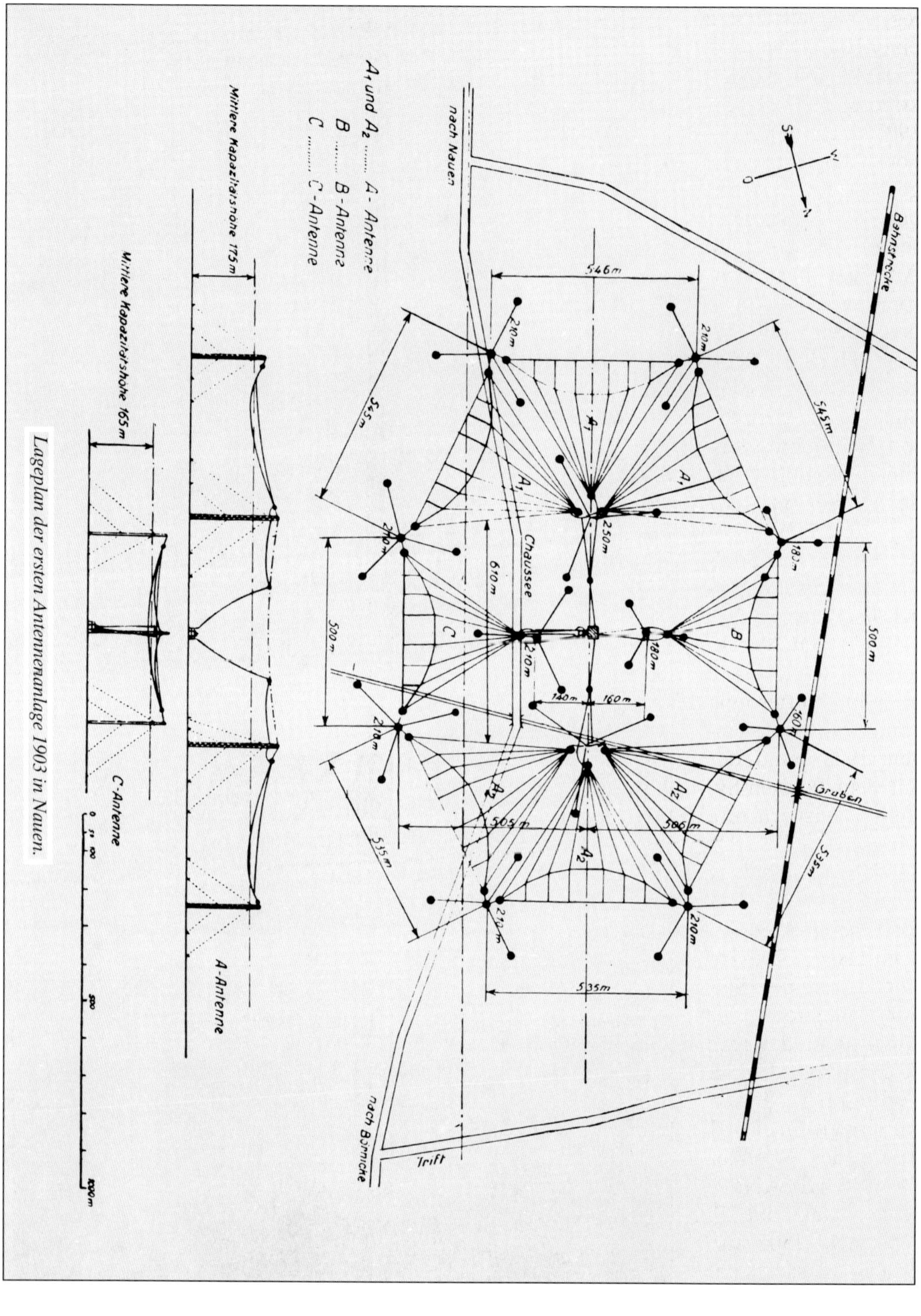

Lageplan der ersten Antennenanlage 1903 in Nauen.

legramme noch bis zu einer Entfernung von 2500 km empfangen konnte und daß der 1907 als erster mit De Forest-Apparaten ausgerüstete Ozeandampfer TAGUS auf seiner Reise von Amerika nach Europa nach 950 km in den Bereich der Station Harand Print kam und die Verbindung bis Southampton aufrechterhielt. Ein Telegramm, das der Funker des 1907 mit einem Lichtbogensender von Poulsen ausgerüsteten dänischen Segelschiffes HELLIG OLAV abschickte, wurde noch in einer Entfernung von 3300 km empfangen. 1908 stand der mit dem Poulsen-System ausgerüstete Dampfer UNITED STATES auf seiner Überfahrt von Europa nach Amerika noch bis zu 2200 km ständig mit der Station Cullercoats der Amalgamated Radio Telegraph Co. Ltd. in Verbindung. Einen Reichweitenrekord stellte der Kreuzer PENNSYLVANIA der US Navy am 27. September 1907 auf. Er befand sich 1800

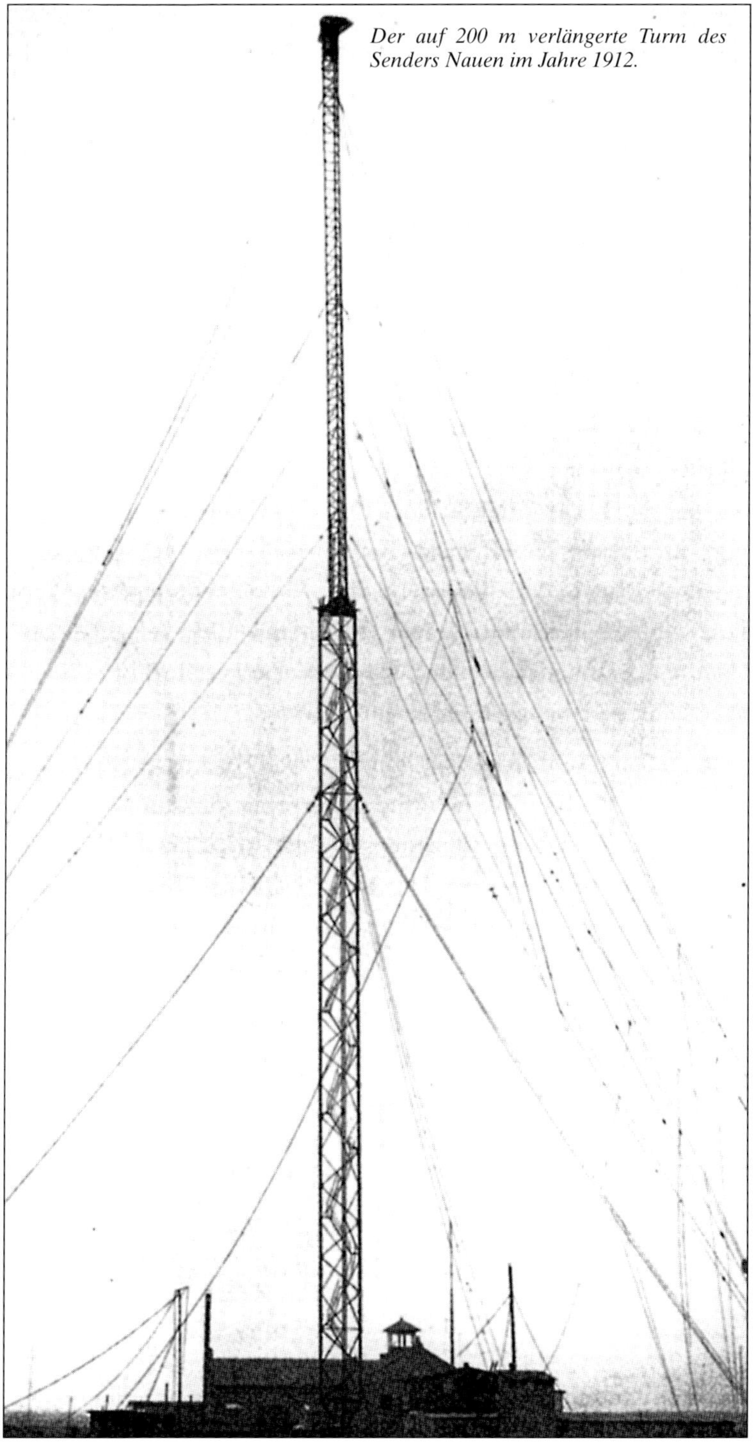

Der auf 200 m verlängerte Turm des Senders Nauen im Jahre 1912.

km von der Westküste der USA entfernt im Stillen Ozean und hatte Funkverkehr mit der an der Ostküste der Staaten gelegenen Stadt Savannah in Georgia. Die Entfernung betrug 7400 km. Der französische Kreuzer LA REPUBLIQUE, der mit französischen Funkgeräten nach dem System Tissot ausgerüstet war, konnte sich 1907 auf einer Reise nach Marokko bis auf eine Entfernung von 800 km mit der Station im Eiffelturm verständigen.

Die Presse griff solche Mitteilungen von Herstellern und Betreibern über erzielte Reichweiten gern auf und teilte sie ihren Lesern mit. So schrieb die in Rio de Janeiro erscheinende Zeitung „Journal do Commercio“ 1908 über den Wert der drahtlosen Telegraphie für Seeschiffe: „Auf der Reise nach Brasilien war CAP FRIO mit den Dampfern CAP ORTEGAL, KÖNIG WILHELM II. und CAP VILANO bis auf eine Entfernung von 800 km in Verbindung, wobei viele Telegramme zwischen den Passagieren ausgetauscht wurden. Mit dem Dampfer KÖNIG FRIEDRICH AUGUST hielt man 10 Tage lang Verbindung. Der Dampfer befand sich auf der Reise von Hamburg nach Buenos Aires. Die Passagiere waren enthusiasmiert, mit den Passagieren anderer Schiffe auf die Entfernung von Hunderten von Kilometern verkehren zu können. Unter anderen Telegrammen erhielt CAP FRIO 12 Depeschen von Passagieren der genannten Dampfer, um sie von Bahia aus zu ihren Bestimmungsorten weiterzubefördern, den Familien der Reisenden von der Mitte des Ozeans Nachrichten übermittelnd. Die Antenne der Telefunken-Station der CAP FRIO befindet sich zwischen den beiden 35 m hohen Masten und die Apparate arbeiten mit 1 kW Energie. Die Station kann auf elektrische Wellen von 450 bis 1600 m Länge abgestimmt werden. Es ist zu bedauern, daß Brasilien keine Küstenstation besitzt, wie Argentinien und Uruguay. H.S.D.G. beabsichtigt alle ihre Dampfer auszurüsten.“[73)]

Die Gesellschaft für drahtlose Telegraphie ließ keine Gelegenheit vorübergehen, um auf die Leistungsfähigkeit ihrer Funkgeräte hinzuweisen. Als der Dampfer CAP ARCONA am 10. März 1908 mit der Küstenstation Scheveningen über eine Entfernung von 1400 km in wechselseitigen Verkehr trat, wurde das als großer Erfolg für Telefunken gewertet, und als in der Nacht vom 18. zum 19. Oktober 1908 der Funker des Dampfers MOLTKE aus dem Mittelmeer gleichzeitig eine Verbindung mit der Station Scheveningen und der KAISER WILHELM II. des Norddeutschen Lloyd 80 Seemeilen westlich vom Kanal herstellte, galt das als eine besondere Leistung für die Vielseitigkeit der drahtlosen Telegraphie. Die Reichweitenleistung wurde von der KAISER WILHELM II. noch überboten, als es ihrem Funker in der Nacht vom 8. zum 9. September 1911 gelang, mit Crookhaven über eine Entfernung von 1676 km, mit Quessant über eine Entfernung von 2000 km, mit Bolt Head über eine Entfernung von 2056 km und mit Norddeich über eine Entfernung von 2833 km in Verbindung zu treten. Als im Dezember die NECKAR vom Norddeutschen Lloyd auf ihrer Reise von Bremen nach Baltimore sieben Tage lang mit Norddeich bis zu einer Entfernung von 3234 km in Verbindung blieb, galt das als bis dahin größte mit einer Bordstation erzielte Reichweite. Im März 1912 stellte die NECKAR auf einer Reise von Bremen nach New York einen neuen Rekord auf. Die Verbindung mit Norddeich blieb bis zu einer Entfernung von 2248 sm (4163 km) stabil. Ein besonders schönes Beispiel für die Leistungsfähigkeit des seit Oktober 1909 eingeführten

Auch nach dem Ende des Ersten Weltkrieges strahlt der Sender Nauen wieder das Zeitsignal und die Presse für die Schiffe aus. Markantestes Gebäude ist der Muthesius-Bau, der von 1916 bis 1919 gebaut wurde und die Sendeeinrichtungen aufnimmt.

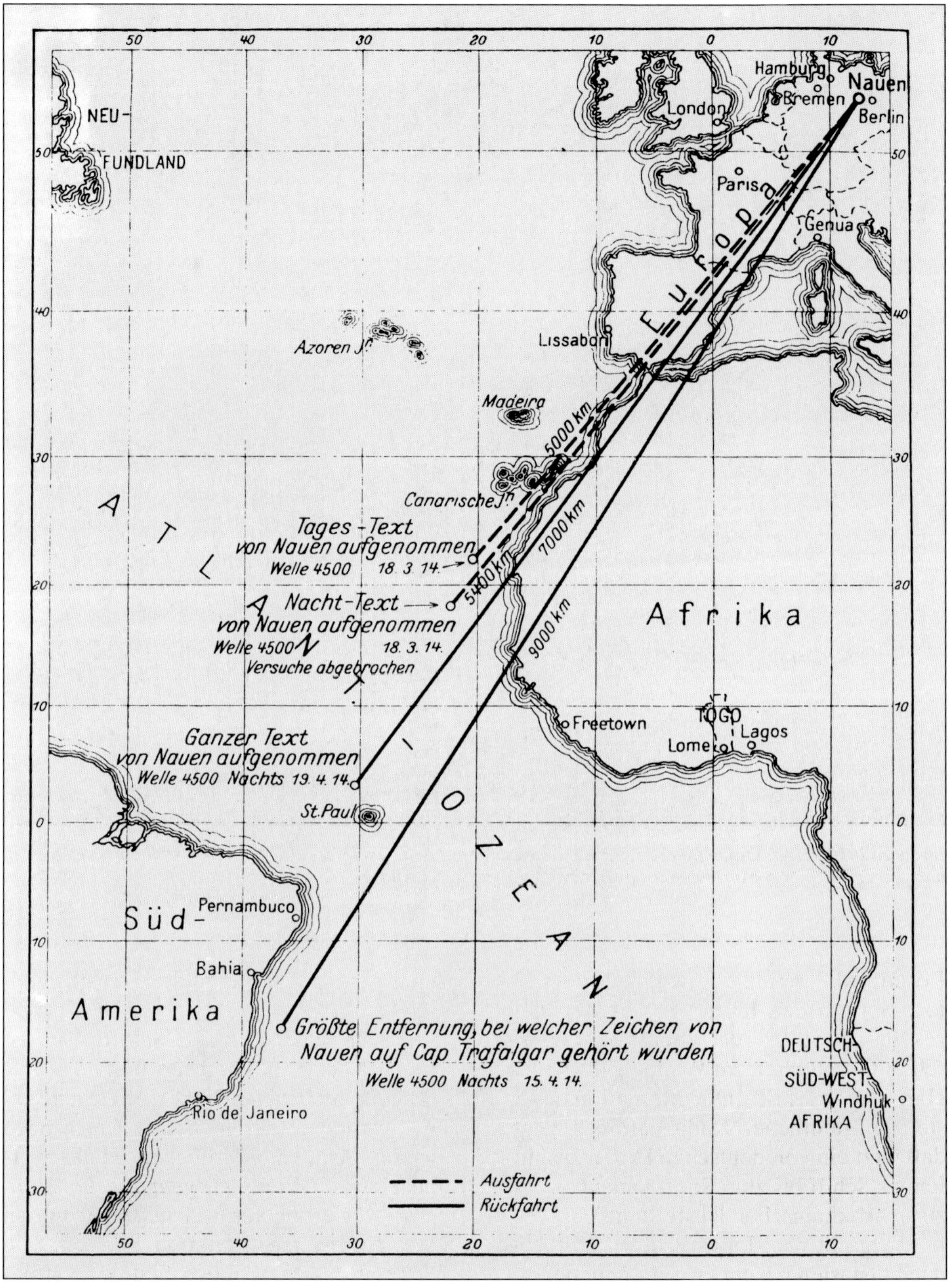

Protokoll über Reichweitenversuche, die 1914 von Nauen nach Südamerika durchgeführt wurden.

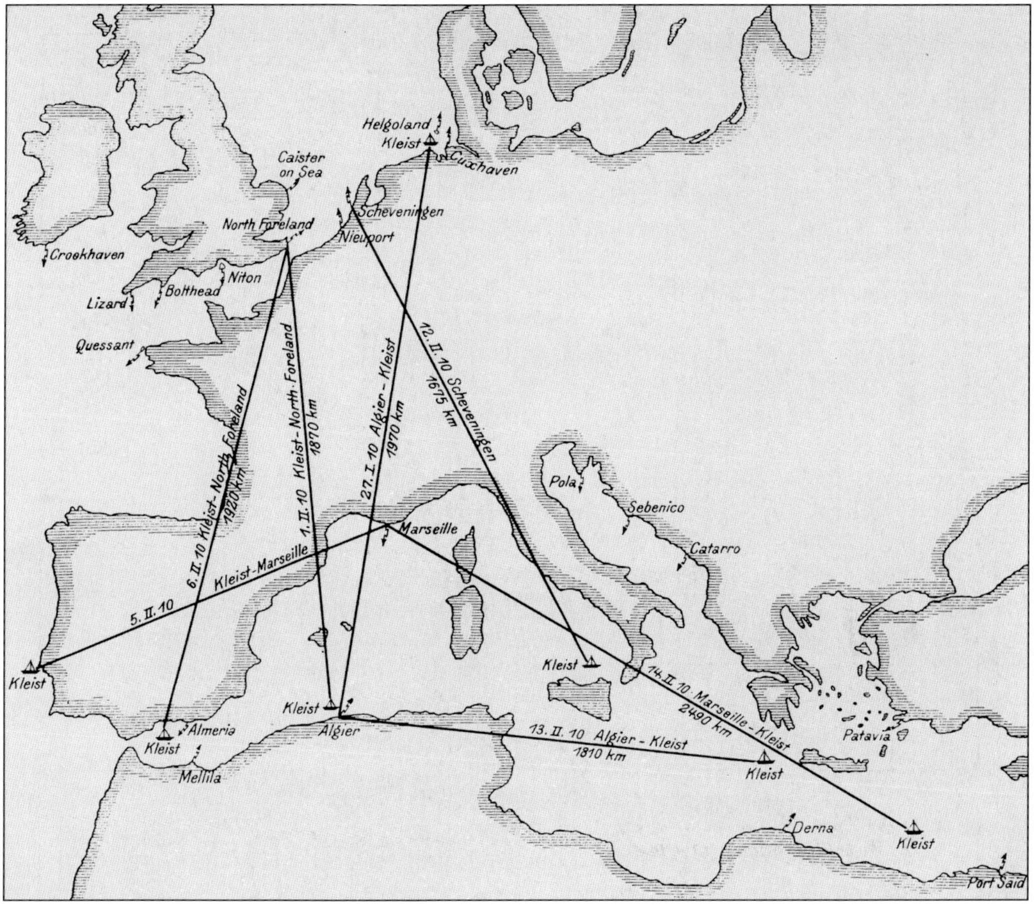

Im Jahre 1910 fanden umfangreiche Reichweitenversuche mit dem Dampfer KLEIST statt. Verbindungen des Postdampfers auf seiner ersten Reise im Februar 1910.

Löschfunkensenders geben die Reichweitenangaben der KLEIST. Auf der Jahresversammlung der Schiffbautechnischen Gesellschaft im Winter 1911 stellte Hans Bredow fest: „Die internationale Liste der öffentlichen Radiostationen zeigt, daß jetzt ein von deutschen Häfen auslaufendes Schiff bis zum Suez-Kanal bzw. bis zur marokkanischen Küste ständig in Verbindung mit dem Lande treten kann. Die nach Ostasien gehenden Schiffe haben allerdings nach Eintritt in das Rote Meer nicht so günstige Verbindungsmöglichkeiten, da Italien seine Stationen in Eritrea, wie auch leider in Italien selbst, dem unbeschränkten öffentlichen Verkehr verschließt und England in dieser Gegend sowie weiter an der indischen Küste noch wenig für den öffentlichen Funkenverkehr sorgt. Energisch geht die holländische Regierung vor, welche in Sabang an der Nordspitze Sumatras eine für die Schiffahrt sehr wichtige Station eröffnet und weitere Stationen in Java und Borneo in Arbeit genommen hat. Auch die Philippinen und die chinesische Küste bieten einige Verbindungsmöglichkeiten, während natürlich Japan eine sehr dichte Kette von Küstenstationen besitzt.“[74]

Die technische Entwicklung blieb nicht stehen. Nachdem in den USA die ersten Poulsen-Sender auf Schiffen zum Einsatz kamen, dauerte es nicht mehr lange bis zur Einführung der drahtlosen Telephonie. Zu erkennen, daß die Tastung des hochfrequenten Trägers durch die Modulation mit Sprache ersetzt werden kann, bedeutete für den Elektrotechniker keinen Gedankensprung, hatte aber doch so seine technischen Schwierigkeiten. Die direkte Einschaltung des Mikrophons in den Sendestromkreis mit seinen hohen, im Antennenkreis fließenden Strömen bot auf Dauer keine technisch brauchbare Lösung.

1907 machte Fessenden Telephonieversuche zwischen der Station Brant Rock und einem Dampfer, der sich in 16 km Entfernung vom Ufer befand. Die in der Küstenstation aufgestellte Hochfrequenzmaschine arbeitete mit „80000 Wechseln in der Sekunde“, also 80 kHz, die Empfangsstation auf dem Schiff besaß einen „21 m hohen Luftdraht“ als Empfangsanlage. Und weiter heißt es in der Beschreibung: „In den an Erde gelegten Senderdraht war das Mikrophon eingeschaltet, so daß sich den von dem Dynamostromkreis induzierten Schwingungen noch die beim Sprechen in das Mikrophon auftretenden Stromschwankungen überlagerten. Der Energieverbrauch soll bei 50000 bis 60000 Stromwechseln nur 50 Watt betragen haben. In der Empfangsstation war die Sekundärwicklung des primär an den Luftdraht angeschlossenen Übertragers mit einem Kondensator und einem Fernhörer in Reihe an einen Widerstand gelegt, durch den ein konstanter Strom floß. Die Einrichtung soll für eine Sprechweite von 150 bis 250 km ausreichen.“[75]

1907 kündigte die britische Regierung an, daß sie eine Anzahl britischer Kriegsschiffe mit Einrichtungen zum drahtlosen Fernsprechen nach dem Poulsenschen Verfahren ausrüsten lassen wolle. In den USA hatte De Forest zur gleichen Zeit Telephonieversuche durchgeführt und zunächst einen Monat lang zwischen New York und Brooklyn über eine Entfernung von 6,5 km „Sprache und Musik unter völliger Wahrung der Klangfarbe“ übertragen. Nun setzte er die Versuche mit einer Übertragung zwischen den Kriegsschiffen VIRGINIA und LOUISANA fort, die so eindrucksvoll waren, daß das Marine Department auch die Schiffe GLACIER, CULGOA, PANTHER, CELTIC und ARETHUSA ausrüsten ließ.

1908 fanden erste Versuche mit drahtloser Duplex-Telegraphie statt. Marconi erzielte bis zu einer Entfernung von 7 km „befriedigende Ergebnisse“, wie es hieß. Die Telegraphiergeschwindigkeit betrug 24 Wörter in der Minute.

1909 wurde zum ersten Mal zusätzlich zur Hauptsendeanlage ein Notsender mit einer eigenen Notstromversorgung installiert, die bei Ausfall der zentralen Stromversorgung den weiteren Betrieb des Senders übernahm.

Etwa ab 1910 standen die Einrichtung der Funkräume und die Anordnung der Apparate im Blickpunkt. Auf deutschen Schiffen lag der Funkraum in der Regel mitschiffs auf dem Oberdeck.

Als einschneidend für die weitere Entwicklung des Seefunks erwies sich die TITANIC-Katastrophe im Jahre 1912. Noch ganz unter dem Eindruck der Tragik des Untergangs dieses Luxusdampfers und der vielen Menschen, die in den kalten Fluten des Atlantik den Tod gefunden hatten, machte ein Jahr später, 1913, ein Mr. G. E. Turnbull nach dem Untergang der BOURGOGNE den Vorschlag, in die Rettungsboote eine Funktelegraphieanlage einzubauen. Für die Antenne wollte man entweder zwei Masten von 10 m Höhe nach dem Abstoßen vom Schiff aufriggen lassen oder zum Aufziehen der Antenne einen Drachen benutzen. Die Ausrüstung stellte kein technisches Problem dar, denn die Anlagen waren im Laufe der Zeit kleiner und auch leistungsfähiger geworden, benötigten nur geringe Betriebsenergie und konnten daher durchaus in kleine Rettungsboote eingebaut werden. Dennoch stieß diese Idee zunächst auf völliges Unverständnis.

Doch ein Jahr später hing in den Davits des Allandampfers ALSATIAN ein motorgetriebenes Rettungsboot mit einer Funkanlage von 80 km Reichweite. Auch die Rettungsboote der 1913 gebauten AQUITANIA der Cunard Line hatten eine funktelegraphische Ausrüstung erhalten.

Für die Gesellschaft für drahtlose Telegraphie m.b.H. hatte sich in den Jahren nach 1906 der Seefunkbereich zu einer tragenden Säule entwickelt. Die Zahl der mit Funkanlagen auszurüstenden Schiffe nahm ständig zu und der Umfang der Wartungsaufgaben wuchs. Es gab erste Überlegungen, den Bereich Seefunk vom Hauptunternehmen abzukoppeln. Nach zweijähriger organisatorischer Vorbereitung wurde 1908 die Abteilung „Internationaler Telefunkenbetrieb“ ins Leben gerufen, die sich ganz den Fragen des Seefunks widmen sollte. Zu ihren Aufgaben gehörte zunächst die Verwaltung der Küstenstation Montevideo und die Betreuung der Schiffsstationen der Hamburg-Südamerikanischen Dampfschiffahrts-Gesellschaft. Das war aber nur der Anfang, denn das Ziel bestand in einer Ausdehnung des Geschäftsbereiches. So begann man mit den Vorbereitungen zum Bau einer großen Küstenstation in Nordamerika bei Sayville. Ende 1909 unterstanden der Abteilung 14 Schiffsstationen. Immer noch aber fuhren die beiden deutschen Großreedereien, der Norddeutsche Lloyd und die Hamburg-Amerika Linie auf ihren Schiffen Marconi-Anlagen, die aus den Jahren stammten, als Telefunken noch nicht liefern konnte. Nun suchte man nach einem Weg, beide Reedereien in den Kundenkreis von Telefunken einzubeziehen. Sowohl Siemens & Halske als auch die AEG und ihre gemeinsame Tochter Telefunken bemühten sich um eine Lösung. An der technischen Ausrüstung der Schiffe sollte sich nichts ändern, aber es sollte der Einfluß auf die Marconi-Anlagen an Bord deutscher Schiffe durchgesetzt werden. Wenn es gelang, die Firma, welche die Marconi-Lizenz für Europa besaß, als Teilhaber für ein neu zu gründendes Unternehmen zu gewinnen, dann wäre die Lösung gefunden. Die Compagnie de Télégraphie sans fil Société Anonyme mit Sitz in Brüssel war solch ein potentieller Partner, und sie zeigte Interesse an einer Fusion.

Am 14. Januar 1911 wurde die Deutsche Betriebsgesellschaft für drahtlose Telegrafie m.b.H. „DEBEG“ gegründet und am 6. Februar 1911 mit folgendem Vermerk in das Berliner Handelsregister eingetragen:

„Nr. 8860 Deutsche Betriebsgesellschaft für drahtlose Telegrafie mit beschränkter Haftung. Sitz Berlin. Gegenstand des Unternehmens: Einrichtung und Betrieb der drahtlosen Telegraphie, Telephonie und des drahtlosen Signalisierens durch elektrische Wellen in Deutschland.

Geschäftsführer: Ingenieur Hans Bredow in Berlin.

Die Gesellschaft ist eine Gesellschaft mit beschränkter Haftung, Der Gesellschaftsvertrag ist am 14. Januar 1911 festgestellt.

In die Gesellschaft bringen ein:

a) die Compagnie de Télégraphie sans fil Société Anonyme in Brüssel alle in ihrem Besitz befindlichen 39 Funkentelegraphenstationen an Bord deutscher Schiffe, sowie ihre Verträge mit Schifffahrtsgesellschaften betreffend Unterhalt von Stationen an Bord deutscher Schiffe.

b) die Gesellschaft für drahtlose Telegraphie m.b.H. in Berlin alle in ihrem Besitz befindlichen 41 Funkentelegraphenstationen an Bord deutscher Schiffe, sowie ihre Verträge mit Schiffahrtsgesellschaften betreffend Unterhaltung an Bord deutscher Schiffe."[76]

Zu den Aufgaben der DEBEG gehörten sowohl die Beschaffung, der Einbau und die Wartung von Schiffsfunkanlagen als auch die Verrechnung der Gebühren für abgesendete Telegramme mit den deutschen und ausländischen Telegraphenverwaltungen und Privatgesellschaften. Auch die Einrichtung von Funkschulen und die

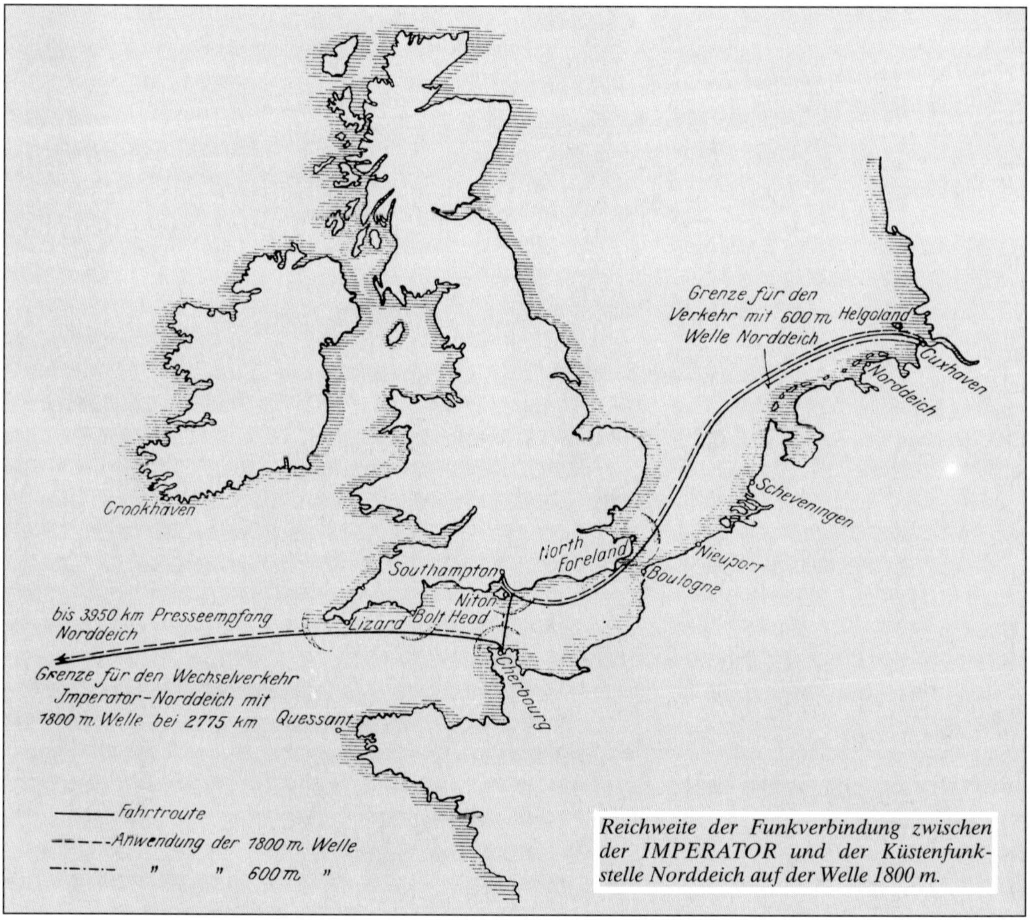

Reichweite der Funkverbindung zwischen der IMPERATOR und der Küstenfunkstelle Norddeich auf der Welle 1800 m.

Technischer Standard für die Funkanlage eines großen Dampfers ist die Einrichtung auf dem Schnelldampfer IMPERATOR, der zu seiner Zeit der größte Dampfer der Welt war.

Ausbildung von Berufsfunkbeamten zählten zum Aufgabenbereich.

Nach drei Jahren angestrengter Arbeit im Dienste des Seefunks konnte die DEBEG 1914 feststellen: „Bis 1. Mai 1914 wurden 479 deutsche Dampfer ausgerüstet. Die DEBEG gewährleistet den deutschen Schiffen in fremden Gewässern einen sicheren Verkehr und bietet die Möglichkeit, in den Haupthäfen der Welt ihre drahtlosen Stationen zu reparieren und Ersatzteile zu beziehen. Zu diesem Zweck sind von der DEBEG und den ihr befreundeten Gesellschaften Inspektionen eingerichtet, in welchen die Telegraphisten mit Rat und Tat unterstützt werden und welche die Interessen der deutschen Reedereien in Bezug auf den internationalen Telegraphenverkehr wahrnehmen.“[77)]

Zu einem Meisterstück wurde zu dieser Zeit die Ausrüstung der IMPERATOR. Als sie am 11. Juni 1913 zu ihrer Jungfernreise aufbrach, hatte sie eine Funkanlage mit einer Leistungsfähigkeit an Bord, wie man sie bisher nur bei Landstationen kannte. Die Antennenanlage bestand aus drei Antennen. Die Hauptantenne, als T-Antenne ausgeführt mit einer Länge von 170 m, war zwischen den beiden 63 m hohen Masten gespannt. Durch die Schiffslänge von 270 m konnte eine Hauptantenne aufgezogen werden, mit einer Kapazität, die einer größeren Landantenne entsprach. Die Funkanlage selbst bestand aus drei Löschfunkensendern: einem Sender mit großer Leistung von 7,5 kW, der mit einer Wellenlänge von 1800 m für den Verkehr mit Norddeich gedacht war; einem kleineren Sender für den Nahverkehr mit einer Antennenleistung von 1,5 kW und dem Notsender. Während der Notsender von einer Sammlerbatterie gespeist wurde, mit welcher ein sechsstündiger Betrieb aufrechterhalten werden konnte, wurde der große Sender von einem Gleichstrom-Wechselstromumformer mit einer Leistung von 15 kW gespeist. Die kleine Anlage mit 1,5 kW Antennenleistung erhielt ihre Energie von einem 3 kW/500 Hz-Umformer. Die Wartung der Batterie gehörte zu den besonderen Pflichten des Funkers. Die Sendeapparatur war in einem pultförmigen Rahmen mit Marmorplatte untergebracht. Auf der Mamorplatte befanden sich die Funkenstrecke, das Amperemeter und die Handräder zur Einstellung der Wellenlänge und der Kopplung. Innerhalb des Pultes waren der Transformator, die Kondensatoren, die Induktivitäten, das Variometer, die Luftdrahtspulen und die Ventilatoren zur Kühlung der Funkenstrecke untergebracht. Besonderen Wert hatte man auf die Einrichtung der vier Funkräume gelegt. „Die Erfolge, die der Dampfer auf seiner ersten Amerikafahrt erzielt hat, sind

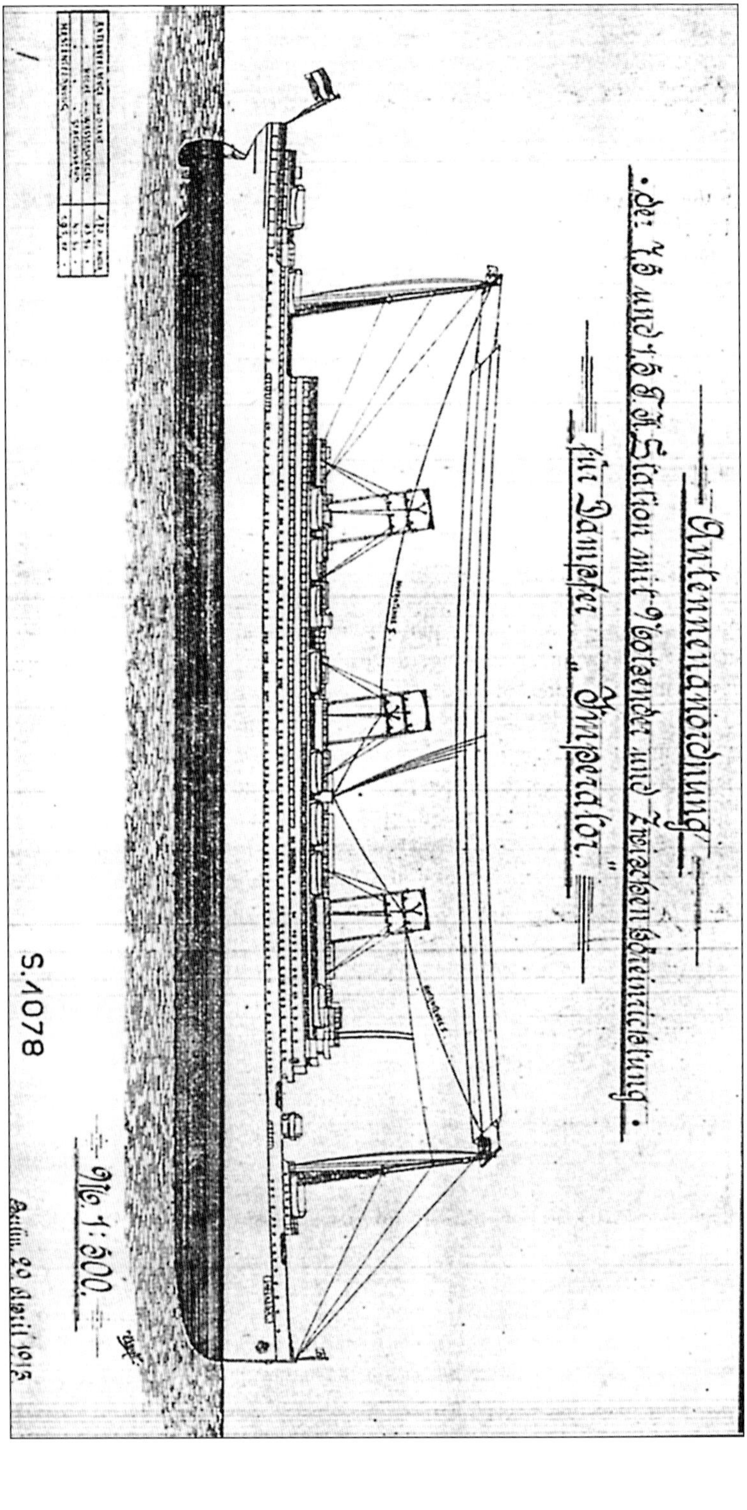

Antennenanordnung des Dampfers IMPERATOR (gebaut 1913). Die aus vier Seilen bestehende Hauptantenne hatte eine Länge von 170 m.

geradezu glänzend zu nennen. Der Dampfer stand täglich entweder mit der Station Norddeich oder der Station Sayville auf Long Island in Verbindung. Die neuesten Zeitungsnachrichten, die von beiden Stationen täglich ausgesandt wurden, erhielten die Passagiere jeden Morgen in Form einer Bordzeitung beim Frühstück zugestellt.“[78]

Ausrüstung und Reichweite bestimmten die technische Seite des Seefunks in den Jahren bis 1914. Nutzen und Wert wurden deutlich, wenn mit Hilfe der Funktelegraphie die Sicherheit der Navigation erhöht werden konnte.

Kapitän Cüppers vom Schnelldampfer KAISER WILHELM II. schrieb einen spannenden Bericht von einer Reise im Juni 1908:

„Bei der vorletzten Rückreise des Dampfers KAISER WILHELM II. von New York herrschte Nebel bei der Ansteuerung des Englischen Kanals. Weder Scilly noch Wolf Rock wurden gesichtet, noch wurden die betreffenden Nebelsignale gehört. Als wir bei der Ansteuerung von Lizard das Nebelsignal nicht hören konnten, frug ich telegraphisch dort an und erhielt um 1.32 Uhr nachmittags auf drahtlosem Wege den Bescheid, daß die Marconi-Station auf Lizard unser Dampfpfeifensignal ca. 2–3 Seemeilen südlich hörte. Um nun ganz sicher zu gehen, teilte ich der Station mit, ich würde dreimal mit der Dampfpfeife blasen, und bat mir den Bescheid zu geben, ob das Signal dort gehört worden wäre. Hierauf antwortete die Station, ich möchte 2 Minuten warten und dann das Signal abgeben. Nachdem dies geschehen war, teilte die Station mir mit, daß sie das Signal ganz deutlich querab vernommen habe. Ich setzte nun unseren Kurs auf Eddystone und wies die Lloyd-Agentur Plymouth an, die Tender außerhalb des Hafens auf uns warten zu lassen. Um 13.15 Uhr nachmittags vernahmen wir das Nebelsignal von Eddystone backbord voraus. Dampften langsam weiter und gaben die verabredeten Signale mit der Dampfpfeife für die Tender. Um 4.40 Uhr hörten wir zum ersten Mal die Signale der Tender und gingen vor Anker. Um 4.50 Uhr kamen die Tender längsseits. Wir landeten Passagiere, Post, Gepäck und Kontanten und

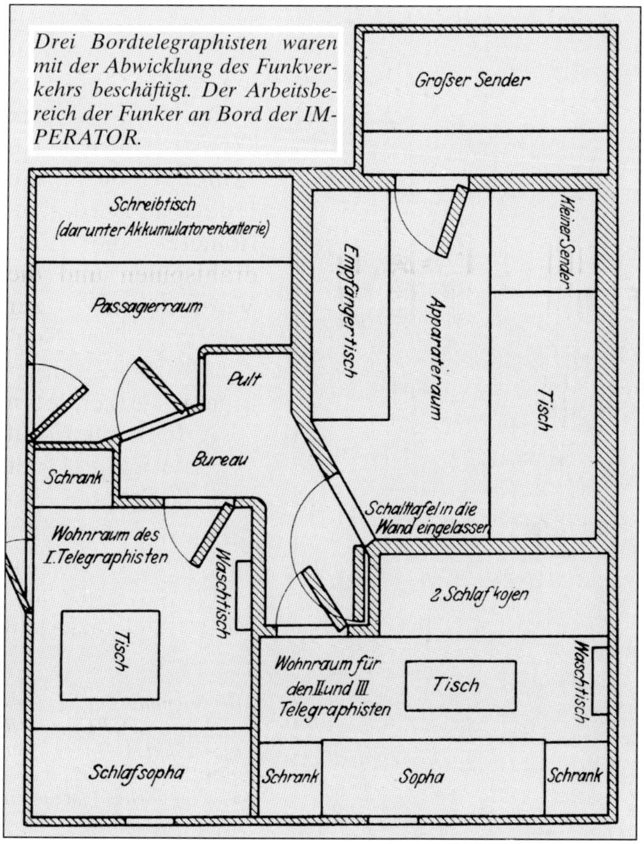

Drei Bordtelegraphisten waren mit der Abwicklung des Funkverkehrs beschäftigt. Der Arbeitsbereich der Funker an Bord der IMPERATOR.

Empfängertisch im Apparateraum…

setzten um 5.35 Uhr die Reise fort, ohne Plymouth überhaupt gesehen zu haben.“79)

Auch wenn mit solchen Berichten der Wert der drahtlosen Telegraphie hervorgehoben wurde, vermochten sie die Zweifler doch nicht vollständig zu überzeugen. Spektakulär mußte ein Ereignis schon sein, damit auch der letzte Skeptiker seine Vorbehalte aufgab.

In den Jahrhunderten ozeanischer Seefahrt waren ungezählte Menschenleben von den Meeren verschlungen worden. Immer wenn ein Schiff den Hafen verließ und am Horizont verschwand, begann für die Daheimgebliebenen die Ungewißheit, ob sie das Schiff und seine Besatzung jemals wiedersehen würden. Erst wenn es dann eines Tages wieder in den Heimathafen einlief, hatte das lange Warten ein Ende. Manchmal aber blieben Schiff und Besatzung für immer verschollen.

Mit einer Funkanlage an Bord war das Schiff in der Weite der Ozeane nicht mehr allein und ganz auf sich selbst gestellt. Jeder drahtlose Anruf und jede telegraphische Nachricht von Land vertrieb das Gefühl, verlassen und vergessen zu sein. Mit

...und der kleine Sender auf der IMPERATOR.

der Funkanlage konnte der Funker Hilfe herbeirufen, wenn das Schiff sich in Not befand, und gerade in den Anfangsjahren der drahtlosen Telegraphie machten solche Ereignisse besonders deutlich, wie nützlich die Geräte für die Sicherheit von Schiff und Besatzung waren. Die Kapitäne berichteten von der Hilfe der drahtlosen Telegraphie bei der Rettung von Menschenleben. Die Menschen zollten dem Funker, der an der Seite des Kapitäns als sein Sprachrohr die Rettungsaktion für fremde Schiffe unterstützte oder durch sein SOS Schiffe zur Hilfe herbeirief, Bewunderung und Hochachtung. Die Schlagzeile „Rettung Schiffbrüchiger mit Hilfe der drahtlosen Telegraphie“ machte Leser aufmerksam und ließ sie mitfühlen.

Am 23. Januar 1909 empfingen die atlantischen Küstenstationen der USA ein Funktelegramm des britischen Paketschiffes REPUBLIC mit der alarmierenden Nachricht, daß man von einem Dampfer gerammt worden sei und das Schiff sinke. Die Küstenfunkstation mit ihrem leistungsfähigeren Sender strahlte sofort einen Notruf aus, der von der 60 Meilen vom Havaristen entfernten BALTIC empfangen wurde. Sie änderte unverzüglich ihren Kurs, steuerte mit „Voll Voraus“ auf die Unglücksstelle zu und es gelang ihr, alle Passagiere und den Rest der Besatzung der REPUBLIC, die sich auf den zweiten Havaristen, die FLORIDA, gerettet hatten, zu übernehmen. Alle 461 Personen wurden gerettet. Das Echo in der Presse war enorm: „C.Q.D.! C.Q.D.! Signals that meant safety to two thousend souls“ titelte die London Illustrated News und setzte dem Funker mit einem ganzseitigen Bild unter der Überschrift „The man whose messages saved all aboard the REPUBLIC“ ein bleibendes Denkmal. Dieser erste Seenotfall, bei dem eine so große Zahl von Menschen mit Hilfe der drahtlosen Telegraphie gerettet wurde, veranlaßten den amerikanischen Kongreß, ein Gesetz zu beschließen, nach dem alle Dampfer, die amerikanische Häfen verließen und mehr als 50 Passagiere an Bord hatten, mit Apparaten für drahtlose Telegraphie ausgerüstet werden mußten. Das Gesetz bestimmte auch, daß binnen Jahresfrist alle Ozeandampfer nachzurüsten seien, da sonst empfindliche Strafen verhängt würden.

Die Ausrüstungspflicht für Passagier-

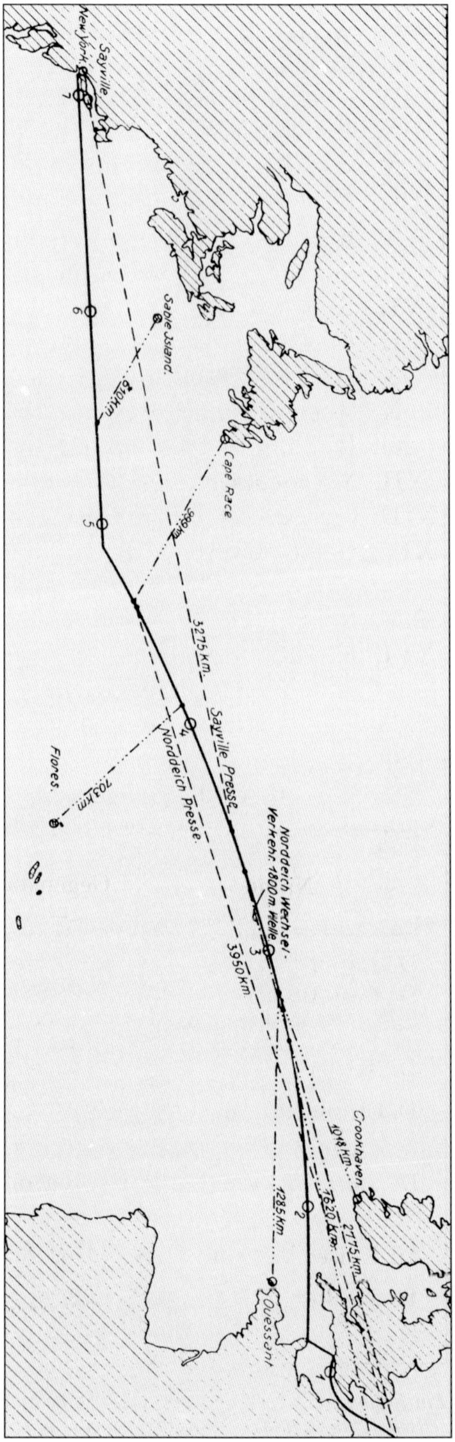

Funkverbindungen des Dampfers IMPERATOR auf der Überfahrt nach New York.

I.	Hamburg-Amerika-Linie, Hamburg	46	Dampfer
II.	Norddeutscher Lloyd, Bremen	46	,,
III.	Hamburg-Südamerikanische Dampfschiffahrts-Gesellschaft, Hamburg	10	,,
IV.	Woermann-Linie, Hamburg	6	,,
IVa.	Deutsche Ost-Afrika-Linie, Hamburg	7	,,
V.	Kosmos-Linie, Hamburg	7	,,
VI.	Stettiner Dampfschiffahrts-Gesellschaft, Stettin	1	,,
VII.	Roland-Linie, Bremen	7	,,
VIII.	Deutsche Dampfschiffahrts-Gesellschaft Hansa, Bremen	4	,,
IX.	Dampfschiffahrts-Gesellschaft Argo, Bremen	4	,,
X.	Hugo Stinnes, Mülheim-Ruhr	10	,,
XI.	Bd. Blumenfeld, Hamburg	2	,,
XII.	Norddeutsche Seekabelwerke, Nordenham	2	,,
XIII.	Cuxhavener Hochseefischerei, Cuxhaven	5	,,
XIV.	Geestemünder Herings- und Hochseefischerei, A.-G., Geestemünde	2	,,
XV.	Norddeutscher Lloyd, Bremen	1	,,
XVI.	Kiel-Korsör-Linie, Kiel	3	,,

Rekordleistungen von Schiffsstationen System Telefunken. (1912)

Name	Gegenstation	Reichweite in km	Beschaffenheit der überbrückten Strecke
D. Cap Blanco	D. Corcovado	2440	freie See
D. Cap Blanco	Helgoland	3300	50 % Land quer über Spanien
D. Kleist	Marseille	2490	freie See
D. Eleonore Woermann	D. Lucie Woermann	3700	75 % Land Richtung Cap Palmas-Teneriffa
D. Lucie Woermann	Marseille	3300	50 % Land über westafrikanisches Hochland
D. Kaiser Wilhelm II.	Norddeich	2833	freie See
D. Neckar	Norddeich	3234	freie See

Ein Resümee 1912. Ausrüstungsstand der deutschen Handels- und Passagierschiffsflotte mit Funkanlagen der Gesellschaft für drahtlose Telegraphie mbH und erzielte Übertragungsreichweiten ausgewählter Schiffe.

Noch liegt der White Star Liner REPUBLIC friedlich vor Anker.

schiffe wurde danach auch in weiteren Ländern gesetzlich geregelt.

Ein anderer Seenotfall. Am 4. Februar 1910 befand sich der Dampfer KENTUCKY an der Westküste der USA auf der Fahrt nach San Francisco, als ein Leck bemerkt wurde. Da die Pumpen versagten und das Schiff langsam voll Wasser lief, wies der Kapitän den Funker an, Notrufe auszusenden. Die an der pazifischen Küste gelegenen Landstationen und in der Nähe fahrende Schiffe fingen die Rufe auf, eilten zu Hilfe und alle Besatzungsmitglieder konnten gerettet werden, bevor das Schiff in den Fluten versank.

Besonders alarmierend wirkte es, wenn Menschen ihr Leben verloren, weil ein Schiff keine Funkanlage besaß. Die Rettung der 150 Passagiere der GENERAL CHANCY, die 1910 bei den Balearen mit ihrem Schiff untergingen, wäre möglich gewesen, wenn der Dampfer einen Notruf hätte aussenden können. Der Reichspostdampfer KLEIST des Norddeutschen Lloyd befand sich nur 50 Seemeilen von der Unglücksstelle entfernt.

Die REPUBLIC sinkt nach der Kollision mit der FLORIDA.

Wie wichtig es aber auch für ein Schiff in Not ist, daß seine Notmeldung empfangen wird, bewies ein Seenotfall an der Südküste Afrikas. Am 24. Oktober 1910 empfing die im Hafen von Kapstadt ankernde ADOLF WOERMANN einen Notruf des portugiesischen Postdampfers LISBOA, der bei der Saldanha Bay nördlich von Kapstadt auf eine Klippe gelaufen, leck geschlagen und im Begriff war zu sinken. Die ADOLF WOERMANN organisierte umgehend die Rettungsaktion und die Passagiere und fast die gesamte schon in den Booten befindliche Besatzung konnte geborgen werden. Als letzter sprang kurz vor dem völligen Versinken des Wracks der Bordtelegraphist von Bord und wurde in ein Rettungsboot gezogen.

Obgleich häufig nur durch eine kurze Zeitungsnotiz bekanntgemacht, konnte der Leser die Dramatik der Rettungsaktion fast hautnah nachempfinden, besonders dann, wenn er schon eigene Erfahrungen in der Seefahrt hatte.

1910 berichtete die Deutsche Ver-

Pausenlos schickte der Funker der REPUBLIC, Jack Binns, sein C Q D in den Äther und rettete so vielen Menschen das Leben.

kehrszeitung, daß der russische Dampfer LITUANIA mit 1200 Auswanderern an Bord bei dichtem Nebel gegen einen Felsen gelaufen war und zu sinken begann. Den sofort gesendeten Notruf empfingen der Kreuzer BELLMA und der Dampfer ROSSIJA. Sie änderten ihren Kurs und eilten dem Havaristen zu Hilfe. Rechtzeitig konnten sie alle Schiffbrüchigen übernehmen. Die vielen, wenn auch nur kurzen Pressemeldungen wiesen immer wieder von Neuem darauf hin, wie notwendig eine funktelegraphische Anlage an Bord für die Sicherheit von Passagieren und Be-

Das ist der Funkraum der REPUBLIC, aus welchem der Funker Jack Binns seinen Notruf in die Welt funkte.

satzung ist. Am 29. Dezember 1910 hieß es knapp: „Rettung aus Seenot. Der Dampfer OLYMPIA der Alaska Steamship Co. war infolge eines heftigen Sturmes an der Küste von Sea Island auf die Klippen geworfen worden. Schiffe, die den Notruf empfangen hatten, konnten die Besatzung retten.“[80)] Und am 06. Juni 1911: „Rettung aus Seenot. Am 11. 5. stieß der Dampfer MERIDA der Ward Line auf der Höhe von Kap Charles (Virginia) mit dem Fruchtschiff ADMIRAL FARRAGUL zusammen und wurde so schwer getroffen, daß er nach einigen Stunden unterging. Er hatte jedoch eine funkentelegraphische Anlage an Bord, die sogleich nach dem Zusammenstoß in Tätigkeit trat und Notrufe aussandte. Mannschaften und Passagiere (300 Personen) konnten gerettet werden.“[81)] Am 8. Februar 1912 hieß es: „Rettung aus Seenot. Am 11.1.1912 strandete die deutsche Brigg FALKE im Nebel an den Cross Sands, in der Nähe von Yarmouth. Der Unfall wurde von dem Cross Sands Leuchtschiff bemerkt, das ein Funkentelegramm nach Caister sandte, worauf ein Rettungsboot von Caister abging und die Mannschaften aufnahm."[82] Am 8. April 1912, nur wenige Tage vor dem Untergang der TITANIC, brach auf dem Dampfer ONTARIO ein Feuer aus. Bei Long Island ließ der Kapitän das Schiff auf den Strand setzten und Notrufe senden. Dem Bordtelegraphisten gelang es, eine Verbindung zu bekommen und Hilfe herbeizurufen. Die Passagiere und die Besatzung konnten gerettet werden.

Die Ausrüstung der Schiffe mit funktechnischen Anlagen bildete eine der wichtigsten Voraussetzungen, um die Sicherheit der Menschen an Bord zu erhöhen, aber ebenso wichtig war, daß die Frequenz, auf der die Notrufe gesendet wurden, zeitlich lückenlos abgehört wurde. Was nützte es, wenn ein Notruf zwar ausgesendet, aber von niemandem empfangen wurde. Der tragische Untergang der TITANIC in der Nacht vom 14. auf den 15. April 1912 bietet ein Schulbeispiel für den nicht geregelten Funkverkehr. Schlagartig wurde deutlich, daß es ohne eine internationale Regelung der Betriebsabläufe im Notverkehr zu schwerwiegenden Folgen kommen kann. Als der White Star Liner zu sinken begann und der Funker wieder und wieder den Notruf in den Äther sandte, hörten weit entfernte Schiffe den Hilferuf, antworteten und änderten ihren Kurs, um vielleicht dem Havaristen noch rechtzeitig zu Hilfe kommen zu können. Nur ein Dampfer, die CALIFORNIAN, zog 15 Seemeilen von der TITANIC entfernt seine Bahn. Der Funker hatte kurz vor der Havarie der TITANIC seine Funkstelle verlassen, den Empfänger abgeschaltet und seine Koje aufgesucht.

Nach der TITANIC-Katastrophe wurde auch dem letzten, der in der Schifffahrt Verantwortung trug, klar, welche Bedeutung der Seefunk für die Schiffssicherheit hat. Tausende von Menschenleben hatte die See seit dem Funkvertrag von 1906 noch fordern können. Nun war die Katastrophe eingetreten, vor der einsichtige Männer so oft gewarnt hatten. Und es schien, als ob das Schicksal noch einmal darauf aufmerksam machen wollte, wie wichtig der Seefunk ist. Nur ein gutes Jahr später, am 9. Oktober 1913 brach auf dem Passagierdampfer VOLTURNO während der Atlantik-Überfahrt ein Brand aus, der sich mit Bordmitteln nicht löschen ließ. Um 9.30 Uhr morgens wies der Kapitän den Funker an, einen Notruf zu senden. Die Funker der CARMINIA der Cunard Line und die beiden deutschen Dampfer SEYDLITZ und GROSSER KURFÜRST des Norddeutschen Lloyd fingen ihn auf. Mit voller Kraft dampften die Schiffe zu der von der VOLTURNO angegebenen Position. Am Nachmittag um 13.45 Uhr traf zuerst die CARMINIA, 17.30 Uhr die SEYDLITZ und 21.34 Uhr die GROSSER KURFÜRST ein. Nach und nach kamen sieben weitere Dampfer zur Unglücksstelle. SEYDLITZ und GROSSER KURFÜRST nahmen bei schwerer See 151 Schiffbrüchige an Bord. Von den 657 Personen auf der VOLTURNO konnten dank des Notrufs 521 gerettet werden. Am 4. Oktober 1913, wenige Tage zuvor, hatte der Hapag-Dampfer ARCADIA Mannschaft und Passagiere des indischen Dampfers TEMPLEMORE gerettet. Das Schiff war während eines Sturmes bei Cap Virginia brennend gesunken, hatte aber noch Notrufe senden können. Auf den SOS-Ruf hin hatte die ARCADIA Kurs auf das brennende Schiff genommen und trotz hohen Seegangs alle 51 Personen retten können.

Ganz unter dem Eindruck der Schiffskatastrophe und der Bilder in den Zeitungen Le Monde Illustré, L'Illustration und Daily Mirror malte Fernand Labat 1914 sein Bild „Catastrophe du VOLTURNO, 10. Octobre 1913".

Der „Baltimore Star“ schrieb über die Rettung: „Den kühlen Köpfen und flinken Fingern der Telegraphisten der beiden Schiffe in den Stunden ernster Gefahr verdanken die geretteten Seeleute ihr Leben mehr denn irgendwelchen anderen Dingen, und der Name des Erfinders der drahtlosen Telegraphie, der es ermöglichte, das beruhigende SOS-Signal abzugeben, ist unsterblich geworden.“[83]
Vor dem Ersten Weltkrieg berichtete eine amerikanische Zeitung, daß seit Einführung der drahtlosen Telegraphie in der Schiffahrt bereits 1800 Menschen gerettet worden wären und ein Kapital von 40 Millionen Mark durch ausgesendete und empfangene SOS-Rufe erhalten geblieben sei.

Der Bordtelegraphist – Beruf und Ausbildung

„Der Funk und die Funker tun ihre Schuldigkeit in bewundernswerter Weise. Auf meinen Seereisen habe ich oft mit den Funkern an Bord gelebt, und ich bin ihnen sehr zugetan, denn sie haben ihre schwere Aufgabe mit Disziplin, Verantwortungsgefühl und lebhafter Begeisterung übernommen. Bei Schiffsunglücken zeichnen sie sich stets durch ihren Opfermut aus.“[84)] Diese Worte Marconis drücken nicht nur seine Achtung vor einem Berufsstand aus, sondern machen deutlich, wie verantwortungsvoll die Tätigkeit des Funkers an Bord ist, wie verantwortungsbewußt er aber auch seine Aufgaben wahrnimmt. Ist er doch der einzige, der mit seinen Kenntnissen für das Schiff eine Verbindung zur Umwelt herstellen kann, wenn es sich auf hoher See befindet. Er ist Übermittler von Nachrichten, schlägt eine Brücke zum Land und öffnet für Passagiere und Besatzung ein Fenster zur Welt.

Immer war der Funker auf sich allein gestellt, aber niemals einsam. Wenn er mit dem Kopfhörer in den Äther hineinlauschte, wurde er Teil des pulsierenden Weltgeschehenes. Zuhörend verfolgte er Gespräche, erfuhr Neues, hatte Anteil an Freude und Leid, an Geburt und Tod, hörte von den Nöten anderer. Für ihn war es wie die Begegnung mit einem Freund auf der Straße, wenn er im Kopfhörer die vertraute Handschrift eines Bekannten in den Punkt-Strich-Folgen erkannte, und nicht selten war dann Zeit für ein „Gespräch“ mit dem Hunderte Meilen entfernten Kollegen. Aufmerksam und voller Spannung aber war er, wenn sich aus dem vielfältigen Gewirr von Morsezeichen das Signal „drei Punkte – drei Striche – drei Punkte“ hervorhob. Dann war er ganz wach und angespannt, fühlte sich hilflos, weil das in Gefahr befindliche Schiff zu weit entfernt war, und war traurig, wenn die Zeichen des Havaristen verstummten; denn das bedeutete oft den Untergang eines Schiffes und damit vielleicht auch den Tod von Menschen.

Mit der Installation der ersten Anlagen für drahtlose Telegraphie an Bord von Schiffen waren die Wurzeln für einen neuen Berufszweig, den Beruf des Funkers, gelegt worden.

In den Anfangsjahren des Seefunks war er, der „Bordtelegraphist“, kein Seemann, gehörte nicht zum Schiffsvolk; ein Angestellter der Funkgesellschaft, nur ein Mitreisender. Viele Kapitäne begegneten ihm mit Mißtrauen, von anderen wurde er an Bord für überflüssig gehalten, genauso wie die Funkanlage. Mit aller ihnen zu Gebote stehenden Macht wehrten sich manche Kapitäne gegen die Ausrüstung ihrer Schiffe mit Funkeinrichtungen; und wenn diese nicht zu umgehen war, weil die Reederei bei ihrer Absicht blieb und ihren Standpunkt durchsetzte, übertrugen sie ihre Abneigung gegen die neuen Anlagen häufig auf den Bordtelegraphisten. Er paßte auch so gar nicht in das Profil der Seeleute. Er tat etwas Geheimnisvolles, was nicht zu durchschauen war. Das Mißtrauen der Nautiker gegen die Tätigkeit eines Menschen, der sich – und so hieß das in den ersten Jahren – in die „Long Distance Cabin“ zurückzog und nichts anderes tat, als mit übergestülptem Kopfhörer und in die Ferne gerichtetem Blick „Löcher in die Luft zu gucken“, blieb lange Zeit das Klischee. Auch auf den ersten Schiffen, welche die HAPAG und der NDL mit Marconi-Anlagen ausrüsten ließen, gehörte der Bordtelegraphist nicht zur Besatzung. Von der Marconischule zum Bordtelegraphisten ausgebildet, war er, wie die Funkanlage auch, von der Marconi-Gesellschaft nur an die Reederei ausgeliehen. Seine Stellung an Bord war daher auch nicht klar und eindeutig definiert. Er unterstand seiner Gesellschaft und hatte nur die Aufgabe, Telegramme abzusenden und für Besatzung und Passagiere Telegramme zu empfangen. Dabei war er verpflichtet, das Fernmeldegeheimnis zu wahren, Nachrichten also nur an den angegebenen Empfänger weiterzuleiten. Ein Kapitän hatte kein Recht, auf die Arbeit des Funkers Einfluß zu nehmen oder Weisungen zu erteilen, geschweige denn, Einblick in Telegramme zu verlangen, die nicht an ihn gerichtet waren oder von Passagieren aufgegeben wurden. Diese Regelung mag auf britischen Schiffen wegen der Nähe zur Marconi-Gesellschaft toleriert worden sein, auf deutschen Dampfern mußte das früher oder später zu Auseinandersetzungen führen. So wie die Zahl der mit Funkanlagen ausgerüsteten Schiffe wuchs, sammelten auch mehr und mehr Kapitäne ihre Erfahrungen im Umgang mit ihren Bordtelegraphisten, und die waren nicht immer positiv.

Um 1910 wurde ernsthaft die Frage aufgeworfen, wie denn nun eigentlich die rechtliche Stellung des Kapitäns zu seinem Bordtelegraphisten, aber auch umgekehrt das Verhältnis des Bordtelegraphisten zum Kapitän sei. Für die Schiffsführung eine außerordentlich wichtige Frage, denn die Kommandogewalt konnte nur vom Kapitän ausgehen.

Der Bordtelegraphist galt zunächst und in erster Linie als Angestellter seiner Gesellschaft. Sie hatte ihn ausgebildet und ihn mit den Geräten dem Reeder für eine Gebühr überlassen. Seine Tätigkeit wurde durch die gesetzlichen Regelungen bestimmt, die sich aus dem Telegraphenrecht des jeweiligen Flaggenstaates ergaben. Und hier lag der Streitpunkt, denn zur Wahrung des Nachrichtengeheimnisses verpflichtet, entschied der Funker darüber, welche Informationen er dem Kapitän übergeben wollte und welche nicht. Der Kapitän seinerseits wußte sich verantwortlich für die Sicherheit von Schiff und Mannschaft und wollte daher über alles informiert sein, was Schiff und Besatzung betrifft, also auch über den Inhalt des Funkverkehrs.

Mit Hartnäckigkeit wurden die Diskussionen geführt, manchmal sachlich, häufig aber auch polemisch. Ernsthaft wurde das Für und Wider der einzelnen Argumente gegeneinander abgewogen. Die Rechtslage war unklar, zwischen Seemannsordnung, Betriebsanweisung der Betriebsgesellschaft und dem Telegraphenrecht gab es keine rechtlich schlüssigen Bindungen. Zunächst griff der Verband deutscher Seeschiffer-Vereine in die Diskussionen ein und forderte, daß dem Kapitän ein ungehinderter Einblick in den drahtlosen Telegrammverkehr seines Schiffes gewährt werden müsse. Wenn schon notwendig, solle er dazu auf das Telegraphengeheimnis verpflichtet werden und damit auch Vorgesetzter des Bordtelegraphisten in postalischer Hinsicht sein. Gegen diesen Vorschlag sträubte sich die Reichspostverwaltung.

Erst nach längeren Verhandlungen im Reichsamt des Innern, die 1911 stattfanden, wurde festgelegt, daß der Bordtelegraphist dem Kapitän untersteht und dieser das Recht habe, alle Telegramme einzusehen. Als Voraussetzung müsse er aber bei der zuständigen Postverwaltung

Verband Deutscher Seeschiffer-Vereine.

Die rechtliche Stellung des Kapitäns zum Bordtelegraphisten.

Der Herr **Staatssekretär des Innern** teilt dem Verbande folgendes mit:

Die Angelegenheit, betreffend die rechtliche Stellung der auf Kauffahrteischiffen angestellten Telegraphisten gegenüber der Schiffsleitung, der Reederei, der Reichs-Postverwaltung und der für deutsche Schiffe hauptsächlich in Betracht kommenden Deutschen Betriebsgesellschaft für drahtlose Telegraphie m. b. H. hat auf Grund der im Jahre 1911 im Reichsamt des Innern abgehaltenen kommissarischen Verhandlungen folgende Regelung erfahren:

1. Der Bordtelegraphist untersteht der vollen Disziplinargewalt des Kapitäns nach Maßgabe der Seemannsordnung, da er sowohl im Falle der Vermietung oder des Verkaufes der Funkentelegraphenanlage an die Reederei als auch im Falle des Eigenbetriebs der Anlage seitens einer Betriebsgesellschaft durch die von der Gesellschaft erlassene Dienstvorschrift für die Bordtelegraphisten in seinem gesamten dienstlichen Verhalten der Aufsicht des Kapitäns oder dessen Stellvertreters unterstellt und ferner von der Reederei angemustert ist, demnach zur Schiffsbesatzung gehört.

2. Dem Kapitän des Schiffes ist die Befugnis zu geben, unter vollem Einschluß in das Telegraphengeheimnis von allen Telegrammen Einsicht zu nehmen. Die Konzession zum Betriebe der Bordtelegraphenstation wird der Reederei erteilt, der von dieser angestellte Kapitän ist daher nicht nur gemäß §§ 3, 84 der Seemannsordnung in allen Angelegenheiten des Schiffsbetriebes der mit der Disziplinargewalt ausgestattete Vorgesetzte des Bordtelegraphisten, sondern er ist auch als Vorsteher der Telegraphenstation anzusehen und kann ihm deshalb alle die Betriebsanweisungen zukommen lassen, die mit dem Telegraphengesetz vom 6. April 1892 (Reichsgesetzbl. S. 467) und der Telegraphenordnung vom 16. Juni 1904 (Reichsgesetzbl. S. 229) vereinbar sind. Insbesondere steht dem Kapitän die Kontrolle über den Betrieb und die Einsicht in die Telegramme zu.

3. Da auf die Bordstationen das Telegraphengesetz Anwendung findet, ist der Kapitän gehalten, die in § 8 des Gesetzes festgelegte Unverletzlichkeit des Telegraphengeheimnisses zu beachten.

4. In den Verträgen der Deutschen Betriebsgesellschaft für drahtlose Telegraphie m. b. H. wird die Bestimmung, daß die Telegraphisten an Bord dienstlich dem Kapitän oder seinem Stellvertreter unterstellt sind, dahin erweitert werden, daß der Kapitän oder sein Stellvertreter als Vorsteher der Bordstation die Telegramme einsehen darf, sofern sie auf das Telegraphengeheimnis verpflichtet sind. Eine gleichlautende Bestimmung soll auch in die Dienstvorschrift für Bordtelegraphisten übernommen werden.

5. Die Verpflichtung der Kapitäne oder ihrer Stellvertreter erfolgt bei der Post- oder Telegraphenanstalt am Orte des Heimatshafens der Schiffe. Welche Verkehrsanstalt dabei in den einzelnen Orten in Betracht kommt, werden die Ober-Postdirektionen den Reedereien auf Antrag mitteilen.

6. Jeder auf das Telegraphengeheimnis zu verpflichtende Kapitän oder Stellvertreter eines solchen ist von der Reederei mit einem Ausweis zu versehen, welcher der Verkehrsanstalt, bei der er sich zur Verpflichtung einfindet, vorzulegen ist.

7. Die über die Verpflichtung nach dem nachstehenden Muster aufgenommene Verhandlungsschrift wird dem Verpflichteten ausgehändigt und dient als Ausweis gegenüber dem Bordtelegraphisten.

Verhandelt beim Kaiserlichen . . . . amt
in . . . . am 191

Herr . . . . ist heute als Kapitän — als Vertreter des Kapitäns — eines mit Funkentelegraphenapparaten ausgerüsteten Schiffes auf das Telegraphengeheimnis verpflichtet worden. Er wurde mit § 8 des Gesetzes über das Telegraphenwesen des Deutschen Reichs vom 6. April 1892 sowie mit § 355 des Strafgesetzbuchs bekannt gemacht und besonders darauf hingewiesen, daß über den Inhalt der ankommenden und abgehenden Telegramme sowie darüber, ob und mit wem jemand Telegramme wechselt, gegenüber Dritten die strengste Verschwiegenheit zu beobachten ist.

Herr . . . . erkennt diese Vorschriften für sich als bindend an.

Vorgelesen, genehmigt und unterschrieben

. . . .

(Vor- und Zuname des Verpflichteten)

. . . .

(Name und Amtsbezeichnung des Verhandelnden).

Dem Verbande gebe ich hiervon mit dem Bemerken ergebenst Kenntnis, daß der Vorsitzende des Deutschen Nautischen Vereins entsprechend benachrichtigt worden ist.

Mit dieser Mitteilung des Staatssekretärs des Innern wurde der Streit über die Stellung des Bordtelegraphisten 1912 beigelegt.

einen Antrag auf Verpflichtung auf das Telegraphengeheimnis stellen. Der IV. Deutsche Schiffahrtstag begrüßte diese Regelung, stellte jedoch fest, daß bisher kaum ein Kapitän bei der zuständigen Postverwaltung den Antrag auf Verpflichtung zum Telegraphengeheimnis gestellt habe.

Erneut flammten die Auseinandersetzungen im Jahre 1912 nach der TITANIC-Katastrophe auf. In der Schiffahrtszeitung „Hansa" las sich das so: „Einigen der Herren Telegraphisten war ihre Sonderstellung an Bord doch schon etwas stark in den Kopf gestiegen. Wie wünschenswert, nein, notwendig es ist, dem Kapitän oder seinem Stellvertreter Einblick in den drahtlosen Telegrammverkehr des Schiffes zu geben, das haben mit außerordentlicher Deutlichkeit die Verhandlungen vor dem Wreck Commissioner in London über den Untergang der TITANIC bewiesen. Von zwei Warnungen über gesichtetes Eis hat die Schiffsleitung der TITANIC keine Mitteilung durch den Bordtelegraphisten erhalten."[85]

Und das war der Sachverhalt: Der Funker hatte zwar die Funktelegramme von der CARONIA und auch von der BALTIC über Eisgefahr an den Kapitän weitergegeben, denn sie waren an die TITANIC gerichtet. Er hatte aber den Kapitän über den Inhalt zweier anderer Telegramme, die von dem deutschen Dampfer AMERIKA und der MESABA via TITANIC an Cape Race gesendet wurden, nicht informiert. Gerade ihr Inhalt aber wäre für die Sicherheit des Schiffes von Bedeutung gewesen. Die Nachricht des Hamburger Dampfers AMERIKA via TITANIC über Cape Race an amerikanische Landstationen lautete nämlich: "america passed two large icebergs in 41 deg 27 min n and 50 deg 8 min w on the 14th april Knuth."[86] Der Funker hatte diese Meldung nicht an den Kapitän weitergegeben, weil er der Auffassung war, daß ihr Inhalt dem Telegraphengeheimnis unterläge.

In der nun wieder öffentlich geführten Auseinandersetzung machte ein Kapitän seinem Ärger Luft und stellte kategorisch fest, daß für ihn der Bordtelegraphist ein angemusterter Schiffsmann sei und ihm laut Seemannsordnung unterstünde. Er habe das Recht und auch die Pflicht, beispielsweise bei Ausbruch eines Krieges, die Funkstation aus Gründen der eigenen Sicherheit zu schließen. Was der Funker oder ein Passagier in Friedenszeiten telegraphiert, sei ihm egal.

Dem widersprach ein anderer Kapitän, der meinte, wenn ein Passagier etwas über Begebenheiten an Bord telegraphiere, könne es ihm nicht gleichgültig sein, denn auch diese Nachricht könne die Sicherheit des Schiffes gefährden. Öl in das Feuer goß die Telefunken-Gesellschaft selbst, als sie aus Mangel an Bewerbern für die Laufbahn des Bordtelegraphisten und aus Kostengründen für den Schiffseigner vorschlug, nautische Schiffsoffiziere nach einer kurzen Ausbildung neben ihrer eigentlichen Tätigkeit an Bord auch als Funker im Nebenamt tätig werden zu lassen.

Mit diesem Vorschlag sehr zufrieden hieß es in einem redaktionellen Beitrag der „Hansa" daraufhin: „Auf der Schifferschule werden sich die Schiffsoffiziere in der drahtlosen Telegraphie so vervollkommnet haben, daß sie in der Tätigkeit des Hörens und Telegraphierens es mit jedem Bordtelegraphisten aufnehmen können; und wenn dieses Ziel erreicht ist, dann brauchen wir keine Telegraphisten mehr an Bord, auf allen Schiffen wird dann die Telegraphie von den Offizieren erledigt werden. Der Berufstelegraphist ... wird wieder von Bord verschwinden, und ein unfertiger Zustand wird damit sein Ende erreicht haben."[87] Die Debatte ging so weit, daß ernsthaft gefordert wurde, darüber nachzudenken, ob es nicht sogar sinnvoll wäre, den Proviantmeister oder einen Maschinisten zum Telegraphisten ausbilden zu lassen.

Bei diesen Auseinandersetzungen zwischen den Berufsfunkern und den nebenamtlich im Funkdienst tätigen Schiffsoffizieren ging es um mehr als eine Kompetenzstreitigkeit, hier ging es um den Arbeitsplatz. Ein Ende fanden diese Diskussionen nach dem Londoner Funktelegraphenvertrag von 1912, in dem bestimmt wurde, daß die Bordstation nur von einem Telegraphisten betrieben werden darf, der ein gültiges Zeugnis besitzt. Mit dieser Bestimmung war die Tätigkeit des Funkers zu einem Beruf geworden und die Ausbildung und ihr Inhalt mußten neu überdacht werden.

In den ersten Jahren des Seefunks hatte es ausgereicht, wenn der Telegraphist die Morsezeichen beherrschte.

Die Codierung der Zeichen der Schriftsprache durch eine Folge aus Punkten und Strichen, die schon der Telegraphie über elektrische Leitungen zum Siegeszug verholfen hatte, war in der Funkentelegraphie zum Ein- und Ausschalten der Funkenfolge geworden. Jeder, der Funkversuche durchführen wollte, mußte das Morsealphabet kennen. Auch Marconi hatte die Morsezeichen lernen müssen, um mit seiner primitiven Sende- und Empfangsanlage erste Nachrichten übertragen zu können. Er selber bediente die Taste und lauschte am Empfänger in den Äther hinein nach Morsezeichen, die dem Funkenstrom des Induktoriums im Sender mit der Taste aufgedrückt worden waren.

In der Frühzeit des Seefunks bedeutete die Tätigkeit eines Bordtelegraphisten mehr Hobby als Beruf. Die Ausbildung blieb daher auch vorrangig darauf ausgerichtet, Morsezeichen zu hören, zu entschlüsseln und zu geben. Die Anforderungen an die manuellen Fertigkeiten des Berufes veränderten sich im Laufe der Jahre nur wenig. Zwar wurde die Zahl der gegebenen oder empfangenen Buchstaben pro Minute, die anfangs noch durch die Bandbreite der Geräte bestimmt war, größer, doch an der manuellen Tätigkeit an sich änderte sich so gut wie nichts. Raschen Veränderungen aber war die Funktechnik unterworfen. Ihnen mußte der Funker folgen, sich das umfangreicher werdende technische und theoretische Rüstzeug aneignen und damit eine längere Ausbildung absolvieren.

Die erste Ausbildung in drahtloser Telegraphie erhielten die Signalgasten der Marinen. Nachdem bei den britischen Flottenmanövern 1899 die drahtlose Telegraphie ihre Tests erfolgreich bestanden hatte und verschiedene Schiffe des Kanalgeschwaders die neuen Anlagen erhalten hatten, wurden die Signalbootsmänner und zwei Signalunteroffiziere der MAJESTIC, MAGNIFICENT, HANNIBAL und der JUPITER auf die HECTOR befohlen, um sich im Telegraphiefunk unterweisen zu lassen. So fing es an.

Schon im November 1899 richtete die britische Regierung zur Ausbildung ihrer Bordtelegraphisten für die Marine im Hafen von Portsmouth auf einem Marinehulk eine Schule für drahtlose Telegraphie ein. Ab 1900 mußte jeder Absolvent der Signalschule auch einen Kursus absolvieren, in dem er mit der Bedienung der Marconi-Geräte vertraut gemacht wurde. Diese Ausbildung galt als so wichtig, daß Vizeadmiral Lord Beresford großen Wert darauf legte, persönlich an dem Kursus teilzunehmen. Zur Ausbildung gehörten auch praktische Übungen zwischen einem

Die oldenburgische Navigationsschule in Elsfleth gehörte zu den ersten Seefahrtschulen, die Funkerlehrgänge durchführten. Die Antennenanlage.

Kanonenboot auf See und der im Hafen von Portsmouth liegenden HECTOR.

Im zivilen Bereich gab es bis 1902 zunächst nur eine einfache Unterweisung in der Handhabung der Geräte bei ihrem Betrieb auf Schiffen. Meistens waren es interessierte Angestellte der Marconi-Gesellschaft oder Enthusiasten, die sich in der drahtlosen Telegraphie unterrichten ließen. 1902 richtete die Marconi-Gesellschaft eine Schule in Frinton, Essex, 20 Meilen vom Betriebsteil Chelmsford entfernt, ein. Die Ausbildung wurde von nun an systematisch durchgeführt. Die Schüler lernten nicht nur den Aufbau und die Bedienung der drahtlosen Telegraphiestationen, sondern auch die Gebührenberechnung kennen. Die praktischen Fertigkeiten wurden im Verkehr mit anderen Küstenstationen erworben. Ab 1903 nahmen die schon seit langem in Großbritannien bestehenden Telegraphenschulen auch die drahtlose Telegraphie in ihren Lehrplan auf.

In den USA wurden Ende 1910 auf der „McKinley-Handfertigkeitsschule" in Washington und am Polytechnischen Institut in Baltimore theoretische und praktische Kurse in drahtloser Telegraphie abgehalten. In St. Petersburg öffnete Anfang 1912 die erste Schule für die Ausbildung von Personal zur Bedienung der russischen Telegraphenstationen ihre Pforten. Die Ausbildung dauerte drei Monate und diente hauptsächlich zur Vermittlung der theoretischen Grundlagen.

Mit dem wirtschaftlichen Erstarken der Telefunkengesellschaft und zunehmender Lieferung von Geräten für drahtlose Telegraphie an deutsche Schiffe begann auch in Deutschland die Werbung für den Beruf des Funkers. 1909 startete die Gesellschaft für drahtlose Telegraphie m.b.H. eine Pressekampagne unter der Überschrift: „Ein neuer Beruf!" In dem Aufruf hieß es: „Die großen Fortschritte, die gerade in den letzten Monaten die drahtlose Telegraphie und die vermehrte Einführung von Bordstationen auf deutschen Handelsdampfern gemacht haben, lenken den Blick auf eine neue Laufbahn, die sich jungen Leuten mit mittlerer

Der Lehrraum für Aufnahme und Wiedergabe von Morsezeichen in der Navigationsschule Elsfleth.

Schulbildung (Einjährig-Freiwilligen-Zeugnis) bietet. Der Bedarf an Bordtelegraphisten zur Bedienung der drahtlosen Apparate ist zur Zeit größer als das Angebot und wird sich für die nächsten Jahre voraussichtlich dauernd steigern. Zwar beurlaubt die Reichspostverwaltung bereitwilligst geeignete Telegraphen-Assistenten und Gehilfen für solche Posten. Es ist aber eine derartige Beurlaubung immer nur ein zweijähriges Provisorium, denn die Behörde kann sich nur in beschränktem Maß auf die Abgabe von Beamten einlassen. Der Internationale Telefunken-Betrieb Berlin richtet daher im April 1909 in Hamburg und im Juli des Jahres in Bremen Lehrkurse für junge Leute ein, die möglichst einige Vorkenntnisse in der Elektrotechnik besitzen und mit dem Morse-Alphabet umzugehen wissen. Schon nach vierteljährlicher Ausbildung und nachdem der zukünftige Telegraphist ein nicht allzu schweres Examen bei dem Kaiserlichen Telegraphenamt in Emden abgelegt hat, erfolgt die Anstellung als Bordtelegraphist. Bei der Ranggleichstellung mit den 4. Offizieren der Handelsmarine beträgt das Anfangsmonatsgehalt 80 Mark, wozu freie Unterkunft, Schiffsverpflegung und Kompeten-

Funkstation für Lehrzwecke an der Navigationsschule Elsfleth 1912.

zen kommen. Auch wird die Uniform (wie für Schiffsoffiziere) kostenlos geliefert. Die Fahrt geht nach den Vereinigten Staaten, nach Südamerika, nach Afrika, nach Ostasien und Australien. Sobald der junge Bordtelegraphist einige Kenntnisse in Englisch, Spanisch und Französisch erworben hat, ist mit einem raschen Aufrücken und höherem Gehalt zu rechnen, wozu dann noch angemessene Prozente von den Einnahmen der Bordstation kommen."[88]

Im Februar 1910 kündigte der Berliner Börsen Courier an, daß an der Navigationsschule Hamburg im April Unterrichtskurse für Offiziere und Mannschaften der deutschen Handelsmarine in drahtloser Telegraphie beginnen werden. Mit diesem Lehrgang sollte der Handelsmarine die Möglichkeit gegeben werden, Anlagen der drahtlosen Telegraphie zu betreiben, ohne daß Kosten für einen besonderen Telegraphisten anfallen.

Am 11. April 1910 wurde der Kursus für Schiffsoffiziere und Berufstelegraphisten mit einem interessanten Vortrag des Direktors der Gesellschaft für drahtlose Telegraphie m.b.H., Bredow, feierlich eröffnet, wie die Hamburger Presse zu vermelden wußte. „Die Dauer des Hamburger drahtlosen Kursus, an dem einige 50 Schüler, darunter auch mehrere Reichsbeamte, teilnehmen, wird etwa 8 Wochen betragen."[89] Nach einer Meldung in der Vossischen Zeitung vom Dezember 1910 hatte auch das Staatliche Technikum in Hamburg die drahtlose Telegraphie in ihren Unterrichtsplan aufgenommen. Aus der Notiz ging hervor, daß auch an den Navigationsschulen in Lübeck und Rostock solche Lehrgänge in Vorbereitung sind. Nach 18 Monaten hatten in Deutschland bereits 42 Schiffsoffiziere das staatliche Bordexamen in drahtloser Telegraphie gemacht. In der oldenburgischen Navigationsschule zu Elsfleth wurden Unterrichtsräume eingerichtet, in denen auch die Telegraphierübungen stattfanden. „Jeder Schüler ist durch einen Draht mit einer Zentralstelle verbunden und hat vor sich auf dem Tisch ein Hörtelephon und einen Taster. Von dieser Zentralstelle aus können die Schüler gleichzeitig von dem Lehrer im Telegraphieren unterrichtet werden.

Nachdem jeder Schüler mindestens 15 Worte pro Minute zu telegraphieren oder aufzunehmen imstande ist, wird er mit der Handhabung der richtigen Betriebsstation vertraut gemacht und kann mit den Teilnehmern des Kursus in Bremen oder mit einer Küstenstation Telegramme auswechseln. Der Unterricht erstreckt sich

Um die Morsezeichen exakt zu geben, wird der Notsender nach dem Schlag des Metronoms getastet.

dann noch auf die internationalen Verkehrsmöglichkeiten, die gesetzlichen Vorschriften, die allgemeine Handhabung des Telegraphendienstes, Taxenberechnung, Abrechnung mit den Telegraphenverwaltungen usw., so daß der Schüler doch immerhin 3–4 Monate fleißig arbeiten muß, wenn er das von einem Beamten der Reichstelegraphenverwaltung abgenommene Examen bestehen und die Berechtigung zur selbständigen Führung einer Schiffsstation erwerben will."[90]

Die DEBEG hatte schon bald nach ihrer Gründung erkannt, daß ein Schwerpunkt ihrer Arbeit das Ausbildungswesen sein würde. Eine umfassende und vor allem geräteorientierte Ausbildung ließ sich am besten auf einer eigenen Bordfunkerschule verwirklichen. So wurde 1912 in Bremerhaven die Telegraphistenschule der DEBEG eingerichtet. Sie prägte mit ihrer praxisorientierten Lehre das erstklassige Funkoffizierskorps der Handelsflotte vor dem Ersten Weltkrieg.

In diese Zeit des Aufbaus einer eigenen Funkerausbildung in Deutschland platzte eine Meldung der Frankfurter Zeitung vom August 1912 und sorgte für einiges Aufsehen bei den Bordtelegraphisten. „Eine Amerikanerin, Miß Maggie Keslo, ist als Funktelegraphistin auf dem Dampfer MARIPOSA der Alaska Steamship Co. angestellt worden."[91] Ein weiblicher Funktelegraphist, in den USA war das keine Seltenheit. In Deutschland allerdings dauerte es noch Jahrzehnte, bis der erste weibliche Funkoffizier an Bord seinen Dienst antrat.

Der Erste Weltkrieg war zu Ende. In der Folgezeit gab es einschneidende Veränderungen. Nicht nur, daß die bisherige staatliche Ordnung durch die Strukturen

Handbuch
für
Funkentelegraphisten
von
Otto Ohlsberg
R.v.Decker's Verlag · Berlin
1911·

Handbuch
für
Funkentelegraphisten

Lehr- und Übungsbuch
auch für den Selbstunterricht

von

Otto Ohlsberg
Telegraphensekretär in Berlin

Amtlich eingeführtes Lehrbuch bei der staatlichen Navigationsschule Hamburg

Mit einem einleitenden Vorwort
von
Professor Dr. Bolte
Direktor der Navigationsschule in Hamburg

Mit vielen Textabbildungen und einer Weltkarte für den Funkentelegraphenverkehr

Berlin 1911

R. v. Decker's Verlag
G. Schenck,
Königlicher Hofbuchhändler

Eines der ersten Lehrbücher, die an den Navigationsschulen für die Ausbildung zum Funkentelegraphisten eingeführt wurden.

einer Republik ersetzt wurde, auch die Bestimmungen des Vertrages von Versailles übten eine nachhaltige Wirkung aus. Die Zahl der unter deutscher Flagge fahrenden Schiffe sank erheblich, weil die größeren Einheiten als Reparation an die Siegermächte abgeliefert werden mußten. Die großen Passagierschiffe fuhren unter fremder Flagge. Andererseits drängten viele der heimkehrenden Marinesoldaten in die Handelsflotte und auch in den Beruf des Bordfunkers.

Die Anforderungen an die Ausbildungsstätten waren hoch, denn es gab nicht nur Bewerber aus allen Altersgruppen, sondern sie kamen auch aus sehr verschiedenen Berufen. Die Funkerlehrgänge mußten darauf Rücksicht nehmen. In der Regel dauerte in diesen Jahren der Lehrgang 3–8 Monate. Die Anforderungen an die Teilnehmer gestalteten sich naturgemäß nicht sehr hoch, und die negativen Auswirkungen auf die Sicherheit der Schiffahrt lagen auf der Hand. Um dieser Entwicklung gegenzusteuern, berief der Deutsche Seefahrtsausschuß schon im Dezember 1918 eine Kommission aus Sachverständigen, welche die Ausbildung der Funker untersuchen sollte. Dabei wurde festgestellt, daß die Lehrinhalte bei weitem nicht mehr den neuesten technischen und betrieblichen Anforderungen entsprachen.

Um das Niveau der Ausbildung zu erhöhen, wurde empfohlen, neben der bisherigen Prüfung eine zweite staatliche Fachprüfung ablegen zu lassen. Sie sollte nach einer „Gehilfenzeit" von drei Jahren abgenommen werden, wobei dann besonderer Wert auf die englischen Sprachkenntnisse gelegt werden sollte. Im März 1919 stimmte der Seefahrtsausschuß den Empfehlungen der Kommission zu, und das Reichswirtschaftsministerium forderte die DEBEG auf, entsprechende Prüfungsvorschriften auszuarbeiten und dem Ministerium zur Genehmigung vorzulegen. Nach diesen Aktivitäten im Vorfeld erließ der Reichspostminister am 8. Oktober 1921 eine „Verordnung, betreffend Befähigungszeugnisse für Funkoffiziere auf Handelsschiffen", wonach der an Bord von Handelsschiffen eingestellte Berufsfunkbeamte nicht nur das im Funktelegraphenvertrag vom 5. Juli 1912 geforderte Zeugnis vorlegen, sondern sich auch einer dreijährigen Ausbildung unterziehen mußte, die mit einer besonderen Fachprüfung abschloß.

Mit dieser Reichsverordnung wurde die Ausbildung des Funkpersonals dem Staat übertragen und die Stellung des Funkers an Bord geregelt. Er trug in Übereinstimmung mit den Bestimmungen der Seemannsordnung vom 2. Juli 1902 die Bezeichnung „Funkoffizier".

Der Bewerber für den Beruf eines Funkers an Bord deutscher Handelsschiffe oder bei den Großfunkstellen mußte zunächst beim Telegraphentechnischen Reichsamt in Berlin einen Antrag stellen und nachweisen, daß er die Reife der Unterprima und ein Alter von 17–21 Jahren hat. Die Ausbildung bei der Reichstelegraphenverwaltung im Telegraphen- und Funkbetriebsdienst dauerte drei Jahre. Am Ende des ersten Ausbildungsjahres stand eine Prüfung, in der besonders die Kenntnisse im Funkdienst und die Beherrschung der englischen Sprache nachgewiesen werden mußten.

Hatte der „Anwärter", wie er hieß, die Prüfung bestanden, wurde er in die „Liste der als Funkangestellte an Bord deutscher Handelsschiffe und bei Großfunkstellen ausgebildete Personen" beim Reichstelegraphenamt registriert und für sechs bis neun Monate an Bord als „Funkgehilfe" eingesetzt. Er unterstand in dieser Zeit der Betriebsgesellschaft.

— 150 —

„Vorstufe"

Prüfungszeugnis erster Klasse
für den Bordfunkdienst

Herr ....
(sämtliche Vor- und Zunamen)

geboren zu .... am ....

ist am heutigen Tage auf seine Befähigung zur Bedienung einer Funkanlage an Bord deutscher Seeschiffe nach den im Deutschen Reiche geltenden einheimischen und internationalen Bestimmungen in folgenden Gegenständen geprüft worden:

a) Einstellung des Funkgeräts und Kenntnis seiner Wirkungsweise,
b) Abgabe von Telegrammen und Aufnahme nach dem Gehör mit einer Geschwindigkeit von mindestens 20 Wörtern zu 5 Buchstaben in der Minute,
c) Bestimmungen über den Funkverkehr.

Er hat in sämtlichen Gegenständen den Anforderungen genügt.

Herr .... ist auf das Telegraphengeheimnis verpflichtet worden.

.............................., den .... 19.....

Der Prüfungsausschuß.

— 151 —

Ausbildungsplan für einen Bordfunkerlehrgang I. Klasse (Ausbildung zur Vorprüfung) **und Prüfungsbedingungen**

I. Lehrplan für den neunmonatigen Bordfunkerlehrgang

Stundenverteilung

(Lehrgang von 9 Monaten = 39 Wochen zu 36 Lehrstunden)

A. Hören und Geben	480 Std.
B. Bestimmungen über Betrieb und Verkehr im Bordfunkdienst	150 „
C. Technik	280 „
D. Praktische Übungen aus dem Seefunkverkehr	70 „
E. Schreibmaschinenübungen	114 „
F. Hören mit Niederschrift an der Schreibmaschine	174 „
G. Wiederholungen	100 „
H. Sprachen	114 „
I. Besichtigungen	36 „
	1518 Std.

A. Übungen im Hören und Geben (480 Std.)
(Geben 100 Std.)

B. Bestimmungen über Betrieb und Verkehr im Bordfunkdienst (150 Std.)

1. Laufbahn des Bordfunkers.
2. Internationaler Funktelegraphenvertrag nebst Ausführungsübereinkunft.
3. Anweisung für den Funktelegraphendienst.
4. Internationaler Telegraphenvertrag Artikel 1 bis 3, 5 bis 8, 11, 12, 17 und 19 nebst Ausführungsübereinkunft Abschnitt IV bis XX, XXIX, XXX, XXXI A, XXXII, XXXVI bis XLI, XLIV bis LI, LV bis LXIII, LXIX bis LXXIV.
5. Telegraphenordnung vom 16. Juni 1904
ADA V, 4 §§ 1, 2, 3^I bis ^VII und ^X, 6 bis 11, 14 bis 16, 17^I und ^II, 18, 20 und 22;
ADA V,5 §§ 4a, 17, 18 und 20.

Nach bestandener Prüfung erhielt der Funker ein Prüfungszeugnis erster Klasse für den Bordfunkdienst (Vordruck von 1926).

Im dritten Ausbildungsjahr wurden Kenntnisse im Funkdienst und allgemeinen Telegraphendienst vermittelt und der „Funkgehilfe" wurde auf die Funkprüfung vorbereitet. In dieser Prüfung mußte nachgewiesen werden, daß der technische Telegraphendienst selbständig durchgeführt werden kann. War die Prüfung bestanden, wurde der Funker Angestellter der Reichstelegraphenverwaltung, bis er durch die Betriebsgesellschaft angefordert und für mindestens sechs Jahre im Borddienst eingesetzt wurde. Danach konnte der Funker innerhalb von zwei Jahren als Beamter in den Reichsdienst treten.

Zur Ausführung der Reichsverordnung vom 8. Oktober 1921, nach der die Ausbildung zunächst durchgeführt wurde, erließ der Reichspostminister mit der Reichsverordnung vom 15. Mai 1925 Bestimmungen, nach denen alle Bewerber für die Laufbahn eines Funkangestellten die gleiche Mindestschulausbildung haben mußten, wie die nautischen Offiziere, und nicht älter als 21 Jahre sein durften. Die Betriebsgesellschaften und die Reedereien erhielten wieder das alleinige

— 152 —

6. Gebührentarif und die dazugehörige Erdkunde, Telegrammwesen, Münzwesen.
7. Internationales Verzeichnis der Funkstellen, Alphabetische Rufzeichenliste, Nautischer Funkdienst.
8. Einrichtung des deutschen Funkwesens.
9. Seemannsordnung.

C. **Technik** (280 Std.)

1. **Mathematik** . . . . { 6 Std. Vortrag, 4 „ Übungen.

a) Algebra: Bedeutung und Verwendung, Grundrechnung, Potenz-, Wurzel- und Logarithmenrechnung, Gleichungen ersten Grades mit einer und mit zwei Unbekannten.
b) Trigonometrie: Winkel im Bogenmaß, Erklärung der Sinus, Cosinus und Tangensfunktionen; zeichnerische Darstellung der Sinuslinie.

2. **Mechanik** . . . . { 4 Std. Vortrag, 2 „ Übungen.

Die Grundbegriffe Zeit, Raum, Masse und ihre absoluten Einheiten; die abgeleiteten Größen: Geschwindigkeit, Beschleunigung, Winkelgeschwindigkeit, Kraft, Drehmoment, Arbeit, Leistung, Energie, Arbeitsfähigkeit der Ruhe und der Bewegung; das praktische Maßsystem.

3. **Gleichstromlehre** . . . . { 14 Std. Vortrag, 6 „ Übungen.

a) Wesen der Elektrizität, Elektronen, EMK, Stromquellen; Ohmsches Gesetz, die Kirchhoffschen und das Joulesche Gesetz; elektrische Maßeinheiten, elektrisches Feld, elektrische Kraftlinien, Dielektrikum; Thermoelektrizität.
b) Magnetismus und Elektromagnetismus; magnetische Kraftlinien, magnetisches Feld, Magnetisierungskurve, Hysterese; Magnetfeld stromdurchflossener Leiter; Gesetz von Biot und Savart; Induktionsgesetz, Selbstinduktion, Richtungsregeln; technische Anwendungen.

— 153 —

4. **Wechselstrommaschinen** . . . . . . 6 Std. Vortrag

Wechsel- und Gleichpoltype, Induktortype.

5. **Gleichstrommaschinen** . . . . . . { 8 Std. Vortrag, 4 „ Übungen

a) Gleichstromgeneratoren; Konstruktion und Schaltung; Einfluß des Ankerfeldes, neutrale Zone, Wendepole.
b) Gleichstrommotoren: Schaltung und Wirkungsweise, insbesondere des Nebenschlußmotors.

6. **Wechselstromlehre** . . . . { 10 Std. Vortrag, 6 „ Übungen

a) Bestimmende Größen für Wechselstrom: Höchstwert, Schwingungsdauer, Periodenzahl, Kreisfrequenz; Phasenverschiebung; Darstellung sinusförmigen Verlaufes durch Zeichnung.
b) Ohmscher Widerstand, Selbstinduktion und Kapazität im Wechselstromkreis.
c) Spannungs- und Stromresonanz.
d) Meßinstrumente für Wechselstrom: Effektivwert, Leistungsmessung.
e) Wirkungsweise des zwei- und des einspuliger Transformators.
f) Die Wechselstrommeßbrücke für Kapazitäten.

7. **Schwingungslehre** . . . . { 8 Std. Vortrag, 4 „ Übungen

a) Der geschlossene Schwingungskreis, Thomsonsche Formel (ohne Ableitung).
b) Kopplungen, Eigenschwingung und erzwungene Schwingung, Resonanz.
c) Mittel und Instrumente zum Nachweis elektrische Schwingungen; aperiodischer Detektorkreis.
d) Begriff: „Wellenlänge"; der Wellenmesser; Messung von Wellen und Selbstinduktionen mit dem Wellenmesser.
e) Der offene Schwingungskreis, Strahlung; die Hertzschen Versuche.

Recht, Lehrgänge durchzuführen, mußten aber die Lehrpläne dem Telegraphentechnischen Reichsamt oder den zuständigen Oberpostdirektionen zur Genehmigung vorlegen.

Damit waren die Nachteile des zweigeteilten Systems: Ausbildung des Funkpersonals durch den Staat und Garantie eines Beamtenstatus auf der einen Seite und Einsatzplanung durch die Betriebsgesellschaft auf der anderen, beseitigt worden. Es hatte immer wieder Klagen gegeben, daß eine geteilte Ausbildung zu wenig auf den Bedarf und die Bedürfnisse der Schiffahrt Rücksicht nehmen kann.

Die Lehrgänge verliefen in einem strengen Zeitraster. Nach neun Monaten mußte sich der Schüler einer Vorprüfung unterziehen, in der entschieden wurde, ob der „Anwärter" für den Beruf geeignet ist oder nicht. Hatte er diese erste Hürde übersprungen, wurde er zum „Funkgehilfen", und sein Bordtelegraphistenzeugnis erster Klasse erhielt den Vermerk „Vorstufe". Nach der sich nun anschließenden dreijährigen Ausbildung, die an Land und auf See stattfand, mußte der „Funkgehilfe" eine Hauptprüfung vor dem Telegraphentechnischen Reichsamt ablegen, nach der sein Prüfungszeugnis erster Klasse für den Bordfunkdienst den Vermerk „Hauptzeugnis" erhielt.

— 154 —

8. Das Funkwesen bis zum Löschfunkensender; Luftleiter . . . . 8 Std. Vortrag, 4 „ Übungen.
a) Erster Marconi-Sender und -Empfänger (mit Fritter).
b) Braunscher Sender; Kopplungsschwingung; der Detektorempfänger von Slaby-Arco.
c) Luftleiterformen, Erdung, Gegengewicht, Nutzeffekt von Luftleitern.

9. Der Löschfunkensender, der E5 Empfänger . . . . 8 Std. Vortrag, 24 „ Übungen.
Konstruktion, Schaltung und Wirkungsweise.

10. Allgemeine Eigenschaften und Wirkungsweise der Elektronenröhren . . 8 Std. Vortrag, 8 „ Übungen.
a) Als Nieder- und Hochfrequenzverstärker.
b) Als Erzeuger ungedämpfter Schwingungen.
c) Als Detektor für gedämpfte Schwingungen.
d) Als Detektor für ungedämpfte Schwingungen (Schwebungsmethode).

11. Audionempfänger (E 266), Überlagerer, Mehrfach-, Nieder- und Hochfrequenzverstärker . . . . 8 Std. Vortrag, 14 „ Übungen.
Schaltung, Wirkungsweise und Handhabung,

12. Röhrensender . . . . 6 Std. Vortrag, 16 „ Übungen.
Schaltung, Wirkungsweise und Handhabung der auf Bordfunkstellen vorhandenen Röhrensender.

13. Maschinensender und Poulsen-Sender . 6 Std. Vortrag.
Schaltung und Wirkungsweise der Maschinensender von Telefunken, Goldschmidt und Lorenz; der Poulsen-Sender.

14. Richtempfang, Peilgeräte . . . . . 6 Std. Vortrag, 4 „ Übungen.
Rahmenempfang, Goniometer, Telefunkenpeilgerät.

15. Drahtloses Fernsprechen . . . . . 6 Std. Vortrag, 4 „ Übungen.
Besprechungseinrichtungen, Verstärker und Empfänger; die theoretischen Grundlagen.

— 155 —

16. Primärelemente und Sammler . . . 10 Std. Vortrag, 8 „ Übungen.
Trockenelemente, Blei- und Edison-Sammler; Behandlung und Pflege von Sammlern.

17. Praktische Betriebsübungen . . . 50 Std. Übungen.
Löten, Reinigen von Funkenstrecken und Kollektoren, Abschmirgeln der Kollektoren usw.; Probeinstallationen von Bordfunkstellen, Fehlersuchen.

D. Praktische Übungen aus dem Seefunkverkehr (70 Std.)

E. Schreibmaschinenübungen (114 Std.)

F. Hören mit Niederschrift an der Schreibmaschine (174 Std.)

G. Wiederholungen (100 Std.)

H. Sprachen (114 Std.)

a) Englisch, b) Spanisch: Grundkenntnisse unter Berücksichtigung der im Betriebe vorkommenden Redewendungen und Fachausdrücke.
c) Französisch, soweit zum Verständnis der Nomenclature und zur Abfassung internationaler Diensttelegramme und Vermerke erforderlich.

I. Besichtigungen (36 Std.)

J. Sonderausbildung

1. Für den Bordfunkdienst: besondere Vorschriften und Gebührenbestimmungen.
2. Für den Dienst bei Großfunkstellen
   a) besondere Vorschriften und Dienstanweisungen für Großfunkstellen,
   b) praktische Übungen aus dem Großfunkdienst,
   c) Rekordlesen bis zu einer Geschwindigkeit von 35, Klopferaufnahme bis zu 25 und Stanzen bis zu 30 Wörtern zu je 5 Buchstaben in der Minute.

Im praktischen Funkdienst wurde eine Gebegeschwindigkeit von 100 Wörtern zu je 5 Buchstaben in 5 Minuten gefordert. Für die Aufnahme galt, daß in 5 Minuten ein Telegramm von 500 Zeichen fehlerfrei niedergeschrieben werden kann.

Für den Dienst auf kleineren Schiffen konnten nautische und technische Offiziere, wenn sie den Funkdienst im Nebenamt ausübten, das Zeugnis 2. Klasse erwerben. Schließlich gab es noch das Zeugnis für den „Hörmann", das jeder Schiffsangestellte erwerben konnte, wenn offener deutscher Text mit einer Geschwindigkeit von 30 Zeichen in der Minute nach dem Gehör aufgenommen und das Seenotzeichen, das Gefahrenzeichen und das eigene Schiffsrufzeichen einwandfrei verstanden wurden.

Drei Tage nach dem Erlaß der Reichsverordnung, am 18. Mai 1925, öffnete eine von der DEBEG gemeinsam mit der „Transradio A.G. für drahtlosen Übersee-Verkehr Berlin" gegründete Funkschule ihre Pforten. Sie war mit allen modernen Unterrichtsmitteln ausgestattet und bildete zunächst in einem Turnus von neun Monaten die zukünftigen Funker aus. Ihre Absolventen prägten das Bild von einem pflichtbewußten, einsatzbereiten und solide ausgebildeten Funkoffizierskorps.

— 156 —

II. Prüfungsbedingungen

Zu A des Lehrplans: Tasten eines Telegramms von 100 Wörtern zu je 5 Buchstaben in 5 Minuten am Morseapparat in einwandfreier Schrift. Aufnahme eines Code-Telegramms von 100 Wörtern und eines offenen Textes von 125 Wörtern zu je 5 Buchstaben in 5 Minuten; die Niederschrift des letzteren erfolgt an der Schreibmaschine.

Zu B und C des Lehrplans: Für den Umfang, in dem die Vorprüfung abzuhalten ist, ist der vorliegende Lehrplan maßgebend, jedoch unter dem besonderen Gesichtspunkt, daß der Hauptwert auf praktische Kenntnisse und Fertigkeiten gelegt wird.

Zu H des Lehrplans: a) und b). In der Vorprüfung allgemeine Kenntnisse der Formen und Satzlehre, der Aussprache, der gebräuchlichsten Vokabeln und Fachausdrücke des Bordfunkdienstes, Niederschrift eines kurzen Diktats mit nachfolgender Übersetzung ins Deutsche und eine einfache Übersetzung aus dem Deutschen nach dem 1. Teil der Konversations-Grammatik von Sauer-Ruppert. c) Entsprechende Lese- und Übersetzungsübungen.

Die Höraufnahme (zu A) der Anwärter für den Großfunkdienst wird auf 15 Minuten (300 Wörter) verlängert.

Die Funkzeugnisordnung von 1925 hatte einerseits das Niveau der Ausbildung angehoben, ließ andererseits den Reedereien aber auch genügend Spielraum bei der Besetzung ihrer Schiffe mit Funkern. Im Laufe der Zeit versuchten die Schiffseigner mehr und mehr diese Regelung auszunutzen und ihre nautischen Offiziere als Nebenamtler für den Funkdienst einzusetzen. Das ging sogar so weit, daß die Reeder von ihren nautischen Offizieren schon bei der Einstellung ein Prüfungszeugnis 2. Klasse forderten. Die Seefahrtschulen sahen sich daher gezwungen, Funkerlehrgänge einzurichten, in denen für die angehenden Nautiker das notwendige Wissen vermittelt wurde. Funkoffiziere mit dem Zeugnis erster Klasse für Bordtelegraphisten fuhren schließlich nur noch auf den großen Passagierdampfern.

Diese Entwicklung führte zwangsläufig dazu, daß die Sicherheit der internationalen Schiffahrt zurückging. Das widersprach aber dem Inhalt des Schiffssicherheitsvertrages und so mußte sich 1927 die Washingtoner Weltfunkverwaltungskonferenz mit der Frage der Funkzeugnisse beschäftigen. Als Leiter einer Funkstelle an Bord durfte nur ein Funker mit einem Funkzeugnis 2. Klasse eingesetzt werden. Schiffsoffizieren war es verboten, den Funkdienst im Nebenberuf auszuüben.

Am 12. Juni 1931 wurden die „Bestimmungen über die Gruppeneinteilung der Bordfunkstellen auf deutschen Handelsschiffen und die Besetzung der Bordfunkstellen" im Reichsministerialblatt veröffentlicht und damit zunächst für die Besetzung der Schiffe mit Funkoffizieren Rechtssicherheit geschaffen. Auf Grund der Beschlüsse der Weltfunkkonferenz Madrid 1932 traten am 1. April 1933 Änderungen der Prüfungsbestimmungen in Kraft.

Die Weltfunkverwaltungskonferenz 1927 hatte wohl bestimmt, daß Schiffsoffiziere im Nebenamt keinen Funkdienst ausüben dürfen, aber nicht untersagt, daß eben diese Schiffsoffiziere ein Funkzeugnis 2. Klasse erwerben können. In den dreißiger Jahren blieb es daher bei der geübten Ausbildungspraxis: auf der Funkerschule der DEBEG wurden Funker für das Funkzeugnis erster Klasse ausgebildet, in Lehrgängen auf den Seefahrtschulen erwarben Inhaber von nautischen A5-Patenten das Funkzeugnis 2. Klasse. „Während der Schiffsoffizier seine Befähigung zur Ausübung des Funkdienstes durch das Prüfungszeugnis II. Klasse für den Bordfunkdienst nachweist, muß der Funkoffizier das Prüfungszeugnis I. Klasse besitzen"[92], heißt es 1933 in einem Leitartikel.

Der Bericht des Reichsbeauftragten

Übungszeit in Stunden	Aufnahme-Geschwindigkeit
12	18
24	35
36	50
48	65
60	73
72	79
84	80
96	81
108	81
120	82
132	86
144	92
156	108
168	119
180	128
192	132
204	133
216	133
228	134
240	132
252	133

Tabelle B.

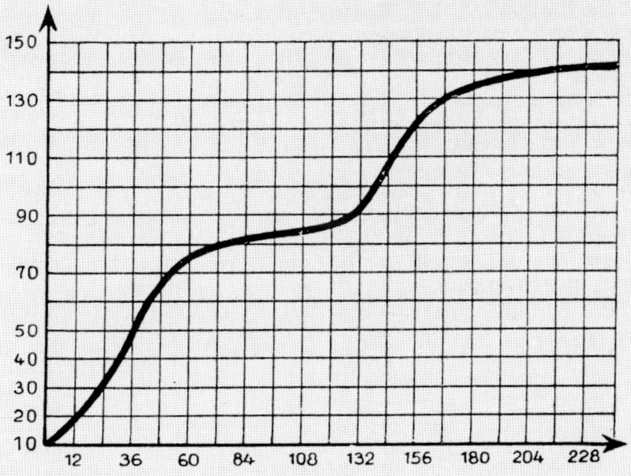

Bild 106.

Die Aufnahme von Morsezeichen erforderte von dem Lernenden viel Ausdauer und Übung. Häufig waren seine physiologischen Grenzen frühzeitig erreicht und Ursache für den vorzeitigen Abbruch des Studiums. Die Leistungskurve, welche die Abhängigkeit der Aufnahmegeschwindigkeit von der Übungszeit darstellt, wurde 1926 für eine Reihe von Probanden untersucht.

für das Seeschulwesen für das Jahr 1934 weist darauf hin, daß in Deutschland 214 Inhaber des Patentes A5 die Prüfung zum Funkzeugnis II. Klasse abgelegt haben. Über Funkerlehrgänge für andere Bewerber gibt es in den Berichten bis zum Ausbruch des Zweiten Weltkrieges keine Hinweise. Durch diese Art, Funker auszubilden und als Funkoffizier an Bord einzusetzen, fühlten sich die Berufsfunker benachteiligt. In Diskussionen wurde immer wieder die Änderung des Ausbildungssystems verlangt. Im Herbst 1934 fand in Göteborg ein Internationaler Kongreß der Bordfunker statt, auf dem es darum ging, wie der Nautiker aus der Tätigkeit des Funkers herausgedrängt werden könne. Die Forderung hatte ihre Befürworter, aber auch ihre Gegner. Diese besonders bei jenen Eignern, die sich aus Kostengründen keinen Funkoffizier, sondern nur ein mit dem Funkdienst beschäftigtes Besatzungsmitglied leisten konnten. Es kam zu keiner Einigung. Als die Funkkonferenz Kairo 1938 vorbereitet wurde, stand das Problem auf der Tagesordnung. Die Zahl der Funkverstöße von „Nautikerfunkern" nahm weltweit so sehr zu, daß man sich gezwungen sah zu reagieren. Deutschland befürchtete, daß Regelungen getroffen werden könnten, die den nebenamtlichen Bordfunker nicht mehr zuließen. Am deutschen Standpunkt hatte sich nichts geändert. Eine Abhilfe für das funkbetriebliche Versagen der Funker im Nebenamt wurde in Änderungen der Ausbildung gesehen. Am 1. April 1938 wurden die Seefahrtschulen vom Reich übernommen und unterstanden nun dem Reichsminister für Wissenschaft,

Erziehung und Volksbildung, die Zuständigkeit des Reichsverkehrsministers für das Prüfungswesen blieb erhalten. Die Bestimmungen der Vollzugsordnung für den Funkdienst (Kairo 1938) konnten nicht mehr wirksam werden. Ein Jahr später begann der Krieg.

Die Katastrophe des Zweiten Weltkrieges endete mit der Stunde Null, auch für den Funker. Die wenigen, die den Krieg überlebt hatten, blieben zunächst ohne Beschäftigung. Wo gab es eine Handelsflotte, wo Fischereifahrzeuge. Die großen Passagierdampfer lagen versenkt auf dem Grund der Meere oder noch irgendwo als Lazarettschiff vertäut. Besatzungsmächte, Reparationsleistungen und die Teilung Deutschlands belasteten die Schiffahrt. Viele der Bordfunker, die den Krieg überlebt hatten, wichen in Landberufe aus.

Die Gründung zweier deutscher Staaten sollte die Lösung sein. So begann 1949 die Geschichte der Nachkriegszeit, die Geschichte auseinanderdriftender Entwicklungswege in einem geteilten Land, die Geschichte eigener Ausbildungskonzepte für die Besatzungen der im Osten wie im Westen Deutschlands indienstgestellten Schiffe.

Die ersten Bordfunker kehrten in ihren Beruf zurück, erneuerten ihre ungültig gewordenen Funkpatente und heuerten auf den ersten Schiffen an. Die Seefahrtschulen nahmen ihren Lehrbetrieb wieder auf. Es begannen die ersten Funkerlehrgänge.

In der Bundesrepublik Deutschland bildete die 1951 erlassene „Vorläufige Bestimmung für den Erwerb von Seefunkzeugnissen" die Grundlage für Ausbildung und Zeugniserteilung. Sie erhielt vom 28. September 1953 an ihre endgültige Fassung. An den Seefahrtschulen in Hamburg und Bremen, genauso wie in Lübeck, Flensburg, Leer und Elsfleth besuchten künftige Funkoffiziere 40wöchige Lehrgänge, um sich auf ihren Beruf vorzubereiten und das Funkzeugnis 2. Klasse zu erwerben.

Der Bewerber konnte die Ausbildung aber nicht beginnen, wenn nicht bestimmte Vorbedingungen eingehalten wurden. Dazu gehörte, daß ein Volksschüler eine abgeschlossene Berufsausbildung als Elektriker, besser noch als Rundfunkmechaniker nachweisen mußte. Für Mittelschüler reichte eine zweijährige Praktikantenzeit in diesen Berufen.

Die Zahl der Funkerlehrgänge unterlag dem Zwang, für die rasch wachsende Zahl von Schiffen genügend Funkzeugnisinhaber auszubilden. Ein Funkzeugnis 2. Klasse für A5-Patente im Nebenamt war

Ausbildungsgang zum Funkoffizier an westdeutschen Seefahrtschulen (1966).

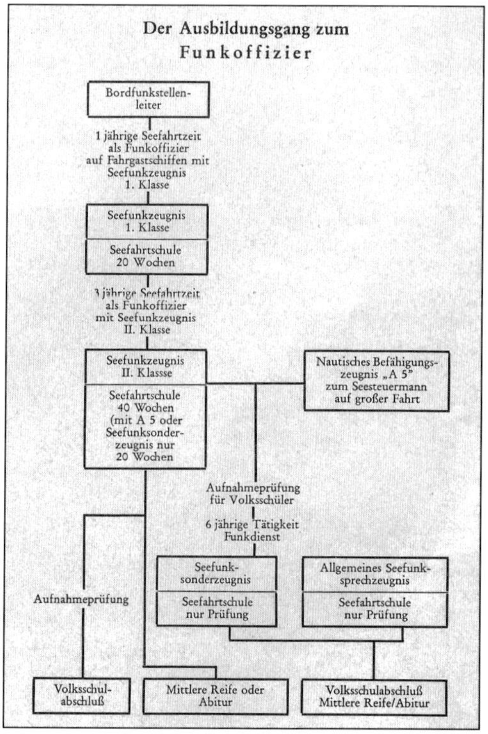

Sprechzeuge aus acht Jahrzehnten Seefunkbetrieb.

zwar noch zulässig, der Einsatz an Bord aber auf kleinere und in der mittleren Fahrt eingesetzte Schiffe beschränkt. Die Seefahrtschulen legten die Lehrinhalte auf der Grundlage der internationalen Vorschriften fest. Sie waren in diesen ersten Jahren nach dem Kriege kaum in der Lage, die Nachfrage zu decken, und bis zum Ende der fünfziger Jahre mußten immer wieder Ausnahmeregelungen für die Besetzung der Schiffe mit Funkzeugnisinhabern getroffen werden.

In diesen Jahren flammte auch die Grundsatzdiskussion wieder auf: Ist der Funker ein Funkoffizier oder doch nur ein Funker. Die geforderten Kenntnisse für ein Funkzeugnis waren im Vergleich zu den Anforderungen an die Befähigungszeugnisse der Nautiker geringer, so daß diese Frage durchaus berechtigt war. Der Streit wurde durch das Seemannsgesetz, welches am 1. April 1958 in Kraft trat, beigelegt. Eindeutig wurde bestimmt, daß der Funker an Bord ein Schiffsoffizier ist.

Anfang der sechziger Jahre waren die Nachwirkungen des Krieges weitgehend überwunden und die Vorstellungen der einzelnen Interessengruppen so weit gebündelt, daß die internationalen Organisationen – WARC (World Administration

Radio Conference) und IMCO (Intergovernmental Maritime Consultative Organization) – den Rahmen für Mindestanforderungen, die den Einsatz und die Ausbildung von Funkern betrafen, festschreiben konnten. Funkzeugnis 1. und 2. Klasse und das Seefunksonderzeugnis berechtigten seinen Inhaber, am Telegraphiefunk teilzunehmen und Telegraphiefunkanlagen an Bord zu bedienen. Die Tätigkeit des Funkers auf einem Schiff erschien als Beruf mit Zukunft, denn die Zahl der Schiffe nahm in diesen Jahren weltweit zu.

Vom 3. April 1971 galt eine neue Verordnung über den Erwerb der Befähigungszeugnisse für Seefunker. Sie setzte die Anforderungen an die Geschwindigkeit für Aufnahme und Wiedergabe der Morsezeichen herab und glich sie damit den internationalen Forderungen an, sie verkürzte die zum Erwerb des Funkzeugnisses 1. Klasse notwendige Fahrzeit und vereinfachte die Prüfung zum Funkzeugnis 2. Klasse für Funker, die ein Funksonderzeugnis hatten. Lehrinhalte und Ablauf der Ausbildung wurden nicht verändert und von der Seefahrtschule verantwortet.

Die Diskussion darüber, ob die technischen Inhalte der Funkausbildung vertieft werden müßten oder ob der Schwerpunkt der Ausbildung weiterhin die Vermittlung von Kenntnissen in Morsetelegraphie sein sollte, erhielt durch die wachsende Kompliziertheit der Geräte neue Nahrung. Tendenzen, den Funkbetrieb durch Selektivruf und Funkfernschreiben bedienfreundlicher zu machen, waren für den Reeder Gründe, die Frage zu stellen, ob denn die Ausbildung so lang sein müsse, ob sich die Ausbildungszeit nicht verkürzen ließe. Die Berufsverbände hielten dagegen, daß die kompliziertere Technik auch eine vertiefte theoretisch-technische Ausbildung notwendig mache. Es schien, als ob sich ihre Meinung durchgesetzt hätte, denn nach einem vom Bundesministerium für Verkehr 1974 vorgelegten Referentenentwurf sollten die Anforderungen an den Bewerber erhöht und der Beruf nur über ein Studium an einer Fachhochschule zu erreichen sein.

Am 30. November 1977 trat die „Verordnung über die Ausbildung der Schiffsoffiziere des Seefunkdienstes“, in Kraft. Das Ergebnis war enttäuschend. Aus der Voraussetzung „Fachschulreife“ für die Aufnahme der Ausbildung war eine „abgeschlossene Berufsausbildung“ geworden; von der in mehreren Schritten, einschließlich eines mehrsemestrigen Fachhochschulstudiums, ablaufenden Ausbildung war eine viersemestrige Ausbildung an einer nach Landesrecht eingerichteten Ausbildungsstätte geblieben. Ergänzt wurde die Ausbildung nur durch einen einwöchigen Sicherheitslehrgang und eine einmonatige Erfahrungsseefahrtzeit. Die Folge war, daß die weitgehend funkbetrieblich und weniger technisch orientierte Ausbildung gegen Ende der siebziger Jahren zur Weiterbildung der Funkoffiziere in Sonderlehrgängen zwang, um Kenntnisse über die neuesten elektronischen Bauelemente und Schaltungen zu vermitteln. Im Sommer 1976 fand an der Hochschule für Nautik in Bremen das erste Fortbildungsseminar statt.

Kein Wunder, daß die Reeder, nun auch angesichts des kommenden Satellitenfunks, in ihren Bemühungen fortfuhren, den Funkoffizier „einzusparen“. Doch ganz so einfach war das nicht, denn im März 1984 hieß es dazu noch in einem Fachblatt: „Die Entscheidung, ob es künftig Funkoffiziere auf Seeschiffen geben wird, ist verschoben worden.“ Die Standpunkte der nationalen Schiffssicherheitsbehörden waren noch so weit voneinan-

meine schule habe ich hinter mir. war vom 24.9.73 - 22.5.74 in bremen zum 1.klasse-lehrgang (fe18). wir fingen mit 12 mann an, zur prüfung waren wir nur noch 7, davon fielen 2 durch. wider erwarten habe ich noch recht gut abgeschnitten: ich habe es mit einem durchschnitt von 2,61 geschafft. zum ersten mal in der geschichte bekam ein 1.kl-lehrgang neben den tickets auch richtige abgangszeugnisse mit zensuren. das soll den beruflichen werdegang und abspringen in andere sparten erleichtern. neu war bei uns auch, daß wir schriftlich und mündlich von der schule geprüft worden sind. die post war auch anwesend, aber nur als beisitzer. wir hatten 4 tage schriftl. prüfung und 3 tage mündl. prüfung. das sah in etwa so aus:

mo 13.mai: engl. diktat, dann 2-1/2 h schriftl. engl. aufsatz (fo's seereise)
di 14.mai: 3 h schriftl. gesetz (issv und fusivo)
mi 15.mai: 3 h schrift. technik (ringmodulator, frequenzgang an reinquadratischer kennlinie, mittels additionstheoremen, sowie schwingkreis als Ra an einer triode)
do 16.mai: 2 h schriftl. gerätetechnik: unterschiede zwischen alten a3-sendern und ssb-sendern hinsichtlich freq.-aufbereitung, modulation, toleranzen etc.
mo 2o.mai: hören, geben, gerätekunde praktisch und mündlich
di 21.mai: gesetz, betrieb, englisch mündlich
mi 22.mai: technik, geografie, franz. dienstausdrücke mündlich +

am 22.5. kriegten wir auch gleich unsere tickets und zeugnisse, der direktor spendierte sogar noch ein glas sekt à la karstadt 1,98 und damit war der laden gelaufen. uff, freude groß.
auf dem arbeitsamt erhielt ich die für die heutige zeit seltene chance, auf einem musikdampfer einzusteigen!

Bericht eines Lehrgangsteilnehmers über die Prüfung zum zum Funkzeugnis 1. Klasse.

der entfernt, daß kein gemeinsamer Nenner über die Zukunft der Funkoffiziere gefunden werden konnte. „Damit haben sich in der vergangenen Woche in London vorerst die Interessenvertreter der Funker durchgesetzt, die immer wieder nachdrücklich auf die Gefährdungen der Schiffssicherheit hingewiesen haben, die mit dem Fortfall der von Menschen betriebenen Stationen unweigerlich verbunden sind", hieß es in dem Beitrag weiter.

Doch die Entwicklung ließ sich wohl verzögern, aber nicht aufhalten. Mit dem Beschluß, das Global Maritime Distress and Safety System (GMDSS) am 1. Februar 1992 in Kraft zu setzen, waren die Weichen endgültig gestellt.

Ostdeutschland brach nach dem Ende des Krieges auch in der Ausbildung der Funker mit Althergebrachtem und versuchte, mit den Erfahrungen älterer Funkoffiziere neue Wege zu gehen.

Seit 100 Jahren gab es in Wustrow auf dem Fischland die Seefahrtschule. Sie öffnete ihre Tore am 6. Mai 1945 und begann zunächst mit der Ausbildung von Steuerleuten für die Hochseefischerei der in

Das Ausbildungsschiff der Deutschen Seereederei, MS JOHANN GOTTLIEB FICHTE, auf dem die Studenten der Hochschule für Seefahrt ein Funkpraktikum absolvierten.

Saßnitz und Rostock eingerichteten Fischereistandorte. Im August 1949 machte der Leiter der Seefahrtschule in einem Schreiben an den Minister für Volksbildung des Landes Mecklenburg-Vorpommern darauf aufmerksam, daß die Ausbildung von Funkern aufgenommen werden müsse, da, wie er aus Zeitungsberichten erfahren habe, die neuen Fischereifahrzeuge mit einer Funkstation ausgerüstet werden sollten.

Die Entscheidung über eine Aufnahme der Funkerausbildung zog sich hin. Vier Jahre nach dem Zweiten Weltkrieg war in einem so sensiblen Bereich wie der drahtlosen Kommunikation eine Entscheidung äußerst problematisch, denn sie berührte die Sicherheitsinteressen der Siegermacht.

Auf Druck der Fischereibetriebe wurde aber dann doch 1951 mit der Funkerausbildung nach einem Lehrplan begonnen, der folgende Ausbildungsstufen vorsah: nach dreiwöchigem Schulbesuch erwarb der Lehrgangsteilnehmer ein Funksprechzeugnis und begann seine Fahrzeit, nach weiteren vier Monaten erhielt er das Funkzeugnis für Hörleute. Dann folgten neun Monate Schulbesuch, an dessen Ende ein Funksonderzeugnis erteilt wurde, und nach sechs weiteren Monaten Schulbesuch erwarb der Lehrgangsteilnehmer das Funkzeugnis 2. Klasse, meistens durch eine Fahrzeit unterbrochen.

Student im Lehrfunkraum auf MS J. G. FICHTE bei der Aufnahme der Schiffspresse.

So schwierig wie die Wiederaufnahme des Lehrbetriebes, so vielfältig waren auch die Ausbildungswege, die beschritten werden mußten, um das Ziel Funkzeugnis 2. Klasse zu erreichen. Die Prüfungen wurden zunächst noch auf der Grundlage von gesetzlichen Bestimmungen der Deutschen Reichspost abgenommen, die den internationalen Vorschriften entsprachen. Allerdings mußte die staatsrechtliche Gültigkeit, die sich nach der Gründung der Deutschen Demokratischen Republik geändert hatte, hergestellt werden.

Mit der „Verordnung über die Verleihungsbedingungen für Seefunkstellen“ und mit der am 11. September 1953 erlassenen „Verordnung über die Ausrüstung von Seefahrzeugen mit Funkanlagen und über die Wahrnehmung des Seenachrichtenverkehrs (Seefunkordnung)“ waren die rechtlichen Grundlagen geschaffen.

Anfang 1951 begann an der Seefahrtschule Wustrow ein „Hörmännerlehrgang“, an den sich im April 1951 ein Lehrgang zum Erwerb des Funksonderzeugnisses anschloß. Dieser Lehrgang endete 1954 und zu den Absolventen zählten auch fünf weibliche Lehrgangsteilnehmer. Am 1. Oktober 1951 begann ein viermonatiger Kurzlehrgang zum Funkzeugnis 2. Klasse. Die Bewerber waren ehemalige Kriegsteilnehmer und verfügten daher über ausreichende Vorkenntnisse.

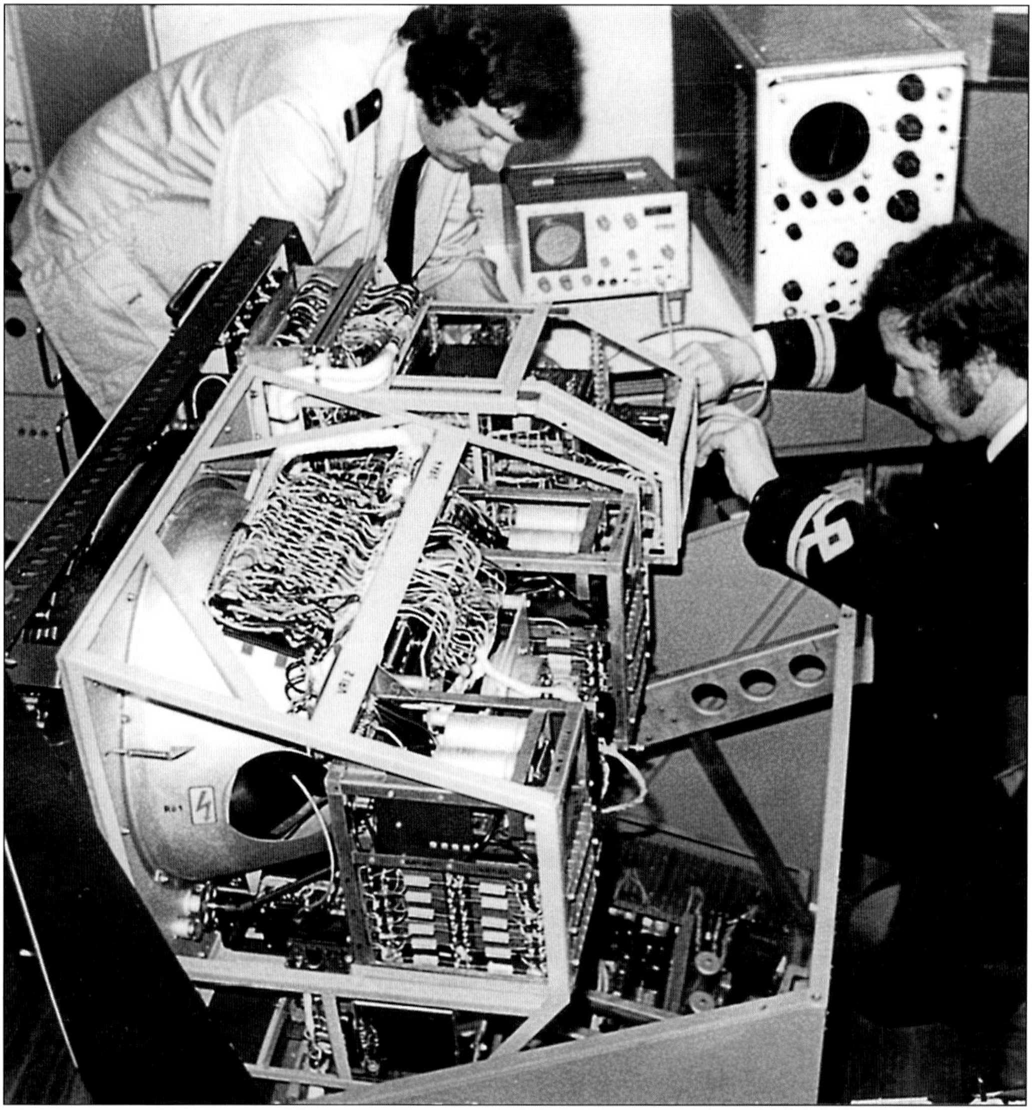

An der Hochschule für Seefahrt Warnemünde/Wustrow wurde nach 1970 die Ausbildung der Funkoffiziere verstärkt auf einen späteren Landeinsatz ausgerichtet. Studenten bei der Fehlersuche an einer Radaranlage.

Diese drei Ausbildungswege der Anfangsjahre spiegeln die Wechselwirkung zwischen dem Bedarf der Handels- und Fischereiflotte und der Ausbildung wider. Ein Bild, das sich in den ersten zwei Jahrzehnten nach der Wiederaufnahme der Funkerausbildung wiederholt zeigte.

Ab Januar 1954 begann schließlich der reguläre Lehrbetrieb mit einer zweijährigen Ausbildung zum Funkzeugnis 2. Klasse. Damit war nach drei Jahren der

Funker bei der Reparatur eines Funkempfängers.

Schritt gemacht, der die Voraussetzung für eine kontinuierliche, am internationalen Stand des Funkbetriebes und am Stand der Technik orientierte und dem Bedarf entsprechende Ausbildung bot. Die Funkausbildung verlor ihren Lehrgangscharakter und wurde ab 1960 in den Rang einer dreijährigen Fachschulausbildung erhoben. Sie schloß mit der Berufsbezeichnung „Ingenieur für Seefunk" ab. Der Absolvent erhielt darüber von der Seefahrtschule ein Zeugnis und von der Deutschen Post das Funkzeugnis 2. Klasse. In die Lehrpläne waren die internationalen Forderungen, wie sie sich aus der Vollzugsordnung für den Funkdienst

1956 und anderen internationalen Empfehlungen ergaben, integriert.

Die Bedingungen für die Aufnahme des Studiums wurden verschärft. Der Bewerber mußte mindestens eine zehnklassige polytechnische Oberschule besucht und eine Berufsausbildung in einem elektrotechnischen Beruf abgeschlossen haben. In den Lehrinhalten wurden die theoretischen Aspekte stärker betont, um der raschen technischen Entwicklung folgen zu können. Im Zuge weiterer Veränderungen, die 1967 eingeleitet wurden, erhielt die Seefahrtschule in Wustrow den Status einer Ingenieurhochschule, deren erfolgreicher Besuch mit dem Abschluß „Hochschulingenieur" endete. Der Übergang von einer Fachschule zur Hochschule führte zu einer weiteren Verlagerung der Schwerpunkte der Ausbildung von der funkbetrieblichen auf die theoretisch-technische Seite. Damit sollte gleichzeitig einem Trend Rechnung getragen werden, der sich in dem Berufszweig mehr und mehr bemerkbar machte. Der Funkerberuf wurde zunehmend nicht mehr als Lebensaufgabe, sondern als Zwischenstufe für eine Tätigkeit an Land angesehen. Durch die Konzentration der Ausbildung auf theoretisch-technische Inhalte erhielt der aus der Seefahrt ausscheidende Funker die Kenntnisse für eine spätere Tätigkeit in der nachrichtentechnischen Industrie oder bei fernmeldetechnischen Landdiensten.

Die Studenten absolvierten ein nachrichtentechnisches Studium, wie es an Technischen Hochschulen üblich war, ergänzt durch eine funkbetriebliche Spezialausbildung. Bis 1975 konnte der Absolvent in einem sich an das dreieinhalbjährige Studium anschließenden Semester das Diplom erwerben. Mit dem Immatrikulationsjahrgang 1975 schloß das Studium grundsätzlich mit dem akademischen Grad „Diplomingenieur" ab. Um das fünfjährige Studium einschließlich Diplomsemester aufnehmen zu können, mußte der Bewerber eine abgeschlossene Berufsausbildung mit Abitur nachweisen.

Mitte der siebziger Jahre, als Mikroelektronik und Satellitenfunk in den Blickpunkt rückten und sich damit Veränderungen im praktischen Seefunkdienst abzeichneten, wurden die Lehrinhalte weiter an die Informationstechnik angeglichen.

Die Einführung des Satellitenfunks in den beweglichen Seefunkdienst, die Ende der siebziger Jahre einsetzte, bestätigte den eingeschlagenen Weg, beschleunigte aber auch die notwendigen Veränderungen in der Ausbildung. Das bis dahin verfolgte Konzept für die Zukunft des Funkoffiziers an Bord wurde grundlegend überarbeitet. Dem internationalen Trend folgend wurden 1988 die Forderungen an die Geschwindigkeit für Aufnahme und Wiedergabe von Morsezeichen herabgesetzt. Die Ausrüstung der Handelsschiffe in der DDR mit Satellitenfunkanlagen kam bis 1989 aber nur schleppend voran. Nach wie vor wurden Telegraphiefunkanlagen betrieben und die Ausbildung von Funkoffizieren zog sich bis 1990 hin, obgleich im internationalen Maßstab die Zahl der mit Satellitenfunk ausgerüsteten Schiffe ständig stieg. Das letzte Funkzeugnis 2. Klasse wurde im Juni 1991 an einen Absolventen der Hochschule für Seefahrt Warnemünde/Wustrow ausgegeben.

Noch einmal war der Gesetzgeber in diesen Jahren gefordert. Am 3. Oktober 1990 trat die DDR dem Grundgesetz der Bundesrepublik Deutschland bei und am 17. Juni 1992 wurde eine Verordnung wirksam, mit der die bisher von der Deutschen Bundespost und der Deutschen Post ausgestellten Funkzeugnisse anerkannt wurden. Festgelegt sind die Voraussetzungen und Anforderungen an den Erwerb der verschiedenen Funkzeugnisse. Sie sind so gehalten, daß ein großer Kreis von Interessierten, Zugang zur Tätigkeit findet, die aber nicht mehr als Beruf anerkannt ist. Die Teilnahme am GMDSS setzt eine Zusatzprüfung zu den bisherigen Funkzeugnissen oder die Prüfung für ein GMDSS-bezogenes Zeugnis voraus.

100 Jahre Seefunk sind nicht nur 100 Jahre Entwicklung einer Technik und die Suche nach immer mehr Anwendungsmöglichkeiten, wie sie sich in den Diensten wiederfinden, sondern auch 100 Jahre Ausbildung von Funkoffizieren, einem Berufsstand, der auf das Lernen einer Spezialsprache, der Morseschrift spezialisiert war.

Die Ausbildung hat alle technischen Entwicklungen, aber auch alle gesellschaftlichen Veränderungen mitgemacht und hat geholfen, die durch Kriege verursachten Diskontinuitäten auszugleichen. In allen Jahren waren Einsatzfreude und Zuverlässigkeit wesentliche Merkmale des Berufes, der Funkoffizier der Garant dafür, daß die Schiffahrt durch seine Arbeit sicher betrieben werden konnte.

Die Dienste – vielfältige Möglichkeiten für mehr Sicherheit

Die drahtlose Telegraphie war in den ersten Jahren für die Schiffahrt nur das Mittel, um untereinander Nachrichten auszutauschen oder sich mit der Heimat über größere Entfernungen verständigen zu können. Morsezeichen aus dem Kopfhörer waren an Bord Lebenszeichen anderer Schiffe und heimatliche Laute, wenn sie von den eigenen Küstenfunkstellen kamen. Vielfältig waren die Inhalte der Nachrichten. Reeder übermittelten Weisungen an ihre Kapitäne. Schiffe berichteten über den Verlauf ihrer Reise, holten sich bei den Küstenfunkstellen Informationen über das Wetter und den Wasserstand in den Häfen oder andere für die Navigation wichtige Auskünfte. Die zunächst auf Anfrage übermittelten Berichte erhielten schon bald den Charakter regelmäßiger Sendungen. Die Funkdienste im Seefunk erlebten ihre Geburt. Aus einzelnen zweckdienlichen Informationen wurde ein „Dienst für alle Schiffe".

Einige Küstenfunkstellen hatten schon kurz nach ihrer Inbetriebnahme begonnen, Zeitsignale zu senden. Sie wurden von einer Normaluhr abgenommen, in die hochfrequente Schwingung umgesetzt und ausgestrahlt. Die Zeitimpulse dienten an Bord zur Kontrolle der Ganggenauigkeit des Schiffschronometers und damit indirekt der genauen Längenbestimmung, denn seit der Erfindung Harrisons war das Chronometer ein Hilfsmittel für die Bestimmung der geographischen Länge geworden. Bisher hatten die Schiffskapitäne ihr Chronometer nach den Zeitbällen in den Häfen stellen müssen und von deren geographischer Länge ausgehend, die zurück gelegten Längengrade ausgezählt. Nun gab es ein Verfahren, das wesentlich genauer war.

1833 wurde auf der Sternwarte in Greenwich der erste Zeitball errichtet. Punkt 12.00 Uhr mittags glitt er am Mast herab und zeigte dem Kapitän an, daß nun die Zeitmessung auf dem nullten Längengrad begann. Nach 1833 wurden in vielen Häfen solche Zeitbälle aufgestellt, 1875 in Cuxhaven der erste an der deutschen Küste.

Mit den ab 1873 in den USA zwischen Key West über die westindischen Inseln bis nach Panama durchgeführten Längenmessungen mit elektrischer Telegraphie über die Seekabelverbindungen war bewiesen worden, daß auf diese Weise eine sehr genaue Landvermessung möglich ist. Uhren, die mit einer Normaluhr synchron liefen, waren über die Kabel gesteuert worden.

Als mit Hilfe elektromagnetischer Wellen wichtige Nachrichten auch fahrende Schiffe erreichen konnten, wurde es möglich, die vom Bordchronometer angezeigte Zeit mit der Zeit einer Normaluhr zu vergleichen. Rasch fanden sich Erfinder, die dieses Problem untersuchten. 1904 benutzte Carl Theodor Albrecht die drahtlose Telegraphie zum Zeitvergleich bei der Längenbestimmung, und in einer französischen Zeitschrift wurde ein Zeitmeßsystem beschrieben, als dessen „Seele" eine Steueruhr arbeitete, die jede Sekunde einen Impuls an einen Marconischen Sender gab. Auf der Empfängerseite steuerte dieser Impuls eine Uhr. Doch dieses Verfahren, so simpel es aussah, setzte voraus, daß der Empfänger die

Bevor Zeitsignale mit Hilfe elektromagnetischer Wellen ausgestrahlt wurden, dienten in den Häfen Zeitbälle zur Einstellung des Schiffschronometers.

geographischen Koordinaten des Senders kennt, um aus dem Zeitvergleich die Länge bestimmen zu können. Die Idee war geboren, aber viele technische Einzelfragen blieben noch offen und die Realisierung mußte folgen. Die kanadische Regierung ließ als erste ihre staatliche Telegraphenstation in Camperdown bei Halifax mit einer Vorrichtung ausrüsten, welche die vom Observatorium in St. John's angezeigte astronomische Zeit an die im Sendebereich der Station liegenden Schiffe zu festen Zeiten übermittelte. In den USA wurden die Zeitsignale des Naval Observatory von der Küstenstation Arlington ausgestrahlt. Auch in anderen Ländern beschäftigte man sich damit, Funksignale für die Zeitmessung zu nutzen. 1908 wurde der französischen Akademie der Wissenschaften der Vorschlag unterbreitet, auf dem höchsten Punkt von Teneriffa eine funktelegraphische Station errichten zu lassen, die um Mitternacht und mittags nach Greenwicher Zeit Signale aussenden sollte.

Die Station Norddeich strahlte versuchsweise 1907 die ersten Zeitsignale aus, die von S.M.S. Kreuzer VINETA bei einer turnusmäßigen Seereise empfangen und ausgewertet wurden. Drei Jahre später, am 21. Februar 1910, begann die Küstenstation Norddeich den öffentlichen funktelegraphischen Zeitsignaldienst auf

Paris	0 h (Mitternacht)		
Tsingtau (Kiautschou)	0 h	Norddeich-Wilhelmshaven	12 h (Mittags)
San Fernando (Brasilien)	2 h	Tsingtau (Kiautschou)	12 h
Arlington (Ver. Staaten)	3 h	San Fernando (Brasilien)	16 h
Mogadiscio (Somaliland)	4 h	Arlington (Ver. Staaten	17 h
Manila	4 h (versuchsweise)	Massauah (Erithräa)	18 h
Timbuktu	6 h	San Francisco	20 h
Paris	10 h	Norddeich-Wilhelmshaven	22 h

Das Zeitraster für funkentelegraphisch gesendete Zeitsignale und eine Liste der Zeitsignalstationen nach dem Stand von 1913.

der Welle 2000 m. Die Zeitsignale, die vom Kaiserlichen Marineobservatorium in Wilhelmshaven übernommen und jeweils zweimal am Tag gesendet wurden, konnten im Osten im gesamten Ostseebereich, im Norden bis zu den Lofoten und nach Westen über den Englischen Kanal hinaus empfangen werden. An Bord wurden sie mit dem Morseschreiber oder Fernhörer aufgenommen. Die Sendung begann sieben Minuten vor 12.00 Uhr. Zwei Minuten lang wurde zunächst die Zeichenfolge V V V V gesendet. Es folgte das Zeichen „Achtung", an das sich die Kennung von Norddeich K N D anschloß. Den Schluß bildete das Zeichen M G Z. Nach einer längeren Pause folgte wieder „Achtung", und dann nach einer kurzen Pause von 11.58 Uhr bis 12.00 Uhr jede Sekunde ein Strich und nach sechs Sekunden das Schlußzeichen. Nachdem Norddeich mit seinen Sendungen begonnen hatte, nahm auch der Sender auf dem Eiffelturm, der seine Signale von der Pariser Sternwarte erhielt, die Ausstrahlung von Zeitsignalen auf.

Die Londoner Funkkonferenz 1912 warf auch die Frage nach einem Zeitsignaldienst auf. Die Schiffahrt treibenden Länder drängten auf eine internationale Regelung, denn im praktischen Betrieb hatte sich gezeigt, daß es Abweichungen zwischen den Zeitsignalen verschiedener Sender gab. Um eine einheitliche Regelung herbeizuführen, lud das französische Bureau des Longitudes für den 15. Oktober 1912 zu einer internationalen Zeitkonferenz nach Paris ein. Bis zum 23. Oktober berieten die Delegierten, aber die Beschlüsse blieben Willenserklärungen. Die meisten der anwesenden Vertreter hatten von ihren Regierungen keine Voll-

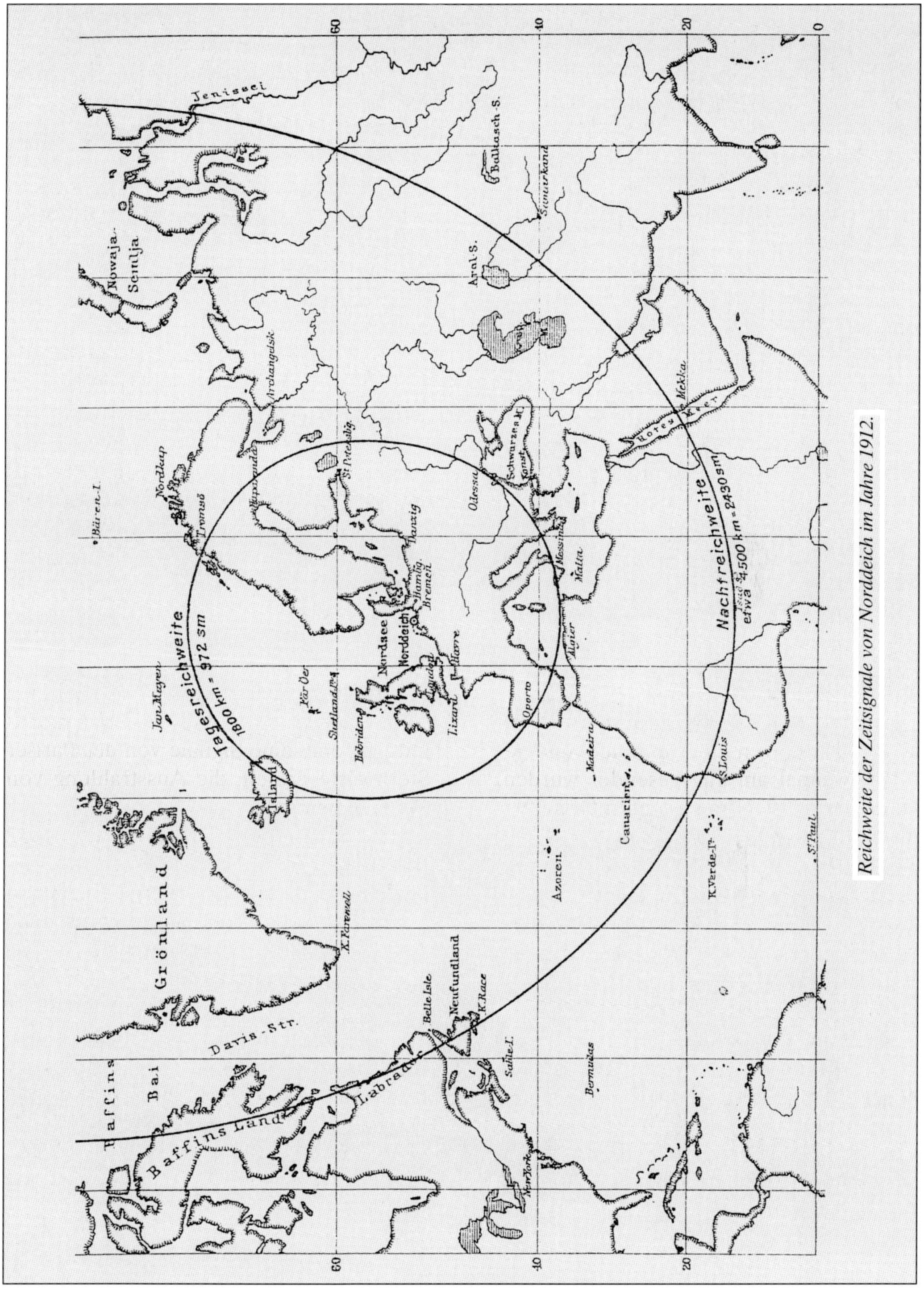

Reichweite der Zeitsignale von Norddeich im Jahre 1912.

macht für verbindliche Abmachungen mitgebracht. Immerhin wurde empfohlen, für die Zeitmessung in der Seefahrt eine Genauigkeit von 1/4 Sekunde festzulegen. 1913 nahmen die Funktelegraphenstationen Norddeich, Tsingtau, Arlington, Boston, Choshu, Eureka, Campeche, Guaymos Mazatlan de Sinalco, Payo Obispo und Veracruz am allgemeinen Zeitsignaldienst teil. 1917 war der amerikanische Zeitsignaldienst mit den Stationen Arlington, Key West und New Orleans für die Ostküste Nordamerikas vollständig ausgebaut.

Neben dem einseitig gerichteten Zeitsignaldienst entwickelte sich fast wie selbstverständlich ein Funkdienst, der auf die Mithilfe der Schiffe auf hoher See angewiesen war: der Wetterfunkdienst. Schon von den ersten Schiffen, die eine Funkanlage besaßen, teilten die Funker häufig nebenbei mit, bei welchem Wetter das Schiff gerade versegelt. Solche Mitteilungen konnten für eine umfassende aktuelle Wettermeldung sehr wichtig sein. Nahezu gleichzeitige Wetterbeobachtungen in den verschiedensten Regionen der Ozeane und die Auswertung der Daten in einer Zentrale bilden die Grundlage für die Wettervorhersage. Von den funktelegraphischen Wettermeldungen bis zum unverzichtbaren Wetterfunkdienst war es nur ein kleiner Schritt. Das Wetter, Freund und Feind der Schiffahrt zugleich, bisher unvorhersehbar und unberechenbar, konnte nun bei der Navigation berücksichtigt werden.

Die Anfänge eines Wetterfunkdienstes liegen im Jahr 1904, als die Londoner Zeitung „Daily Telegraph“ Wetterberichte veröffentlichte, die aus telegraphischen Meldungen von Schiffen auf dem Atlantik zusammengestellt worden waren. „Das ist erst der Anfang einer Serie von Beobachtungen, die vermutlich Früchte tragen wird und dahin führt, Wetterinformationen aus viel größeren Entfernungen, als jetzt möglich, zu erhalten und so das Wetter mit größerer Sicherheit und Schnelligkeit vorherzusagen, als heute.“[93] 1905 standen die Versuche des „Daily Telegraph“ auf der Tagesordnung der in Innsbruck tagenden Internationalen Meteorologischen Konferenz. Schon im Vorfeld dieser Zusammenkunft von Vertretern vieler Länder hatte man die Absicht bekundet, auf den Azoren Funksender aufzustellen, die, mit dem amerikanischen Wetterbüro verbunden, ein Zentrum für die tägliche Wetterinformation nach Europa sein könnten. Die Regierung der USA hatte entlang ihrer atlantischen Küste von Portland (Maine) bis Galveston (Texas) eine Kette von Küstenstationen für einen umfassenden Wetternachrichtendienst errichten lassen. Alle mit Funkanlagen ausgerüsteten Schiffe waren verpflichtet, Wettermeldungen abzugeben, wenn sie in die Reichweite einer Küstenstation liefen. Die Küstenfunkstellen übermittelten dafür, sozusagen als Gegenleistung, Wettervorhersagen.

Die britische Admiralität befahl 1907 ihren mit funktelegraphischen Anlagen ausgerüsteten Schiffen, von See Wetterdaten zu senden. Nach einer Vereinbarung mit dem Meteorologischen Amt strahlten die Sender Scilly und Roche Point zweimal am Tage Wettermeldungen an die Kriegsschiffe aus.

Der Schnelldampfer KAISERIN AUGUSTE VICTORIA diente 1907 als Versuchsschiff für einen Wetterfunkdienst. Die von Land und von anderen Schiffen empfangenen Wetterbeobachtungen wurden an Bord zu einer Wetterkarte zusammengefaßt. In Paris beschäftigte sich die Akademie der Wissenschaften auf ihrer Sitzung am 27. April 1908 mit der Frage funktelegraphischer Wettermeldungen und unterstrich, daß es von großem Wert sei, wenn Dampfer täglich ihre Wetterbeobachtungen von See mitteilten, denn dann sei es möglich, die Genauigkeit der Wettervorhersagen zu erhöhen.

1908 kündigte die australische Bundesregierung an, daß ihre Küstenfunkstellen von Schiffen in der Südsee und im Indischen Ozean Wettermeldungen entgegennehmen werden. Zusätzlich wolle sie aber auch in der Gegend, wo sich Wettersysteme bilden, und das sei auf der Amsterdam-Insel zwischen der Westküste von Australien und Südafrika, eine Küstenstation errichten.

Anfang des Jahres 1909 einigten sich das Meteorologic Office in London und die Deutsche Seewarte in Hamburg auf gemeinsame Versuche, die von Februar bis April dauerten und an denen 56 britische und 14 Dampfer der Hamburg-Amerika Linie und des Norddeutschen Lloyd teilnahmen. Um sieben Uhr vormittags und sechs Uhr abends Greenwicher Zeit strahlten die Schiffe ihre Wetterangaben für die Funkstellen in Crookhaven, in Malin Head und auf Lizard aus. Diese leiteten die Meldungen an das Meteorologic Office in London und an die Deutsche Seewarte in Hamburg zur Auswertung weiter. Dieser erste Großversuch brachte zwar nicht die erhofften Ergebnisse, hatte aber gezeigt, daß der eingeschlagene Weg richtig war. Nachdem sich der Norddeutsche Lloyd und die Hamburg-Amerika Linie zur Mitarbeit bei weiteren Versuchsreihen bereit erklärt hatten, folgte in den Monaten August und September ein zweiter Versuch, an dem auch Schiffe der Allan Line, der American Line, der Anchor, der Cunard und der White Star Line teilnahmen. In einem Gebiet von 10°–30°West funkten 49 britische Dampfer auf 181 Reisen insgesamt 568 Telegramme, und 23 deutsche Dampfer beteiligten sich auf 74 Reisen, von denen sie 276 Telegramme sendeten. Der Versuch dauerte 62 Tage. Dann stand das Ergebnis fest: eine Wetterbeobachtung durch die Schiffe ist nur dann sinnvoll, wenn die einzelnen Meldungen gleichzeitig in den Wetterbüros eintreffen. So nahm man zunächst Abstand von einem ozeanischen Wetterdienst und beschränkte sich auf kleinere Regionen. Ab 1. November 1910 gab es für die Nordsee und Ostsee einen öffentlichen funktelegraphischen Wetterdienst. Die Sturmwarnungen der Deutschen Seewarte wurden für den Bereich der Nordsee durch Norddeich verbreitet. Ab August 1911 strahlte der Eiffelturm im Anschluß an die Zeitsignale Wettermeldungen von Reykjavik (Island), Valentia (Irland), Quessant (Frankreich), La Coruna (Spanien) und Horta (Azoren) aus. Die Meldungen enthielten Angaben über den Luftdruck, die Richtung und Stärke des Windes und die Rauheit der See. Im November 1913 richtete die Wiener Regierung an ihrer Adria-Küste einen funktelegraphischen Wetterdienst ein und in Südafrika strahlte die Küstenfunkstelle auf Kap Natal täglich um ein Uhr nachmittags Telegramme über die Wetterlage an der südafrikanischen Küste aus. Nach all diesen einzelnen Aktionen beschloß die vom 13. November 1913 bis 20. Januar 1914 in London tagende Internationale Konferenz für die Sicherheit der Schiffahrt in einem Zusatzabkommen einen besonderen Schlüssel für die funktelegrafische Übermittlung von Eis-, Wrack- und Wetternachrichten. Damit waren alle Voraussetzungen für einen internationalen Wetterfunkdienst geschaffen, der aber bis zum Ausbruch des Ersten Weltkrieges nicht mehr eingeführt wurde.

Erst 1918 begannen der Sender Carnavon in Großbritannien und der Eiffelturm

Laufende Nummer	Küstenfunkstelle (Rufzeichen)	Ozeanwetterdienst (Bericht über Verteilung des Luftdrucks über dem östlichen Atlantischen Ozean und eine für den folgenden Tag geltende Wettervorhersage für den westlichen Kanaleingang)	Wetternachrichten (Bericht über die Wetterlage und eine für die nächsten 24 Stunden gültige Wettervorhersage; im Winter anschließend Eisnachrichten)	Sturmwarnungen Abgabe je zweimal a) sofort nach Eingang bei der Küstenfunkstelle, b) soweit noch erforderlich zu den drei nächsten der unten angegebenen, feststehenden Sendezeiten.	Wichtige Nachrichten für Seefahrer (über das Abtreiben von Seezeichen usw.) Abgabe a) dreimal sofort nach Eingang bei der Küstenfunkstelle, b) soweit noch erforderlich einmal zu den unten angegebenen, feststehenden Sendezeiten.	Nachrichten „an Alle“ = CQ — Nachrichten = (enthaltend Nachforschungen nach dem Verbleib überfälliger Schiffe usw.) Abgabe je einmal a) sofort nach Eingang bei der Küstenfunkstelle, b) außerdem zu den unten angegebenen, feststehenden Sendezeiten.	Wetter- Auskünfte auf Anfrage von Schiffen. Gesamtgebühr für Anfrage und Auskunft: 4 RM	Nautische Auskünfte
1	Norddeich (K A V)	auf Welle 2300 m ungedämpft, um 1,05 N.	auf Welle 1100 m gedämpft im Anschluß daran auf Welle 1100 m ungedämpft, um 11,15 V. und 10,30 N. für das Gebiet d. Nordsee	a) auf Welle 600 m gedämpft b) auf Welle 1100 m gedämpft um 6,15 V., 11,15 V., 5,30 N., 10,30 N.	a) auf Welle 600 m gedämpft, b) auf Welle 1100 m gedämpft, im Anschluß daran funktelephonisch auf Welle 1800 m im Anschluß an die Wetternachrichten (um 11,15 V. und 10,30 N. bzw. 11,30 V. und 10,45 N.	a) auf Welle 600 m gedämpft, b) auf Welle 1100 m gedämpft, im Anschluß an die Wetternachrichten (um 11,15 V und 10,30 N. bzw. 11,30 V. und 10,45 N.)	auf Welle 600 m gedämpft	auf Welle 600 m gedämpft,
2	Swinemünde (K A W)	—	auf Welle 1100 m gedämpft, im Anschluß daran auf Welle 1100 m ungedämpft, um V,30 11. u. 10,45 N. für das Gebiet der mittl. und westl. Ostsee	a) auf Welle 600 m gedämpft, b) auf Welle 1100 m gedämpft, um 6,30 V., 11,30 V., 5,50 N., 10,45 N.			desgl.	desgl.
3	Bremerhaven (K B H)	—		—	—			
4	Cuxhaven (K B X)	—		—	—		desgl.	desgl.
5	Pillau (K A P)		auf Welle 600 m gedämpft, um 12,30 N. für das Gebiet der östl. Ostsee		a) auf Welle 600 m gedämpft, b) desgl. im Anschluß an die Wetternachrichten (um 12,30 N.)		desgl.	
6	Kiel-Friedrichsort (K B K)	—	auf Welle 600 m gedämpft, um 12 mittags für das Gebiet d. westl. Ostsee	a) auf Welle 600 m gedämpft, b) desgl. im Anschluß an die Wetternachrichten (um 12 mittags)		a) auf Welle 600 m gedämpft, b) desgl., im Anschluß an die Wetternachrichten (um 12 mittags)	desgl.	

bar, daher schneller und billiger als es auf anderen Wegen möglich ist, zu vermitteln*).

Abfassung des Telegramms: Die Anschrift muß enthalten:

*) Die großen Fahrgastdampfer nach Nord- und Südamerika, dem Mittelmeer und dem hohen Norden befinden sich während eines großen Teils ihrer Reise mit der Hauptfunkstelle Norddeich in ständiger funktelegraphischer Verbindung, sie vermitteln während dieser Zeit auch Verkehr für nahe kleinere Schiffe (vgl. Zeichnungen auf S. 127 und 128).

a) Namen des Empfängers, gegebenenfalls ergänzende Zusätze bei Namensgleichheit,

b) Namen des Schiffes, wie er in der ersten Spalte des Internationalen Verzeichnisses der Funkstellen (vgl. S. 205) steht*) (ohne Rücksicht auf die Länge als ein Wort zu zählen),

c) Namen der Küstenfunkstelle, über die das Telegramm befördert werden soll, wie er im Internationalen Verzeichnis der Funkstellen steht*).

*) Hierüber erteilen die Annahmestellen Auskunft.

Die Dienste der deutschen Küstenfunkstellen im Jahre 1926.

wieder Wetternachrichten für die Schifffahrt zu verbreiten. Mit Nachdruck forderte 1919 die Admiralität in London, daß es nun endlich eine einheitliche Organisation für eine ununterbrochene Wetterberatung der Schiffe geben müsse, eine Forderung, der sich auch die junge Luftfahrt anschloß. Im Oktober 1919 tagte in Paris die „Internationale Konvention der Luftfahrt" und beriet einen Plan für die Verbreitung europäischer Wettermeldungen. Auf der dritten Sitzung der Kommission für Wettertelegraphie im November 1920 einigte man sich schließlich auf die Herausgabe eines abgestimmten Sendeplanes für funktelegraphische Wettermeldungen. Ab 1. August 1924 strahlte Norddeich für die internationale Schiffahrt Ozean-Wettermeldungen aus. Die technische Entwicklung ging weiter, denn als Arthur Korn (20. Mai 1870–22. Dez. 1945) 1922 mit seinen Versuchen zur drahtlosen Bildübertragung begann, war absehbar, daß sich so ein Verfahren auch für die Übertragung von Wetterkarten eignen würde. Es dauerte nur zwei Jahre, bis Max Dieckmann (5. Juli 1882–28. Juli 1960) am 9. Februar 1924 die erste Wetterkarte drahtlos an ein Schiff übertrug, und zwei weitere Jahre, bis die Deutsche Seewarte in Hamburg eine Versuchsreihe für die Übertragung einer Ozeanwetterkarte nach dem System Dieckmann zum Dampfer WESTPHALIA startete. Die Aussendungen konnte man noch in einer Entfernung von 2500 sm empfangen, aber die Versuche wurden nicht weitergeführt, weil die Anlage noch zu primitiv war, obgleich die empfangene Wetterkarte genauer war als die nach dem Wettertelegramm gezeichnete. Die Forderung der Schiffahrt nach einer Verbesserung des Wetterfunkdienstes blieb bestehen. Auf dem 50. Vereinstag des Deutschen Nautischen Vereins am 11. Oktober 1932 wurde in einer Entschließung gefordert: „Die Reichsregierung wolle die Mittel zur Verfügung stellen, um die drahtlose Bildübertragung von Ozean-Wetter durch die Deutsche Seewarte an Schiffe zu ermöglichen."[94] Zunächst wurde Ende 1932 für die Küstenschiffahrt zwei Mal am Tage ein Seewetterbericht über den Rundfunk ausgestrahlt, eine Sendung, über die sich ein Rundfunkhörer in der Zeitschrift „Der deutsche Rundfunk" beschwerte, weil er sich nicht ungestört dem Musikgenuß hingeben könne.

Am Wetterfunkdienst für die Schifffahrt änderte sich in den folgenden Jahren bis zum Ausbruch des Zweiten Weltkrieges wenig. 1939 besaßen die Dienststellen des Wetterdienstes aber bereits Sende- und Empfangsanlagen für die unmittelbare Übertragung von Wetterkarten.

Im Sommer und Herbst 1956 wurde auf dem Motorschiff TRANSATLANTIC der Poseidon Schiffahrt GmbH der erste serienmäßig eingeführte Wetterkartenschreiber erprobt.

Die Sicherheit der Schiffahrt ist von vielen Faktoren abhängig, nicht nur vom Wetter. Nicht weniger wichtig sind die Navigationshilfen, wenn sich das Schiff in der Nähe gefährlicher Küsten befindet oder schwierige Hafeneinfahrten ansteuert. Betonnung, Befeuerung und Hinweise auf Gefahrenstellen haben die gleiche Bedeutung für die Schiffssicherheit wie aktuelle und vollständige Angaben zu Küstensignalstationen oder Nebelsignalen. Dabei ist nichts von Dauer. Eine Tonne kann vertreiben, ein Feuer verlöschen und ein Wrack die Fahrrinne blockieren. Über all das muß der Kapitän informiert sein – der Seefahrer benötigt Nachrichten.

Solche Nachrichten stellte das preußische Kriegsministerium bereits in den Jahren 1849 bis 1869 aus allen zur Verfügung stehenden fremdsprachlichen

Bordpeiler.

TELEFUNKEN
GESELLSCHAFT FÜR DRAHTLOSE TELEGRAPHIE
BERLIN SW11 M. B. H. Hallesches Ufer 12-13
Telegramm-Adresse: „Telefunken Berlin"

Die sicherste Navigation

ist auch bei **unsichtigstem** **Wetter** absolut **verbürgt**

bei Anwendung des

BORDPEILERS

der

TELEFUNKEN Gesellschaft für drahtlose Telegraphie
m. b. H.

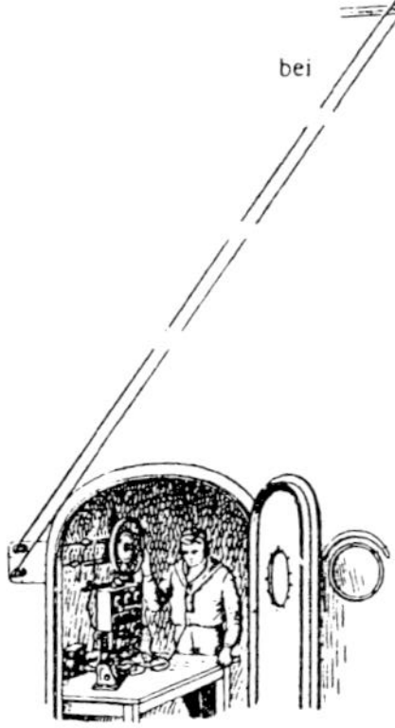

Der Telefunken-Bordpeiler besitzt

größte Uebersichtlichkeit

bei

leichtester Handhabung.

Ohne Vorkenntnisse vom Navigations-Personal zu bedienen.

TELEFUNKEN

Werbeblatt No. 37 (800). Codewort: falia Juli 1923.

TELEFUNKEN

Der Telefunken-Bordpeiler

besteht aus einer mittels Seilzügen drehbaren Rahmenantenne von etwa 80 cm Durchmesser und einer Empfangsapparatur, die sich aus Hoch- und Niederfrequenzverstärker mit Ueberlagerer zusammensetzt. Auf einer in 360° eingeteilten Skala, die auf dem zur Empfangsapparatur gehörigen Handrad angebracht ist, kann die Lage der Sendestation (Leuchtturm, Feuerschiff usw.) zum Schiff abgelesen werden. Die Aufnahme der Funkpeilungen — bei denen die Schiffsführung alle Faktoren der Navigierung und die der Wetterverhältnisse berücksichtigen kann — geschieht völlig unabhängig von der Betriebsfähigkeit der Schiffsfunkanlage, ist also selbst bei deren Versagen jederzeit möglich. Auch Fahrzeuge ohne sonstige Funkanlage können einen Radiopeiler an Bord haben.

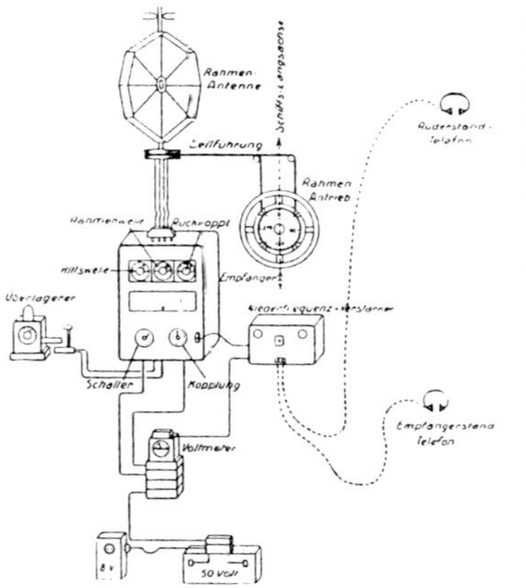

Es ist möglich, mit dem Telefunken-Bordpeiler tönende Sender bis auf 600 km, ungedämpfte Sender mittlerer Leistung auf über 1000 km sicher anzupeilen. Bei den Versuchen, die an Bord des deutschen Vermessungsschiffes „Panther" im Frühjahr 1923 in der Kieler Bucht stattfanden, wurden die Sendewellen englischer Amateurstationen, d. h. kleinster Sender sicher gepeilt. Die verschiedenen Peilversuche — wie Zielfahrten, Kreuzpeilungen usw. — haben einwandfrei ergeben, daß der Telefunken-Bordpeiler den bisher üblichen Navigationsmitteln durchaus gleichwertig, bei unsichtigem Wetter zweifelsfrei überlegen ist.

PREIS: Der Telefunken-Bordpeiler ....

GESELLSCHAFT FÜR DRAHTLOSE TELEGRAPHIE M. B. H.
BERLIN S. W. 11, HALLESCHES UFER 12-13

Für Lieferung unverbindlich!

Verkleinerte Wiedergabe der »Telefunken-Werbeblätter«

Das Funkfeuer von Stubbenkammer auf Rügen 1933.

Abb. Seite 210: Werbeblatt der Gesellschaft für drahtlose Telegraphie mbH für den Bordpeiler 1923.

Antennenanlage eines Goniometerpeilers von Marconi aus dem Jahre 1925 nach dem Prinzip von Bellini-Tosi. Von einem Mast verlaufen in Längs- und Querrichtung des Schiffes je ein Antennenpaar. Durch die große Basislänge eines Rahmens ist die Anlage sehr platzaufwendig.

Veröffentlichungen zusammen und gab sie als „Hydrographische Nachrichten" an die königliche Marine weiter. Diese Mitteilungen erhielten auch das preußische Handelsministerium und die Behörden der deutschen Seeuferstaaten zur Weiterverbreitung. Die Kapitäne der Handelsmarine bezogen ihre Informationen aus regelmäßigen Veröffentlichungen in der Hamburger Börsenhalle und in der „Stettiner Ostsee-Zeitung". 1868 übernahm das Hydrographische Bureau die

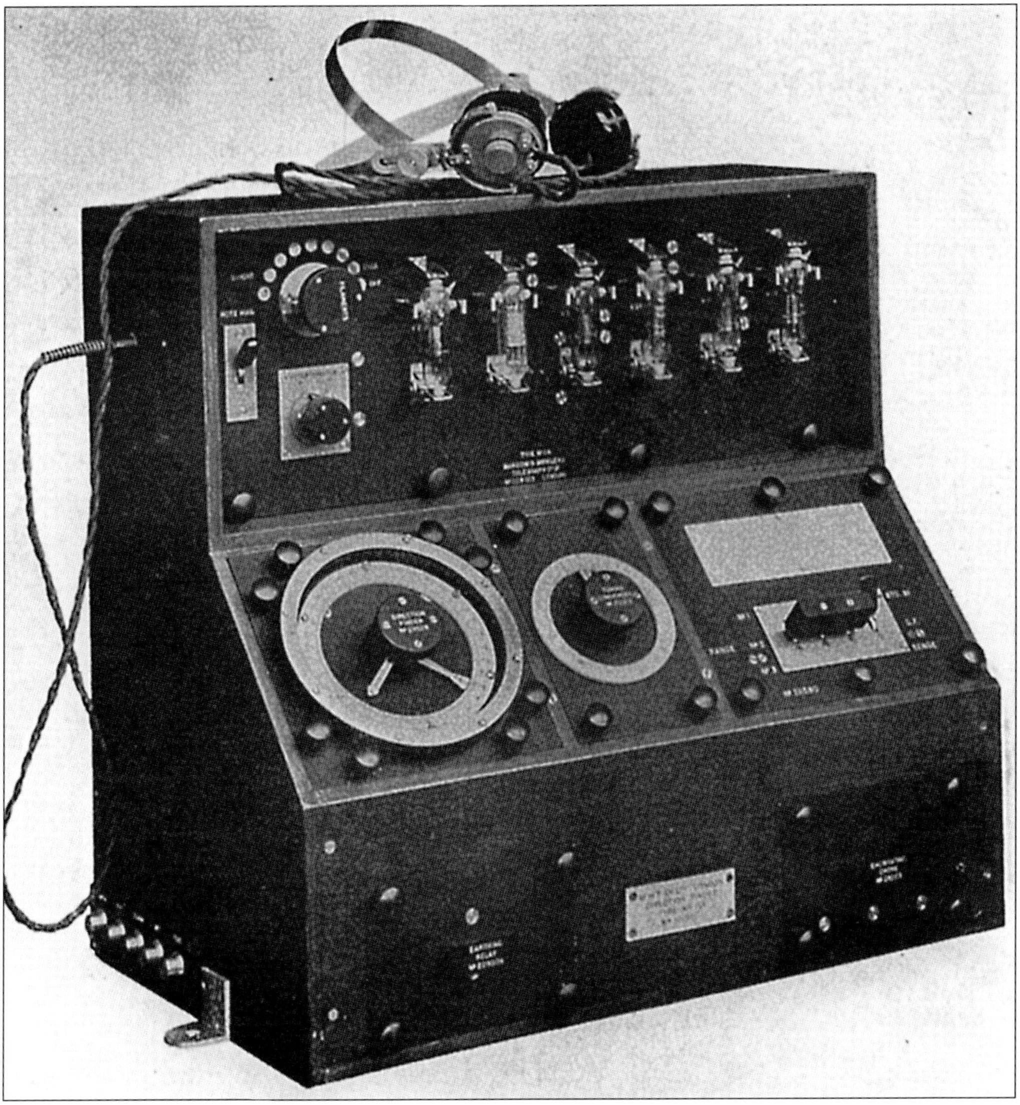

Der Empfänger des Goniometerpeilers von Marconi aus dem Jahr 1924.

Übersetzung der fremdsprachlichen Nachrichten und veröffentlichte sie ab März 1869 als gedruckte Loseblattsammlung und Beilage zum „Preußischen Handelsarchiv“. Doch wenige lasen die Zeitung und die für die Schiffahrt so wichtigen Nachrichten fanden kaum Beachtung. Daher erschienen diese Mitteilungen ab 1. Juli 1870 unter der Bezeichnung „Nachrichten für Seefahrer“ als Beilage zum Marine-Verordnungsblatt und von 1872 bis 1882 wurden sie als Bei-

Mit dem Vermessungsschiff PANTHER machte Telefunken 1923 die ersten Peilversuche. Blick in die Peilkammer. Deutlich sind das Handrad und der Seilzug zu erkennen, womit der Peilrahmen gedreht wurde.

blatt zu den „Annalen der Hydrographie und maritimen Meteorologie“ herausgegeben. Ab 1883 erschienen sie dann wöchentlich als selbständiges Blatt. Das war der Stand, als die Funkentelegraphie ihren Siegszug in der Schiffahrt begann. Die telegraphische Verbreitung der „Nachrichten für Seefahrer“ war nur eine Frage der Zeit. Sie vollzog sich allmählich, ohne spektakuläres Aufsehen. Im „Leipziger Tageblatt und Anzeiger“ vom März 1904 war zu lesen, daß Mitteilungen über abgetriebene Seezeichen funkentelegraphisch verbreitet werden. Aber erst 1911 erhielten Funkentelegraphenstationen auf deutschen Feuerschiffen die Anweisung, daß Nachrichten, die helfen, Schiffsunfälle zu vermeiden, oder die Navigation unterstützen, gesendet werden dürfen. Dazu gehörten Mitteilungen zur Befeuerung und Betonnung der Fahrwasser, zu Stromversetzungen und über eingetretene und vorhandene Schiffahrtshindernisse.

Zeitfunkdienst, Wetterfunkdienst, Nachrichten für Seefahrer, all diese Dienste verbesserten die Sicherheit der Schiffahrt. Wenn es nun auch noch gelang, mit Hilfe von Funkwellen Standlinien zu „schreiben“, war es sogar möglich, aus ihrem Schnittpunkt den Standort des Schiffes zu bestimmen.

Die Richtwirkung ausgestrahlter Funkwellen hatte Marconi schon an seiner geknickten Antenne feststellen können. Doch sie allein löste das Problem nicht. Im britischen Patent Nr. 225256 von 1898 war für Fessenden eine Empfangsanordnung für elektromagnetische Wellen mit Richtwirkung, die mit einem geschlossenen Schwingkreis arbeitete, geschützt worden, und auch Ferdinand Braun hatte 1899 auf eine Rahmenantenne mit Richtwirkung ein Patent erhalten. Wegen der zu geringen Empfindlichkeit der Empfänger wurden die Versuche zum Richtempfang aber wieder eingestellt. 1904 schlug De Forest vor, an den Küsten Sender aufzustellen, deren Signale mit einer bestimmten Kennung ausgestrahlt, von Empfängern eindeutig nach ihrer Einfallsrichtung identifiziert werden könnten. „Der Erfinder hofft, bei unsichtigem Wetter mit dieser Vorrichtung die zu große Annäherung von Schiffen an gefährliche Küsten sowie Schiffszusammenstöße sicher zu verhüten.“[95] Die ersten ernst zu nehmenden Versuche zur Richtungsbestimmung mit Hilfe elektromagnetischer Wellen fanden 1906 in den USA statt. Auf dem Kohlenschiff LEBANON installierte die Stone Radio & Telegraph Co. einen richtungsanzeigenden Funkempfänger, nach dessen Erprobung in einem Schreiben an den Marinesekretär auf den Wert der Geräteanordnung für die Standortbestimmung aufmerksam gemacht wurde. In Frankreich beschäftigten sich in den Jahren 1907 und 1908 die beiden Seeoffiziere Bellini und Tosi und André Blondel zunächst mit der Frage, ob elektromagnetische Wellen sich in eine ganz bestimmte Richtung ausstrahlen lassen würden. Sie wollten auf diese Weise das Mithören von Aussendungen der Schiffe durch Unbefugte verhindern. Bei ihren Überlegungen fanden sie heraus, daß sich mit zwei gekreuzten Dreieckantennen die Richtung der einfallenden Welle bestimmen ließ. Sie veröffentlichten ihre Ergebnisse 1907 in „Electrical Engineering“ unter dem Titel „A directive system of wireless telegraphy“. Auch wenn die Richtung mit dieser Antennenanordnung nur sehr ungenau bestimmt werden konnte, das Grundprinzip des Goniometerpeilers war erfunden. Das deutsche Ministerium für Öffentliche Arbeiten initiierte 1908 Versuche zum Richtungsempfang. In Rahns-

In dem Schrank befindet sich die drehbare Rahmenantenne. Bordpeilanlage auf dem Dampfer STUTTGART im Jahre 1924.

Abb. Seite 217: Nach der Erfindung des Hoch- und Niederfrequenzverstärkers konnten Antennen mit kleineren geometrischen Abmessungen als Peilrahmen benutzt werden. Der drehbare Peilrahmen ersetzte die starre Goniometeranordnung von Bellini-Tosi.
So stellte sich ein Zeichner im Jahre 1921 den praktischen Einsatz vor.

dorf bei Berlin wurde eine kleine Versuchsanlage erprobt und auf der äußersten Nordostspitze Rügens, südwestlich vom Leuchtturm Arcona entstand eine funkentelegraphische Signalstation mit einer Antennenanlage, bei der acht von einem Mast radial ausgespannte Antennenpaare durch einen rotierenden Schalter nacheinander an den Sender gelegt wurden. Ein Schiff konnte mit seinem Empfänger das Hörmaximum auswerten und damit seine Richtung zu Arcona bestimmen. 1913 führte Ferdinand Braun in Straßburg mit einem Richtungsempfänger Feldstärkemessungen der Aussendungen des Eiffelturmes mit einer Rahmenantenne durch. Im gleichen Jahr wurden an der nordfranzösischen Küste auf zwei kleinen Inseln nordwestlich und südwestlich des Hafens von Brest Funkstationen errichtet, die in regelmäßigen Abständen zwei verschiedene Zeichen

TELEFUNKEN-ZEITUNG
Der Telefunken-Radiopeiler
TELE FUN KEN
IV. Jahrgang
Nr. 23
Mai/Juni 1921
TELE FUN KEN

Der neue Telefunkenpeiler mit wetterfestem Drehrahmen, wie er ab 1926 auf Schiffen installiert wurde.

ausstrahlten, von denen das eine alle 10 s und das andere jede halbe Minute gesendet wurde. Die Schiffe konnten mit Hilfe eines Peilempfängers die Richtung der einfallenden Signale bestimmen und damit insbesondere bei nebligem Wetter rechtzeitig den gefährlichen Klippen ausweichen.

Wie so vieles andere im Seefunk, wurde auch die Einführung der Funkpeilung in die zivile Schiffahrt durch den Ausbruch des Krieges 1914 unterbrochen. Die technische Entwicklung konzentrierte sich auf militärische Anwendungen. 1915 machte Frederick A. Kolster vom US-amerikanischen Bureau of Standards die Entdeckung, daß ein um seine vertikale Achse drehbarer rechteckiger Holzrahmen mit aufgewickelter Drahtspule als Antenne für den Richtempfang dienen kann. Am 28. März 1916 erhielt die Marconi Wireless Telegraph Co. den Auftrag, ein verbessertes Bellini-Tosi-System auf den amerikanischen Kriegsschiffen PENNSYLVANIA und BIRMINGHAM zu installieren.

Nach dem Ende des Krieges begann der eigentliche Aufbau des Funkpeildienstes und der Bau von Peilempfängern. Gefehlt hatte in all den Jahren nur ein empfindlicher Empfänger. Edwin H. Armstrong fand als geeignete Schaltung das Super-Heterodyn, den Überlagerungsempfänger. In Deutschland war der empfindliche Audionempfänger Grundlage für den Funkpeiler. 1920 wurden an den Küsten der Deutschen Bucht drei Peilstationen für die Fremdpeilung von Schiffen eingerichtet. Eine Station befand sich bei List auf Sylt, eine zweite bei Nordholz und die dritte auf Borkum. Die Sicherheit der Schiffahrt in der Deutschen Bucht konnte mit diesem Funkpeildienst wesentlich erhöht werden.

Bei allen Versuchen blieb es erklärtes Ziel, die Funkpeilung für die Eigenpeilung, also als Hilfsmittel für die Navigation einzusetzen. 1921 begannen an der amerikanischen Küste die Funkfeuer auf den Feuerschiffen AMBROSE, FIRE ISLAND und SEAGATE ihren Dienst mit Ausstrahlungen auf der Frequenz 300 kHz, die von der Interalliierten Funkkommission 1919 in Paris für den Funkpeildienst empfohlen worden war. Dänemark richtete 1923 ein Versuchsfunkfeuer auf dem Feuerschiff GRAADYP ein. Bei Telefunken war die Entwicklung eines Bordpeilers 1923 so weit abgeschlossen, daß Erprobungen auf dem Vermessungsschiff PANTHER beginnen konnten. Die Versuche verliefen so erfolgreich, daß nach einer nur geringfügigen Überarbeitung der Anlage die Geräte an Bord von Schiffen installiert wurden. Als Antenne diente eine auf einen Rahmen aufgewickelte Spule, die mit Hilfe eines Seilzuges in die Richtung der einfallenden Welle gedreht wurde. 1924 waren Bordpeiler bereits in einer größeren Stückzahl hergestellt und auf den Schiffen COLUMBUS und STUTTGART des Norddeutschen Lloyd, der ALBERT BALLIN und der DEUTSCHLAND der Hamburg-Amerika Linie und sogar auf dem kleinen, der Bugsier- und Bergungsreederei AG gehörenden Dampfer HERMES installiert worden. Der Funkpeiler arbeitete auf den Wellenlängen 600 m (500 kHz), 800 m (375 kHz) und 1000 m (300 kHz) und leistete besonders bei der Ansteuerung der Bucht von New York sehr gute Dienste.

Immer wieder berichteten die Dampfer, wie sie den Funkpeiler, der auf deutschen Schiffen im Kartenraum installiert und von den nautischen Offizieren bedient wurde, erfolgreich für die Peilung benutzt hatten. Am 25. April 1925 teilte die COLUMBUS mit, daß sie die Funkne-

Peilanlage auf der SCHWABENLAND, dem schwimmenden Flugzeugstützpunkt für die Zwischenlandung der deutschen Dornierflugboote auf ihrem Flug von Bathurst (Westafrika) nach Natal (Brasilien).

Abb. Seite 221: Die Standorte der Funkfeuer im Nordseeraum 1933.

belsignale von Nantucket Feuerschiff, Fire Island und Ambrose Channel gut gehört und zur Ansteuerung des Hafens benutzt habe. Nach den Funkpeilungen veränderte man den Kurs und bei Insichtkommen der Feuerschiffe hatte sich gezeigt, daß Funkpeilung und optische Peilung übereinstimmten. Zu Versuchszwecken peilten sich die Dampfer auch untereinander an. So meldete die STUTTGART am 16. Mai 1925, daß sie vom Feuerschiff BORKUM RIFF bereits aus einer Entfernung von 20 sm eine Peilung habe nehmen können, die bei einer Breite des Hörminimums von + 1 Grad mit dem wahren Schiffsort genau übereinstimmte.

Die Antennenanlage des Funkfeuers Swinemünde.

Die THURINGIA berichtete, daß sie am 4. Dezember 1925 bei unsichtigem Wetter und heftigem Sturm den New Yorker Hafen durch ständige Peilung von Fire Island und Nantucket Feuerschiff ohne Zeitverlust habe erreichen können.

Ab 1926 wurde ein verbesserter Funkpeiler eingesetzt. An die Stelle des in einem Holzkasten untergebrachten drehbaren Rahmens trat der wetterfest ummantelte Peilrahmen, der starr mit dem Antennenschaft verbunden, durch ein Handrad im Kartenraum des Schiffes in die Richtung der minimalen Feldstärke der einfallenden elektromagnetischen Welle gedreht werden konnte.

Auch in anderen Ländern verlief die Entwicklung ähnlich. Die Marconi-Gesellschaft hatte 1926 bereits auf 200 Schiffen ihre Funkpeiler, die als Antenne den Kreuzrahmen nach Bellini-Tosi benutzten, installiert. Nach Auswertung einer Versuchsreihe zur Genauigkeit der Funkpeilung mit gekreuzten festen Rahmen wurde festgestellt, daß weniger als 10 % der Peilungen um 2° und 20 % der Peilungen weniger als 1° ungenau waren. Ende der zwanziger Jahre hatte der Bordpeiler seine Bedeutung für die Sicherheit der Schiffahrt bewiesen und die Küstenstaaten begannen, den Funkpeildienst auszubauen. An geeigneten Punkten der Küsten wurden Funkfeuer aufgestellt, wobei sich die Regierungen durchaus darüber im klaren waren, daß es ein lückenloses Netz von Funkfeuern nur über internationale Abstimmungen und mit internationalen Vereinbarungen geben konnte. Im April 1931 fand in London die erste europäische Funkfeuer-Konferenz statt, auf der Großbritannien, Deutschland, Frankreich und die Niederlande eine einheitliche Regelung für die 75 Funkfeuer im Nordsee- und Kanalbereich vereinbarten. Ein Jahr später trafen sich die Ostseeanrainerstaaten und Norwegen in Stockholm, um eine ähnliche Regelung für die an ihren Küsten aufgestellten 95 Funkfeuer zu treffen. Die Weltfunk-Verwaltungskonferenz Madrid 1932 teilte dem Funkpeildienst in der Seefahrt schließlich einen Frequenzbereich von 285–315 kHz für ihre Funkfeuer zu und mit den Vereinbarungen im Abkommen von Paris 1933 wurden weitere, bis dahin ungeklärte Fragen beantwortet. Schließlich wurden 1937 in Berlin die endgültigen Bedingungen für die Funkfeuer und die Funkfeuer-Organisation festgelegt. Die Reichweite kleiner Anlagen betrug 20 Seemeilen, die der großen 200 Seemeilen. In diesem Zusammenhang gab es Diskussionen darüber, wo der Funkpeiler sinnvollerweise an Bord aufgestellt sein müßte. Auf deutschen Schiffen befand er sich seit jeher auf der Brücke und wurde von den Nautikern bedient. Diese Aufstellung erwies sich einmal mehr als richtig, denn 1936 in der Seeamtsverhandlung über die Strandung der WINCHESTER CASTLE wurde die ungenügende Zusammenarbeit von Funkoffizier und Kapitän bei der Peilung gerügt. Der Funkoffizier, der im Funkraum den Peiler bediente, war den Befehlen des Kapitäns nicht ausreichend nachgekommen.

Für die Passagiere auf den großen Atlantiklinern lagen die Wünsche an den Seefunk auf einer anderen Ebene. Sie fieberten nach aktuellen Neuigkeiten, die für neuen Gesprächsstoff an Bord sorgen konnten und damit das Reisen angenehmer machten.

Marconi hatte schon im November 1899 erkannt, wie wichtig es sein könnte, Passagiere mit aktuellen Neuigkeiten zu versorgen. Auf der Heimreise vom Yachtrennen vor der Küste New Yorks an Bord der ST. PAUL kam ihm die Idee, eine Bordzeitung herauszugeben. Mit den Worten: „Published on board the ST. PAUL, at sea, en route for England, November 15, 1899“ begann das Druckblatt, und nach einem überleitenden und erklärenden Text folgten die Nachrichten. „... Bulletins: – 1.50 p.m. ... – First signal received, 66 miles from needles. 2.40. – Was that you, ST. PAUL? 50 miles from needles. 2.50. – Hurrah! Welcome home! Where are you? 3.30. – 40 miles. Ladysmith, Kimberley and Mafeking holding out well. No big battle. 15000 men recently landed. 3.40. – At Ladysmith not more killed. Bombardment at Kimberley effected the destruction of one tin pot. It was auctioned for £ 200. It is felt, that period of anxiety and strain is over, and that our turn has come. 4.00. – Sorry to say the

Telefunken-Echo
Eco radiotelegráfico
FRIED. KRUPP A.-G. GRUSONWERK
MAGDEBURG
(ALEMANIA)
Trapiches para caña de Azúcar
Instalaciónes para Fábricas de Aceite
Máquinas Trituradoras
Instalaciónes completas para Fábricas de Cemento, de Cal y de Yeso
Maquinaria para el Beneficio de Minerales

OCEAN-ZEITUNG
GACETA OCEÁNICA
FERÍA DE COLONIA
FERIA INTERNACIONAL DE MUESTRAS DE PRIMAVERA 1923
MERCADO CENTRAL PARA ALEMANIA OCCIDENTAL, EN PARTICULAR PARA LA PRUSIA RHENANIA Y VESTFALIA
PARA MAS DETALLES SIRVASE DIRIGIRSE A LA OFICINA DE LA FERIA MESSEAMT-COLONIA, EN COLONIA DOMHOF 28
via Transradio
Telefunken

Funkspruch-Zeitung
Noticias radiográficas
ALMACEN DE TELAS DE SEDA
E. SPINNER Y CIA
ZURICH
SEDAS
JUNKER
ARTHUR JUNKER & CO·G·M·B·H
UNA INNOVACION DE ÉXITO MÁS NOTABLE
PIANOS
GROTRIAN STEINWEG / BRAUNSCHWEIG

OCEAN-ZEITUNG
OCEAN-GAZETTE
Schilde
GREATEST PLANT OF DRYING MACHINES OF THE WORLD
BENNO SCHILDE
Max Krause
St. Moritz · Palace Hotel
1850 m above sealevel

DEMAG
DUISBURG
MASAG
An Bord des Dampfers der Hamburg-Amerika Linie »Hansa«
BERLIN HOTEL ADLON
HANNOVER
Prismatic Binocles
ZEISS
ACUSTON

BLEICHERT
SIEMENS-SCHUCKERT
On Board the Hamburg-Amerika Linie Steamship »Hansa«
Continental Pneumatik

Funkspruch-Zeitung
Wireless News
DISCONTO-GESELLSCHAFT BERLIN
NORDDEUTSCHE BANK IN HAMBURG
A. SCHAAFFHAUSEN'SCHER BANKVEREIN A.G.
THE GENUINE
EAU DE COLOGNE
FRANCFORT INTERNATIONAL FAIR
SEPTEMBER 23rd-29th 1923
Large Collections of Exhibits · Systematically Grouped Sections
Samples Wares in all Branches of Industry and Trade

Die Ozean-Zeitungen waren auf den großen transatlantischen Dampfern für die Passagiere eine willkommene Abwechslung.

Hamburger Abendblatt

Erste Schiffahrt-Funk-Ausgabe der größten deutschen Abendzeitung

MIT DER HEIMAT IM HERZEN · DIE WELT UMFASSEN

Herausgegeben in Zusammenarbeit mit dem Verband Deutscher Reeder

Verlag: Verlagshaus Axel Springer, Hamburg, Kaiser-Wilhelm-Straße 6 · Telefon 34 91 91 · Der Schiffahrts-Sonderdienst wird täglich über Norddeichradio gesendet

Nummer: 87/XII Datum: 29-3-65 Seite:

guten tag, heute suchten wir fuer sie diesen spruch aus:
das streben nach vollkommenheit macht manchen menschen vollkommen unertraeglich =

hamburg
unter dem einfluss eines hochs herrschte heute im ganzen bundesgebiet heiteres und trockenes fruehlings-wetter. dabei stiegen die temperaturen in norddeutschland auf zehn bis 15 grad, in west und sueddeutschland auf 16 bis 18 grad an =

santiago
von einer erdbebenkatastrophe ist gestern mittel- chile heimgesucht worden. eine reihe von staedten noerdlich von santiago erlitten schwere schaeden. man befuerchtet, dass das beben ueber 500 tote gefordert hat. die regierung hat inzwischen fuer die schwer heimgesuchten provinz valparaiso den ausnahmezustand erklaert =

santiago
rund 100 km noerdlich von santiago stuerzte bei dem beben die mauer eines staudammes ein. die wassermassen ergossen sich auf die im tal liegenden kleine ortschaft el cobre und machte sie dem erdboden gleich. 400 menschen sollen allein hier ums leben gekom men sein =

vientiane
in laos ist seit gestern wieder eine militaerrevolte im gange. die putschenden truppen bezeichnen sich als anhaenger des rechtsgerichteten ehemaligen ministerpraesidenten phoumi nosavan, der anfang februar nach einem missglueckten staatsstreich nach bangkok gefluechtet war =

bonn
oster- pakete in die zone sollten umgehend abgeschickt werden. das empfiehlt das bun despostministerium. die absendung der geschenkpakete in der ersten april-woche garan teirt, dass die sendungen rechtzeitig zum osterfest eintreffen =

peking
das kommunistische china hat gestern durch ein schreiben seines aussenministers der regierung von nordvietnam offiziell angeboten, soldaten und waffen zur unterstuetzung der kommunistischen vietkong- einheiten nach suedvietnam zu schicken, falls diese hil fe benoetigt =

Schiffspresse für deutsche Schiffe um 1965

Als die Reichweite der Funkanlage noch nicht unbegrenzt war, konnten Passagiere mit dem Ozeanbrief rasch eine Nachricht an die Heimat schicken.

07.10.1984 **Aufnahme Faksimile-Pressedienst**

VOLL VORAUS

Schiffspresse

CP FAX PRESSE Y5AA VIA Y5M

KSH

Anläßlich des 35. Jahrestages der Republik wurde am 7.10.1984 der Faksimile-Pressedienst für die Handelsflotte der DDR aufgenommen. Jeden ersten Sonntag im Monat erfolgt eine dreimalige Ausstrahlung einer Bildpresse über die Kurzwellensender von Rügen Radio. Das in der Nachrichtenzentrale des VE KSH installierte Faksimile-Modulationsgerät vom Typ Fak DM tastet die Bildpresse optoelektronisch ab und steuert über Richtfunk die Sender in Lome auf Rügen. Die technische Realisierung der Strahlung dieser Bildpresse erfolgte auf der Basis eines Neuerervorschlages, der von Mitgliedern des Kollektivs der Gruppe seeseitiges Nachrichtenwesen erstellt wurde.

Aufgrund der positiven Resonanz der Besatzungen unserer Handelsschiffe wurde für das Jahr 1985 eine Erweiterung des Faksimile-Pressedienstes auf monatlich zwei Sendungen vorgesehen.

11.11.1985 **Wegfall der A1A-Presse**

Mit obigem Datum wurde ein jahrzehntelang praktiziertes Verfahren eingestellt. Die tägliche Schiffspresse "Voll Voraus" wird nicht mehr in Morse-Telegrafie gesendet. Voraussetzung dafür, daß das Sendeprogramm auf Funkfernschreiben umgestellt werden konnte, war erst die vollständige Ausrüstung der Telegrafieschiffe mit RTT-Technik.

Gleichzeitig wurde die Px im Simul- tan- ver-

SCHIFFSPRESSE ''VOLL VORAUS'' ROSTOCK RUEGEN RADIO 11./10.00 UTC =

BERLIN: MIT EINEM EINMUETIGEN BEKENNTNIS FUER DIE AKTIONSEINHEIT DER JUGEND IM KAMPF UM FRIEDEN UND ABRUESTUNG GING AM SONNTAGABEND NACH ...LICHER DEBATTE DIE TAGUNG DES EXEKUTIVKOMITEES DES WBDJ ZUM ... DER ORGANISATION IN BERLIN ZU ENDE. AN DEN DREITAEGIG... ...LEGIERTE, BEOBACHTER UND GAESTE AUS 77 LAENDERN ... EIN APPELL ''FUER DIE NICHTMILITARISIERU... ...IGUNG DER NUKLEAREN RUESTUNGEN'', ...PROGRAMM DES WBDJ FUER DAS

PAR

Schiffspresse „VOLL VORAUS“ aus dem Jahre 1984.

U.S.A. cruiser CHARLESTON is lost. All hands saved. The thanks of the editors are given to Capt. Jamieson, who grants us the privilege of this issue."[96] An erster Stelle standen Nachrichten vom südafrikanischen Kriegsschauplatz, das interessierte um diese Zeit die Menschen besonders.

Es dauerte aber noch einige Jahre, bis die Bordzeitung zu einer selbstverständlichen Einrichtung wurde. Im März 1903 gab die Nachrichtenagentur Reuter in London bekannt, daß man beabsichtige, für Schiffsreisende Nachrichten direkt an die Schiffe zu funken. Einen anderen Weg, den Wunsch nach Neuigkeiten zu stillen, fand der Funker des Dampfers MINNEAPOLIS. Er sammelte 36 Stunden vor dem Einlaufen in den Hafen Nachrichten aus aller Welt, die von der Cornwallstation ausgestrahlt wurden, und gab sie an die Passagiere weiter.

Erneut gab Marconi 1903 eine Bordzeitung heraus. Er hatte mit seiner Mitteilung, daß er den Atlantik funkentelegraphisch überbrückt habe, nur Unglauben hervorgerufen, der ihn so verärgerte, daß er am 22. August 1903 an Bord der LUCANIA Liverpool verließ. Er wollte den Beweis antreten, daß die Verbindung bestanden habe. Zunächst verkehrte er funkentelegraphisch mit der Station Poldhu, je näher er aber dem amerikanischen Kontinent kam, um so stabiler wurde der Verkehr mit der Station auf Neufundland. Und dann kam ihm die originelle Idee, sich von beiden Stationen am gleichen Tag die neuesten Nachrichten senden zu lassen und an Bord zu einer Zeitung zusammenzustellen. Das war der Anfang der Bordzeitungen auf Schiffen. Bei der Ankunft der LUCANIA in New York adressierte er ein Paket dieser Zeitungen an die Berliner Vorkonferenz und gab sie der KAISER WILHELM zur Beförderung mit. Diese Nachricht griff die amerikanische Presse auf, machte sie breit publik und verhalf der Bordzeitung damit zu ihrer Publizität. Marconi war von seiner Idee so begeistert, daß er auf einer seiner nächsten Reisen über den Atlantik auf der CAMPANIA zuerst eine Verbindung zur Cornwallstation herstellte, die bis zu einer Distanz von 2300 Meilen stabil blieb. Danach begann er den Funkverkehr mit Cape Breton, der bis zum Ende der Reise aufrechterhalten wurde. Aus den empfangenen Nachrichten wurden die acht Seiten des „Cunard Daily Bulletin" zusammengestellt und zu einem Preis von 25 Cent abgegeben. Die tägliche Auflage betrug 725 Stück. Der erste Dampfer, auf dem regelmäßig eine Bordzeitung erschien, war der Cunarder ETRURIA. Der Funker empfing während der Überfahrt die neuesten Nachrichten, gab sie an die Schiffsdruckerei, und als „Ocean Press" versorgte sie die Passagiere mit Interessantem und mit dem, was in Europa in der Zwischenzeit passiert war. Im September 1904 verlautete aus der Chefetage der Allan Line, daß man daran denke, auf den Schiffen der Gesellschaft ein Bulletin einzuführen.

In Deutschland wurden 1907 versuchsweise die ersten Bordzeitungen übertragen. Das Wolffsche Nachrichtenbüro stellte die Meldungen zusammen und übermittelte sie an Norddeich. Um 7.00 Uhr und um 23.00 Uhr strahlte Norddeich die Mitteilungen auf 2000 m aus. An den umfangreichen Versuchen nahmen die Dampfer BREMEN, KÖNIG FRIEDRICH AUGUST, METEOR, CAP BLANCO, CAP ORTEGAL, CAP VILANO und der Hapag-Dampfer KÖNIG WILHELM II. teil. 1926 waren es schon fünf Bordzeitungen, die die

DEBEG herausgab, die Funkspruch-Zeitung (Wireless News), die auf Schiffen der HAL in deutsch und englisch erschien; die Ozean-Zeitung (Gaceta oceánica) in deutscher und spanischer Sprache, die wie das Telefunken-Echo vorwiegend auf den Dampfern der Hamburg-Südamerikanischen Dampfschiffahrts-Gesellschaft vertrieben wurde. Die Lloyd-Post gab es zweisprachig auf den Schiffen des Norddeutschen Lloyd, und schließlich erschien noch die Ocean Gazette (Ozean-Zeitung) in deutsch und englisch. Bordzeitungen wurden auf den Passagierdampfern zu einer Selbstverständlichkeit.

Nach dem Zweiten Weltkrieg wurde der allgemeine Funkpressedienst wieder aufgenommen und die Küstenfunkstellen strahlten für ihre Schiffe eine Funkpresse aus. Zunächst begann Norddeich am 2. Dezember 1950 mit dem Aussenden von Nachrichten, die vom Bundespresseamt für ihre Seefahrer zusammengestellt worden waren. Nachdem der Pressedienst am 14. Mai 1953 seine Tätigkeit eingestellt hatte, gab es zunächst eine Informationspause. Erst knapp ein Jahr später, am 15. Februar 1954 nahm die Küstenfunkstelle Norddeich die Ausstrahlung einer Schiffspresse im Auftrag des Verbandes deutscher Reeder wieder auf. 25 Jahre später, am 1. August 1979, wurde versuchsweise das „Funkfax", eine vom Sozialwerk für Seeleute herausgegebene Zeitung, über Kanäle für Breitbandtelegraphie im Kurzwellenband zu bestimmten Zeiten versuchsweise ausgestrahlt und an Bord mit dem Wetterkartenschreiber empfangen. Die Deutsche Seereederei Rostock führte den Faksimile-Pressedienst nach längerer Erprobung am 7. Oktober 1984 für ihre Schiffe ein. Damit war der Funker von der Presseaufnahme in Morsetelegraphie endgültig befreit.

Wenn um 1911 ein Passagier in den Anfangsjahren des Seefunks auf einem der großen deutschen Schnelldampfer nicht nur das Neueste aus der Welt erfahren, sondern auch seine eigenen Erlebnisse den Daheimgebliebenen mitteilen wollte, konnte er das in kurzer Form, als Telegramm, tun. Befand sich das Schiff aber zu weit von der Küstenfunkstelle entfernt und eine direkte Verbindung in die Heimat ließ sich nicht herstellen, schickte der Funker die Nachricht an ein anderes deutsches Schiff, das in seinem Sendebereich auf Heimatkurs war, und dieser Funker schickte nach Einlaufen in den heimatlichen Hafen das Telegramm als „Ozeanbrief" an den Adressaten.

Fast wie selbstverständlich entwickelte sich, begünstigt dadurch, daß zur Besatzung der großen Passagierdampfer ein Schiffsarzt gehörte, die ärztliche Beratung über Funk. Im Frühjahr 1924 war es eine Pressemitteilung wert, daß der Schiffsarzt der OLYMPIC ein Besatzungsmitglied der ROYAL PRINCE, das an Herzkrämpfen litt, „drahtlos behandelte". Die Funker beider Schiffe übermittelten Frage und Antwort in Morsezeichen. Auf der Washingtoner Funkkonferenz 1927 erfolgte eine erste internationale Regelung. Dem „International Code of Signals" wurde ein Abschnitt mit medizinischen Signalen zugefügt. Seit dieser Zeit nahm die ärztliche Beratung durch die großen Passagierdampfer, die einen Schiffsarzt an Bord hatten, zu. Häufiger baten kleinere Schiffe um ärztlichen Rat und Beistand. Beipielsweise rief am 26. März 1927 der an der algerischen Küste fahrende belgische Dampfer MARCONIER den deutschen Dampfer SACHSEN und bat um einen ärztlichen Rat. Die kleine Tochter des Kapitäns war erkrankt. Niemand konnte helfen. Der Schiffsarzt der SACHSEN erreichte mit seinen telegraphisch übermittelten Fernverordnungen, daß es der kleinen Patientin am nächsten Tag schon wieder viel besser ging. Im Verlauf des Funkverkehrs waren mehr als 1000 Worte übermittelt worden. Nicht immer war ärztliche Hilfe so leicht möglich.

Am 9. Juli empfing der Funker der WÜRTTEMBERG einen Funkspruch des Dampfers FRANKENWALD mit der alarmierenden Nachricht, daß der Kapitän, Graf Luckner, schwer erkrankt sei. Die funktelegraphisch übermittelten ärztlichen Ratschläge führten nicht zu einer Besserung im Befinden des Kranken, sodaß die WÜRTTEMBERG bei ständiger Funkpeilung Kurs auf die FRANKENWALD nahm und das Schiff nach 180 sm erreichte. Graf Luckner wurde übergesetzt. Nach der Behandlung durch den Schiffsarzt war seine Gesundheit bis zum Zielhafen Rio de Janeiro wiederhergestellt. In einem anderen Fall, der sich am 5. Februar 1936 zutrug, hatte der Kapitän des Dampfers ILSENSTEIN der Arnold-Bernstein-Linie den Schnelldampfer EUROPA des Norddeutschen Lloyd rufen lassen und gebeten, einen an Blinddarm-Entzündung erkrankten Heizer zu übernehmen. Die ILSENSTEIN war auf der Fahrt von Antwerpen nach New York, während sich die EUROPA auf Heimatkurs befand. Bei dichtem Nebel und laufender Funkpeilung trafen sich die beiden Schiffe. Bei Scheinwerferlicht wurde ein Boot ausgesetzt, der Kranke übernommen und sofort operiert. Am 15. März 1937 übernahm der deutsche Dampfer WESTERLAND den schwerverletzten Heizer eines britischen Dampfers bei stürmischer See und leistete ärztliche Hilfe. Die Liste der Hilfeleistungen ist unendlich, der unermüdliche Einsatz der Funkoffziere das wichtigste Bindeglied.

In den dreißiger Jahren führten viele Länder über ihre Küstenfunkstellen einen funkärztlichen Beratungsdienst ein. Dazu gehörte auch Neuseeland, das 1935 seine Küstenfunkstellen anwies, eine gebührenfreie ärztliche Beratung über Funk durchzuführen. Die Schiffe mußten dem Rufzeichen der Küstenfunkstelle die Bezeichnung „Radio Medical" voranstellen. In Rom wurde im gleichen Jahr das bis heute tätige Centro Internazionale Radio-Medico (C.I.R.M.) eröffnet. Das waren die Anfänge des Sonderfunkdienstes „Ärztliche Ratschläge" im beweglichen Seefunkdienst.

Von Anfang an verstand sich der Seefunk als Dienstleister für die Schiffahrt. So richtete Norddeich 1911 als Ersatz für das Setzen der gelben Quarantäneflagge einen Sicherheitsdienst für Schiffe ein, die aus choleraverdächtigen Gebieten heimkehrten. Die Reederei und die Hafenbehörde erhielten so frühzeitig eine Nachricht über den Gesundheitszustand der Besatzung und die bereits durchgeführten Desinfektionsmaßnahmen. Norddeich übermittelte diese Nachrichten an alle Hafenpolizeistationen der deutschen Nordseeküste. 1911 begann Norddeich auch versuchsweise mit der Übermittlung von privaten Funktelegrammen im einseitigen Dienst. Hin und wieder geschah es, daß in der Küstenfunkstelle ein Telegramm für ein weit entferntes Schiff eintraf, dieses Schiff aber nicht erreicht werden konnte. In diesen Fällen strahlte Norddeich zu festgesetzten Zeiten die Rufzeichen der Dampfer aus, für welche Telegramme vorlagen. Der Funker forderte dann die Übermittlung des Telegramms bei Norddeich an.

Im Jahre 1913 verhandelte die DEBEG mit der Reichspost, den einseitigen Verkehr generell einzuführen. Mit bestimmten Beschränkungen wurde diesem Dienst zugestimmt. So durfte der Küstenfunkverkehr nicht gestört werden und teilnehmen durfte am einseitigen Dienst nur der, welcher auch am Zeitungsverkehr teilnahm. Die relativ hohen Gebühren von 50 Pf je Wort machten den Dienst unattraktiv, und so kam es bis zum Ausbruch des Ersten Weltkrieges nicht einmal zu Versuchssendungen. Erst nach dem Ende des Krieges wurde der einseitige Dienst eingerichtet und in den folgenden Jahrzehnten zu einer der wichtigsten Dienstleistungen.

Die Bestandsaufnahme – Seefunk zwischen zwei Weltkriegen

Noch nicht einmal zwanzig Jahre war der Seefunk alt, als der Erste Weltkrieg 1914 ausbrach. Damit endete die Zeit der großen Passagierschiffsreisen, und die Freude an einer weltweiten Kommunikation. Verwandte und Freunde wurden durch Fronten getrennt, die Nachrichtenverbindungen unterbrochen. Die drahtlose Telegraphie wurde in den Dienst des Krieges gestellt, der Seefunk diente den Marinestäben. Die „Funken“ trugen verschlüsselte Befehle zu den Schiffen. Der Krieg bestimmte von nun an die Richtung der funktechnischen Entwicklung. Unter höchster Geheimhaltung verfolgte jede Regierung ihre eigenen Ziele, wenn es galt, den Funk einzusetzen und sich dadurch taktische Vorteile zu verschaffen. Nun schwiegen die Waffen, der Krieg war zu Ende.

Für Deutschland bedeutete das Kriegsende: nach außen strenge Restriktionen durch die Siegermächte, nach innen die grundlegende Veränderung staatlicher Strukturen. Für die Schiffahrt waren die Bestimmungen des Vertrages von Versailles einschneidend. Danach mußte die deutsche Reichsregierung am 31. August 1919 ein Gesetz erlassen, um die rechtliche Grundlage dafür zu schaffen, daß Schiffe und ihr Zubehör enteignet werden konnten. Von diesen Regelungen wurde auch die Deutsche Betriebsgesellschaft für drahtlose Telegraphie stark betroffen. Sie verlor mit den abgelieferten Schiffen den größten Teil ihrer Funkstellen. Es blieben ihr nur 132 Anlagen auf kleineren, nicht ablieferungspflichtigen Schiffseinheiten.

Der Seefunkdienst kam langam wieder in Gang. Im März 1919 empfing die Küstenfunkstelle Norddeich die ersten Telegramme von See. Der Dampfer PATMOS befand sich auf der Reise vom britischen Hafen Humber nach Deutschland. An Bord deutsche Kriegsgefangene auf dem Weg in die Heimat. Sie schickten die ersten Telegramme über die heimatliche Küstenfunkstelle.

Auch die Hochseefischerei nahm ihre Fangreisen wieder auf, ließ ihre Schiffe mit Telephonieanlagen ausrüsten und nahm die Dienste der Küstenfunkstellen in Anspruch. Ab 1921 empfing Norddeich erstmalig wieder Meldungen vom Fischereischutzboot über die Lage guter Fanggründe und übermittelte diese Nachrichten an die Fischfangflotte.

In den funktechnischen Werkstätten machte man sich an die Bestandsaufnahme. Es zeigte sich, daß die vor dem Ausbruch des Krieges begonnenen Entwicklungsarbeiten unter den Zwängen kriegswirtschaftlicher Bedingungen während des Krieges zu äußerst brauchbaren Geräten weiterentwickelt worden waren.

Betrachten wir z. B. den Röhrensender. Im März 1913 hatten in den Telefunkenlaboratorien die Versuche zur Schwingungserzeugung mit dem „Kathodenstrahlrelais“ begonnen. Einen Monat später, am 9. April 1913 wurde die Erfindung der Meißnerschen Rückkopplungsschaltung unter der Nr. 291604 beim Reichspatentamt registriert. Zunächst war noch mit gasgefüllten Röhren experimentiert und für Sendezwecke eine Liebenröhre hergestellt worden, die bei einer

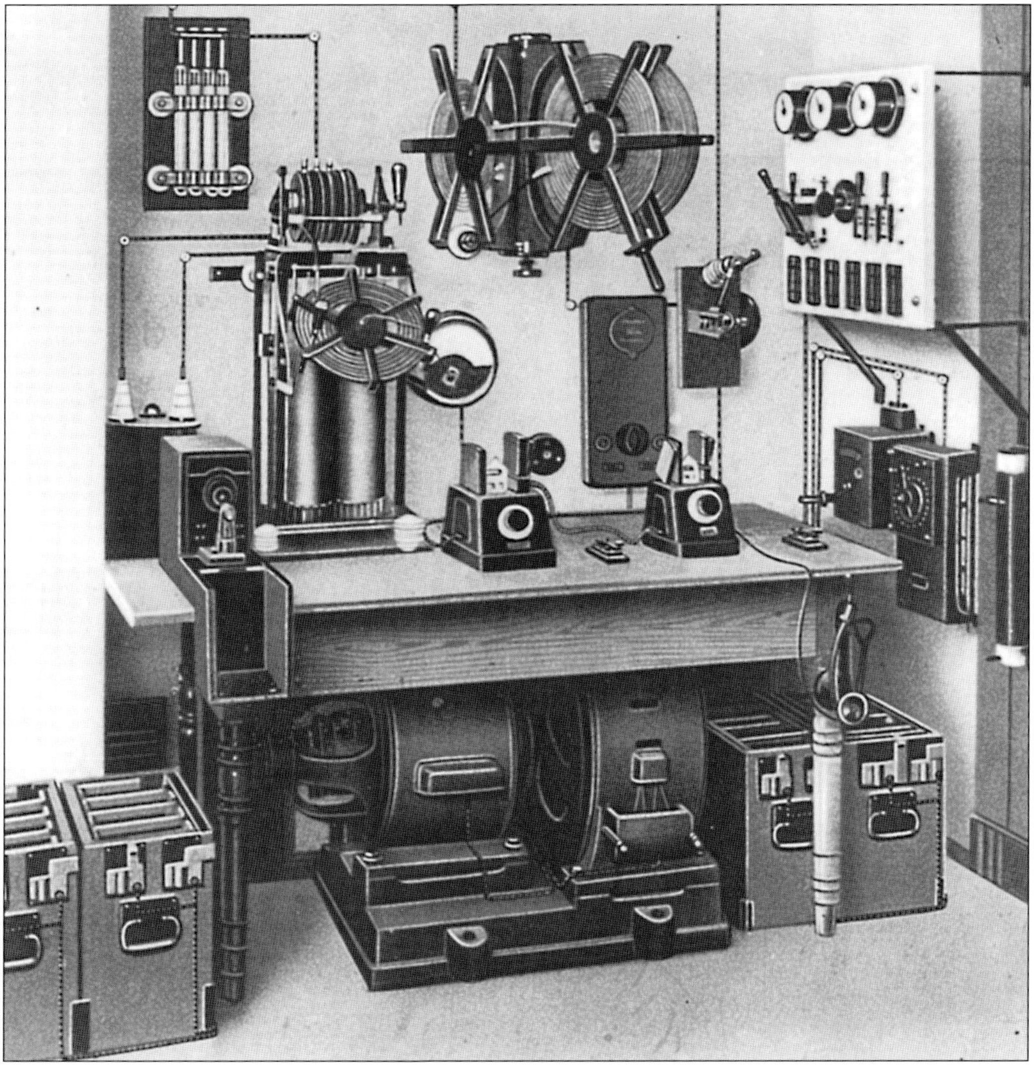

Funkstation auf dem Dampfer KLEIST 1922. Löschfunkensender und Audionempfänger repräsentieren den technischen Stand nach dem Ende des Ersten Weltkrieges.

Anodenspannung von 400 V eine Schwingungsleistung von 10 W lieferte. Bei den weiteren Versuchen erwiesen sich gasgefüllte Röhren als äußerst ungeeignet für Verstärkung und Schwingungserzeugung. Ihre Lebensdauer war zu kurz. Daher wurden ab 1915 die Versuche mit einer Hochvakuumröhre fortgesetzt. Bei einer Anodenspannung von 800 V hatte sie zunächst zwar nur eine vergleichsweise geringe Sendeleistung von nur 10 W, aber sie konnte schon in einen Röhrensender eingesetzt werden. Bei der Erprobung im Juni 1915 wurde mit diesem Sender zwischen Fürstenbrunn und Seegefeld bei Berlin eine Entfernung von 15 km über-

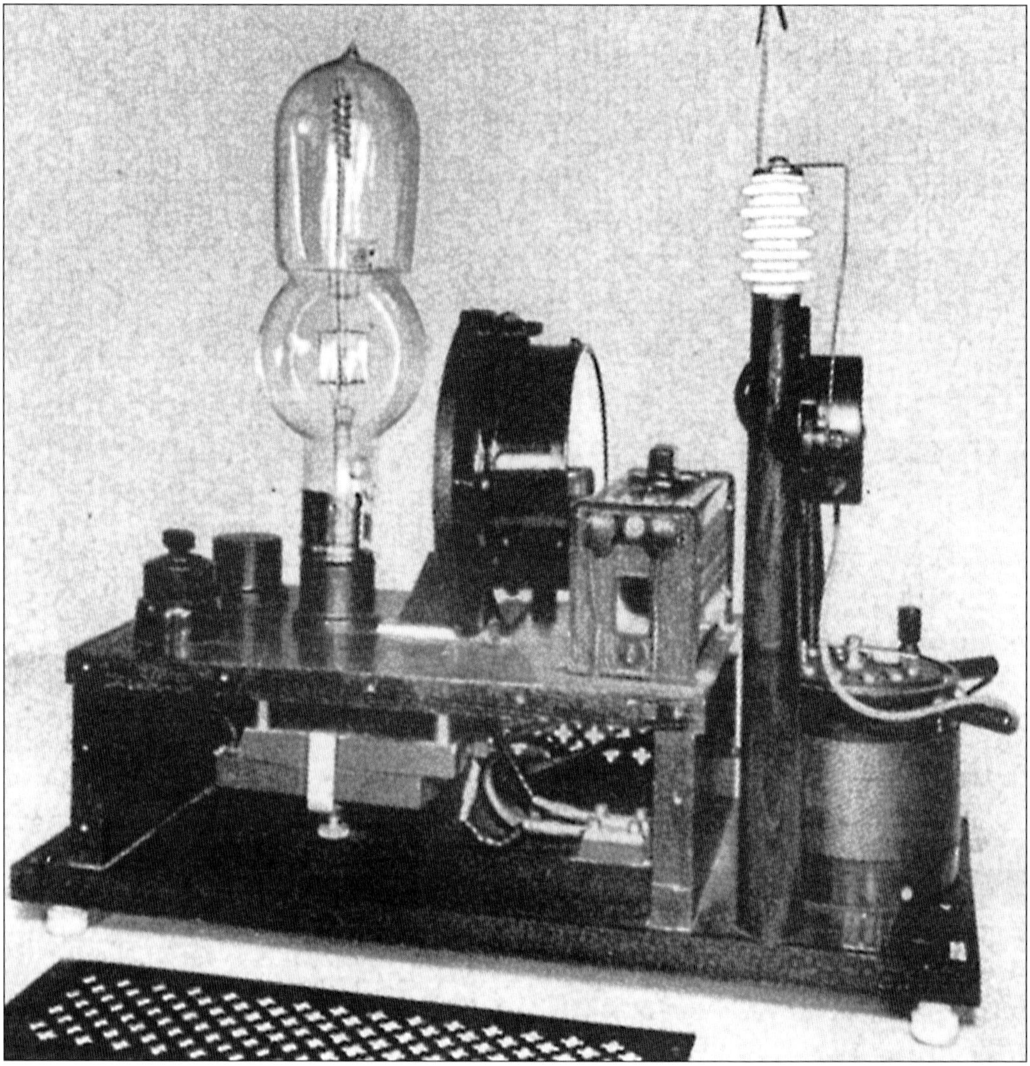

brückt. Auch wenn es gegen die Verwendung eines Glaskörpers als Vakuumröhre erhebliche Bedenken gab, wurde während des Krieges die Konstruktion der Elektronenröhre mit dem Glaskolben immer weiter verbessert und gegen Ende des Krieges waren die Entwicklungsarbeiten so weit vorangekommen, daß in Deutschland mit einer Senderöhre von 200 W ein brauchbarer Sender gebaut werden konnte. Er wurde, wenn auch nur noch kurze Zeit, an den Fronten eingesetzt.

In den USA begannen die Arbeiten am Röhrensender am 29. Oktober 1913, als Edwin Howard Armstrong (18. Dez. 1890–31. Jan. 1954) und Irving Langmuir (31. Jan. 1881–16. August 1957) unabhängig voneinander beim amerikanischen Patentamt Erfindungsbeschreibungen von Schwingschaltungen mit Röhren einreich-

1,5-kW-Schiffsfunkanlage von Marconi (1924) mit dem C.W. Sender und dem Funkpeiler.

Abb. Seite 234: Überlagerer für den Empfang mit Morsezeichen getasteter Wellen eines Löschfunkensenders (DRP Nr. 291604 vom April 1913).

ten. Der in der Sendestation Sayville für den Empfang von Sendungen aus Nauen eingebaute Röhrenüberlagerer hatte beide zu der Erfindung angeregt. Langmuir hatte in die von ihm entwickelte Hochvakuumgleichrichterröhre ein Gitter eingefügt und so eine Schwingschaltung aufbauen können. Während in den deutschen Laboratorien mit der Meißnerschen Rückkopplungsschaltung in erster Linie die Sendertechnik weiterentwickelt wurde, untersuchte Armstrong Anfang 1917 im Institute of Radio Engineers die Frage, ob nicht die Mischung zweier Frequenzen Auswirkungen auf die Verstärkung und die Selektion gewünschter Frequenzen aus dem Frequenzwirrwarr im Äther haben könnte. Nach vielen experimentellen Untersuchungen baute er 1918 den ersten „Super-Heterodyne“, den er-

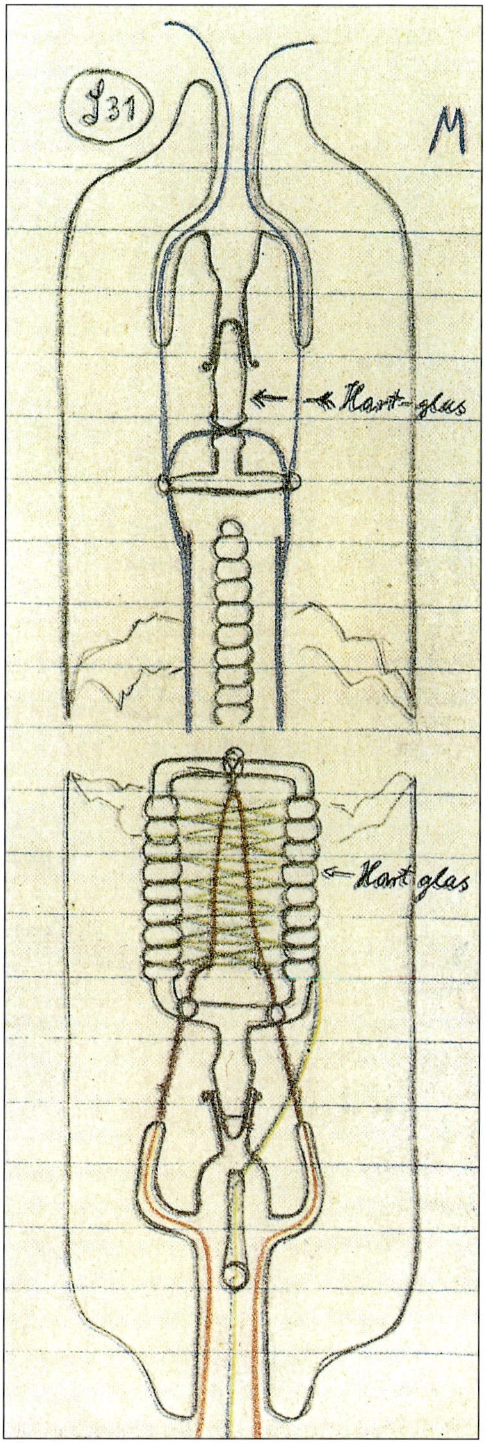

Röhrenentwurf aus dem Skizzenbuch von Hans Rukop, das er von 1915 bis 1918 geführt hat.

sten Überlagerungsempfänger, der aus einem Audion als Hochfrequenzstufe, einem Mischoszillator, drei Zwischenfrequenzstufen, einem Demodulator und zwei Niederfrequenzverstärkerstufen bestand. Erklärtes Ziel der Arbeiten blieb es, einen hochselektiven Empfänger für die Funkpeilgeräte des amerikanischen Expeditionskorps zu schaffen.

Das Kriegsende unterbrach die Arbeiten nur kurz, schon 1919 wurden sie fortgesetzt. Im Winter 1919/1920 empfingen Amateurstationen an der amerikanischen Westküste mit einem Super-Heterodyne die Funksignale eines Zerstörers aus dem südlichen Atlantik und erbrachten so den Beweis für die hohe Empfindlichkeit dieses Empfängers. Der spektakulärste Beweis für die Empfindlichkeit des Super-Heterodyne wurde 1920 geführt, als es von Schottland aus gelang, Amateurstationen in den USA zu peilen.

In Deutschland begann für den Seefunk das Röhrenzeitalter am 20. Juli 1921. An diesem Tag hatte die Hamburg-Südamerikanische Dampfschiffahrts-Gesellschaft die 1919 an Großbritannien abgelieferte CAP POLONIO für ihre Südamerikafahrt zurückgekauft und der Deutschen Gesellschaft für drahtlose Telegraphie den Auftrag erteilt, das Schiff mit einer modernen Funkanlage auszurüsten. Dazu gehörte neben dem Tonfunkensender für große Leistung auch ein 1-kW-Röhrensender für eine Wellenlänge von 2100 m (142,8 kHz). Dieser erste Röhrensender auf einem Schiff war für den wechselseitigen Telegrammverkehr bis zu einer Entfernung von 3000 sm mit der Küstenstation Norddeich und der Station Eilvese bei Hannover vorgesehen. Als Empfänger für die Morsezeichen diente das Audion, der einfachste Röhrenempfänger. Ein Jahr später, 1922, stellte die Hamburg Süd zwei weitere Schiffe, die ANTONIO DELFINO und die CAP

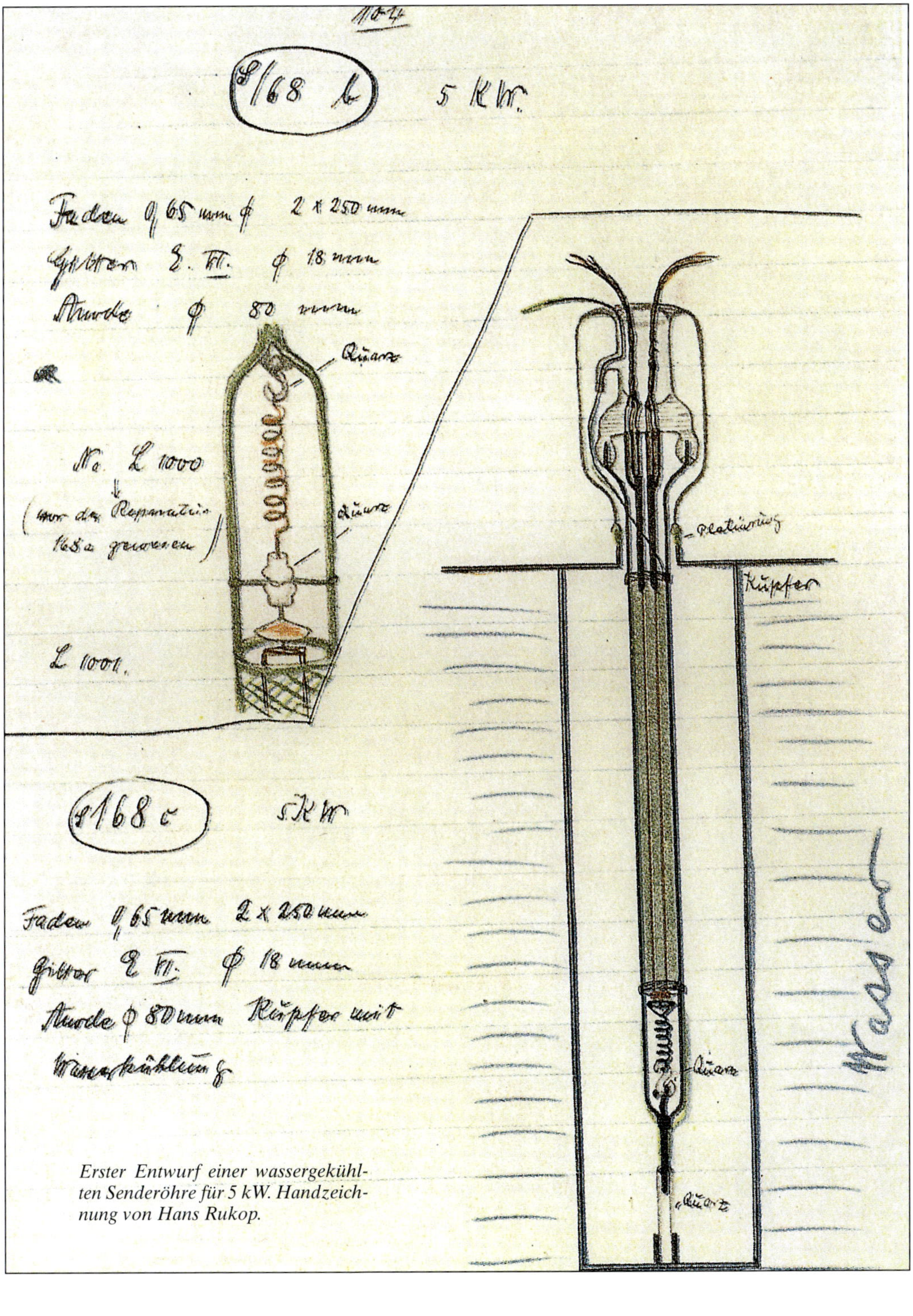

Erster Entwurf einer wassergekühlten Senderöhre für 5 kW. Handzeichnung von Hans Rukop.

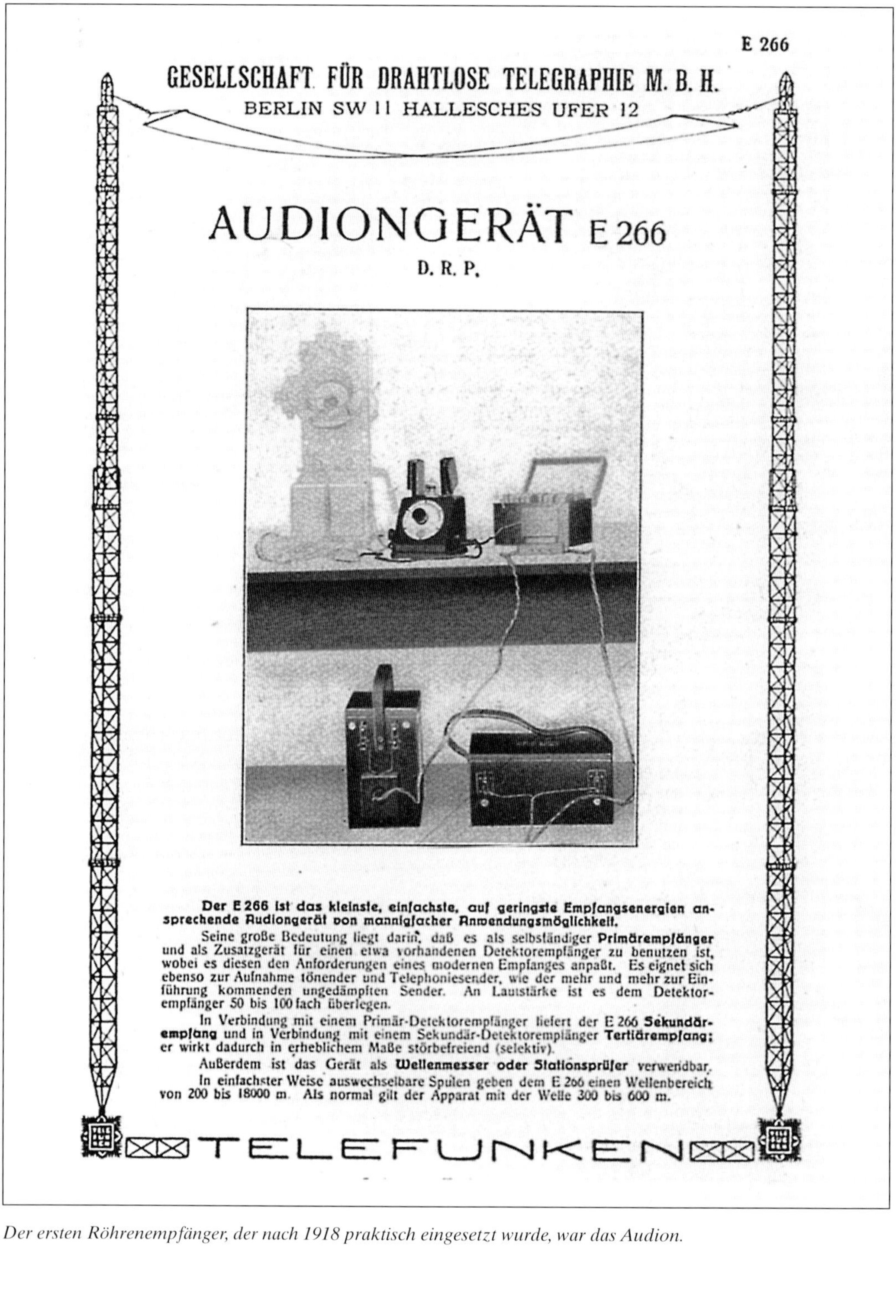

Der ersten Röhrenempfänger, der nach 1918 praktisch eingesetzt wurde, war das Audion.

Der Dampfer CAP POLONIO im Hamburger Hafen. Er wurde nach dem Ende des Ersten Weltkrieges als erstes deutsches Schiff mit modernsten Funkanlagen ausgerüstet.

NORTE, in Dienst. Somit stand der DEBEG und ihrer Mutterfirma Telefunken ein solides Experimentierfeld für die Weiterentwicklung des Röhrensenders und der Seefunktechnik zur Verfügung. Mit diesen drei Dampfern wurden immer wieder neue funktelegraphische Rekorde erzielt, die in der Presse große Aufmacher erhielten und besonders die Leistungsfähigkeit der Großfunkstation Nauen herausstellen sollten. Am 20. Januar 1923 veröffentlichte die „La Plata Post" eine Mitteilung, in der es hieß, daß das Zeitzeichen des Senders Nauen auf dem Dampfer CAP POLONIO noch in einer Entfernung von 15000 km gehört worden war. Auf seiner Kreuzfahrt nach Feuerland hatte der Funker aber nicht nur das Zeitzeichen, sondern auch die 24-Uhr-Nachrichten des deutschen Pressedienstes abhören können.

Reichweite und Stabilität der Funkverbindung wurden zum Markenzeichen für einen guten Seefunk. 1923 meldete die ADOLF WOERMANN, daß sie die Morgenpresse von Eilvese auf der Welle 9700 m (30,9 kHz) noch bis zu einer Entfernung von 3450 Seemeilen empfangen habe, sie auf der Heimreise aber schon ab Kapstadt, das sind 5200 sm Entfernung, hören konnte, allerdings auf der sehr langen Wellenlänge von 14600 m. An der afrikanischen Ostküste hörte man die Morsezeichen um vier Uhr morgens in einer Entfernung von 4000 sm so laut, daß sie die „atmosphärischen Störungen übertönten". Der Dampfer USAMBARA meldete 1925, daß er auf der gesamten Rundfahrt um Afrika erstmalig die Funkpresse ununterbrochen habe empfangen können und dabei 265 Pressemitteilungen aufgenommen habe. Darunter sei auch die

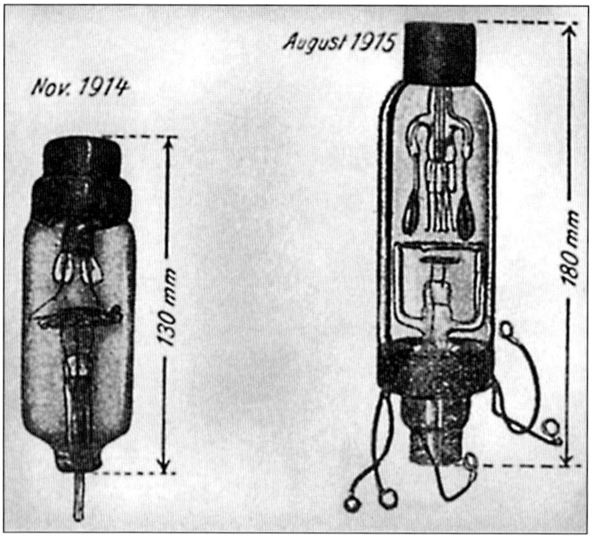

Die ältesten Versuchsröhren für Sendezwecke.

Nachricht vom Tode des Reichspräsidenten gewesen. (Reichspräsident Friedrich Ebert starb am 25. Februar 1925). 1926 meldete die CAP NORTE ähnlich gute Empfangsergebnisse. Alle diese Nachrichten machten einmal mehr deutlich, wie empfindlich das Audion als einfachster Röhrenempfänger war, und daß dadurch die mit Funkentelegraphie überbrückbare Reichweite kein technisches Problem mehr darstellte.

Nach dem Kriege gab es in Deutschland zwar keine nennenswerte Handelsflotte, dafür aber leistungsstarke Werften und vom Aufbauwillen beseelte Reedereien. Die Zahl der Neubauten wuchs und mit ihr die Zahl von eingebauten Funkanlagen. In den Jahren 1919 und 1920 wurden 175 Anlagen auf Schiffen installiert, 1926/27 waren es bereits 876.

Mit dem Röhrensender hatte auch die Funktelephonie neue Impulse für ihre Weiterentwicklung erhalten. 1913 konnte man zwischen Berlin und Nauen mit Hilfe eines Löschfunkensenders drahtlos telefonieren, es war aber zunächst bei diesem einen Versuch geblieben. Kommerziell wurde im Seefunk zum ersten Mal 1920 während einer Atlantiküberquerung von der VICTORIAN, einem Dampfer der Allan Line, telefoniert. Mitreisende Presseleute hatten ihre Berichte sowohl nach Großbritannien als auch nach Kanada telefonisch durchgegeben. 1923 erhielt die Funkanlage der CAP POLONIO einen Telephoniezusatz für die Frequenz 200 kHz. Zwischen dem Dampfer, der sich auf der Elbe befand, und Norddeich kam über eine Entfernung von 330 km eine telefonische Verbindung zustande. Im Englischen Kanal wurde mit der ALBERT BALLIN über eine Entfernung von 600 km gesprochen und nachts konnte die CAP POLONIO sogar noch aus einer Entfernung von 1200 km mit Norddeich telefonieren. Der Sprechfunk wurde zum festen Bestandteil des Seefunkdienstes. Im Mai und Juni 1924 machte Telefunken Funktelephonieversuche auf Langwelle zum Passagierdampfer COLUMBUS und die Fähre Saßnitz–Trelleborg wurde mit Telephonieanlagen ausgerüstet, über die ins schwedische Landnetz Verbindungen hergestellt werden konnten. Vom 1. Januar 1925 ließ das Reichspostministerium offiziell Telefongespräche mit Schiffen auf See zu, doch waren die Gebühren noch sehr hoch, denn für ein Dreiminuten-Gespräch mußten 50 Mark an Fernsprechgebühren, 44 Mark an Küstengebühren und 6 Mark Bordgebühren gezahlt werden.

Maßstab für die funktechnische Ausrüstung Mitte der zwanziger Jahre auf deutschen Schiffen war der 1924 in Dienst gestellte Dampfer COLUMBUS des

Noch an der Südspitze Südamerikas konnten die Sendungen von Nauen empfangen werden. Der Dampfer CAP POLONIO in einer Bucht von Feuerland 1923.

Norddeutschen Lloyd. Seine Funkanlage umfaßte all die Geräte, die von der Industrie geliefert werden konnten. Hauptsender war der bewährte Tonfunkensender, dazu kam ein 1-kW-Röhrensender. Empfänger waren der konventionelle Detektorempfänger und das Audion. Im Kartenraum befand sich ein Bordpeiler und in das Motorrettungsboot war eine Rettungsbootstation eingebaut worden. Die Rettungsbootstation des Dampfers ALBERT BALLIN der Hamburg-Amerika Linie erhielt nach einer Versuchsfahrt auf der Elbe am 2. November 1925 von der Oberpostdirektion Hamburg die Zulassung, nachdem besonders die Vibrationsfestigkeit und die Empfindlichkeit des Empfängers geprüft worden waren. Für die Stromversorgung der Rettungsbootstation sorgte eine kleine Petroleummaschine, deren Leistung ausreichte, um den 250-W-Sender mit einer Reichweite von 60–70 Seemeilen zu betreiben.

Während die Sender und Empfänger in den herkömmlichen Wellenbereichen von Lang- und Mittelwelle immer lei-

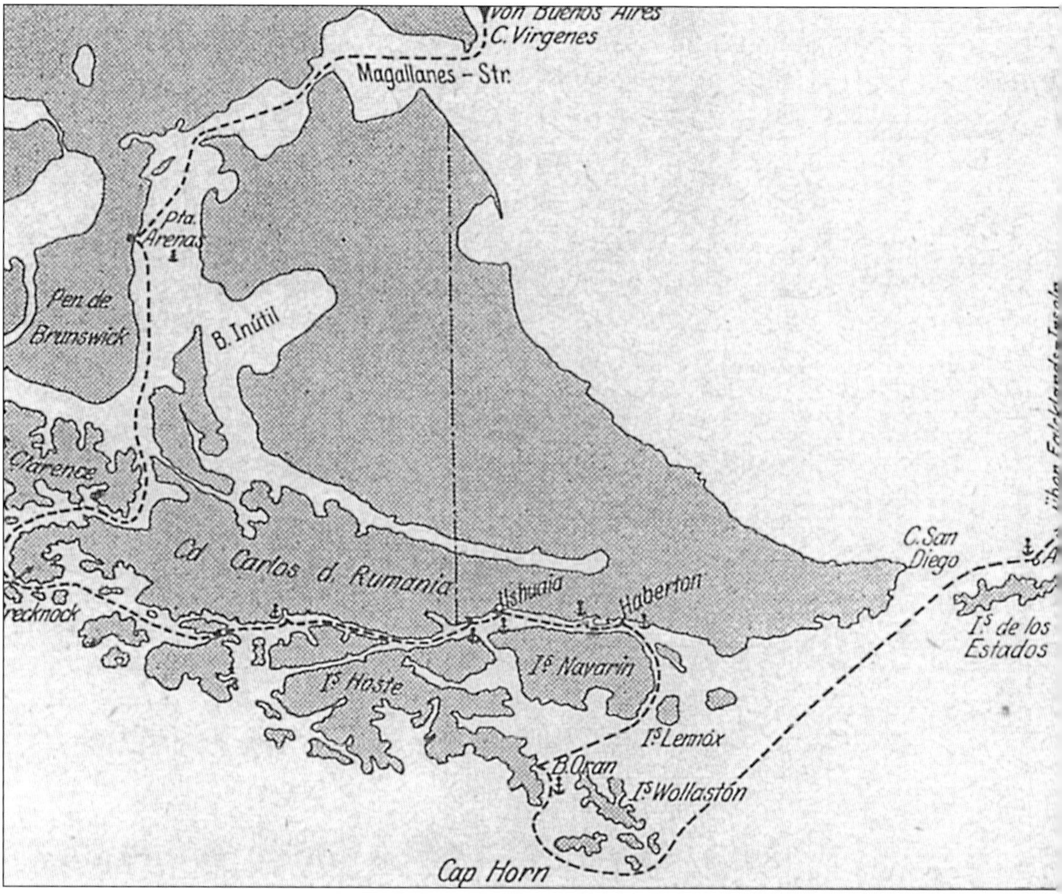

Die Reiseroute der CAP POLONIO um Feuerland (1922).

stungsfähiger wurden, machten amerikanische Funkamateure 1922 die Entdeckung, daß mit Wellenlängen zwischen 10 und 50 m bei nur geringer Leistung Tausende von Meilen überbrückt werden können. Marconi berichtete im Sommer 1924 in einem Vortrag vor der Royal Society über Versuche mit Wellenlängen unter 100 m, die er bereits 1916 gemacht hatte. Als Antenne hatte ein Spiegel mit einer Antennenöffnung von 3 1/2 Wellenlängen gedient. Ab 1917 nutzte er für die Versuche einen Röhrensender, der bei einer Wellenlänge von 15 m und einer Leistung von 700 Watt eine Verständigung bis zu 275 km ermöglicht hatte. Im April 1923 setzte er die Versuche mit seiner Yacht ELETTRA fort und stand auf der Wellenlänge von 100 m mit Poldhu in Verbindung, wobei eine Entfernung von 4000 km überbrückt wurde. Nach diesen praktischen Erfahrungen mit der Kurzwellentelegraphie mußte die Physik der Wellenausbreitung neu überdacht werden, denn mit der bisherigen Theorie ließ sich die große Reichweite nicht erklären. In die-

Funkraum der CAP POLONIO mit Löschfunkensender und Empfängeranlage 1922.

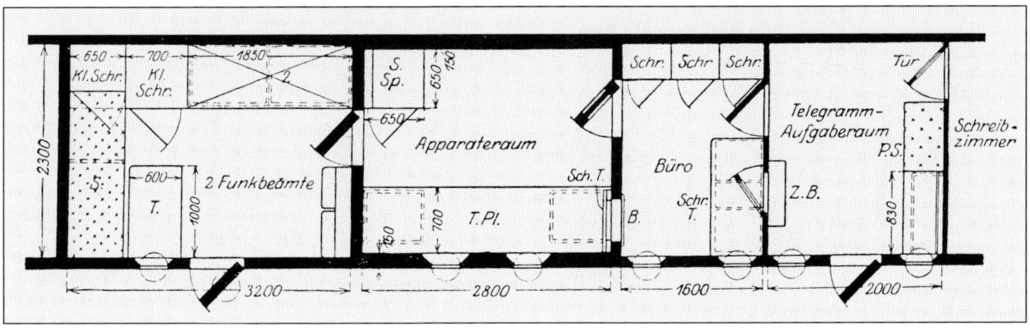

sem Zusammenhang erinnerte man sich an die Hypothese von Oliver Heavyside (18. Mai 1850–3. Febr. 1925), die er Anfang des 20. Jahrhunderts in der „Encyclopedia Britannica" formuliert hatte, daß nämlich um die Erde herum in einer bestimmten Höhe eine die elektromagnetischen Wellen reflektierende Schicht lie-

Die CAP POLONIO war 1922 der erste Dampfer, der mit einem Röhrensender ausgerüstet wurde.

gen müsse. Die praktischen Erfahrungen mit der Kurzwellenausbreitung bestätigten diese Annahme.

In der Funktechnik begann die Ära der kurzen Wellen. Übertragungsversuche und die Entwicklung von Kurzwellensendern und -empfängern bestimmte die Arbeitsrichtungen in den Laboratorien. Am 17. Juli 1924 nahm der Sender Nauen den offiziellen Kurzwellendienst nach Übersee auf. Es war die erste kommerzielle Kurzwellenverbindung, die nach Südamerika eingerichtet und mit einer Leistung von 800 Watt auf einer Wellenlänge von 70 m betrieben wurde. Die geringe Sendeleistung bei gleichzeitig größerer Reichweite machten das Kurzwellenband für Weitverbindungen besonders interessant. In den Jahren 1925/1926 untersuchten die Bell Laboratorien und die American Telephone & Telegraph Co. die Ausbreitung der Wellen im Kurzwellenbereich und legten damit die Grundlagen für eine rasche Nutzung des Frequenzbandes.

1926 begann die Küstenfunkstelle Norddeich mit der Ausstrahlung von Versuchssendungen zu Schiffen auf 68 m. Mit dem Einbau des ersten Kurzwellensenders 1927 an Bord der CAP POLO-

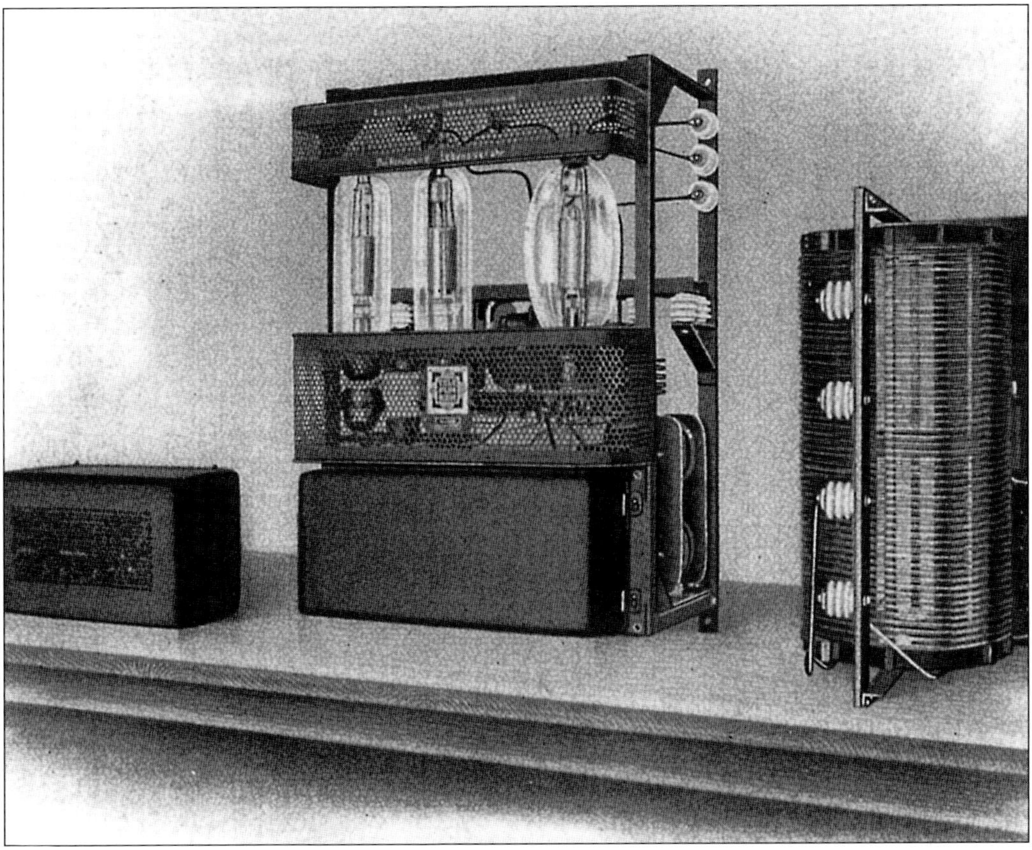

Der 1-kW-Röhrensender des Dampfers CAP POLONIO (1922).

NIO und Versuchen mit dem Kreuzer EMDEN eröffnete der bewegliche Seefunkdienst in Deutschland das Zeitalter der kurzen Wellen. Anfang April 1929 nahm ein 10-kW-Kurzwellensender auf der Küstenfunkstelle Norddeich den regelmäßigen Betrieb auf.

Parallel zur technischen Entwicklung liefen Veränderungen in den Betriebsabläufen ab. Vom 1. Juni 1924 an wurde zwischen der Küstenfunkstelle Norddeich und den Passagierdampfern der einseitige Funkdienst, wie er vor dem Kriege bereits kurze Zeit bestanden hatte, wieder aufgenommen. Norddeich strahlte um 12 Uhr nachts und um 7 Uhr morgens auf 2300 m mit dem 5-kW-Röhrensender vorliegende Telegramme aus und wiederholte die Aussendung am nächsten Tag, wenn das Schiff den Empfang nicht bestätigt hatte. Dieser Dienst (ED – einseitiger Dienst) war so beliebt, daß schon kurze Zeit nach seiner Wiedereinführung 65 Schiffe daran teilnahmen. Um die Abwicklung des Funkverkehrs weiter zu verbessern, sollte das Wechselsprechen durch das bedienerfreundlichere Gegensprechen ersetzt werden. Die DEBEG und das Reichspostministerium vereinbarten 1927, gemeinsame Versuche durchzuführen. Als Versuchsträ-

Die ersten Röhrensender und -empfänger für Telegraphie und Telephonie, wurden ab 1922 auf den deutschen Passagierdampfern installiert.

ger wurde die COLUMBUS gewählt und in der Küstenfunkstelle Norddeich wurden die entsprechenden Vorbereitungen getroffen. Die Versuche sollen erfolgreich verlaufen sein, an den bisherigen Betriebsabläufen veränderte sich jedoch nichts.

Noch eine Nachricht aus dem Jahre 1926. Kleine Schiffe für den Nord- und Ostseeverkehr erhielten einen Festfrequenzempfänger für den Eismeldedienst und die Feuerschiffe NORDERNEY, BORKUM-RIFF, ELBE 1 und AUSSENEIDER wurden im Auftrag des Reichsverkehrsministeriums mit Funknebelsignalsendern ausgerüstet. Diese technische Entwicklung hatte sich in den ersten Jahren nach dem Krieg vor dem Hintergrund fehlender internationaler Regelungen für den Seefunk vollzogen. Die Beschlüsse und Empfehlungen der Funkkonferenz von 1912 entsprachen nicht mehr dem Stand der technischen Entwicklung in den zwanziger Jahren. Die Absichtserklärung von 1912, sich 1917 wieder zu treffen, um die aktuellen Probleme des Funks zu regeln, hatte der Krieg zunichte gemacht.

Nun zwang die gewachsene Zahl an Funkstellen zu einem Übereinkommen

Die Größe der Senderöhre des Hauptsenders auf dem Dampfer BREMEN (1928) ist schon beträchtlich.

Der Dampfer COLUMBUS wurde zum ersten Mal mit einer Rettungsbootstation ausgerüstet. Das Motorrettungsboot liegt verlascht zwischen den beiden Davits an Bord. Deutlich ist die Langdrahtantenne zu erkennen (1923).

Abb. Seite 249: Notsender gehörten 1922 zur Funkausrüstung der großen Passagierdampfer. Werbeblatt für Notsender.

GESELLSCHAFT FÜR DRAHTLOSE TELEGRAPHIE
BERLIN SW 11 M. B. H. HALLESCHES UFER 12
TELEGRAMM-ADRESSE: „TELEFUNKEN BERLIN"
Alle Schiffe über 1600 Brutto-Tonnen,
sowie alle Dampfer mit mehr als 12 Fahrgästen an Bord, müssen auf Grund von Handelsschiffahrt-Gesetzen neben der funkentelegraphischen Station auch noch einen
NOTSENDER
an Bord führen. Die von uns hergestellten
Notsender - Anlagen
(patentiert in den meisten Kulturstaaten)
entsprechen den gesetzlichen Bestimmungen in jeder Hinsicht. Sie sind von größter Betriebssicherheit, beanspruchen wenig Raum und können ohne jede Schwierigkeit in jede
Telefunken- oder Marconi-Station
unter Benutzung der vorhandenen Antenne und deren Abstimmittel eingebaut werden. Handelt es sich um eine Telefunken-Station, so genügt der vorhandene Stoßkreis. Bei einer Marconi-Station ist dem Notsender ein gesonderter Stoßkreis beizufügen. Eine Akkumulatorenbatterie von etwa 64 Amp.-Stunden bei 6,4 Amp. Entladung dient als Energiequelle.
Die Instandhaltung der gesamten Notsenderanlage beschränkt sich darauf, genannte Akkumulatorenbatterie in ständiger Betriebsbereitschaft zu halten.
TELEFUNKEN

Die Rettungsbootstation unter Deck des Motorrettungsbootes des Dampfers COLUMBUS.

Anfang der zwanziger Jahre benutzte Marconi die Dampfyacht ELETTRA, besonders um die Ausbreitung der Kurzwellen zu untersuchen. Das Schiff war mit den modernsten funktechnischen Anlagen ausgerüstet worden.

über die Benutzung der Wellenbereiche. Schon während der Versailler Verhandlungen über den Friedensvertrag mit Deutschland hatten die USA, Großbritannien, Frankreich, Italien und Japan 1919 beschlossen, so bald wie möglich einen internationalen Kongreß einzuberufen. Seine Beschlüsse sollten allen Staaten die uneingeschränkte Benutzung der Funktelegraphie auf einer „gerechten und unparteiischen Grundlage", wie es hieß, ermöglichen.

Vom 8. Oktober bis 15. Dezember 1920 tagte in Washington eine Vorkonferenz, um die 3. Internationale Funkkonferenz vorzubereiten. Deutschland durfte auf Grund von Artikel 284 des Vertrages von Versailles, nach dem sich die deutsche Regierung für fünf Jahre internationalen Beschlüssen zu beugen hatte, nicht teilnehmen. Die Jahre vergingen, aber eine internationale Konferenz kam nicht zustande.

Vor diesem Hintergrund trafen sich 1924 an Bord der CAP POLONIO Vertreter von Reedereien, der Reichspost und der Funkindustrie, um sich auf eine gemeinsame Linie bei der Entwicklung des beweglichen Seefunkdienstes zu verständigen und einen deutschen Standpunkt für internationale Verhandlungen zu formulieren. Es wurde für unumgänglich gehalten, daß dem Seefunk bestimmte Wellenbereiche zugewiesen werden müßten und daß es dringend notwendig sei, die Seenotwelle 600 m (500 kHz) ununterbrochen zu überwachen. Die anwesenden Funkoffiziere regten darüber hinaus an, versuchsweise den Kurzwellenbetrieb und den einseitigen

Die erste Ausführung eines Reflektorsystems für die Aussendung kurzer Wellen um 1926.

Dienst wieder einzuführen. Der am 30./31. März 1925 in Berlin tagende XII. Deutsche Seeschiffahrtstag bekräftigte die Forderungen der Schiffahrt im Hinblick auf den Seefunk, denn seit 1910 war die Zahl der Schiffsfunkstellen von weltweit 1000 auf 115000 im Jahre 1925 gestiegen und das Volumen der ausgetauschten Nachrichten hatte um den Faktor 10 zugenommen. Diese Entwicklung zwang zum Abschluß international verbindlicher Vereinbarungen. Der Druck der Regierungen auf die internationalen Organisationen nahm zu, so daß auf der 1925 tagenden Welttelegraphenkonferenz bereits einige Artikel des internationalen Funkvertrages von 1912 neu gefaßt wurden. Aber es blieb ein Provisorium, denn der Bedarf an Funkkanälen nahm weiter rapide zu. Die junge Luftfahrt brauchte Funkverbindungen, um die Luftsicherheit zu gewährleisten, der gerade aus der Taufe gehobene Rundfunk verlangte nach Frequenzen, um seine Sendungen verbreiten zu können, und schließlich bestand auch der Seefunk auf seinen angestammten Rechten bei der Wellenzuteilung. Die Neuaufteilung der Frequenzbereiche wurde zur vordringlichsten Aufgabe einer nächsten Funkkonferenz. 1927 wurde sie endlich nach

Nachdem auf der Weltfunkverwaltungskonferenz von 1927 der Einsatz von Autoalarm-Geräten empfohlen worden war, setzte nach der Marconi-Gesellschaft auch Telefunken diese Geräte an Bord ein. Das Bild zeigt die Telefunken-Anlage.

Die Sendeanlage auf einem großen Passagierdampfer in den zwanziger Jahren sieht wie die Schalttafel in einem Kraftwerk aus. Funker beim Abstimmen einer Welle.

Washington einberufen. Als 3. Zwischenstaatliche Funkkonferenz tagte sie vom 4. Oktober bis 25. November und beschloß den Internationalen Funkvertrag, die allgemeine Vollzugsordnung für den Funkdienst und für die USA und Kanada eine Zusatz-Vollzugsordnung. Bei der Aufstellung des Wellenverteilungsplanes, der den Bereich von 30000 m (10 kHz) bis 5 m (60 MHz) umfaßte, hatten die Delegierten weit in die technische Zukunft geblickt, denn der obere Frequenzbereich war bei weitem noch nicht erforscht. Hier gelangte man zu Frequenzen, deren technische Ausnutzung wünschenswert, deren Erschließung aber bisher höchstens in den Laboratorien gelungen war.

Für den Seefunk reserviert blieb ausdrücklich der Bereich von 485–515 kHz mit der Not- und Anruffrequenz 500 kHz, darüber hinaus aber auch Frequenzbänder im Mittel-, Grenz- und Kurzwellenbereich. Aus der Zuteilung von Frequenzen für den Seefunk ergab sich logischerweise, daß Löschfunken- und Knallfunkensender nur noch übergangsweise, nach der

Vollzugsordnung bis 1940, in Betrieb bleiben durften. Die Zukunft gehörte dem abstimmbaren Röhrensender, dessen Frequenz nach der gewählten Sendeart mit Morsezeichen als einfache oder tönende Tastung oder mit Sprache moduliert werden konnte.

Breiten Raum nahmen im Funkvertrag die Regelungen zu den Funkzeugnissen, zur Besetzung der Schiffe mit Funkern und zu den Dienstzeiten der Funkstellen ein. Mit den Funkzeugnissen, die in 1. und 2. Klasse und Sprechfunkzeugnis eingeteilt worden waren, wurden die Anforderungen an die Fertigkeiten der Funker für die Aufnahme und Wiedergabe von Morsezeichen vorgeschrieben. Als international verbindlich galt für Aufnahme und Wiedergabe von Morsezeichen 125/100 Buchstaben pro Minute für das Zeugnis 1. Klasse und 100/80 BpM für das 2. Klasse. Die Vollzugsordnung ging ausführlich auf das Notsignal S O S ein. Damit es auch selbsttätig empfangen werden konnte, wurde ihm ein Alarmzeichen mit der Zeichenfolge: 12 Striche mit je 4 s Dauer, getrennt durch jeweils eine Pause von 1 s, vorangestellt. Weiter gab es nun neben dem Notzeichen auch ein Dringlichkeitszeichen X X X, das nur auf eine Notsituation aufmerksam machte und ein Sicherheitszeichen T T T, das Warnungen vorangestellt wurde. Diese Differenzierung der Signale für Notfälle war notwendig geworden, weil Kapitäne schon bei kleinsten Schwierigkeiten den Notruf auslösten. Der Kapitän des Cunard-Dampfers ANSONIA hatte in einem Reisebericht 1924 besonders hervorgehoben, daß der SOS-Notruf so oft gegeben würde, daß er „durch übermäßigen Gebrauch seine wirkliche Bedeutung verloren habe. Es bedeute nicht mehr, daß sich ein Schiff in der Gefahr des Untergangs befinde." Er hatte weiter geschrieben: „Was not tut, ist ein Zwischensignal, das angewandt werde, wenn das Schiff Hilfe gebrauche, sich aber nicht in unmittelbarer Gefahr befinde."[97)]

Mit der Vollzugsordnung für den Funkdienst 1927 kehrte Ordnung in den internationalen Seefunkverkehr ein. Als dann am 31.Mai 1929 auch noch das „Internationale Übereinkommen zum Schutze des menschlichen Lebens auf See" (Schiffssicherheitsvertrag London 1929) unterzeichnet wurde und damit international rechtsverbindlich die „Verordnung über die Funkausrüstung und den Funkwachdienst der Schiffe" in Kraft trat, gab es eine solide Arbeitsgrundlage für den beweglichen Seefunkdienst.

Die technische Entwicklung und die vielen Aktivitäten für eine internationale Regelung des Seefunks wurden auch in den zwanziger Jahren immer wieder überschattet durch Meldungen von Schiffsunglücken, bei denen der Verlust von Menschenleben zu beklagen war. Der Seefunk trug nicht nur zur Rettung von Menschenleben bei, sondern er machte Schiffsuntergänge auch öffentlich, brachte sie in die Zeitungen und rückte sie damit in das Bewußtsein der Menschen. Nahezu jede SOS-Meldung wurde zur Titelzeile für eine Zeitungsnotiz, jede erfolgreich verlaufene Rettungsaktion zu einer Lobeshymne auf den Seefunk und die Funkoffiziere, die häufig bis zur völligen Erschöpfung den lebensrettenden Funkverkehr aufrechterhalten hatten und erst den Funkraum verließen, als auch der letzte gerettet war.

So hörte am 28. März 1922 der Funker des Dampfers FÜRST BÜLOW auf der Höhe von St. Vincent, wie der 1920 gebaute und 3836 BRT große griechische Dampfer ANTONIS STATHATOS an die Küstenfunkstelle meldete, daß er steuerlos mit Maschinenschaden treiben würde. Kurz entschlossen rief die FÜRST BÜLOW das griechische Schiff, bot Hilfe an und und nahm Kurs auf den Havaristen. Morgens um 4.00 Uhr wurde das hilflos treibende Schiff gesichtet. Beide Funker hatten während dieser Zeit den Funkverkehr aufrechterhalten und dadurch das Zusammentreffen erleichtert. Die FÜRST BÜLOW landete auf dem Griechen eine Schlepptrosse, aber die konnte die großen Kräfte, die das in der groben See manövrierunfähig treibende Schiff ausübte, nicht aufnehmen und brach.

Mit einer Notsteuerung brachte man den Havaristen in eine günstige Lage zur FÜRST BÜLOW, und die neue Schlepptrosse hielt. Langsam näherten sich FÜRST BÜLOW und ANTONIS STATHATOS dem Hafen von St. Vincent. Kurz vor dem Hafen brach die Trosse erneut. Ein Schlepper konnte wegen der hohen See nicht zu Hilfe kommen, und zum dritten Mal mußte die FÜRST BÜLOW den Griechen in Schlepp nehmen. Trotz der schmalen Fahrrinne zwischen den Inseln und trotz der aufgewühlten See schleppte die FÜRST BÜLOW das hilflose Schiff in den sicheren Hafen. „Die glückliche Bergung erforderte einen Wechsel von 129 Telegrammen mit 2553 Wörtern. Der Funkbeamte hatte vom 28. bis 31. März 53 Stunden am Apparat zugebracht.“[98)]

Zu den spektakulären Unglücksfällen des Jahres 1922 zählte der Untergang des Hamburger Dampfers HAMMONIA am 9. September. Das Schiff befand sich mit 365 Passagieren und 192 Mann Besatzung auf der Reise von Vigo nach Havanna und Mexiko. 90 Seemeilen westlich von Vigo geriet es in einen der unberechenbaren und gefährlichen Biskayastürme und hatte Mühe, in den hohen Wellen seinen Kurs zu halten. Plötzlich ging ein Stoß durch das Schiff, dessen Ursache man sich nicht erklären konnte. Der Dampfer nahm nun so viel Wasser, daß die Pumpen nicht in der Lage waren, die eindringenden Wassermassen außenbords zu lenzen. Um 10.00 Uhr vormittags wies der Kapitän seinen Funkoffizier an, SOS zu senden, und gab Anweisung, den Kurs zu ändern.

Um 11.45 Uhr traf der britische Dampfer EUCLID am Unglücksort ein. Wenig später erschienen weitere Schiffe. Das Wetter verschlechterte sich zusehends, der Sturm kam aus Ost und nahm an Stärke zu. An eine Rettungsaktion war unter diesen Umständen nicht zu denken. Nur langsam kam der Dampfer noch mit eigener Kraft gegen die Wellen voran. Würde man ohne fremde Hilfe den rettenden Hafen erreichen? Eine bange Frage.

Die Situation wurde immer dramatischer. Unermüdlich klopfte der Funker sein SOS in den Äther. Es wurde Nacht. Am nächsten Tag gegen Mittag erreichte der britische Dampfer SOLDIER PRINCE die Unglücksstelle und unter schwierigsten Bedingungen gelang es, die Passagiere zu übernehmen. Als die HAMMONIA tiefer und tiefer sank, gab der Kapitän den Befehl zum Verlassen des Schiffes.

Am 18. Oktober fällte das Hamburger Seeamt seinen Spruch, in dem es hieß: „Die Rettung der Passagiere und der Besatzung des sinkenden Schiffes ist dadurch ermöglicht worden, daß es gelungen ist, funkentelegraphisch rechtzeitig Hilfe herbeizurufen. Wäre der Dampfer nicht mit einem Funkapparat ausgerüstet gewesen, so wäre vermutlich niemand gerettet worden, und das Schicksal des Dampfers wäre im Dunkel geblieben, da die Boote in der hohen See kaum die Küste hätten erreichen können.

Mithin liefert dieser Unfall einen erneuten Beleg für die Notwendigkeit der Ausrüstung der Seeschiffe mit funkentelegraphischen Apparaten, welche, wie hier mit Akkumulatoren ausgerüstet und damit von der Lichtmaschine unabhängig sind. Hier hat die Funktelegraphie unter der Leitung eines tüchtigen und bis zum letzten pflichtgetreuen Offiziers, des Funkoffiziers Stoldt, tadellos gearbeitet. Die von der Funkstelle HAMMONIA ausgesandten Hilferufe haben auch sofort hilfsbereite Schiffe erreicht und sie veranlaßt, den bedrohten Menschenleben zu Hilfe zu eilen."[99]

Auch wenn manchmal nach einer zunächst ausweglos erscheinenden Notsituation keine Hilfe mehr gebraucht wurde, schaffte doch allein schon die Anwort eines fremden Funkers auf den ausgestrahlten Notruf ein Gefühl von Ruhe und Sicherheit.

So mag es auch am 14. Juli 1924 gewesen sein, als um 12.02 Uhr nachts an Bord des deutschen Motorschiffes PROMETHEUS ein Feuer ausbrach. Trotz starker atmosphärischer Störungen gelang es dem Funker, nach Aussenden des Notrufes eine Verbindung mit den Dampfern TEUTONIA, KANTARA und INVERADER aufzunehmen. Die INVERADER erreichte nach drei Stunden die Unfallstelle. Die Besatzung der PROMETHEUS verließ auf Befehl des Kapitäns in zwei Rettungsbooten das Schiff. Er selbst und der Funker blieben an Bord. Für alle Fälle lag ein Rettungsboot längsseits, denn es wurde eine Explosion befürchtet. Die Gefahr ging vorüber und nach kurzer Zeit konnte die Besatzung wieder an Bord zurückkehren. Immer wieder

Auszeichnung eines Funkoffiziers.

Als Dank und Anerkennung für die bei der Rettung der Mannschaft des holländischen Dampfers »Alkaid« durch den Dampfer »Westphalia« der Hamburg-Amerika-Linie geleistete Dienste, hat die »Südholländische Gesellschaft zur Rettung

Bild 77.

von Schiffbrüchigen« dem 2. Funkoffizier der »Westphalia« Herrn Otto Dammann die große silberne Medaille verliehen. Die Verleihungsurkunde hat folgenden Wortlaut:

> Die »Südholländische Gesellschaft zur Rettung von Schiffbrüchigen, Rotterdam« hat ihre »Große silberne Medaille« zugeeignet an Otto Dammann, 2. Funkoffizier des deutschen Postdampfers »Westphalia« der Hamburg-Amerika-Linie als Zeichen der Anerkennung für die umsichtige Bedienung der Funkenstation, als er den Notruf des holländischen Dampfers »Alkaid« auffing, der sich am 1. Februar 1926 im Nordatlantischen Ozean in sinkendem Zustand befand. gez. Unterschriften.

Die hervorragende Rolle, welche die Funkoffiziere bei der Rettung von Menschenleben spielten, wurde immer wieder besonders hervorgehoben und geehrt. Ausschnitt aus der Telefunken-Zeitung 1926.

Die beiden Schnelldampfer des Norddeutschen Lloyd, die BREMEN (in Fahrt) und die EUROPA (an der Pier) sind in den dreißiger Jahren ein Maßstab für eine moderne Funkausrüstung.

aber zeigte sich, daß eine Rettungsaktion nur dann erfolgreich sein kann, wenn der Notfunkverkehr koordiniert abläuft, und das besonders dann, wenn sich viele Schiffe an der Rettung beteiligen. In der Nacht vom 22. zum 23. Mai 1925 dampfte der deutsche Dampfer TRIFELS im Golf von Biskaya ostwärts. Im Funkraum saß der Funker mit aufgesetztem Kopfhörer vor seinem Empfänger, als er das unverkennbare SOS vernahm. Die CLEMENCEAU hatte ihre Schraube verloren und trieb 90 Meilen nördlich von der TRIFELS hilflos in der See. Mehrere Schiffe hatten sich auf den Notruf hin gemeldet und versuchten nahezu gleichzeitig, eine Verbindung zum Havaristen herzustellen. Mit einem helfenden Notfunkverkehr hatte das nichts mehr zu tun. Nach fast zweistündigen Auseinandersetzungen zwischen den Helfern wurde schließlich die TRIFELS gebeten, den treibenden Dampfer nach Le Havre zu schleppen. Doch kostbare Zeit war verstrichen, die CLEMENCEAU weit abgedriftet und die Suche nach dem Havaristen wurde zu einem Wettlauf mit der Zeit. Nach den Standortangaben hätten sich die Schiffe morgens gegen 10.00 Uhr treffen müssen. Aber die See war leer. Trübes Wetter erschwerte die Suche. Endlich, gegen 10.00 Uhr abends trafen sich die beiden Schiffe. Die einsetzende Dunkelheit und aufkommender Sturm verhinderten den Beginn der Bergungsarbeiten. Erst bei Morgengrauen begann man mit den Vorbereitungen, um die CLEMENCEAU in Schlepp zu nehmen. Gegen 1.30 Uhr

Teilansicht des Funkraums auf dem Dampfer BREMEN.

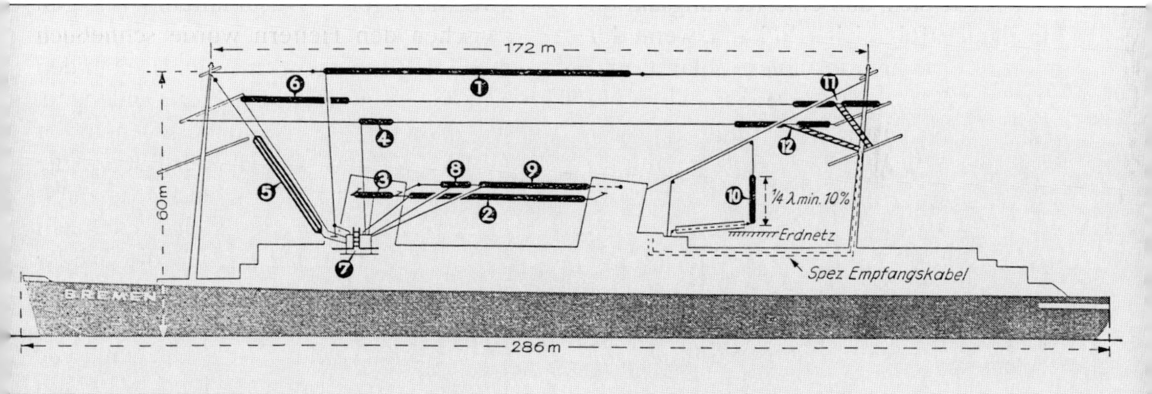

Die Antennenanlage des Schnelldampfers BREMEN

1 = Große L-Sendeantenne für 3-KW-Sender
2 = Schornstein-L-Antenne für 600 m Wellenlänge als Reserve für 3-KW-Sender
3 = KW-Antenne
4 = KW-Antenne
5 = Reusenantenne für Empfang
6 = L-Antenne für Empfang
7 = Dipol für KW-Empfang
8 = Telephonie-T-Sendeantenne
9 = Telephonie-Empfangsantenne
10 = Veränderlicher KW-Strahler
11 = Dipol für KW-Empfang
12 = Dipol für KW-Empfang

Im Funkraum des Schnelldampfers EUROPA des Norddeutschen Lloyd.

nachmittags setzten sich dann schließlich die Schiffe in Bewegung und erreichten am 27. Mai um 7.00 Uhr abends den Hafen von Le Havre.

Wesentlich dramatischer verliefen zwei andere Rettungsaktionen, die ein weiteres Mal deutlich machten, wie wichtig die funktechnische Ausrüstung für die Sicherheit der Schiffe und der Schiffahrt ist.

Am 20. Januar 1926 verließ die WESTPHALIA der Hamburg-Amerika Linie bei trübem Wetter den Hamburger Hafen. Unsichtiges Wetter und leichter Wind empfingen den Dampfer in der Nordsee und trieben die Passagiere unter Deck. Die See wurde gröber, je weiter das Schiff in Richtung Westen vorankam, und in der Irischen See war der Wind zum Sturm angewachsen. Am 23. Januar ankerte die WESTPHALIA auf der Reede von Queenstown, übernahm Passagiere und Post und setzte ihre Reise fort. Ein steifer westlicher Wind empfing das Schiff, als es aus dem Schutz der Reede in die offene See hinauslief. Schwere Stürme tobten auf dem Atlantik, die am 26. Januar mit Orkanstärke über den Ozean peitschten. Am 29. Januar erreichte der Orkan seinen Höhepunkt. Eine gewaltige hohe See

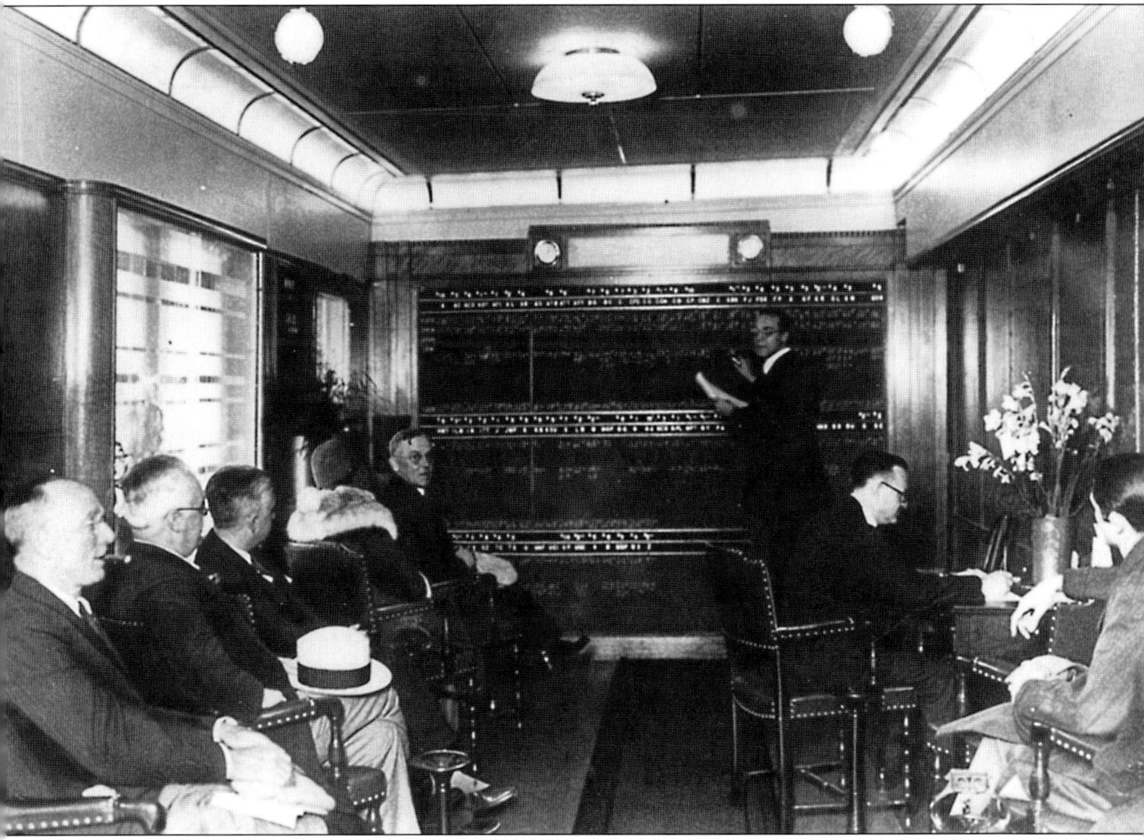

Auf dem Dampfer BREMEN (gebaut 1928) gibt es für interessierte Passagiere den Börsenfunk. Blick in den Börsenraum.

hatte sich aufgebaut und haushohe Wellen schlugen über das Deck der WESTPHALIA.

Doch es sollte noch schlimmer kommen. Am Abend brach eine schwere Sturzsee über das Vorschiff, riß Eisen- und Holzteile los und schleuderte sie auf die Brücke. Als der Kapitän das Schiff beidrehen ließ, zeigte sich das ganze Ausmaß der Zerstörungen. Bullaugen waren zertrümmert, die Rohrleitungen zum Ankerspill verbogen, Lukensülle eingedrückt und die Wasserschotten vor den beiden Durchgängen zersplittert. Die Türen zu den Waschhäusern und die Niedergänge zu den Mannschaftswohnräumen und Zwischendecks waren zerstört. Wasser war in die unteren Wohnräume eingedrungen. Am 30. Januar waren die Schäden so weit behoben, daß die Fahrt fortgesetzt werden konnte. Ein Aufatmen ging durch Passagiere und Besatzung. Doch es sollte keine Ruhe einkehren.

Am 31. Januar fing der Funker der WESTPHALIA einen Notruf des holländischen Dampfers ALKAID auf. „We are sinking." Menschenleben in Gefahr: Da gab es nur einen Befehl – Kurs auf den Havaristen. Nur sehr ungenau hatte die ALKAID ihren Standort angeben können. Zum ersten Mal bewährte sich nun der Funkpeiler, mit dem die WESTPHALIA ausgerüstet war. Ununterbrochen schickte der Funker der ALKAID seine Morsezeichen in den Äther. Bei ständiger Peilung und mit achterlichem Wind traf die WESTPHALIA um 11.15 Uhr vormittags beim Havaristen ein, der mit gestoppter Maschine quer zur See lag und von schweren Brechern überrollt wurde. Noch immer herrschte Windstärke 11, ein Boot konnte nicht zu Wasser gelassen werden, eine Rettung schien unmöglich. „Trotz der dringlichen Telegramme konnte ich mich nicht entschließen, irgend etwas zu unternehmen, und da das Barometer langsam stieg, wartete ich bis zum nächsten Morgen“[100], so schrieb später der Kapitän in seinem Bericht.

Am nächsten Tag war der Sturm etwas abgeflaut. Die ALKAID befand sich in einer trostlosen Lage. Alle Decksaufbauten waren eingeschlagen, eine Luke vollständig offen, das Deck an verschiedenen Stellen gerissen, das Heck eingedrückt und das Ruder verklemmt. Die Rettungsboote bestanden nur noch aus Trümmern, eine Reeling gab es nicht mehr. Im Kesselraum stand das Wasser in den Feuerungen und hatte die Feuer gelöscht. Angesichts dieser trostlosen Lage der ALKAID entschloß sich der Kapitän, ein Boot zu schicken. „Um 9.05 Uhr brachte ich die WESTPHALIA ganz dicht an die Windseite des noch heftig rollenden Wracks und erreichte dadurch, als eine Art Wellenbrecher zu wirken, denn die schweren Roller trafen das Schiff jetzt nicht mehr. Um 9.55 Uhr, in einem Augenblick verhältnismäßigen Stilliegens der WESTPHALIA, wurde das mit Freiwilligen bemannte Boot schnell zu Wasser gelassen, und im Schutz der WESTPHALIA konnte es an die ALKAID herankommen. Ich blieb mit meinem Schiff, das bedeutend schneller als die ALKAID zur Seite wegzog bis zum letzten Moment an der Seite und gab dann volle Kraft zurück, die das Schiff aus der Gefahrenzone zog. Ich sah, daß das Boot schon wieder von der ALKAID mit den Geretteten (27 Mann) ablegte.“[101] Dann versank die ALKAID mit geöffneten Seeventilen, um das treibende Wrack nicht zu einem Hindernis für die Schiffahrt werden zu lassen. Ohne Funkpeilung wäre die ALKAID nicht gefunden worden, denn der angegebene Standort wich um 50 sm vom wahren Standort ab. Zwei weitere Schiffe, die dem Havaristen zur Hilfe kommen wollten, hatten ihn daher auch nicht finden können.

Es war, als ob der Wert der Funkpeilung noch einmal bestätigt werden sollte, als die BREMEN am Abend des 25. Januar auf der Position 45° 8’ Nord und 42° 42’ West den Notruf der LARISTAN auffing, die ihr Besteck mit 45° 40’ Nord und 43° 6’ West angab. Die rechnerische Entfernung zwischen beiden Schiffen betrug danach nur 35 sm. Die BREMEN änderte ihren Kurs und dampfte auf die angegebene Position zu, überzeugt, daß sich der Havarist dort befinden müsse. Einen Funkpeiler hatte sie nicht an Bord, sodaß keine ständige Peilung genommen werden konnte. Nach fünf Stunden Fahrt war die LARISTAN immer noch nicht in Sicht gekommen. Das wracke Schiff trieb indessen in der tosenden See, wehrlos dem Sturm preisgegeben. Nur die Funksprüche zeigten an, daß das Schiff noch nicht gesunken war. Plötzlich ertönten die Morsezeichen eines weiter entfernt stehenden Schiffes. Sein Funker hatte den Funkverkehr mitgehört, den Havaristen gepeilt und teilte nun der BREMEN den Standort mit.

Tatsächlich wurde die LARISTAN auf der angegebenen Position 45° 12’ Nord

Mit leichter Schlagseite nach Steuerbord liegt die ALKAID hilflos in den Wellen, während die Geretteten im Rettungsboot zur WESTPHALIA rudern.

Die letzte Aufnahme vom sinkenden Dampfer ALKAID, nachdem die WESTPHALIA die Besatzung übernommen hatte.

Der Empfängerraum des Dampfers POTSDAM mit zwei Arbeitsplätzen. Deutlich sind die zwei Allwellenempfänger mit ihrem „Truhendeckel" zu erkennen. Die Schreibmaschinen sind in der Tischplatte versenkbar.

und 43° 12' West gefunden, die von der zunächst angegebenen um 30 Meilen in südlicher Richtung abwich. Infolge dieses Besteckfehlers war die BREMEN zunächst nach Norden gedampft und hatte wertvolle Zeit verloren. Der bei der Suche eingetretene Zeitverlust betrug mehrere Stunden und es konnte nur noch ein Teil der Besatzung gerettet werden. Diese beiden nahezu zeitgleich eingetretenen Seenotfälle unterstrichen einmal mehr den Wert der Funkpeilung bei der Suche nach Schiffbrüchigen.

Die Bedeutung der Funktelegraphie für die Sicherheit der Schiffahrt wurde bei jedem Seenotfall aufs Neue bewiesen. Ob es die Rettung von Passagieren und Besatzung des amerikanischen Dampfers MEXICO war, der am 27. September 1926 auf das Madagascar Riff, 60 sm von Progreso entfernt, aufgelaufen war, und dessen Notruf vom Funker des Flensburger Motorschiffes BRAVO aufgefangen wurde, oder ob es die Rettung der 53köpfigen Besatzung des leckgeschlagenen französischen Fischdampfers MALOUIN durch den Dampfer PHOEBUS der Deutsch-Amerikanischen Petroleum A.G. war, immer taten die Funker ihr Möglichstes, um Schaden abzuwenden. Die MALOUIN, die sich innerhalb der Hauptreiseroute über den Atlantik 220

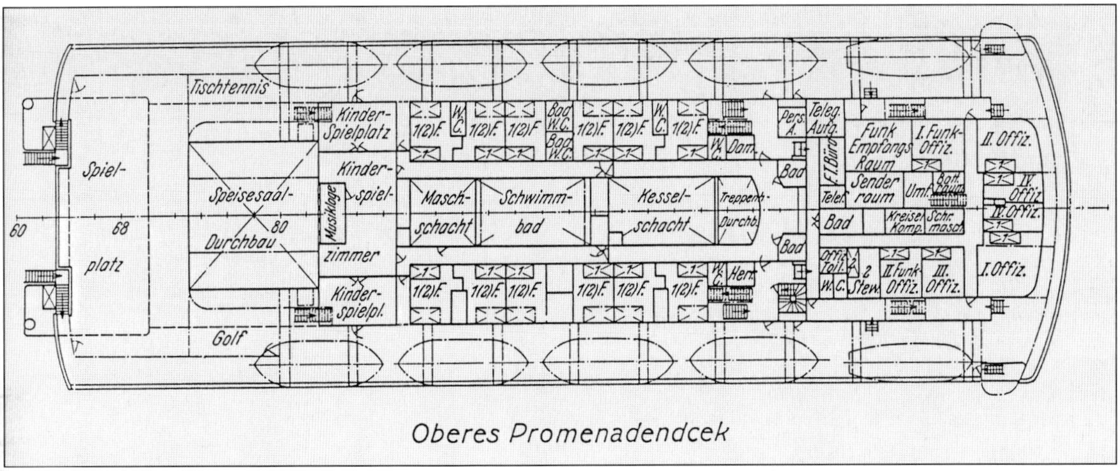

Der Funkraum der POTSDAM liegt auf dem oberen Promenadendeck und ist ein in sich abgeschlossener Bereich.

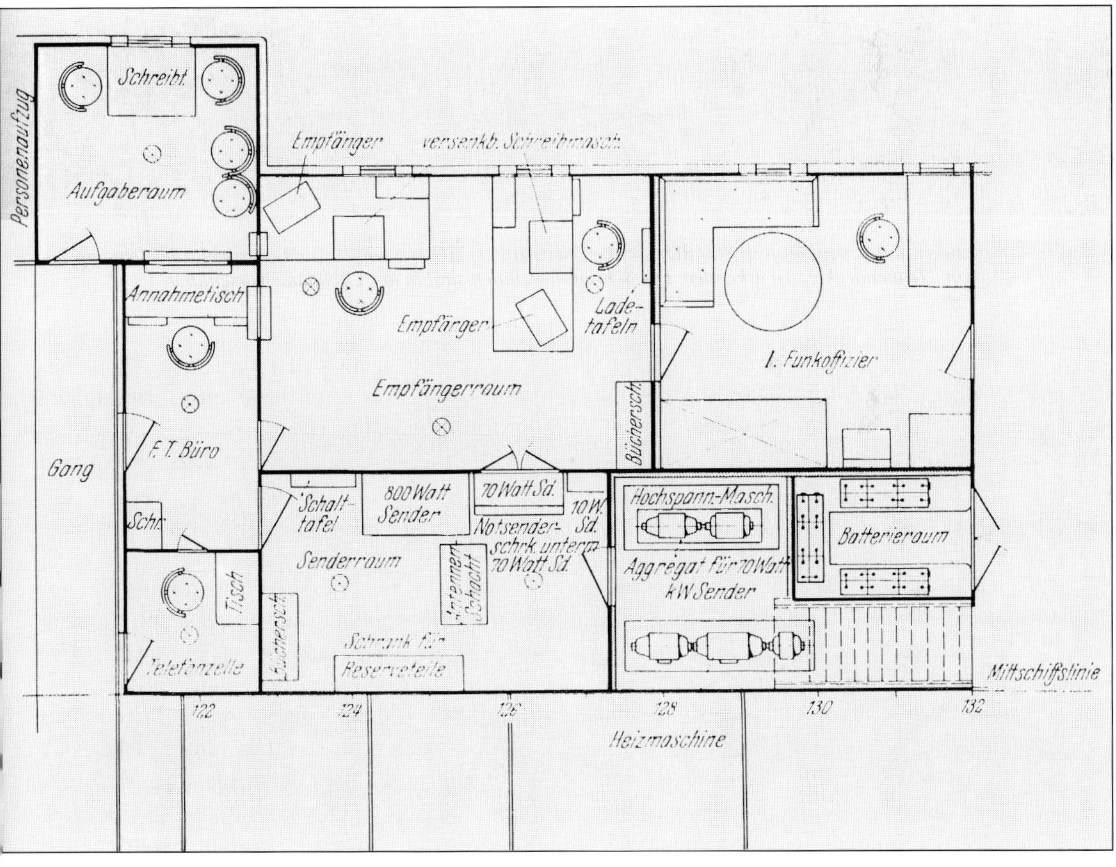

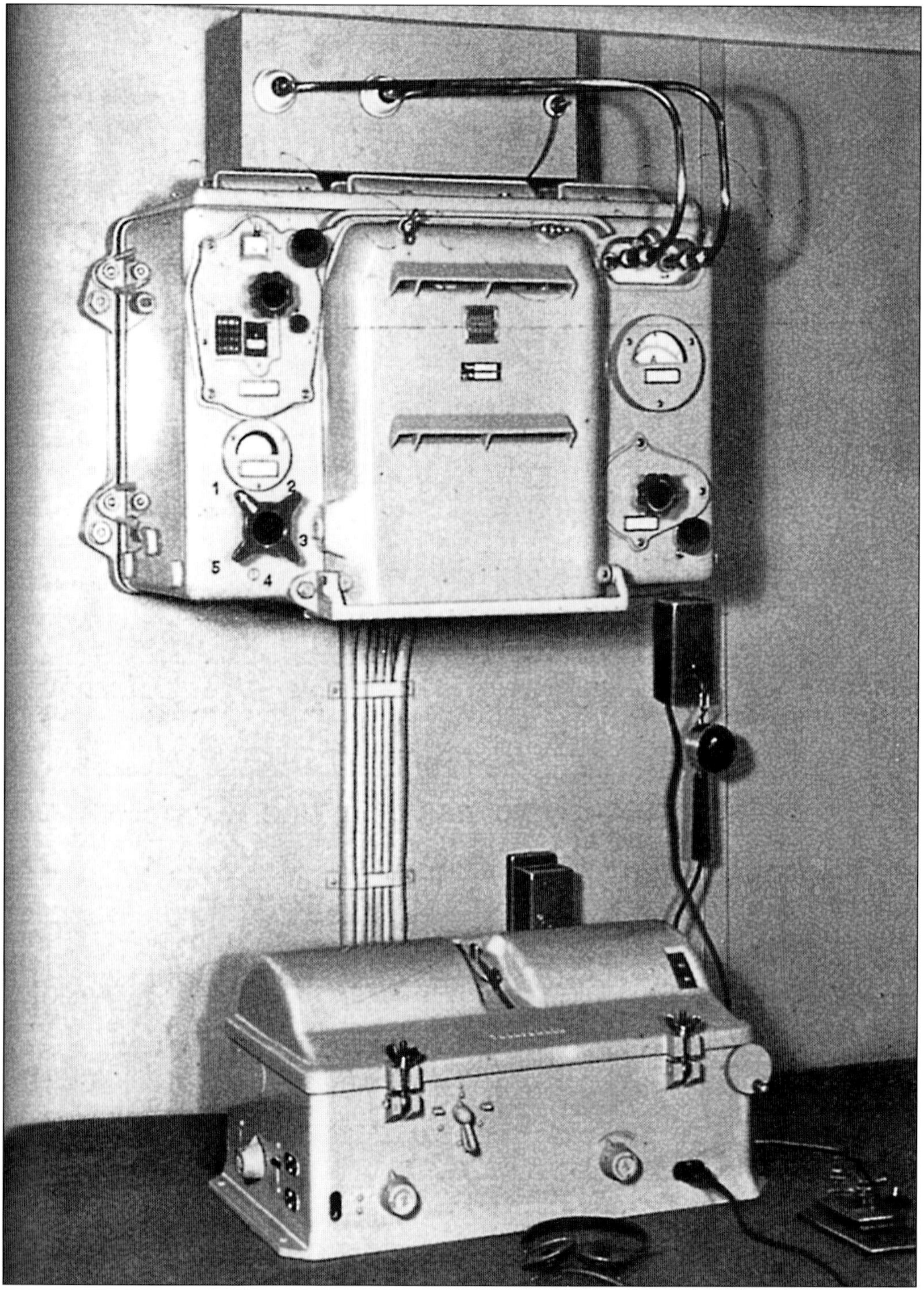
1
2
3
4
5

Die Funkanlage des Ostasien-Schnelldampfers POTSDAM (Kiellegung 3. März 1934, Stapellauf 16. Januar 1935, Jungfernreise 3. Juli 1935) verkörpert den technischen Entwicklungsstand vor dem Ausbruch des Zweiten Weltkrieges.

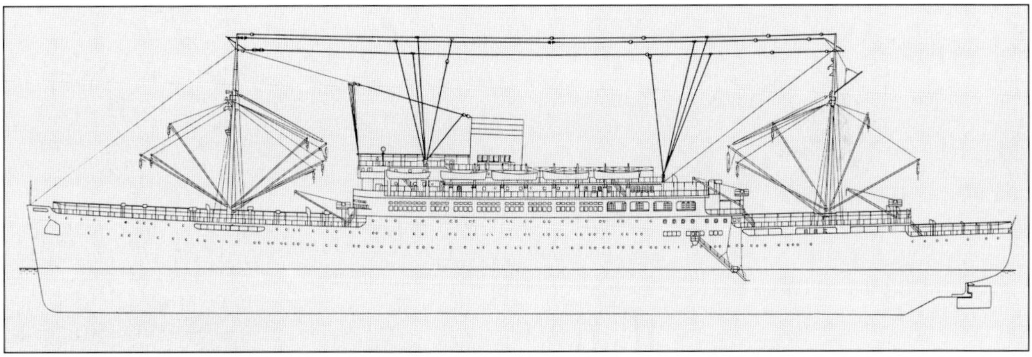

Antennenanlage des Dampfers POTSDAM 1935.

Abb. auf Seite 266: Funkgeräte für Telegraphie und Telephonie auf deutschen Schiffen Ende der dreißiger Jahre. Der Sender ist an der Wand montiert, der Empfänger steht auf dem Tisch.

sm westlich von Quessant auf der Höhe 48° 12' Nord und der Breite 11° 10' West befunden hatte, versuchte tags durch Flaggen und nachts durch Lichtsignale auf ihre hoffnungslose Lage aufmerksam zu machen. Doch keine Hilfe kam herbei. Erst der über Funk abgesetzte Notruf hatte den Helfer herbeigerufen. Immer waren es die Funkoffiziere mit ihren Geräten und ihrem Können, die wesentlich zur Rettung von Schiffbrüchigen beitrugen, und jeder Seenotfall legt Zeugnis von ihrem unermüdlichen Einsatz in schwierigsten Situationen ab.

Das Jahr 1927 und die Dritte Zwischenstaatliche Funkkonferenz markierten eine Zäsur in der Funktechnik. Das Verhältnis von Funktelegraphie und Schiffahrt veränderte sich wesentlich. Der Seefunk, der jahrzehntelang innovativ die Entwicklung der Funktechnik bestimmt hatte, wurde nun zum Nutznießer der weiteren technischen Entwicklung. Der Wellenverteilungsplan wies dem Seefunk

Funkoffizier bei der Telegrammaufnahme auf MS PATRIA 1938.

einen vergleichsweise kleinen Frequenzbereich zu. Die Funktechnik hatte sich aus den Fesseln des Seefunks gelöst und ging ihre eigenen Wege. Neue Anwendungsgebiete, wie der Rundfunk nach 1921, die Erprobung der Ultrakurzwellen und des Fernsehens nach 1930, und schließlich die Richtfunk- und Radartechnik am Ende der dreißiger Jahre prägten das Bild der Funktechnik bis zum Ausbruch des Zweiten Weltkrieges.

Der Seefunk machte nur noch wenige Schlagzeilen, und das auch nur, wenn neue Dienste aus der Taufe gehoben wurden. Im Oktober 1929 wurde beispielsweise an Bord der BREMEN ein

1931 wurde in der Sendestelle Utlandshörn der Küstenfunkstelle Norddeich Radio der erste Telephoniesender in Betrieb genommen.

Börsenbetrieb eingerichtet, der funktelegraphisch mit den großen Börsen an Land in Verbindung stand. Zwei Funker bedienten die Funkanlage, die nur für den Empfang von Kursnotierungen und die Übermittlung von Börsengeschäften vorgesehen war.

Am 17. Dezember 1929 wurden erste Versuche mit Nahtelephonie zwischen dem von der Hapag bereederten Seebäderdampfer ADLER und einem Landteilnehmer erfolgreich durchgeführt, nachdem das Reichspostministerium am 15. November 1929 diesen Dienst genehmigt hatte. Von Küstendampfern konnte nun eine direkte Verbindung zum Teilnehmer im Landnetz hergestellt werden.

1932 erhielt die BREMEN eine Funktelephonieanlage für Weitverbindungen, die in fünf Kurzwellenbändern ihre Kanäle nutzte. Das System arbeitete mit einer Antennenleistung von 500 W und unterdrücktem Träger in den Sprechpausen. Die Telephonie auf Kurzwelle, die auf den Dampfern BREMEN und CAP ARCONA zuerst eingeführt wurde, war mit Norddeich Radio bis zu einem Etmal vor New York möglich. Am 6. Februar 1931

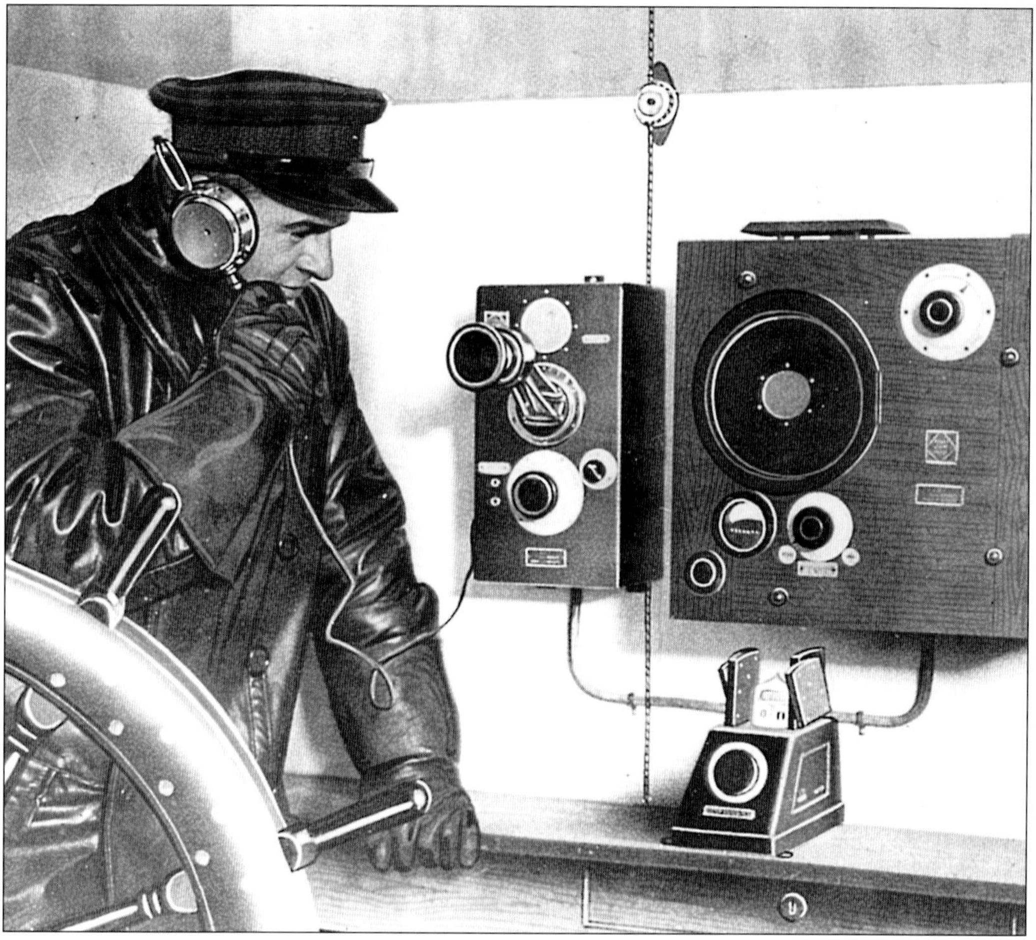

Kleine Funktelephoniestation 1922 auf einem Fischdampfer.

kam von Norddeich aus eine telefonische Verbindung auf der Wellenlänge 36 m zur CAP ARCONA zustande, die sich bei den Kapverden aufhielt.

Vor dem Hintergrund der Regelungen der Washingtoner Konferenz 1927 und der Konferenz von Madrid 1932 vollzog sich die weitere Entwicklung im Seefunk. Zunächst erhielten die Schiffe ab 1. Januar 1934 neue Rufzeichen, die gleichzeitig auch ihr Unterscheidungssignal waren. Sie bestanden aus vier Buchstaben, von denen der erste oder die beiden ersten auf die Nationaliät des Schiffes hinwiesen. „D“ stand für Deutschland.

Nach dem Geschäftsbericht der Deutschen Reichspost gab es 1933 in Deutschland 33 Küstenfunkstellen einschließlich der Feuerschiffe, drei ortsfeste Peilfunkstellen, 11 Funkfeuer, 901 Seefunkstellen und 393 Funkpeiler an Bord von Handelsschiffen, 90 Schiffe waren mit Sprechfunkanlagen ausgerüstet. Der Ausrüstungsstand der Küstenfunkstelle 1934 liest sich

Eine Schiffssendeanlage 1926 macht schon einen sehr modernen Eindruck. Funkraum auf dem Dampfer BERLIN mit 1-kW-Röhrensender und Zwischenkreis.

kurz und knapp so: „Für die Abwicklung des umfangreichen Funkverkehrs verfügt die Küstenfunkstelle (Norddeich, d. A.) über eine größere Anzahl Sender, und zwar: 2 Röhrensender von je 1 kW Leistung für den Telegraphie-Nahverkehr mit Schiffen in der Nordsee auf tonmodulierten Wellen; 3 Röhrensender von 20, 10 bzw. 5 kW Leistung mit einer Durchschnittsreichweite von 1000–2000 Seemeilen für den Telegraphie- und Sprechfunkverkehr auf Langwellen sowie den Wetter- und Eisdienst; 2 quarzgesteuerte Röhrensender von 20 bzw. 10 kW Leistung für den Kurzwellen-Telegraphieverkehr auf größte Entfernungen bis zu den entlegensten Teilen der Erde; 1 quarzgesteuerten Röhrensender von 20 kW Leistung für die Vermittlung von Gesprächen auf Kurzwellen über große Entfernungen und 1 Röhrensender von 20 kW Leistung für den Telegraphie- und Sprechverkehr auf Grenzwellen und für besondere Zwecke."[102] 1935 gab es auf der Erde

Empfängerraum auf dem Dampfer BERLIN (gebaut 1925).

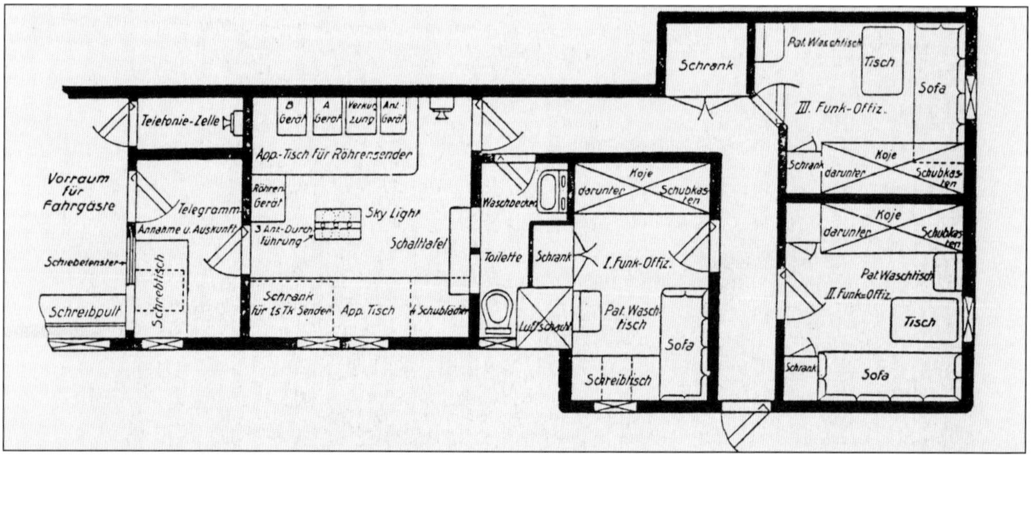

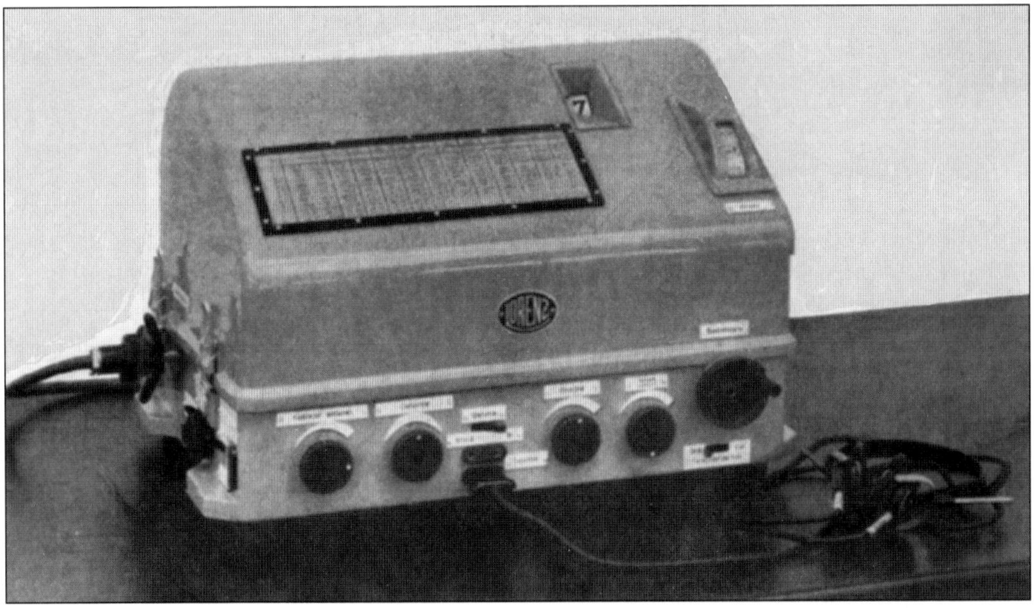

Allwellenempfänger um 1941.

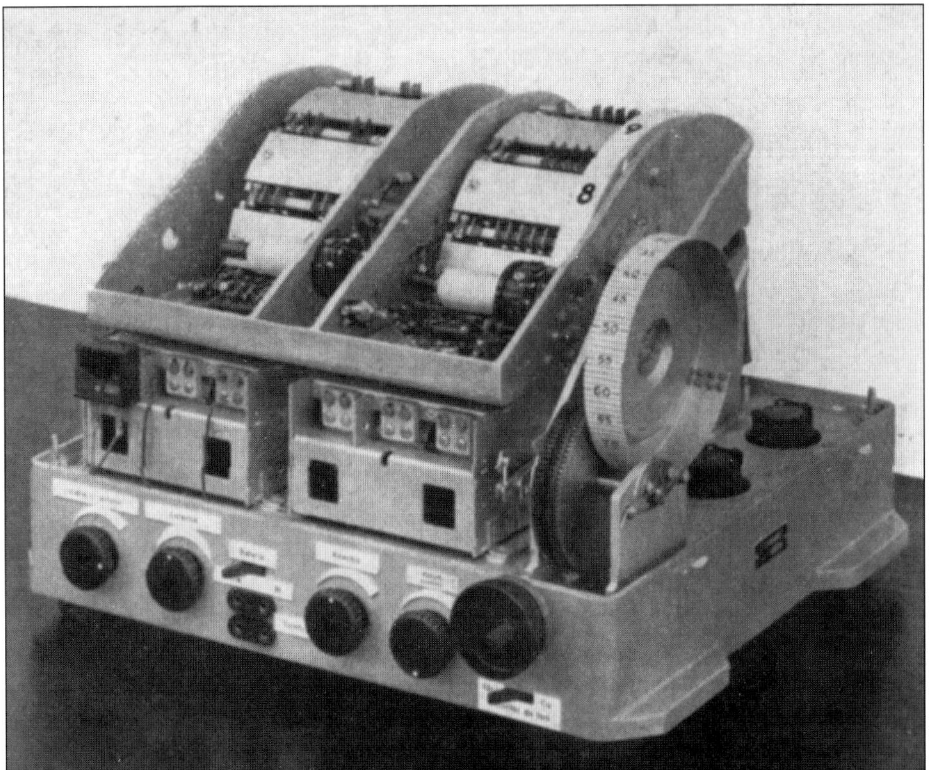

35638 Funkstellen, davon wurden 20933 Funkstellen im beweglichen Seefunkdienst betrieben.

Der Seefunk hatte nach dem Ende des Ersten Weltkrieges einen ungeahnten Aufschwung genommen. Er führte zu einer weltweiten Kommunikation mit Schiffen und einer hohen Sicherheit in der Schifffahrt. Dank der technischen Entwicklung gab es immer neue und verbesserte Geräte. Durch die Leistungsfähigkeit der kurzen Wellen war der Bedarf an Funkkanälen sprunghaft gestiegen. Jedes Land und jeder Funkdienst verlangte nach einem „Streifen" aus dem zur Verfügung stehenden Frequenzbereich für seine Funkdienste. Die Kanäle wurden knapp. Um dem entstehenden Dilemma zu entgehen, gab es nur zwei Wege: mehr Kanäle im vorhandenen Frequenzbereich oder die Erschließung höherer Frequenzen.

Am 21. Mai 1931 führten französische Ingenieure in Madrid ein von ihnen entwickeltes Einseitenband-Übertragungssystem für Kurzwelle vor und bewiesen damit, daß sich das vorhandene Frequenzband effektiver ausnutzen läßt und die Zahl der Kanäle verdoppelt werden kann. Einen willkommenen Nebeneffekt bot der bessere Leistungsumsatz im Sender. Die Vorführung beeindruckte die Teilnehmer sehr. Diese Technik fand zunächst aber in überseeischen Standverbindungen Verwendung.

Der zweite Weg, vorgezeichnet durch das beginnende Fernsehen mit seinem hohen Bandbreitenbedarf, führte zur Erschließung des Ultrakurzwellenbereiches. 1931 sahen die Berliner, daß die Sendeantenne auf dem Geschäftsgebäude von Telefunken in Berlin-Tempelhof eine Verlängerung bekommen hatte: eine UKW-Antenne für eine Wellenlänge von 7 m für die Verbindung zwischen Tempelhof und Witzleben war angebracht worden.

Doch eine Einführung des Einseitenbandbetriebes oder der Ultrakurzwellen in den Seefunk stand in den dreißiger Jahren nicht zur Debatte. Als Maßstab für die Funktechnik galt 1936 vielmehr die auf dem Dampfer EUROPA installierte „Großfunksprechanlage". Sender und Empfänger befanden sich in einem Raum. Zu der technischen Einrichtung gehörten ein KW-Sender, der aus einem Steuersender, zwei Sendeverstärkerstufen und der von 15 bis 90 m durchstimmbaren Antennenkopplung bestand und eine Empfangsanlage mit einem von 15 bis 200 m durchstimmbaren Überlagerungsempfänger.

Die funkbetriebliche Entwicklung Mitte der dreißiger Jahre wurde wesentlich durch die Hochseefischerei und den durch sie benutzten Sprechfunk bestimmt. 1935 ergriffen die Ostseeanrainerstaaten die Initiative. Auf einer Tagung in Stockholm forderten sie den Ausbau der Telephoniestationen an den Küsten und die Einführung eines Notfunks im Sprechfunkverkehr für die Sicherung des menschlichen Lebens auf See. Sie schlugen nicht nur Regeln für besondere Notsignale vor, sondern empfahlen, analog zum Telegraphiefunk, eine Funkstille für das Abhören der Notfrequenz im Sprechfunk festzulegen. Der Verband der deutschen Hochseefischer führte dazu versuchsweise am 1. Juni 1937 die Regelung ein, daß neben der Überwachung der Frequenz 500 kHz zweimal stündlich, und zwar von der 18. bis zur 20. und von der 48. bis zur 50. Minute, auf der Notfrequenz 1650 kHz Funkstille zu herrschen habe. Für die deutschen Küstenfunkstellen Elbe-Weser und Rügen galt die Funkstille für die ersten drei Minuten jeder Stunde. Auch für die Küstenfunkstellen in Dänemark, Polen, Finnland, Lettland, Norwegen, den Niederlanden und Großbritannien waren Zeiten der Funkstille festgelegt worden.

Die Vollzugsordnung für den Funkdienst Kairo 1938 faßte den Stand des beweglichen Seefunkdienstes nach vier Jahrzehnten zusammen. Nur zwei Jahrzehnte friedlicher Entwicklung verblieben dem Seefunk seit dem Ersten Weltkrieg, dann brach der zweite große Krieg dieses Jahrhunderts in Europa aus. Die letzten Mitteilungen über den Seefunk in einer deutschen Fachzeitschrift erschienen mit den Überschriften „Flugzeug-Rettung durch Südamerika-Dampfer“ und „D. COLUMBUS leistet Beistand anläßlich SOS-Falles eines englischen Flugbootes“. Dann diente der Seefunk ein zweites Mal in diesem Jahrhundert auf den an Europa grenzenden Meeren nur noch als Nachrichtenmittel für die Kriegsmarinen.

Der Neuanfang – die Blütezeit des Seefunks nach dem Zweiten Weltkrieg

Am Ende des Krieges stand der völlige Zusammenbruch. Die Folgen waren verheerender als nach dem Ersten Weltkrieg: Städte waren verwüstet, Fabriken zerbombt, und die Werften ein Gewirr von umgestürzten Kränen und verbogenen Stahlträgern. Die Wracks so mancher großer Passagierdampfer blockierten die Hafeneinfahrten. Viele der stolzen Schiffe lagen von Torpedos zerrissen auf dem Grund der Meere. Von den Bordfunkern war eine ungezählte Schar Opfer des Krieges geworden und nicht wieder in die Heimat zurückgekehrt. Die Funkindustrie gab es nicht mehr. Besatzungsmächte bestimmten über das zivile Leben. Heimatlos zogen viele Menschen durch die Lande, vertrieben aus Gegenden, die nun nicht mehr Deutschland sein durften. Orientierungslosigkeit und eine tiefe Depression hatte die Menschen erfaßt.

Dennoch, ganz langsam begann der Wiederaufbau. In den zerstörten Betrieben wurde aufgeräumt, die Maschinen wieder funktionsfähig gemacht und zunächst in kleinen Schritten, dann an Tempo gewinnend, begann wieder die Produktion. Nicht etwa gleich mit den Dingen, die früher hier gebaut wurden, sondern mit irgend etwas, was man gebrauchen konnte. Und gebraucht wurde in diesen ersten Monaten und Jahren nach dem Krieg einfach alles. In die noch intakten Betriebe zog, wenn sie nicht auf der Reparationsliste standen und der Demontage unterlagen, Leben ein. Auf den Werften dröhnten wieder die Niethämmer, drehten sich die Kräne. Zunächst waren es die schwer beschädigten deutschen Schiffe, die oft von weit her in die Docks geschleppt, als Reparationsleistung wieder instandgesetzt wurden. Die Funkindustrie, ein besonders sensibler Bereich, durfte nach den Weisungen der Besatzungsmächte nur Funksender mit einer Sendeleistung bis 10 W fertigen. In Ostdeutschland mußten sogar alle privaten Rundfunkgeräte abgeliefert werden.

Ab 1946 erhielten westdeutsche Eigner die Genehmigung zur Bereederung kleinerer Küstenfahrzeuge und in Nord- und Ostsee fuhren die Fischer wieder zum Fang hinaus. Diese kleinen Schiffe unterlagen nicht der Pflicht zur Ablieferung an die Alliierten. Sie wurden so zum Grundstock einer neuen Handels- und Fischereiflotte.

Auf den kleinen Werften in Ost- und Westdeutschland begann 1946 der Bau von Fischkuttern. Sie mußten mit Sprechfunkanlagen ausgerüstet werden. Zunächst wurde auf alte Wehrmachtsgeräte zurückgegriffen, die für den Sprechfunkverkehr im Grenzwellenbereich umgestellt werden mußten. Kiel Radio nahm am 18. Juni 1946 den Funkbetrieb für die Fischereiflotte auf. Mit der Fertigung von Sprechfunkanlagen für den Grenzwellenbereich fand die Funkindustrie ihren Einstieg in den Seefunk, mit der Telephonie auf Grenzwelle knüpfte der Seefunk zu einem kleinen Teil an die Vorkriegsentwicklung an.

Nachdem die erste Euphorie über den beendeten Krieg abgeklungen war, machten die Siegermächte aus ihren unterschiedlichen Auffassungen über die Zukunft Deutschlands keinen Hehl mehr. Zunächst hatten sie noch gemeinsam als Kontrollrat gewirkt, aber schon bald nur

In solch primitiven Baracken begann nach dem Zweiten Weltkrieg und der Teilung Deutschlands mancherorts der Seefunkbetrieb. Empfangsstelle für Kiel Radio in den Jahren 1946–1951.

für ihr Besatzungsgebiet geltende Befehle und Bestimmungen erlassen, nach denen sich das wirtschaftliche und allgemeine Leben zu richten hatte. Sie wußten, daß die zwischen ihnen bestehenden Gegensätze immer deutlicher zu Tage treten und sich dann an den Grenzen ihrer Einflußsphären zuerst auswirken würden. Durch die Proklamierung von Staatsgebilden in den von ihnen verwalteten Besatzungszonen schufen Ost und West die Grundlagen für den Wiederaufbau zweier Volkswirtschaften mit unterschiedlichen Zielsetzungen.

Gedenktafel am ehemaligen Dienstgebäude der Empfangsfunkstelle Westgaste der Küstenfunkstelle Norddeich Radio.

Küstenfunkstelle Norddeich Radio – Empfangsfunkstelle Utlandshörn (1961). Die Anrufe werden auf den internationalen Seefunkfrequenzen entgegengenommen. Die für die Seefunkstellen vorliegenden Telegramme befinden sich nach Rufzeichen geordnet in der „Telegramm-Boje".

Der Bau größerer Schiffe begann auf westdeutschen Werften etwa 1949. Dabei mußten die einschränkenden Bestimmungen des Gesetzes Nr. 24 der Alliierten Hohen Kommission eingehalten werden. Die Schiffe durften nur eine maximale Tonnage von 7200 BRT und eine Geschwindigkeit von 12 Knoten haben und nicht mehr als 12 Passagiere befördern. Erst nach einem Beschluß der New Yorker Außenministerkonferenz der Alliierten konnten ab 1950 wieder Handelsschiffe in jeder Größe gebaut werden. Am 26. November 1949 lief die BROOK, ein Schiff mit einer Tragfähigkeit von 3000 tdw für die Reederei H.M. Gehrkens in Hamburg, auf der Lübecker Maschinenbau-Gesellschaft vom Stapel. Am 18. November 1950 folgte auf der gleichen Werft die 2700 BRT große BRANDENBURG für die Hamburg-Amerika-Linie. Am 24. März 1951 wurde die 7013 BRT große SANTA URSULA von der Howaldtswerke A.G. Hamburg an die Hamburg-Südamerikani-

Norddeich Radio. Der Betriebsraum in Utlandshörn 1970.

sche Dampfschiffahrts-Gesellschaft übergeben und am 21. Februar 1953 wurde auf der Schiffswerft „Neptun" in Rostock der erste Frachtschiffneubau in der DDR, der Dampfer KOLOMNA, abgeliefert.

So langsam, wie sich der Wiederaufbau der Werften vollzog, so langsam nahmen auch die Betriebe der Funkindustrie wieder die Fertigung von Funkgeräten auf. Aus alten Wehrmachtsbeständen wurden die ersten Funkanlagen für die Schiffe hergestellt. Es war in diesen ersten Jahren nach dem Kriege mit seinen totalen Zerstörungen mehr eine Bastelei, als eine wohldurchdachte und organisierte Fertigung.

Die internationalen Regelungen zum Seefunk, 1932 in Madrid beschlossen und 1938 in Kairo überarbeitet und durch Zusätze ergänzt, waren weit hinter der technischen Wirklichkeit zurückgeblieben. Sie mußten dringend überarbeitet werden, um die vielen Einzelentwicklungen einander anzupassen und dem technischen

Stand zu entsprechen. So trafen sich schon 1947 die Vertreter der Regierungen in dem schönen Badeort Atlantic City südlich von New York und beschlossen eine Neuaufteilung der Wellenbereiche, die für das besiegte Deutschland, besonders im Rundfunkbereich, erhebliche Einschnitte brachte. Die Vertreter von Fernmeldeverwaltungen, Deutschland und Japan gehörten nicht dazu, faßten die grundlegenden Beschlüsse. Es sollte Ordnung in die unter den Bedingungen des Krieges auseinandergedriftete technische Entwicklung der Funktechnik gebracht und nach den Wirren des Krieges sollten gemeinsame Grundsätze für ein international einheitliches Fernmeldesystem beschlossen werden. Die Konferenz hob alle bis dahin geschlossenen Verträge und die Vollzugsordnungen für den Funkdienst auf und begann mit dem schließlich verabschiedeten Internationalen Fernmeldever-

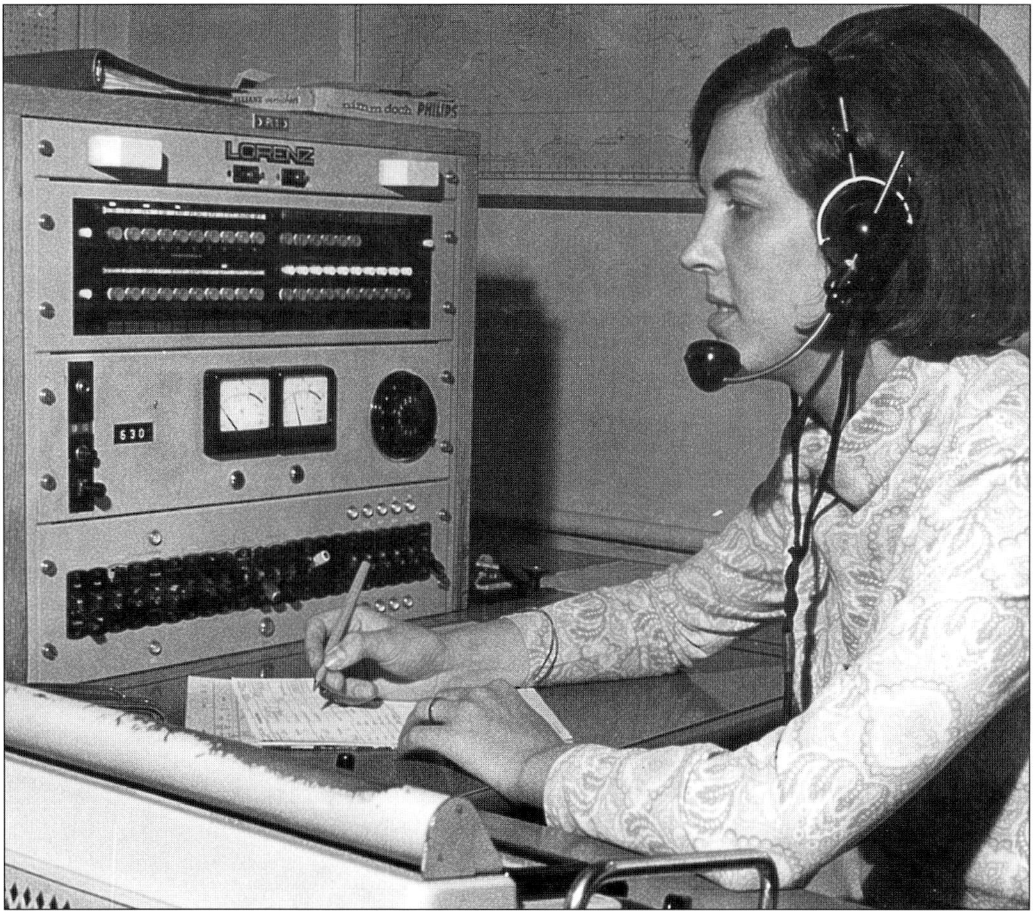

Zwei deutsche Küstenfunkstellen:
Abb. Seite 280: Funkarbeitsplatz bei Rügen Radio um 1970.
Abb. Seite 281: Funkbetriebsplatz für Sprechfunk bei KüFuSt Utlandshörn 1966.

trag die völlige Neuordnung des Funkwesens.

Basis für den Wiederaufbau des beweglichen Seefunkdienstes wurde der Frequenzplan der Vollzugsordnung Funk von 1947 und die auf der Internationalen Konferenz zum Schutze des menschlichen Lebens auf See 1948 in London im Schiffssicherheitsvertrag festgelegte Ausrüstungspflicht für Funkanlagen an Bord von Schiffen. Bestandteil dieses Vertrages war auch die Pflichtausrüstung mit Peilfunkanlagen und die Pflicht zur Ausrüstung mit Sprechfunkanlagen auf allen Schiffen von 300–1600 BRT. Frequenzplan und Ausrüstungspflicht bestimmten den Weg der zukünftigen Geräteentwicklung.

Der Seefunk mit seinem weltweiten und international geregelten Funkverkehr blieb in den nun folgenden Jahrzehnten eine der wenigen Gemeinsamkeiten zwi-

Die Funkraumeinrichtung von Telefunken auf dem Turbinentanker CAROLINE OETKER (gebaut 1957) ist beispielgebend für die Geräteanordnung in Gestellbauweise Ende der fünfziger Jahre.

Abb. Seite 283: Funkraum auf MS LEIPZIG (gebaut 1959), einem Frachtmotorschiff vom Typ IV der Warnowwerft Warnemünde. Er ist typisch für eine nach ergonomischen Gesichtspunkten gewählte Geräteanordnung.

schen zwei auseinanderdriftenden deutschen Staaten. Geräte und Betriebsabläufe waren die gleichen, nur die wirtschaftlichen Grundlagen bestimmten den Zeitpunkt für die Einführung neuer Techniken. Durch die alliierten Bestimmungen blieb der Seefunkverkehr, der 1946 wieder aufgenommen worden war, zunächst auf die Telephonie im Grenzwellenbereich beschränkt, die vor fünfzehn Jahren Einzug in die Hochseefischerei gehalten hatte.

Anfang der dreißiger Jahre hatte ihre Geschichte begonnen, als Röhrensender für Telephonie an Bord von Schiffen zu einer Selbstverständlichkeit geworden waren. In der Hochseefischerei und der Küstenschiffahrt war der Sprechfunk das einzige Mittel, um sich von Schiff zu Schiff, oder mit dem Land, aber auch mit den Fangvereinigungen in der Heimat zu verständigen. Da für einen Funkverkehr im Nahbereich nur der Lang- und Mittelwellenbereich benutzt werden konnte, war der Bedarf an Kanälen in diesem Frequenzbereich erheblich gestiegen. Man

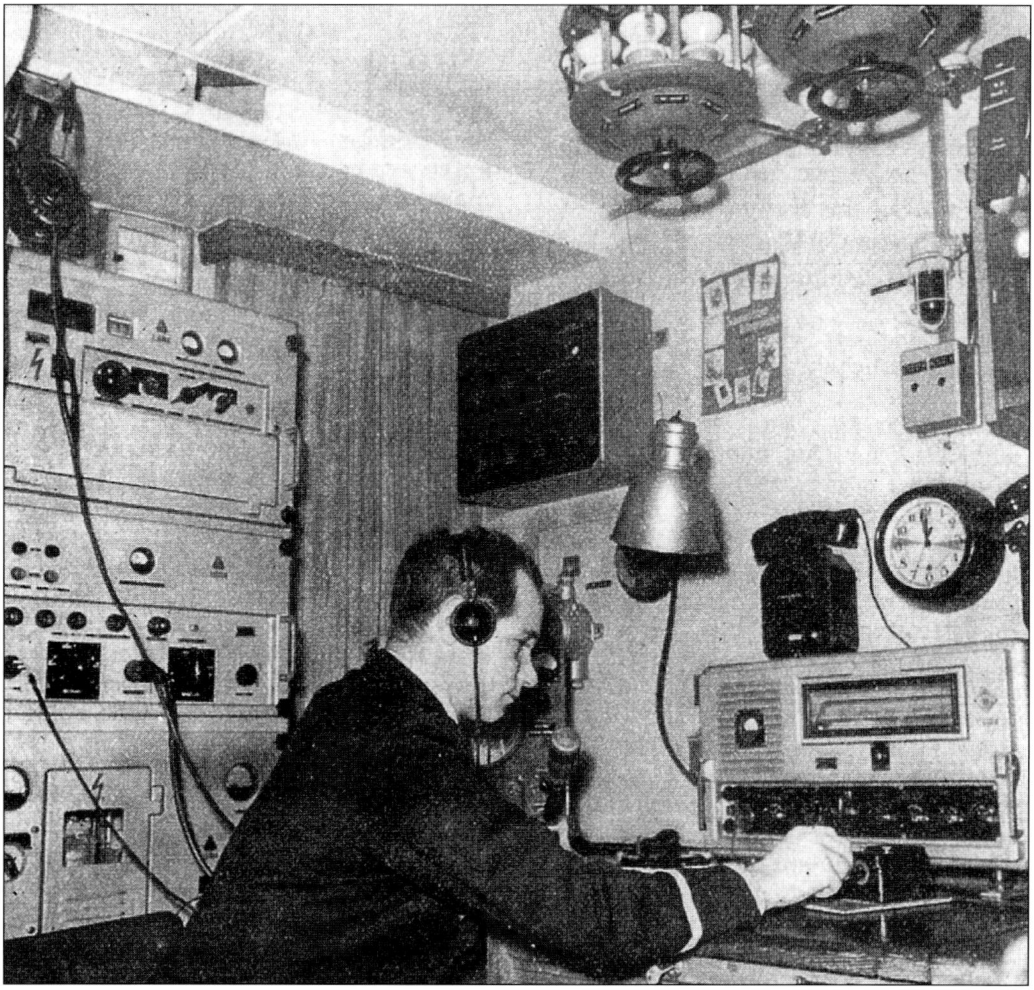

sah sich, um den Sprechfunkverkehr möglichst störungsfrei durchführen zu können daher gezwungen, in den bisher nicht belegten Bereich zwischen Mittel- und Kurzwelle, den Grenzwellenbereich von 1500 bis 3000 kHz, auszuweichen. Auf der Funkkonferenz von Madrid 1932 war über die Grenzwelle noch nicht gesprochen worden. Die daher fehlenden internationalen Vereinbarungen für Grenzwelle wurden im Nachgang zur Madrider Konferenz, insbesondere auf der Stockholmer Konferenz für den Nord- und Ostseeraum 1935 getroffen. Aber erst auf der Funkverwaltungskonferenz in Kairo 1938 kam es zu einer weltweit verbindlichen Regelung für dieses Seefunkband. Sendeleistungen, Arbeitsfrequenzen und Frequenztoleranzen wurden festgelegt, 1650 kHz als Not- und Anruffrequenz und MAYDAY als Notruf im Sprechfunk vorgeschrieben.

Als nach dem Zweiten Weltkrieg im Fernmeldevertrag von Atlantic City 1947 die Not- und Anruffrequenz in 2182 kHz geändert und im Schiffssicherheitsvertrag von 1948 auch noch die Ausrüstungspflicht mit Sprechfunkanlagen für Schiffe von 300 bis 1600 BRT festgelegt worden war, hatte sich die Grenzwelle zu einem gleichberechtigten „Partner“ von Mittel- und Kurzwelle gemausert. Besonders viele mit Sprechfunkanlagen ausgerüstete Schiffe verkehrten in der Ostsee und in der Nordsee. Um die Schiffssicherheit in dieser Region zu erhöhen, setzte sich die vom 1.–21. September 1955 in Göteborg tagende Baltic and North Sea Radiotelephone Conference das Ziel, die Vorschriften aus der Vollzugsordnung von Atlantic City 1947 zu ergänzen, teilweise zu ändern und Vorschläge für die nächste Funkverwaltungskonferenz vorzulegen. Zunächst wurde vorgeschlagen, die Frequenz 2182 kHz ständig auf der Brücke zu überwachen – das war die Geburtsstunde des Wachempfängers für 2182 kHz – und dem gesprochenen Notruf MAYDAY ein Alarmzeichen aus zwei abwechselnden Tönen von 2200 und 1300 Hz voranzustellen.

Mit der Freigabe des Schiffsneubaus für größere Tonnagen fielen die Beschränkungen für die Fertigung von Funkgeräten. Die Industrie in Ost- und in Westdeutschland begann um 1949 mit Entwicklungsarbeiten für Seefunkgeräte. Bereits 1951/1952 konnten die Ausrüstungspflicht nach dem Schiffssicherheitsvertrag 1948 und die technischen Parameter der Vollzugsordnung für den Funkdienst Atlantic City 1947 erfüllt werden. Ein Kurzwellensender mit einer Sendeleistung von 100 oder 250 W gehörte genauso zur Ausrüstung, wie ein Kurzwellen-, ein Langwellen- oder ein Allwellenempfänger. Ein Notsender für Mittelwelle und eine tragbare Rettungsbootstation vervollständigten die Ausrüstung. Für größere Schiffe wurden die Einzelgeräte in ein Gestell eingebaut und durch Funktionseinheiten wie den automatischen Alarmzeichenempfänger und den Notrufgeber für 500 kHz ergänzt. Der Langwellenempfänger mit einem Frequenzbereich von 14 kHz–534 kHz diente als Telegraphieempfänger im Mittelwellenbereich und für den Peilempfang in Verbindung mit einem Goniometer- oder Drehrahmenpeilvorsatz. Am Umfang der Ausrüstung änderte sich zunächst nichts. Es veränderte sich im Laufe der Jahre die Konstruktion der Geräte und ihre Schaltungstechnik wurde mit moderneren Bauelementen verbessert.

Trotz dieses scheinbaren Stillstandes beschäftigten sich die Forschungs- und Entwicklungsabteilungen der Funkindustrie seit langem mit Arbeiten, die zunächst zwar nichts mit der Schiffahrt zu tun hatten, deren Ergebnisse aber durchaus im beweglichen Seefunkdienst genutzt werden konnten. Nach den durch die Alliierten erlassenen Beschränkungen durften nur Sender bis zu einer Sendeleistung von 10 W gebaut werden. Gleichzeitig hatte aber die Vollzugsordnung für den Funkdienst 1947 für bewegliche Funkdienste die Frequenzen im 40-, 80-, 160- und 300-MHz-Band freigegeben und damit nicht nur auf ein neues Arbeitsgebiet, das der Ultrakurzwellen, aufmerksam gemacht, sondern auch die Entwicklungsarbeiten in diese Richtung gelenkt.

Nach Absprache mit den Besatzungsmächten wurde 1946 in Westdeutschland mit der Entwicklung von Funksprechgeräten für den mobilen Einsatz bei der Polizei begonnen. Nachdem im Sommer 1947 das Fernmeldetechnische Zentralamt in Darmstadt koordinierend in die Entwicklungsarbeiten eingegriffen und als Frequenzbereich das 80 m Band bestimmt hatte, konnten 1949 bereits die ersten Geräte an die Hamburger Polizei ausgeliefert werden. Die Ausweitung des

Die stählerne Viermastbark PAMIR lief im Jahre 1905 vom Stapel. Am 21. September 1957 ging die PAMIR in einem Hurrikan mit 86 Mann verloren. Nur sechs Mann der Besatzung wurden gerettet. (Nach einem Ölbild von W. Steffens, 1929)

UKW-Funkdienstes auf andere wichtige öffentliche Bereiche war zu erwarten. 1951 nahm, nach vorausgegangener umfangreicher Erprobung, der UKW-Hafenfunk in Hamburg seinen Dienst im 160-MHz-Band auf. Im Seefunk war der Schritt zur Ultrakurzwelle vollzogen worden.

Einen weiteren Impuls für ihre Forschungsarbeiten auf dem Gebiet des Seefunks erhielt die Industrie, wie schon so häufig, durch ein tragisches Schiffsunglück. Das deutsche Segelschulschiff, die Viermastbark PAMIR, hatte am 10. August 1957 mit einer 86 Mann starken Besatzung und mit Getreide beladen den Hafen von Buenos Aires mit Kurs Hamburg verlassen. Bei mäßigem Wind, manchmal durch den Hilfsantrieb unterstützt, kam der Segler gut voran und wurde am 19. September vom Motorschiff BRANDENSTEIN in geringer Entfernung gesichtet. Auf dem Atlantik braute sich ein Unwetter zusammen, das zu einem Hurrikan wurde. Auf der PAMIR war noch nichts davon zu spüren. Lediglich der Wind frischte am 20. September auf und erreichte gegen Abend schon die Stärke 7. Es kam der Sonnabend. Das Schiff machte gute Fahrt, kam aber immer näher an den Hurrikan heran. Gegen 11.00 Uhr flogen die ersten Segel weg. Um 13.35 Uhr empfing die PENN TRADER eine Dringlichkeitsmeldung der PAMIR und um 14.00 Uhr die Notmeldung mit der Standortangabe und der Mitteilung, daß alle Segel verloren seien und 35° Schlagseite bestünde. Dann ging alles ganz rasch:

14.54 Uhr: sos sos sos de dkef. rush rush to us, german foremast broken pamir danger of sinking.

14.57 Uhr: now speed, ship is making water, danger of sinking.

Um 15.03 Uhr empfing die PRESIDENT TAYLOR den letzten Notruf. Dann war es still im Äther.

Viele Schiffe eilten zur Unglücksstelle. Tagelang suchten die Retter das Seegebiet nach Überlebenden ab. Von der 86köpfigen Besatzung konnten nur sechs lebend geborgen werden, fünf hatten sich in ein stark beschädigtes Rettungsboot retten können. Immer wieder fuhren Suchschiffe in geringer Entfernung vorbei, ohne die Schiffbrüchigen zu bemerken. Sie hatten keine Signalmittel an Bord, um sich bemerkbar zu machen. Am 29. September wurde das Boot schließlich gefunden. Der andere Überlebende wurde nach 72 Stunden gerettet. Auch er hatte von seinem Boot aus in etwa fünf Seemeilen Entfernung einen Tanker vorbeifahren sehen, ohne daß man ihn bemerkt hatte. In der Seeamtsverhandlung wurde festgestellt, daß durch schwimmfähige Funkbaken und automatische Notsender die Schiffbrüchigen viel früher hätten gefunden werden können.

Die Idee, einen automatischen Schiffbrüchigensender zu entwickeln, der auf der Sprechfunknotfrequenz von 2182 kHz das Alarmzeichen sendet, war geboren. Schon ein Jahr später konnte der Prototyp erprobt werden, dennoch dauerte es noch ein Jahrzehnt, bis die Funkboje, kurz EPIRB (emergency position indication radio beacon) genannt, in die Vollzugsordnung für den Funkdienst 1967 aufgenommen und international genormt wurde. 1971 waren die abschließenden Tests durchgeführt worden und die Industrie begann mit den Lieferungen. Die Seenot-Funkboje gehörte von nun an zur Funkausrüstung der Schiffe. Sie wird entweder ins Meer geworfen oder löst sich beim Sinken des Schiffes selbsttätig aus ihrer Halterung. 30 s nach dem Aufschwimmen beginnt sie mit dem Aussenden des Sprechfunk-Alarmzeichens, einer im Verhältnis 1 : 1 getasteten und mit 1300 Hz modulierten Frequenz von 2182 kHz.

Wie notwendig die EPIRB zur Rettung von Menschenleben sein kann, wird aus der Auswertung des Untergangs von MS BRANDENBURG der Hapag-Lloyd AG sichtbar. Der Frachter hatte am 11. Januar 1971 abends den Hafen von Antwerpen verlassen und Kurs auf die westindischen Inseln genommen. Am frühen Morgen des nächsten Tages war das Unglück geschehen. Ein Ruck war urplötzlich durch den Rumpf des Schiffes gegangen. Ein zischendes Geräusch, wie von austretender Luft war zu hören und innerhalb von wenigen Minuten war die BRANDENBURG von der Wasseroberfläche verschwunden, ohne daß Zeit für das Aussenden eines S O S geblieben war. Eine EPIRB war nicht an Bord und es war ein Glück, daß die wenigen Überlebenden, die noch aus dem Schiff herausgekommen waren, nach zwei Stunden von einem britischen Fischkutter aus dem eiskalten Wasser gezogen wurden. Viele Schiffe hatten die

Ende der sechziger Jahre wird die Langdrahtantenne zunehmend durch die Mastantenne ersetzt.

Unglücksstelle passiert, ohne die im Wasser treibenden Schiffbrüchigen zu sehen. Wie sich später herausstellte, war die BRANDENBURG auf ein Wrackteil des am Tag zuvor explodierten Tankers TEXACO CARIBBEAN aufgelaufen und leck geschlagen. Der Ruf zur Pflichtausrüstung von Schiffen über 1600 BRT mit einer Funkboje wurde laut. Durch eine Änderung der Funksicherungsverordnung vom 21. Sept. 1970 war in der Bundesrepublik die Ausrüstung mit EPIRB für Fischereifahrzeuge von mehr als 300 BRT und Frachtschiffe unter 1600 BRT bereits Pflicht geworden. Nun wurde auch für Schiffe über 1600 BRT die Pflichtausrüstung gefordert.

In den ersten zwei Jahrzehnten nach dem Ende des Krieges war die Welthandelsflotte und damit die Zahl der Funkstellen so stark angewachsen, daß der Funkverkehr auch nicht annähernd mehr störungsfrei abgewickelt werden konnte. Für den Funkoffizier wurde es immer schwieriger, aus den vielen Morsezeichen die für ihn bestimmten Nachrichten herauszuhören. Die Schiffahrt forderte mehr Frequenzen für den Seefunk. Doch die dem beweglichen Seefunkdienst zugeteilten Wellenbereiche waren belegt, weitere Frequenzen konnten ihm nicht zugeteilt werden. So blieb als Ausweg nur die Erhöhung der Zahl der Kanäle in den zugeteilten Frequenzbereichen. Wenn es gelang, die Übertragungsbandbreite für die Nachricht herabzusetzen, ließ sich die Forderung erfüllen. Für die amplitudenmodulierten Frequenzen im Grenz- und Kurzwellenbereich hieß das: Übergang zur Einseitenband-Übertragung (ESB).

Die Idee, von den beiden bei der Modulation entstehenden Seitenbändern nur eines zu übertragen, war nicht neu. Schon am 5. Januar 1923 war die Übertragung der Nachricht mit Hilfe nur eines Seitenbandes über einen Funkkanal vom Büro der American Telegraph & Telephone Co. am Broadway nach Großbritannien erstmalig öffentlich vorgeführt worden. Das von J. R. Carson entwickelte und 1921 zum Patent angemeldete Verfahren kam aber wegen der noch nicht ausgereiften Schaltungstechnik über das Versuchsstadium nicht hinaus. Es dauerte noch 10 Jahre, bis das erste Übertragungssystem für Kurzwellen mit einem Seitenband für Punkt-zu-Punkt-Verbindungen erfolgreich erprobt und eingesetzt werden konnte. In den dreißiger Jahren nahm Telefunken die Entwicklungsarbeiten zur Einseitenbandtechnik auf und stellte 1940 den ersten Sender für Einseitenband-Telephonie mit einer Sendeleistung von 50 kW in Nauen auf. Nach dem Krieg gingen die Arbeiten weiter, führten zu stabilen Oszillatoren, lösten das Problem der Synchronisation des Empfängers auf den Träger und mündeten 1956 in der Errichtung einer Überseefunkstation der Deutschen Bundespost für ESB-Betrieb großer Leistung bei Usingen.

Als es schließlich gelang, Oszillatoren mit großer Langzeitstabilität für die Empfänger zu entwickeln, war der Einzug der Einseitenbandtechnik in den Seefunk nur noch eine Frage der Zeit. Die Entwicklung ging so rasch, daß bereits 1962 als erstes deutsches Schiff der Kabelleger NEPTUN mit einem Einseitenbandsender ausgerüstet werden konnte, 1963 die regelmäßigen Sendungen für Einseitenband auf Kurzwelle mit der Küstenfunkstelle Norddeich Radio begannen und auf der Weltfunkverwaltungskonferenz 1967 in Genf das neue Funkübertragungssystem und der Zeitpunkt für seine Einführung in den praktischen Betrieb in die internationalen Regelungen aufgenommen wurde. Aber nicht nur im Kurzwellenband waren die Frequenzen knapp geworden. Auch

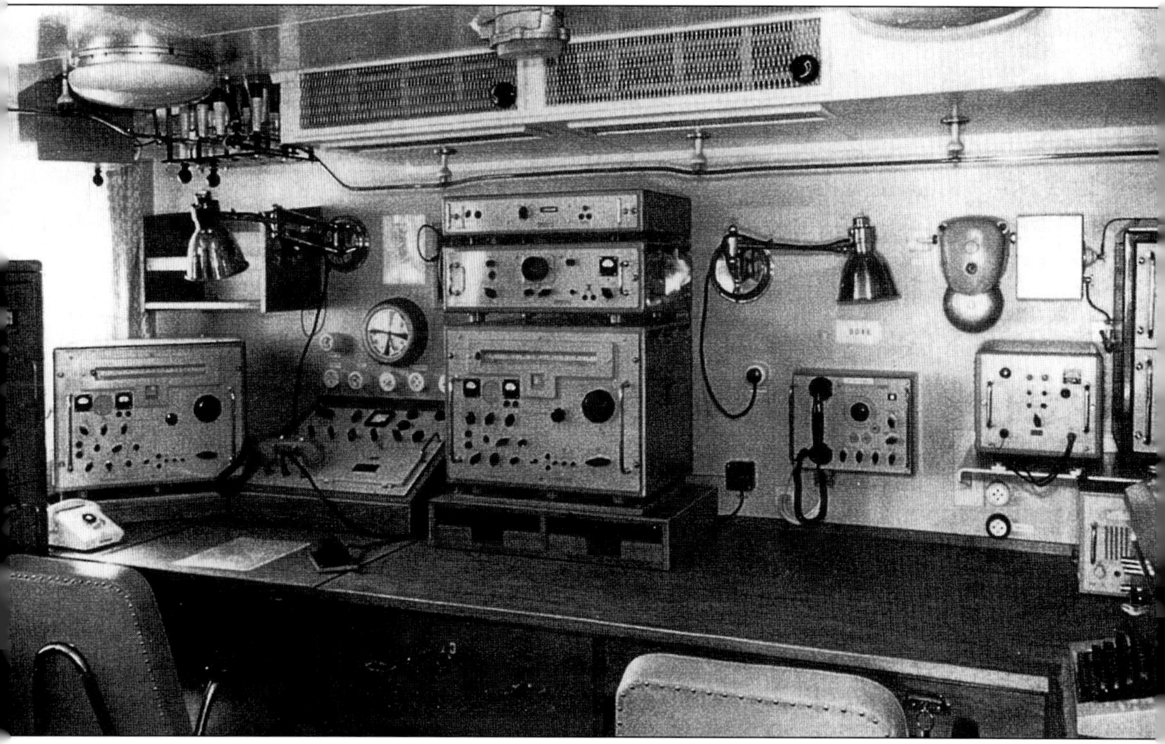

Funkraum auf dem Frachtmotorschiff ROSTOCK (gebaut 1967) vom Typ XD.

die in Nähe der Küsten geführten UKW-Funkgespräche hatten so sehr zugenommen, daß häufig kein freier Kanal mehr gefunden werden konnte. Die Kanalzahl im UKW-Sprechfunk reichte nicht mehr aus. Hier lieferte die in den fünfziger Jahren an den technischen Hochschulen betriebene Forschung zur Theorie der elektrischen Filter die Grundlage für die Entwicklung von Bandfiltern hoher Selektivität mit leistungsfähigen Bauelementen. So konnte der Abstand der UKW-Kanäle von 50 auf 25 kHz herabgesetzt werden und statt 28 standen nun 56 Kanäle zur Verfügung.

Zurück zur ESB-Technik. Neben der geringeren Bandbreite für die Übertragung der Nachricht hatte sie auch den Effekt, daß Schwunderscheinungen, die durch die Überlagerung beider Seitenbänder verursacht werden, nun nicht mehr auftraten. Die Kanäle waren störfester geworden. Damit konnte der Gedanke, Fernschreibnachrichten über Funkkanäle zu übertragen, das Funkfernschreiben, Wirklichkeit werden. Wie 1964 zwischen Rügen Radio und dem Ausbildungsschiff der Deutschen Seereederei MS JOHANN GOTTLIEB FICHTE durchgeführte Versuche zeigten, war das mit ungesichertem Funkfernschreiben nur begrenzt möglich. Die DEBEG hatte daher schon Anfang der sechziger Jahre mit verschiedenen technischen Systemen Versuche zur Fehlersicherung gemacht und feststellen können, daß sich ein Fehlerkorrekturverfahren mit Wiederholung (ARQ-Verfahren) durchaus für den praktischen Einsatz an Bord eignen würde. Um 1970 begann die Einführung der fehlergesicherten Funkfernschreib- Übertragung in der Schiffahrt. Ende 1971 gab es bereits fünf Schiffe in der Bundesrepublik, die am fehlergesicherten Funkfernschreiben teilnahmen. Dazu gehörte auch das Vollcontainerschiff SIDNEY EXPRESS der Hapag-Lloyd-AG, das mit seinen 27407 BRT im Australia Europa Container Service eingesetzt war. 1972 nahm Norddeich Radio den Funkfernschreibverkehr mit Schiffen in seine Dienste auf. Die Funkpresse, bisher im Morsecode gesendet und vom Funkoffizier „übersetzt", kam nun aus dem Fernschreiber.

In diesen Jahren vollzogen sich in der Schiffahrt gravierende Veränderungen, die um 1960 begannen und sich über ein ganzes Dezenium bis 1970 fortsetzten. Auf der Tagesordnung stand die Reduzierung der Besatzung. Das führte zu einschneidenden Veränderungen in der eingesetzten Technik. Die Automatisierung von technologischen Prozessen, welche in der Industrie bereits zu Rationalisierungseffekten geführt hatte, erreichte auch den Schiffsbetrieb. Zur automatischen Rudersteuerung trat die Fernsteuerung der Hauptmaschine, Regler ersetzten in vielen Teilprozessen die Handsteuerung, erleichterten die Arbeit, machten aber auch so manchen Maschinenassistenten überflüssig.

Es blieb dabei natürlich nicht aus, daß Überlegungen angestellt wurden, ob sich nicht auch der Funkverkehr automatisch abwickeln ließe, und wenn das schon nicht umfassend möglich wäre, ob dann nicht wenigstens die Betriebsabläufe vereinfacht werden könnten. Für den Seefunk, nun ein halbes Jahrhundert alt, begann eine neue, wenn auch nur kurze Entwicklungsphase. Der naheliegende Gedanke war, die Betriebsabwicklung für das Herstellen der Funkverbindung zu vereinfachen. Diese Vereinfachung mußte beim Anruf einsetzen, denn immer noch mußte, um eine Verbindung herzustellen, die Küstenfunkstelle zunächst auf der ständig überwachten internationalen Not- und Anruffrequenz oder einer zugeteilten Anruffrequenz die Seefunkstelle rufen, oder es mußten Zeiten vereinbart sein, an denen ein Anruf erwartet werden konnte, wie beim einseitigen Dienst. Die MWARC kam den technischen Forderungen nach und teilte den Küstenfunkstellen Anruffrequenzen für den Selektivruf und den Seefunkstellen eine mehrstellige dekadische Rufnummer zu, die Selektivnummer, mit der das Schiff von der Küstenfunkstelle auf der Selektivruffrequenz gerufen werden konnte. An Bord war der Empfänger auf diese Frequenz abgestimmt und zeigte den Anruf an. 1968 waren die praktischen Erprobungen des Selektivruf-Verfahrens so weit abgeschlossen, daß die Einrichtung zum Tonfolge-Selektivruf (SSFC) auf Schiffen installiert werden konnte. Im Dezember 1970 gab es bereits auf 22 westdeutschen Schiffen solche Anlagen. Die Schiffe der Deutschen Seereederei wurden nicht mit Selektivruf-Geräten ausgerüstet. Sie wurden nach wie vor mit ihrem Rufzeichen in Morsetelegraphie gerufen.

Dieses Selektivrufverfahren nach dem SSFC-Verfahren war ein Anfang, aber keine Basis für eine Automatisierung, deren Ziel darin bestand, die Verbindung, ähnlich wie an Land, automatisch aufzubauen, nachdem der Anruf ausgelöst worden war. Das war die Geburtsstunde für den digitalen Selektivruf. Die Selektivrufnummer des Schiffes wurde mit einem gesicherten Binärcode verschlüsselt und über die Anruffrequenz ausgestrahlt. Der Selektivrufempfänger an Bord „erkannte" durch Vergleich mit der eingespeicherten Rufnummer, ob der Anruf für ihn bestimmt ist. Mit dem digitalen Selektivruf war die Voraussetzung für einen automatischen Verbindungsaufbau über Funkkanäle geschaffen. Die nächsten Schritte folgten rasch. Die World Maritime Administrative Radio Conference, die 1974 in Genf tagte, bestimmte den 1. Juni 1977 als Einführungsdatum für den digitalen Selektivruf (DSC).

Die Funkanlage auf dem Forschungsschiff POLARSTERN ist bis auf den doppelten Gerätesatz typisch für die achtziger Jahre.

Die rasante Entwicklung der Funktechnik in den sechziger Jahren zwang zu internationalen Regelungen, die dieser Entwicklung Rechnung trugen. Auf der Weltfunk-Verwaltungskonferenz 1967 in Genf waren der Einseitenbandbetrieb im Grenz- und Kurzwellenbereich, der Kanalabstand im UKW-Bereich und die Modalitäten für den Selektivruf festgelegt worden. Auf der Plenarversammlung des CCIR, die im Februar 1970 in Neu Delhi stattfand, wurden Empfehlungen für das Funkfernschreiben mit Fehlerkorrektur beschlossen.

In dieser Zeit, in der die Automatisierung überall vorangetrieben wurde, wurde der Funkoffizier von einer weiteren mühevollen „Hörarbeit" befreit, der Aufnahme von Wetterkarten nach dem Wetterkartenschlüssel. Jahrzehntelang hatte der Funker die mit Morsezeichen verschlüsselten Zahlengruppen empfangen und nach ihnen die Wetterkarte zeichnen müssen. Es hatte zwar schon 1933 die Forderung nach einer selbsttätigen Aufzeichnung der Wetterkarte gegeben und sie war sogar als Entschließung für die Reichsregierung formuliert worden, aber erst 1960 gab es auf deutschen Schiffen die ersten ernstzunehmenden Versuche, Wetterkarten automatisch aufzuzeichnen. 1961wurde der erste Wetterkartenschreiber auf einem deutschen Schiff installiert. Weitere Veränderungen kündigten sich

Bis zum Einsatz eines Wetterkartenschreibers mußte der Funkoffizier diese Zahlenkolonnen in Morsetelegraphie aufnehmen und danach die Wetterkarte zeichnen.

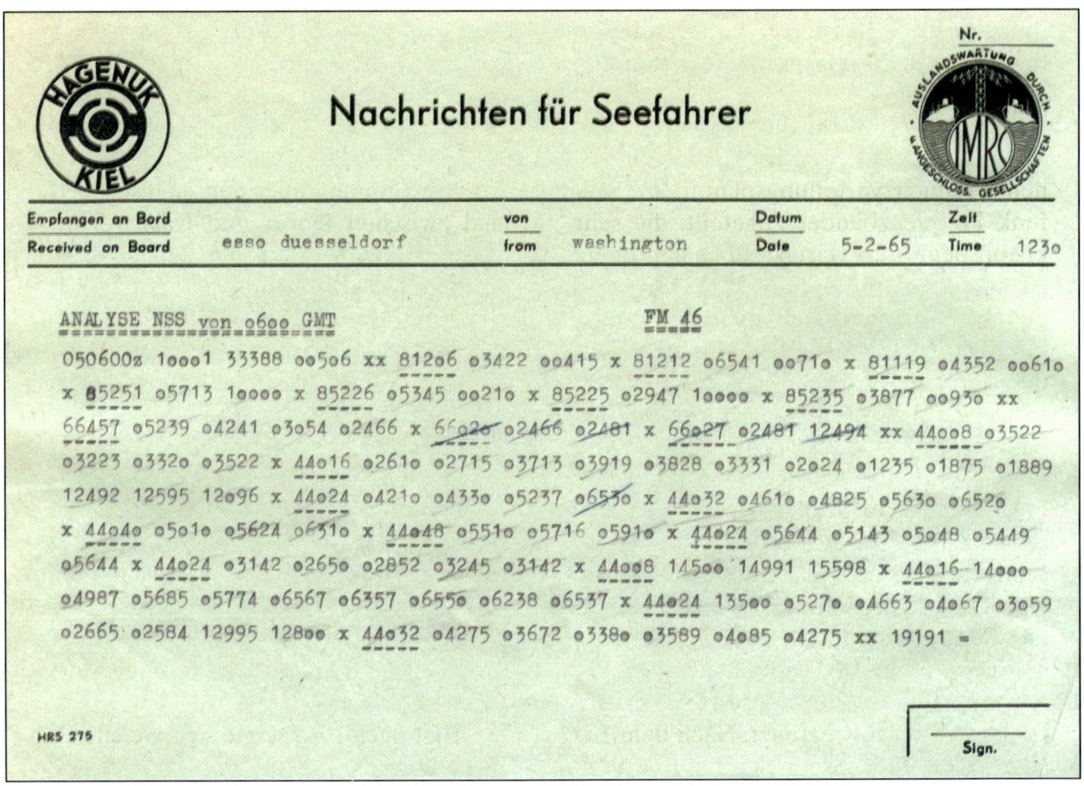
Nr.

HAGENUK KIEL

Nachrichten für Seefahrer

AUSLANDSWAHRUNG DURCH ANGESCHLOSS. GESELLSCHAFTEN IMRC

Empfangen an Bord / Received on Board: esso duesseldorf
von / from: washington
Datum / Date: 5-2-65
Zeit / Time: 123o

ANALYSE NSS von o6oo GMT   FM 46

050600z 1ooo1 33388 oo5o6 xx 812o6 o3422 oo415 x 81212 o6541 oo71o x 81119 o4352 oo61o
x 85251 o5713 1oooo x 85226 o5345 oo21o x 85225 o2947 1oooo x 85235 o3877 oo93o xx
66457 o5239 o4241 o3o54 o2466 x 66o2o o2466 o2481 x 66o27 o2481 12494 xx 44oo8 o3522
o3223 o332o o3522 x 44o16 o261o o2715 o3713 o3919 o3828 o3331 o2o24 o1235 o1875 o1889
12492 12595 12o96 x 44o24 o421o o433o o5237 o653o x 44o32 o461o o4825 o563o o652o
x 44o4o o5o1o o5624 o631o x 44o48 o551o o5716 o591o x 44o24 o5644 o5143 o5o48 o5449
o5644 x 44o24 o3142 o265o o2852 o3245 o3142 x 44oo8 145oo 14991 15598 x 44o16 14ooo
o4987 o5685 o5774 o6567 o6357 o655o o6238 o6537 x 44o24 135oo o527o o4663 o4o67 o3o59
o2665 o2584 12995 128oo x 44o32 o4275 o3672 o338o o3589 o4o85 o4275 xx 19191 =

HRS 275

Sign.

an, als am 1. April 1960 der erste Wettersatellit in den Weltraum geschossen wurde und Bilder von der Wetterentwicklung über der Erde zum Boden schickte. An Bord der Schiffe blieb es mit dem Wettersatellitenempfang bei Versuchen. Das Aufzeichnen von Wetterkarten mit dem Wetterkartenschreiber, dessen Parameter von der WMO (World Meteorological Organisation) für die weltweite Ausstrahlung von Wetterkarten festgelegt waren, wurde nach 1965 Standard an Bord größerer Schiffe.

Um diese Zeit mag sich mancher die Frage gestellt haben, wie wohl die weitere Entwicklung im Seefunk aussehen könnte, ob überhaupt noch eine Weiterentwicklung möglich wäre und wie sie aussähe. Eigentlich wären Veränderungen nur zu erwarten, wenn im Seefunk Frequenzen jenseits des UKW-Bereiches genutzt werden könnten. Die Wurzeln für diese Entwicklungsrichtung liegen in den zwanziger Jahren.

Die Washingtoner Funkkonferenz von 1927 hatte in dem von ihr festgeschriebenen Frequenzverteilungsplan dem Seefunk Frequenzbänder zugeteilt, die sehr knapp bemessen waren. Nur nach unten, zu kürzesten Wellen, also höchsten Frequenzen, war der Wellenverteilungsplan offen, 60 MHz (5 m) war als obere Frequenzgrenze festgelegt worden. 1927 war nicht abzusehen, wann diese Frequenzen einmal benutzt werden könnten. Allerdings konnte mit den Röhrensendern der Weg zu kürzeren Wellen, zu höheren Frequenzen beschritten werden. Nur die Zusammenschaltung von Induktivität und Kapazität zum Schwingkreis bestimmte die Sendefrequenz. Ihr höchster Wert wurde nur durch die geometrische Abmessung des Elektrodensystems in der Elektronenröhre begrenzt. Nach dem Ersten Weltkrieg wurde in den Laboratorien verstärkt mit dem neuen Bauelement „Elektronenröhre“ experimentiert. Immer neue, bisher unbekannte Effekte wurden dabei entdeckt und beschrieben. Dazu gehörte auch die von Barkhausen und Kurz 1920 beobachtete Erscheinung, daß bei negativer Anodenspannung in der Röhre ein Anodenstrom fließt, der den Charakter einer „wilden Schwingung“ hat, deren Wellenlänge sich messen ließ und 43 cm betrug. Bei Übertragungsversuchen mit dieser Schwingung wurde eine Entfernung von 600 m überbrückt. Ein hoffnungsvoller Anfang. Mit den 1920 veröffentlichten Meßergebnissen stießen Barkhausen und Kurz das Tor zur Erzeugung hoher und höchster Frequenzen auf. Mit der Erkenntnis: je kleiner die Wellenlänge, desto besser die Bündelung der abgestrahlten elektromagnetischen Welle, war die Verwirklichung einer stabilen Funkverbindung zwischen zwei in der optischen Sichtweite liegenden Punkten möglich geworden. Der „Funk in eine Richtung“, der Richtfunk, erlebte seine Geburtsstunde, als 1931 die erste Richtfunkverbindung über den englischen Kanal zwischen Dover und Calais erprobt wurde. 1936 wurden bei den deutschen Heeresmanövern erstmalig mobile Richtfunkgeräte, die mit einer Wellenlänge von 50 und 60 cm arbeiteten, eingesetzt. In den folgenden Jahren wurde es still um die Dezimeterwellentechnik. In den Fachzeitschriften erschienen keine Veröffentlichungen. Entwicklungen und Erfindungen auf diesem Gebiet trugen den Stempel „geheim“ und die Anlagen erhielten Decknamen, wie „Michael“, ein Gerät für 500 MHz, das 1939 an die Wehrmacht ausgeliefert wurde oder „Rudolph“, das 1942 an den Fronten in Betrieb ging.

Erst nach 1945 zeigte sich, welche Entwicklung die drahtlose Nachrichtentechnik während des Krieges genommen hatte, daß sie sogar bis in den Bereich der Zentimeterwellen vorgedrungen war. Zwar hatte die technische Entwicklung in den verschiedenen Ländern zu unterschiedlichen Lösungen geführt, aber überall war an der Nutzung der kürzesten Wellenlängen gearbeitet worden. Richtfunkstrecken waren in den fünfziger und sechziger Jahren die einzige Möglichkeit, um die Kriegsschäden am Fernsprechnetz rasch zu überwinden und den Bedarf nach Fernsprechkanälen zu erfüllen.

Hier liegen die Wurzeln für die grundlegenden Veränderungen in der Nachrichtenübertragung, die sich Jahrzehnte später auch im Seefunk vollzogen und letztlich den Seefunk aus seiner elitären Stellung verdrängten. Auch wenn in diesen Jahren nur wenige vermuten konnten, daß es jemals eine Beziehung zwischen der Richtfunktechnik und dem Seefunk geben könnte, denn beim Richtfunk war die Reichweite auf die „optische Sichtweite" begrenzt. Weitere Landstrecken ließen sich daher auch nur mit Hilfe von Relaisstationen überbrücken. Die Verbindungen endeten zwangsläufig an den Küsten. Eine interkontinentale oder gar eine Land-Schiffverbindung erschien unter diesen Bedingungen unmöglich zu sein, es sei denn, es gelänge, eine Relaisstation im Weltraum zu stationieren. Ganz neu war diese Idee nicht, denn schon 1945 hatte A. C. Clarke in „Wireless World" vorgeschlagen, Satelliten in den Weltraum zu schießen und als Relaisstation für Richtfunkverbindungen zu benutzen.

Die Signale des ersten künstlichen Satelliten, der die Erde umkreiste, kündigten das neue Zeitalter für die Nachrichtenübertragung an. Am 4. Oktober 1957 überraschte die Sowjetunion die Welt mit ihrem Satelliten „Sputnik". Er war Ausdruck für den Entwicklungsstand der Raketentechnik und zeigte, daß es möglich ist, künstliche Satelliten auf eine Umlaufbahn um die Erde zu bringen. Die Signale des Sputnik und die 1959 beim Radioteleskop Jodrell Bank (Großbritannien) durchgeführten Versuche, den Mond als Reflektor für elektromagnetische Wellen zu benutzen, bewiesen darüber hinaus, daß eine Funkverbindung zu Satelliten möglich ist. Es dauerte nur wenige Jahre bis via Nachrichtensatellit Telefongespräche über Ozeane hinweg geführt werden konnten.

Am 10. Juli 1962 wurden der amerikanische Satellit „Telstar 1" und am 23. April 1965 der sowjetische Nachrichtensatellit „Molnija 1" auf eine Erdumlaufbahn geschossen. Beide Satelliten standen am Anfang der interkontinentalen Übertragung von Telefongesprächen, Fernschreibnachrichten und Fernsehsendungen zwischen zwei ortsfesten Erdefunkstellen in einer zweigeteilten Welt. Ein die Erde umkreisender Satellit eignet sich nur schlecht als „Relaisstation" für eine Nachrichtenverbindung zwischen zwei Orten auf der Erde. Die relative Lage von Sender und Empfänger zum Satelliten verändert sich innerhalb einer Umlaufbahn ständig und damit schwanken auch die Übertragungsbedingungen. Konstante Übertragungsbedingungen würde nur eine relativ zur Erdoberfläche gleichbleibende Position des Satelliten im Orbit garantieren. Das heißt aber, der Satellit müßte die Erde mit einer Geschwindigkeit umkreisen, die gleich der Umdrehungsgeschwindigkeit der Erde ist und beim Beobachter den Eindruck erweckt, als ob der Satellit fest stünde. Wird der Satellit in einer Höhe von 36000 km positioniert, ist er geostationär. Der Satellit „Syncom 2", der am 26. Juli 1963 gestartet wurde, ein Perigäum von 35745 km und ein Apogäum von 36785 km hatte, diente

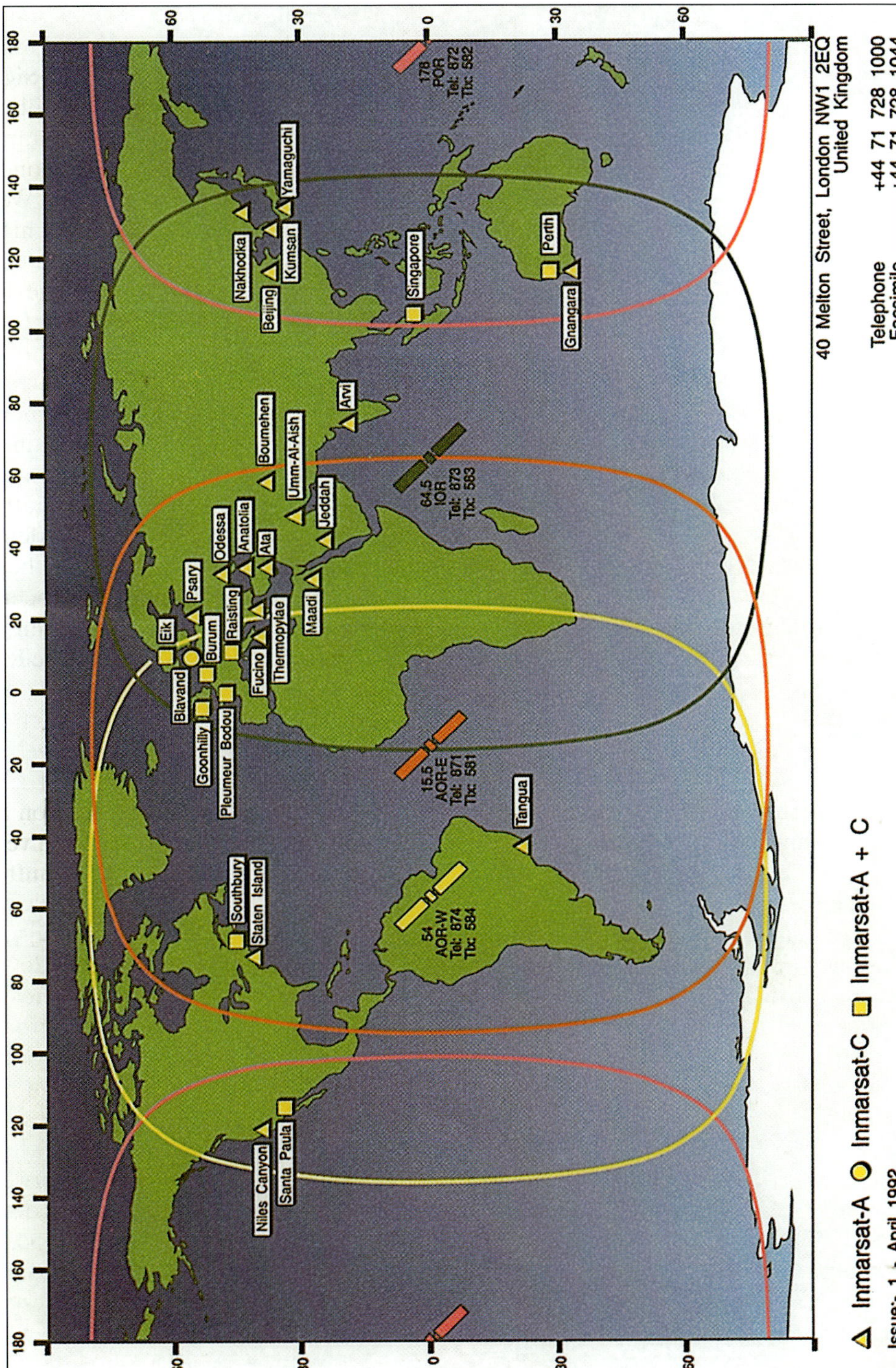
Niles Canyon
Santa Paula
Southbury
Staten Island
Goonhilly
Pleumeur Bodou
Blavand
Burum
Eik
Raisting
Psary
Fucino
Thermopylae
Odessa
Anatolia
Ata
Maadi
Jeddah
Umm-Al-Aish
Boumehen
Arvi
Nakhodka
Beijing
Kumsan
Yamaguchi
Singapore
Perth
Gnangara
Tangua
54 AOR-W Tel: 874 Tlx: 584
15.5 AOR-E Tel: 871 Tlx: 581
64.5 IOR Tel: 873 Tlx: 583
178 POR Tel: 872 Tlx: 582
Inmarsat-A
Inmarsat-C
Inmarsat-A + C
Issue:- 1 - April 1992
40 Melton Street, London NW1 2EQ
United Kingdom
Telephone +44 71 728 1000
Facsimile +44 71 728 1044

für erste Übertragungsversuche über diese Entfernung als Relaisstation. Ein Jahr später, am 19. August 1964, wurde „Syncom 3“ in den geostationären Orbit geschossen und am 6. April des darauffolgenden Jahres folgte „Early Bird“, der erste geostationäre Satellit, über dessen 204 Sprechkreise der öffentliche Satellitenfunkdienst zwischen Kontinenten aufgenommen wurde.

Nun konnte es eigentlich nur noch eine Frage der Zeit sein, bis auch Schiffe, die ständig ihren Standort verändern, über Satelliten erreicht und in das weltweite Nachrichtensystem eingebunden werden konnten.

Anfang 1970 beschäftigte sich die internationale Schiffahrtsorganisation, Inter-Governmental Maritime Consultative Organisation, kurz IMCO, mit der Frage, wie sich die internationale Schiffahrt zu einer Kommunikation über Satelliten verhalten solle. Für sie stand die Frage im Vordergrund, ob sich das Übertragungssystem auch für eine Vervollkommnung der Schiffssicherheit nutzen ließe, denn die technischen und funkbetrieblichen Grenzen des Seefunks in den konventionellen Seefunkbändern Mittelwelle, Grenzwelle, Kurzwelle und UKW waren erreicht. Die Möglichkeiten des Not- und Sicherheitssystems, in dem die Tätigkeit des Funkoffiziers und die Einheit von Notfrequenzen, Hörwache und Funkstille unter den Bedingungen einer relativ gleichverteilten Schiffsdichte auf den Hauptschiffahrtswegen im Mittelpunkt stand, waren ausgeschöpft.

So entschied die IMCO für Ende 1973 eine Konferenz einzuberufen, auf der die weitere Vorgehensweise festgelegt werden sollte. Mit den Entscheidungen wollte sie die Weichen für die Einführung des Satellitenfunkdienstes in den beweglichen Seefunkdienst stellen. Die Konferenz fand 1975 statt und die Teilnehmer waren sich darüber einig, daß zunächst eine internationale Organisation aufgebaut werden müsse, welche die Einrichtung und den Betrieb eines über alle staatlichen Grenzen weltweit wirkenden maritimen Satellitenfunksystems koordiniert und der alle Staaten beitreten können. Die Mitglieder der Organisation tragen gemeinsam die finanziellen Lasten. Die International Maritime Satellite Organization, kurz INMARSAT genannt, wurde am 16. Juli 1979 gegründet. In den nun folgenden Jahren schuf sie die organisatorischen und betrieblichen Voraussetzungen für die international verbindliche Einführung des Satellitenfunks in die Schiffahrt und errichtete ein eigenes Netz von Satelliten.

Die technische Entwicklung aber war in all den Jahren nicht stehengeblieben. 1976 standen bereits drei für eine weltweite Kommunikation in der Schiffahrt zu benutzende Satelliten mit dem bezeichnenden Namen „Marisat“ auf der Breite des Äquators im Orbit: am 19. Februar 1976 war über dem Atlantik Marisat-F1 (15° W); am 9. Juni 1976 über dem Pazifik Marisat-F3 (176,5° O) und am 14. Oktober 1976 über dem Indik Marisat-F2 (72,5° O) geostationär positioniert worden. Zunächst nur für die US Navy vorgesehen, dauerte es nicht lange bis Teile auch für die zivile Nutzung freigegeben wurden.

Die Passagiere auf dem 1973 indienstgestellten Kreuzfahrtschiff ROYAL VIKING SEA (21 897 BRT) konnten 1976 als erste über die neue Nachrichtenverbindung ohne Schwierigkeiten mit Verwandten in der Heimat telefonieren, Geschäftsfreunde anrufen und kurz anfragen, wie es den zu Hause gebliebenen Kindern geht. Die Verständigung war so gut, daß man meinte, in der Nachbarschaft zu sein. Diese Verbindung mußte nicht mehr durch den Funker hergestellt oder die Nachricht mit Morsetelegraphie weitergegeben werden. Es genügte, den Handapparat abzuheben, die Kennziffer der nächstgelegenen Erdefunkstelle einzugeben, die Ziffernfolge des gewünschten Teilnehmers zu wählen und zu warten, bis der Angerufene sich meldet. So wie das Fernsprechen war auch das Fernschreiben mühelos möglich geworden.

Am 1. Februar 1982 nahm INMARSAT offiziell den Funkverkehr über Satelliten auf mit einem Telefongespräch, das die Marchesa Marconi mit der QUEEN ELIZABETH 2 führte. Da die Betriebsgesellschaft noch nicht über eigene Satelliten verfügte, hatte sie zunächst das von COMSAT betriebene System der Marisat-Satelliten geleast. Der Seefunk über Satelliten hatte begonnen. Reeder, welche sich bei der Organisation ihrer Betriebsabläufe Vorteile von dem Nachrichtensystem erhofften, ließen die Satellitenfunkanlagen in ihre Schiffe einbauen. 1989 waren weltweit bereits über 8000 Schiffe mit Satellitenfunkanlagen ausgerüstet.

Welche international verbindlichen Regelungen würde es geben? Würde es gar zu einer Pflichtausrüstung kommen und welche Rolle würde der Funkoffizier künftig spielen? Seit Mitte der siebziger Jahre hatten die internationalen Gremien die mit der Einführung des Satellitenfunks verbundenen Fragen auf ihre Tagesordnung gesetzt und waren zu keiner abschließenden Meinung gekommen. Ein gewaltiges Tauziehen zwischen den Schiff-

Das Radom ist äußeres Zeichen, daß das Schiff mit einer Satellitenfunkanlage ausgerüstet ist (1987).

Verzeichnis der Erdefunkstellen
Stand 1995

Land	Betreiber	Telefon	Fax	Erdefunkstelle	INMARSAT - Systeme Atlantik-Ost	Atlantik-West	Indik	Pazifik
Australia	Telstra	+61 2 311 1302	+61 2 311 3846	Perth			A B C M	A B C M
Brazil	Embratel	+55 21 216 7738	+55 21 233 7349	Tangua	A C			
China	Beijing Marine	+86 1 421 3131	+86 1 421 3509	Beijing			A C	A C
Denmark	Telecom Denmark	+45 4252 9111	+45 4252 9341	Blaavand	C			
Egypt	National Telecom	+20 2 352 1220	+20 2 77 1306	Maadi	A			
France	France Telecom	+33 56 223 231	+33 56 83 13 05	Pleumeur-Bodou	A"	A"		
				Aussaguel	B C M		B C M	
Germany	DBP Telekom	+49 8807 74269	+49 8807 4228	Raisting	A C			
Greece	OTE	+30 1 611 8100	+30 1 806 3999	Thermopylae			A C	
Hong Kong	Hong Kong Telecom	+852 888 2939	+852 566 8900	Cape D'Aguilar			B M	B M
India	Videsh Sanchar Nigam	+91 22 262 4020	+91 20 95 4321	Arvi			A C	
Iran	Telecom Co of Iran	+98 21 86 1022	+98 21 85 8566	Boumehen			A C	
Italy	Telespazio	+39 6 407 93379	+39 6 407 93624	Fucino	A C			
Japan	KDD	+81 3 3347 5016	+81 3 3347 6306	Yamaguchi			A B M	A B M
Korea	KTA	+82 2 750 3745	+82 2 750 3749	Kumsan			A C	A C
Malaysia	Telekom Malaysia	+603 731 7822	+603 731 7899	Kuantan			B M	
Netherlands	PTT Telecom	+31 2550 62 440	+31 2550 62 424	Burum	A B C M	B C M	A B C M	
Norway	Telenor	+47 22 77 7206	+47 22 77 7178	Eik	A" M	A" M	A" B C M	
Poland	Polish Telecom	+48 22 20 3887	+48 22 26 3665	Psary	A		A	
Portugal	CP Radio Marconi	+351 1 720 7226	+351 1 795 5738	Sintra	C			
Russia	Far East Shipping	+7 095 274 0046	Not available	Nakhodka				A
Saudi Arabia	Ministry of PTT	+966 1 404 1515	+966 1 405 9008	Jeddah			A	
Singapore	Singapore Telecom	+65 331 6766	+65 334 6110	Sentosa			B C M	A B C M
Turkey	PTT Genel Mudurlugu	+90 4 312 2583	+90 4 311 5248	Ata	A C		A C	
UAE	Emirates Telecom	+971 2 327 799	+971 2 772 930	Towi Al Sawan			B M	
UK	British Telecom	+44 71 492 4996	+44 71 606 4640	Goonhilly	A" B C M	A" B C M		
Ukraine	Black Sea Shipping	+7 048 224 5117	+7 048 222 1758	Odessa	A		A	
USA	Comsat Mobile Communications	+1 301 428 2400	+1 301 601 5953	Santa Paula				A" B C M
				Southbury	A" B C M	A" B C M		
				Anatolia (Turkey)			A"	
				Eurasia (Malaysia)			B M	
USA	IDB Mobile Communications	+1 301 214 8730	+1 301 214 8701	Staten Island	A			
				Niles Canyon		A		A
				Gnangara (Australia)			A	

fahrt treibenden Ländern hatte begonnen. Die einen wollten den Satellitenfunkdienst so rasch wie möglich verbindlich einführen, andere Reedereien scheuten die Kosten und wollten möglichst lange an der Morsetelegraphie festhalten. Wieder andere führten als Grund gegen eine zu rasche Einführung das noch fehlende Not- und Sicherheitssystem ins Feld.

Gerade dieses Argument beschäftigte die internationalen Gremien schon lange. Konnte ein Not- und Sicherheitssystem im Satellitenfunk die Leistungsfähigkeit des bisherigen Systems mit dem Notruf S O S in Morsetelegraphie auf 500 kHz, dem Alarmzeichen und dem MAYDAY auf 2182 kHz und der selbsttätig aufschwimmenden Funkboje für 2182 kHz erreichen? Bevor es zu diesem Not- und Sicherheitssystem keine Alternative gab, die leistungsfähiger war, konnte auf die Aussendung des weltweit bekannten Notzeichens S O S nicht verzichtet werden.

Und wieder einmal, wie schon so oft in der Geschichte des Seefunks, wurden die vielen, teilweise sehr kontrovers geführten Debatten über das Für und Wider von den tatsächlichen Ereignissen überrollt, eine Entscheidung dadurch herbeigeführt. Ein tragischer Seeunfall, der Untergang der MÜNCHEN war es, der zum Handeln zwang. Am 13. Dezember 1978 war das 37134 BRT große Schiff mit 28 Menschen an Bord ungefähr 100 Seemeilen südöstlich von ihrer zuletzt gesendeten Position 46° 15' Nord und 27° 30' West aus bis heute völlig ungeklärter Ursache gesunken. Das Schiff, das am 18. Oktober 1972 von der Hapag als erstes deutsches Lash-Schiff in Dienst gestellt worden war, verkehrte zwischen dem europäischen Nordkontinent und den amerikanischen Golf- und Südatlantikhäfen. Zu seiner Funkanlage gehörten die modernsten Sender und Empfänger, ergänzt durch eine Notfunkausrüstung mit Funkbojen für 2182 kHz.

Am 12. Dezember um 00.07 Uhr hatte es zwischen dem Funker der MÜNCHEN und seinem Kollegen auf dem deutschen Fahrgastschiff CARIBE noch ein kurzes Gespräch gegeben und die MÜNCHEN hatte mitgeteilt, daß stürmische See die Brücke beschädigt und Bullaugen eingeschlagen habe. Es war die letzte Nachricht. Wenige Stunden später, um 03.10 Uhr hörte der Funker des griechischen Bulkcarriers MARION einen Notruf: „sos sos sos de deat deat deat pos 4615 n 2730 w forward…“, dann brach die Meldung ab. Immer wieder versuchte der Funker der MARION, die MÜNCHEN zu erreichen, ohne Erfolg. Schließlich gab er den Notruf „an alle“ weiter. Der russische Kreuzfahrer MARIYA ERMELOVA und die französische Küstenfunkstelle Arcachon bei Bordeaux fingen um 3.30 Uhr den Funkspruch „ddd sos . . . fm deat at 0315 gmt posn 4615 n 2730 w 50 degrees starboard arcticas qrt sos…“ auf. Die französische Küstenfunkstelle übernahm die Leitung des Seenotverkehrs. Die Suchoperationen liefen an.

Aber die MÜNCHEN blieb verschwunden. Erst nach tagelangem Suchen wurden Überreste gefunden: leere Rettungsinseln, mehrere Barges, ein Rettungsring, zwei Funkbojen. Das war alles. Der Hergang des Seeunfalls blieb ein Rätsel.

Und das kommerzielle Not- und Sicherheitssystem? Es hatte seine Grenzen überdeutlich gezeigt: eine zu geringe Reichweite des Notsenders, den Notruf hatte nur ein Schiff auf einer vielbefahrenen Route empfangen, die Suchflugzeuge konnten die Funkbojen für 2182 kHz nicht orten, weil ihre Peilempfänger nicht für diese Frequenz eingerichtet waren, andererseits strahlte die EPIRB kein Signal auf der Flugfunknotfrequenz von 121,5 MHz aus.

Der Untergang der MÜNCHEN hatte, wie schon der Untergang der TITANIC 66 Jahre zuvor, auf Schwächen im bis dato praktizierten Not- und Sicherheitssystem aufmerksam gemacht und zu raschem Handeln aufgefordert.

Nach dem spurlosen Verschwinden der ADMIRAL KARPFANGER auf der Reise von Australien nach Europa nach dem 12. März 1938 und dem Verlust der MELANIE SCHULTE nach dem 21. Dezember 1952 auf der Reise von Narvik zum Golf von Mexiko, war das Verschwinden der MÜNCHEN mit leistungsstarker Funkausrüstung ein letztes Alarmzeichen. Die rätselhaften Schiffsuntergänge machten darauf aufmerksam, daß das Not- und Sicherheitssystem effektiver werden muß.

Obgleich seit Ende der sechziger Jahre deutlich geworden war, daß dem Satellitenfunk im Weitverkehr die Zukunft gehört, war die International Maritime Organization (IMO) nur sehr vorsichtig bereit, mit ihren Bestimmungen das Not- und Sicherheitssystems grundlegend zu reformieren und der neuen, noch nicht erprobten Technik vorbehaltlos zuzustimmen. Im Laufe der Jahre wurden in Verbindung mit der Überarbeitung des Schiffssicherheitsvertrages zusätzliche Empfehlungen und Bestimmungen aufgenommen und die Regeln ergänzt. 1971 war die Sprechfunknotfrequenz in das Not- und Sicherheitssystem einbezogen worden und 1979 wurde eine Resolution angenommen, welche die weitere Ent-

Auch kleine Sportboote sind durch Satellitenfunkanlagen in den globalen Seefunk mit einbezogen (1993).

wicklung wesentlich bestimmte. Darin wurde vorgeschrieben, daß alle Schiffe von mehr als 300 BRT mit einer Notfunkanlage für die Sprechfunknotfrequenz 2182 kHz ausgerüstet sein müssen und daß die Notfrequenz 2182 kHz ständig überwacht wird. Diese Bestimmungen wurden zum Bestandteil des Schiffssicherheitsvertrages, der am 1. September 1984 in Kraft trat. Er machte auch die Ausrüstung mit UKW-Sprechfunkanlagen zur Pflicht und die Notfrequenz 156,8 MHz zum Bestandteil des Not- und Sicherheitssystems. Dazu gehörte auch die Funkboje, das Selektivrufsystem und der automatische Empfang von Navigationswarnungen. In dieses Not- und Sicherheitssystem konnte zu gegebener Zeit der Satellitenfunk eingebaut werden.

Die INMARSAT-Organisation hatte schon im Jahr ihrer Gründung erkannt, daß ihr Satellitensystem bei der Sicherung des menschlichen Lebens auf See eine wichtige Rolle spielen würde und 1979 zu einer ersten internationalen Konferenz nach Hamburg eingeladen, auf der die Suche und Rettung von Schiffbrüchigen behandelt werden sollte. Ein Seenotfall beschleunigte die Arbeiten.

Im Oktober 1980 kreuzte die holländische PRINSENDAM an der Küste von Alaska. Sie hatte eine Satellitenfunkanlage und die Passagiere schätzten es sehr, schnell einmal aus der Kabine zu Hause anzurufen. Am 3. Oktober war es vorbei mit den Annehmlichkeiten einer Kreuzfahrt. Auf dem Schiff brach ein Feuer aus, das sich rasch ausbreitete. Menschenleben waren in Gefahr. Der Funker setzte die Notmeldung auf 500 kHz und auf der Sprechfunknotfrequenz 2182 kHz ab. Die WILLIAMSBURGH, ein amerikanischer Tanker, empfing das SOS und nahm Kurs auf den Havaristen. Der Notruf auf 2182 kHz wurde von einem kleinen Fischereifahrzeug empfangen. Der Brand breitete sich so schnell aus, daß die Passagiere schon vor dem Eintreffen der Retter in die Boote gehen mußten. Dann erreichte die WILLIAMSBURG den Ort der Katastrophe, alle Passagiere konnten gerettet werden. Und die Satellitenfunkanlage? Sie versagte, war im Seenotfall nutzlos. Kein Retter konnte über sie herbeigerufen werden. Der Satellitenfunk mußte in das Not- und Sicherheitssystem einbezogen werden. Einmal mehr hatte auch dieser Seenotfall gezeigt, daß Funkgeräte allein, und mögen sie noch so modern sein, nicht ausreichen, um bei der Rettung von Menschenleben wirksam helfen zu können. Erst die Einordnung der technischen Hilfsmittel in eine Struktur, die für die Suche und Rettung von Menschenleben auf See geschaffen ist, schafft die Lösung.

Der Seenotfall der PRINSENDAM wurde zu einem Lehrstück in Sachen „zukünftiges weltweites Not- und Sicherheitssystem". Er zeigte, wie wichtig und notwendig weltweit verbindliche Regelungen sind und bewies einmal mehr, daß die Aussendung des Notrufs allein nicht ausreicht, sondern daß der Koordinierung der Rettungsaktionen die entscheidende Rolle zufällt. Er machte auch darauf aufmerksam, daß Regelungen über die Benutzung des Satellitenfunks in Seenotfällen von allen mit dem Seefunk befaßten internationalen Gremien gemeinsam getroffen werden müssen. Auf ihrer Tagung 1987 in Genf gab die Weltfunkverwaltungskonferenz grünes Licht für ein „Global Maritime Distress and Safety System", das GMDSS. Diese Entscheidung hatte weitreichende Folgen, denn mit ihr wurde erkannt, daß es zukünftig keinen Funkoffizier an Bord mehr geben wird. Spezialkenntnisse in Morsetelegraphie wurden für die Aussendung eines Notrufs nicht mehr gebraucht. Der Kapitän

konnte ohne den Funker direkt mit den Rettern sprechen.

Die internationalen Bestimmungen und Empfehlungen, die sich auf die Ausbildung, die Funkzeugnisse, die Tätigkeit und die Aufgaben des Funkoffiziers an Bord bezogen, wurden hinfällig. Es begann das Nachdenken über die Zukunft des Berufsfunkers. Was sollte er nun tun? Wo lag sein zukünftiges Betätigungsfeld? Die International Maritime Organization (IMO) befand sich in einer Zwickmühle. Auf der einen Seite hatte sie dem neuen Not- und Sicherheitssystem unter Einbeziehung des Satellitenfunks zugestimmt, auf der anderen hielt sie daran fest, daß auf Schiffen mit mehr als 300 BRT ein Funkoffizier gefahren werden müsse. Die USA, Großbritannien, Norwegen und andere westliche Staaten machten darauf aufmerksam, daß in so einem Fall die finanzielle Belastung für die Reeder unzumutbar hoch wäre. Man könne bei Wirksamwerden des GMDSS durchaus auf den Funkoffizier verzichten. Andere Länder schlugen vor, den Funkoffizier als Electronic Officer zu beschäftigen, der für die Wartung aller elektronischen und elektrischen Geräte an Bord zuständig ist.

Während diese Diskussion die Gemüter erhitzte und häufig mehr emotional als sachlich geführt wurde, hatte die Praxis wieder einmal alle theoretischen Lösungsmodelle überholt. Vorbei an den Debatten in der für die Sicherheit der Schiffahrt zuständigen IMO, vorbei an den Gesprächen über die technischen Fragen zum Satellitenfunk für den Notfunk in der

Bildschirm, Terminal, Fax und Telefon ersetzen die konventionelle Technik von Morsetaste und Kopfhörer.

Abb. Seite 302: Die Küstenfunkstellen haben ihr Gesicht verändert. Blick auf die Erdefunkstelle Eik (Norwegen) 1983.

World Maritime Administrative Radio Conference (WMARC), aber aufmerksam beobachtet von der INMARSAT-Organisation, war die technische Entwicklung weitergegangen.

Nicht von der Schiffahrt, sondern von den Interessen eines Landes waren die Impulse für eine praktische Lösung ausgegangen.

In den unendlichen Weiten der kanadischen Wälder war es immer wieder zu Unglücksfällen gekommen. Flugzeuge mußten notlanden, Menschen verirrten sich in den Bergen, manches Boot kenterte auf den einsamen Seen. Die kanadische Regierung reagierte auf diese Situation und befaßte sich 1970 mit der Frage, ob nicht durch funktechnische Mittel die Suche nach den Verunglückten und ihre Rettung erleichtert werden könne. Zunächst mußten alle Flugzeuge einen Notsender mitführen, der, bei einem Absturz automatisch aktiviert, durch seine Peilsignale die Suche unterstützt. Kanadische Wissenschaftler demonstrierten 1975 erfolgreich die Ortung eines solchen Senders aus der Luft. Ein Jahr später, 1976, nahmen Kanada, Frankreich und die USA die Entwicklung eines satellitengestützten Suchsystems auf. Nach weiteren drei Jahren, 1979, erprobten sie ihr SARSAT (Search and Rescue Satellite-Aided Tracking) genanntes System und kamen im gleichen Jahr mit der Sowjetunion überein, zukünftig die sowjetischen COSPAS Satelliten mit SARSAT zu vereinen. Zum COSPAS-SARSAT System gehören neben den umlaufenden Satelliten die Funkboje, die beim Havaristen aktiviert wird und ein Notsignal auf der Flugfunknotfrequenz 121,5 MHz und auf 406 MHz ausstrahlt. Der Satellit empfängt, wenn er in den Sendebereich des Notsenders kommt, das Signal 406 MHZ, bestimmt die Koordinaten des Senders, setzt dieses Signal in die Frequenz 1544,5 MHz um und strahlt es zur Erde zurück. Hier wird es von der Erdefunkstelle zum Rescue Coordination Center (RCC) übertragen, welches die weiteren Rettungsarbeiten leitet. Ein Nachteil dieses Systems ist, daß das Notsignal nur einmal kurzzeitig während eines Umlaufs empfangen werden kann. 1982 wurde COSPAS-1 auf eine Umlaufbahn geschossen und schon kurze Zeit später hatte das System seine erste Bewährungsprobe.

Am 9. September 1982 stürzte über den westkanadischen Wäldern ein Kleinflugzeug ab und galt zunächst als verschollen. Durch die Ortung seiner Funkboje wurde es gefunden. Im Oktober des gleichen Jahres wurde die Besatzung des Trimarans GONZO, der 480 km südöstlich von Cape Code im Sturm bei meterhohen Wellen gekentert war, mit Hilfe von COSPAS-SARSAT gerettet. Am 30. Januar 1983 schickte die Besatzung eines Katamarans über ihre EPIRB einen Notruf in den Orbit. Das Boot wollte von Teneriffa zur Küste Venezuelas segeln, als es 430 Seemeilen westlich der Kanaren in einen Sturm geriet und sank. Die beiden Segler konnten sich in ihr Beiboot retten und wurden, nachdem der Notruf aufgefangen worden war, von einem britischen Frachter gerettet. Im Juni 1986 trieben drei Überlebende des in der Barentsee gesunkenen Trawlers BEVERLEY JANE in ihrem Rettungsboot, 170 Seemeilen vor der norwegischen Küste. Die Signale der Funkboje wurden aufgefangen, der Havarist geortet und die drei Schiffbrüchigen gerettet. Dramatischer verlief die Rettungsaktion des Tankers OMI YU-

Satelliten-EPIRB auf einer Hochseeyacht.

KON. Im Oktober 1986 befand er sich 760 Seemeilen westlich von Honolulu, als Feuer ausbrach, das sowohl das Heck als auch das Vorschiff erfaßte. Es bestand Explosionsgefahr. Die 36 Mann gingen in die Boote, die Funkboje wurde aktiviert und ihre Signale führten die Retter herbei. Bis September 1988 waren 1149 Menschen durch das COSPAS-SARSAT System gerettet worden.

1986 kamen die Organisationen von COSPAS-SARSAT und INMARSAT überein, in Zukunft zusammenzuarbeiten. Nach jahrelangen Vorbereitungen, Überlegungen und Versuchen wurde das Global Maritime Distress and Safety System (GMDSS) vom 1. Februar 1992 an in Kraft gesetzt. Für das bisherige Verfahren wurde eine Übergangsfrist festgelegt. Technische Parameter, organisatorische

Die Funkverbindungen zur Rettung der ACHILLE LAURO.

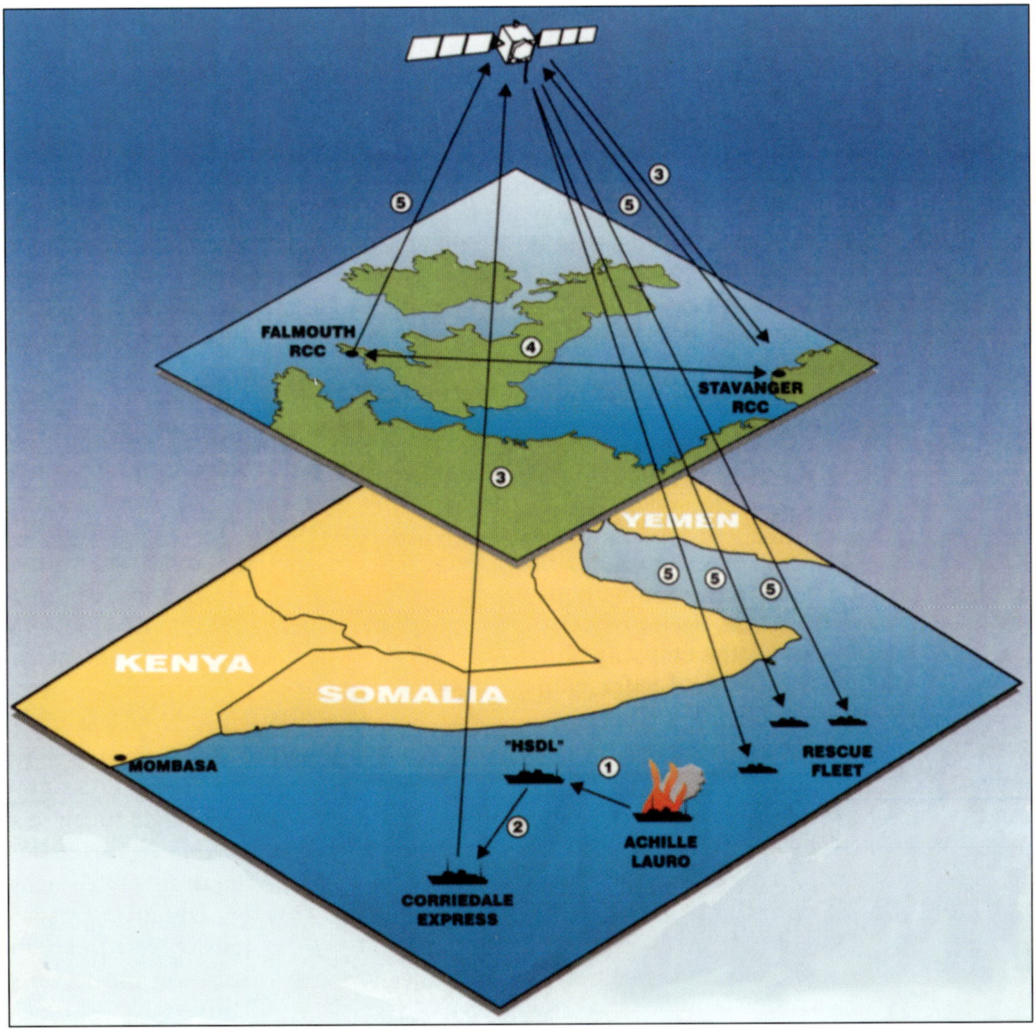

Bedingungen und der Zeitplan für die endgültige Einführung lagen fest. Die selbsttätig aufschwimmende und im L-Band (1,5–1,6 GHz) sendende Funkboje wurde das zentrale Element des GMDSS, ihr ausgestrahltes Notsignal der Rettungsanker, das Rescue Center der Helfer.

Gegen Ende des Jahres 1994 zeigte das GMDSS in einer dramatischen Rettungsaktion, wie leistungsfähig es ist, als am 1. Dezember 1994 die Nachricht um die Welt lief: „Das italienische Kreuzfahrtschiff ACHILLE LAURO brennt, 1000 Menschen auf dem Schiff befinden sich in äußerster Gefahr.“ Was war passiert? Das Schiff war, von Europa kommend, um das Kap der Guten Hoffnung versegelt und hatte Kurs auf die Seychellen genommen. Als es sich in Höhe des Horns von Afrika befand, brach Feuer im Maschinenraum aus, das sich rasch ausbreitete. Die Schiffsführung versuchte den Brand zu löschen und flutete den Maschinenraum. Die zentrale Stromversorgung fiel aus. Doch das Feuer hatte schon auf das Achterschiff übergegriffen und ließ sich nicht mehr eindämmen. Passagiere und Besatzung mußten in die Boote. Die See war ruhig, aber die Sicht betrug nur ein bis zwei Meilen. „MAYDAY, MAYDAY, MAYDAY!“ Auf der UKW-Notfrequenz 156,8 MHz (Kanal 16) flog der Notruf in den Äther, wurde von einem in der Nähe fahrenden Schiff mit dem Rufzeichen HSDL empfangen.

Der Funker gab den Notruf auf der bekanntesten aller Notfrequenzen, 500 kHz, weiter. „sos sos feuer auf achille lauro“, hörte der Funker auf dem holländischen Schiff CORRIEDALE EXPRESS in seinem Empfänger. Der Kapitän zögerte nicht und gab die Meldung über seine INMARSAT-Anlage an das Rescue Coordination Center (RCC) Stavanger weiter. Von nun an verlief die Rettungsaktion professionell. Stavanger informierte zur Unterstützung das RCC Falmouth. Beide Zentren riefen die in der Region fahrenden Schiffe, ließen sich die Positionen mitteilen und koordinierten die Rettungsaktionen.

Der Tanker HAWAIIAN KING war als erster am Unglücksort. Er stellte eine UKW-Verbindung zur ACHILLE LAURO her und informierte Stavanger, daß alle Passagiere und die meisten Mitglieder der Besatzung in die Boote gegangen seien. Es war nur eine Frage der Kapazität, die 1000 Menschen zu übernehmen. Zu keiner Zeit gab es eine direkte Gefahr für die Menschen in den Booten, denn viele Helfer dampften mit „Voll voraus“ auf die Unglücksstelle zu. Während der Tanker die meisten Schiffbrüchigen übernehmen konnte, ging der Rest an Bord des Bulkcarriers BARDU. Der Satellitenfunk, ergänzt durch Elemente des terrestrischen Funks hatte seine Bewährungsprobe bei der Sicherung des Schiffahrt und des menschlichen Lebens auf See bestanden.

Hundert Jahre nach seiner Geburt hat Seefunk ein neues Gesicht erhalten. Die Kommunikation zwischen Schiff und Küste unterscheidet sich in nichts mehr von einer Verbindung über Land. Das Schiff verliert im weltweiten Kommunikationssystem seine Außenseiterrolle, wird gleichsam in die multimediale Welt mit ihren neuen Anforderungen und Möglichkeiten integriert.

Die Tage der Schiffe mit Morsetelegraphie sind gezählt, das Ende des Funkoffiziers an Bord ist absehbar, nur noch eine Frage der Zeit. Die Küstenfunkstellen schalten ihre Mittel- und Kurzwellensender ab. Am 31. Dezember 1998 verabschiedete sich nach 90 Jahren Dienst im internationalen Seefunkverkehr und an der Sicherung des menschlichen Lebens auf See auch die deutsche Küstenfunkstelle Norddeich-Radio. Mit ihrem Funkspruch: „this is norddeich radio, this is norddeich radio, goodbye, goodbye forever. over and out“, ging eine Ära zu Ende. Kopfhörer und Taste werden zu Erinnerungsstücken an eine schöne Zeit im Dienste der Seefahrt. Dem Funker bleibt das Gefühl, ein Bindeglied zwischen dem Schiff in der unendlichen Weite der Weltmeere und der Heimat gewesen zu sein. Es bleibt der Stolz, durch seine Tätigkeit manches Menschenleben aus Seenot gerettet zu haben. Der Seefunk mit Morsetelegraphie wird zu einer Episode in der jahrtausendelangen Geschichte der Nachrichtenübertragung, von der die Beteiligten sagen werden, daß es eine erlebnisreiche und interessante Zeit war.

Für den Seefunkdienst beginnt eine neue Ära. Am 1. Februar 1999 nahm das GMDSS seinen Dienst auf, für alle Schiffe im Notfall erreichbar.

● Standard Components

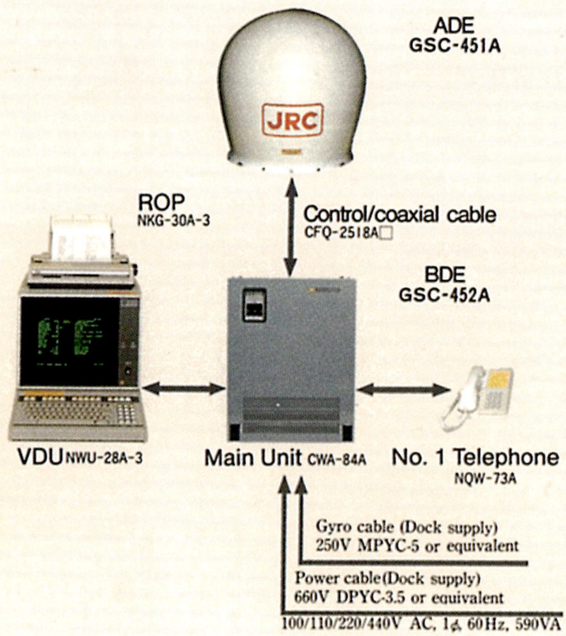

ADE	Antenna Assembly	
	Frequency Translation Unit (FTU)	
	Antenna Control Unit (ACU)	
	Radome Assembly	
BDE	Main Unit	Terminal Control Unit (TCU)
		Power Supply Unit (PSU)
		Terminal Board
	Teleprinter	Video Display Unit (VDU)
		Read-Out Printer (ROP)
	Telephone	
Single Cable (Note 1)		
Operation Manual with antenna initial setting quick chart		
Spares Kit (Note 2)		

(Note 1): A single cable is used for controlling antenna and transceiving RF signals. The standard lengths of the cable are 25, 30, 40 and 50m. The cable length can be extended up to 100m optionally.

(Note 2): Spares Kit consists of 18 fuses, 1 test plug, 1 RO Printer ribbon, 3 paper rolls and 1 spare part box.

● Optional Componentes

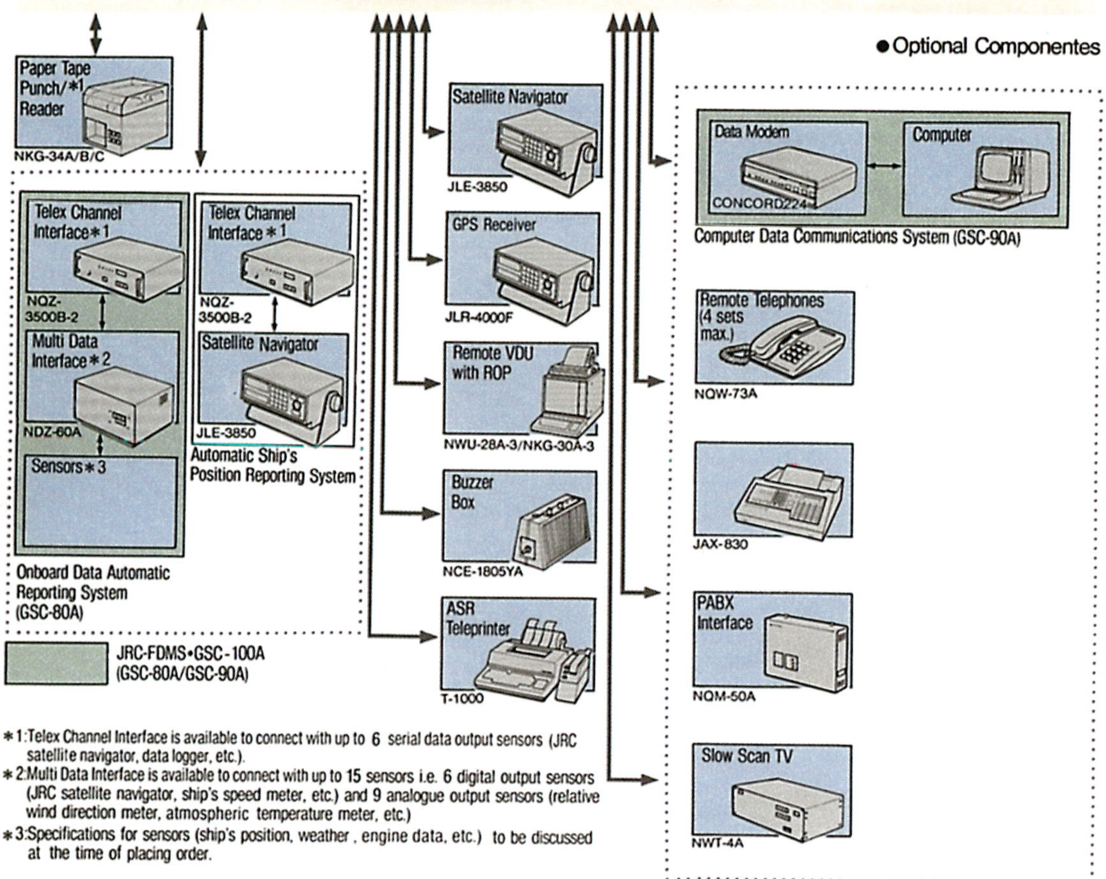

*1: Telex Channel Interface is available to connect with up to 6 serial data output sensors (JRC satellite navigator, data logger, etc.).

*2: Multi Data Interface is available to connect with up to 15 sensors i.e. 6 digital output sensors (JRC satellite navigator, ship's speed meter, etc.) and 9 analogue output sensors (relative wind direction meter, atmospheric temperature meter, etc.)

*3: Specifications for sensors (ship's position, weather, engine data, etc.) to be discussed at the time of placing order.

Zeittafel

03. März 1899	Die Besatzung des Feuerschiffes GOODWIN SANDS sendet erstmalig einen Hilferuf funkentelegraphisch aus.
15. Mai 1900	Der Funkverkehr zwischen Feuerschiff Borkumriff und Borkum Leuchtturm wird aufgenommen.
1904	Telefunken errichtet die niederländische Küstenfunkstelle Scheveningen.
01. Juni 1906	Norddeich beginnt den öffentlichen Dienst auf 2000 m (150 kHz).
15. Mai 1911	Die Küstenfunkstelle Danzig nimmt ihren Betrieb auf.
1911	Die Küstenfunkstelle Swinemünde beginnt ihre Aussendungen.
01. April 1912	Die Marinefunkstation Cuxhaven wird von der Deutschen Reichspost übernommen.
1915	An der Nordsee entstehen die ersten britischen und deutschen Peilstationen. Zum deutschen Peilfunknetz gehören die Stationen Borkum, Nordholz/Cuxhaven und List/Sylt.
27. September 1919	Norddeich wird Hauptfunkstelle.
02. Januar 1920	Norddeich übernimmt von Nauen die Verbreitung des umfangreichen Pressedienstes.
10. März 1921	Die Küstenfunkstelle Helgoland nimmt ihren Betrieb auf.
10. Februar 1923	Die Empfangsfunkstelle von Norddeich wird nach Westgate verlegt und nimmt ihren Betrieb auf.
01. Oktober 1924	Norddeich beginnt mit der Aussendung des Ozeanfunkwetters auf Langwelle.
01. Januar 1925	Die Reichspost läßt Seefunkgespräche auf Langwelle zu.
30. Oktober 1925	Die Küstenfunkstelle Bremerhaven nimmt ihren Betrieb auf.
01. September 1931	Einrichtung eines ärztlichen Beratungsdienstes bei Elbe-Weser Radio und Swinemünde Radio.
15. Oktober 1931	Inbetriebnahme der Funkempfangsstelle Glowe und der Funksendestelle Lohme als Küstenfunkstelle Rügen Radio.
18. Oktober 1931	Die Küstenfunkstelle Swinemünde Radio wird geschlossen.
08. Dezember 1931	Bei Norddeich Radio nimmt die Empfangsfunkstelle Utlandshörn ihren Betrieb auf.
1935	Einführung roter Farbsektoren auf den Schiffsuhren im Funkraum.
10. Februar 1936	Alle deutschen Passagierdampfer sind mit KW-Funkanlagen ausgerüstet.

15. Oktober 1936	Versuchsweise wird das Peilfunknetz Ostsee mit den Peilstellen Arcona Gonio, Stolpmünde Gonio und Swinemünde Gonio eingerichtet.
01. Oktober 1937	Die Küstenfunkstelle Bremerhaven Lloydhalle Radio wird geschlossen.
26. März 1939	Die litauische Küstenfunkstelle Klaipeda Radio wird zur Küstenfunkstelle Memel Radio.
26. August 1939	Der Seefunkbetrieb für die Handelsschiffahrt über deutsche Küstenfunkstellen wird eingestellt.
28. Februar 1943	Die Küstenfunkstelle Memel Radio wird geschlossen. Danzig und Libau Radio übernehmen den Verkehr.
September 1945	Verlegung der Küstenfunkstelle Cuxhaven in das Gebäude der Royal Navy im Minensuchhafen.
18. Juni 1946	Die Küstenfunkstelle Kiel Radio mit der Empfangsfunkstelle in Kiel-Hassee und der Sendefunkstelle in Kiel-Friedrichsort nimmt ihren Betrieb auf.
01. September 1946	Inbetriebnahme des Peilfunknetzes Nordsee auf 375 kHz mit den Peilfunkstellen Norderney Gonio, Neuwerk Gonio und St. Peter-Ording Gonio.
Frühjahr 1947	Eisbrecherfunk auf der Unterelbe
18. Mai 1948	Norddeich Radio nimmt den Seefunkdienst auf Kurzwelle wieder auf.
11. Oktober 1948	Norddeich übernimmt den Überseefunkdienst vom Sender Lüchow.
20. November 1948	Der Seefunkdienst auf Mittel- und Grenzwelle wird in Norddeich aufgenommen.
April 1949	Die Schiffsuhren in den Funkräumen erhalten rote Farbsektoren für Funkstille im Sprechfunkverkehr (0 –3. Minute).
01. Mai 1949	Aufnahme des Seefunksprechdienstes in Westdeutschland.
01. Juni 1949	Es werden die gebührenfreien Funkarzt-Gespräche (MEDICO) eingeführt.
01. Juli 1949	Die Peilfunkstelle Holter Höhe Gonio nimmt ihren Betrieb auf, dafür stellt Neuwerk Gonio seinen Betrieb ein.
22. September 1949	Rügen Radio nimmt für Ostdeutschland den Seefunkverkehr wieder auf.
15. Januar 1950	Die Peilfunkstelle Norderney Gonio wird nach Utlandshörn verlegt und als Norddeich Gonio geführt.
März 1950	Die Peilfunkstelle St. Peter-Ording Gonio übernimmt die Funkdienstbeobachtung (See).
Februar 1951	Die Schiffsuhren in den Funkräumen erhalten einen zweiten roten Farbsektor für Funkstille in der 30.–33. Minute für Sprechfunkverkehr.

11. März 1951	Die neue Betriebszentrale und Empfangsfunkstelle von Kiel Radio nehmen ihren Betrieb in Schilksee auf.
1951	Für den Hafenfunk wird bei Elbe-Weser Radio eine UKW-Sende-/Empfangsanlage eingesetzt.
03. Mai 1951	In der Empfangsfunkstelle Utlandshörn werden neue Betriebsräume eingeweiht.
01. November 1951	Hamburg und Cuxhaven nehmen den UKW-Hafenfunkdienst auf.
12. Februar 1953	Elbe-Weser Gonio wird Leitpeilstelle.
01. Mai 1953	Im Grenzwellenbereich wird 2182 kHz zur Not- und Anruf-Frequenz (vorher 1650 kHz).
15. Februar 1954	Im Auftrag des Verbandes Deutscher Reeder wird das „Hamburger Abendblatt“ als Schiffspresse eingeführt.
01. Juli 1954	Die Sendefunkstelle Scharnhagen nimmt ihren Betrieb auf.
01. Oktober 1956	Norddeich nimmt die Aussendung des Ozeanfunkwetters auf Langwelle wieder auf.
01. Januar 1957	Die Küstenfunkstellen werden in das Funkamt Hamburg eingegliedert.
1958	Der MW- und GW-Funkverkehr von Elbe-Weser Radio und die Peilfunkstelle von Elbe-Weser Gonio werden von Norddeich Radio übernommen.
01. Juli 1958	Einschaltung der UKW-Küstenfunkstellen: Elbe-Weser Radio, Hamburg Radio, Helgoland Radio, Kiel Radio. Norddeich Radio nimmt im September 1958 den Dienst auf.
01. März 1960	Die Schiffsmeldedienst GmbH eröffnet ihre Küstenfunkstelle Stadersand Port Radio.
21. April 1960	Die ehemalige Küstenfunkstelle DCF auf dem Feuerschiff „Borkumriff“ nimmt als Piratensender „Veronika“ ihre Sendungen auf.
15. Mai 1960	Die Schiffsmeldedienst GmbH eröffnet ihre Küstenfunkstelle Cuxhaven Port Radio.
01. April 1961	Die Betriebszentrale und Empfangsfunkstelle Elbe-Weser Radio wird zur Holter Höhe verlegt.
01. Januar 1962	Die Schiffsmeldedienst GmbH eröffnet ihre Küstenfunkstelle Hamburg Port Radio.
07. Dezember 1962	Die UKW-Küstenfunkstelle Bremen Radio nimmt ihren Dienst auf.
25. März 1963	Die Schiffsmeldedienst GmbH eröffnet ihre Küstenfunkstelle Bremerhaven Port Radio.
08. April 1963	Die UKW-Küstenfunkstelle Nordfriesland Radio in Bordelum bei Bredstdt nimmt ihren Betrieb auf.

22. Mai 1963	Die UKW-Küstenfunkstelle Lübeck Radio nimmt ihren Betrieb auf.
Mai 1963	Die UKW-Küstenfunkstelle Rostock Radio nimmt ihren Betrieb auf.
10. September 1963	Die Schiffsmeldedienst GmbH eröffnet ihre Küstenfunkstelle Brunsbüttel Port Radio.
01. Dezember 1963	Die UKW-Küstenfunkstelle Flensburg Radio nimmt ihren Betrieb auf.
1964	Die UKW-Küstenfunkstelle Rügen-Radio nimmt ihren Betrieb auf.
01. November 1967	Die UKW-Küstenfunkstelle Eiderstedt Radio in Tönning nimmt ihren Betrieb auf, und die UKW-Küstenfunkstelle Nordfriesland Radio wird nach Westerland/Sylt verlegt.
01. Februar 1970	Die UKW-Küstenfunkstelle Wismar Radio nimmt ihren Betrieb auf.
01. März 1970	Einführung des Selektivrufs nach dem SSFC-Verfahren.
Winter 1970	Der Sendebetrieb der Küstenfunkstelle Norddeich Radio wird nach Osterloog verlegt.
01. August 1971	Probeweise Einführung des gesicherten Funkfernschreibens nach dem SITOR-Verfahren.
05. Dezember 1972	Allgemeine Einführung des Funkfernschreibverfahrens nach dem SITOR-Verfahren.
01. Januar 1973	Die UKW-Seefunkgeräte arbeiten nunmehr mit einem Kanalabstand von 25 kHz.
15. Juli 1973	Norddeich Radio nimmt am Schiffsmeldesystem AMVER teil.
28. Februar 1975	Die Küstenfunkstelle Feuerschiff Borkumriff wird geschlossen.
16. November 1981	Die neuen Betriebsräume der Empfangsfunkstelle Utlandshörn von Norddeich Radio werden eingeweiht.
15. November 1983	Die Küstenfunkstelle Kiel Radio bezieht neue Betriebsräume.
1985	Die Überwachung des MW- und GW-Funkverkehrs bei Elbe-Weser Radio wird eingestellt. Die Empfänger werden von Norddeich Radio fernbedient.
Juni 1986	Bei Norddeich Radio wird die Funktelexdurchwahl eingeführt.
31. Dezember 1987	Die Deutsche Betriebsgesellschaft für drahtlose Telegraphie (DEBEG) geht nach 77 Jahren in der AEG auf.
03. Oktober 1990	Die Küstenfunkstellen Rostock und Rügen Radio mit den abgesetzten UKW-Küstenfunkstellen Wismar, Buk, Ahrenshoop, Arcona und Göhren werden von der Deutschen Bundespost Telekom übernommen.
28. Februar 1991	Bei Kiel Radio wird der MW-Telegraphiefunkdienst eingestellt.
23. April 1991	Bei Rügen Radio wird die KW-Telephonie eingestellt.
24. Juni 1991	Die Küsten-Erdefunkstelle Raisting nimmt den Betrieb im INMARSAT-A-Dienst auf.

01. Februar 1992	Das weltweite Not- und Sicherheitssystem im Seefunk – Global Maritime Distress and Safety System (GMDSS) – und damit auch der digitale Selektivruf (DSC) werden eingeführt.
01. März 1992	Die Küsten-Erdefunkstelle Raisting nimmt den Betrieb im INMARSAT-C-Dienst auf.
01. Mai 1992	Bei Rügen Radio wird die Morsetelegraphie auf Kurzwelle eingestellt.
01. Juli 1992	Bei Rügen Radio wird das Funkfernschreiben auf Kurzwelle eingestellt.
19. Juli 1992	Rostock Radio wird als abgesetzte Küstenfunkstelle von Rügen Radio fernbedient. Die abgesetzte UKW-Küstenfunkstelle Buk stellt ihren Betrieb ein.
01. August 1993	Ausrüstungspflicht für NAVTEX.
09. November 1993	Bei Wismar Radio wird der Betrieb eingestellt.
31. Dezember 1993	Der einseitige Dienst (ED) wird eingestellt.
	Bei Rügen Radio wird der Telegraphiefunk auf Mittelwelle eingestellt.
	Die Küstenfunkstelle Kiel Radio und die Seefunkbeobachtungsstelle St.Peter-Ording stellen ihren Dienst ein.
	Das Peilfunknetz „Nordsee“ stellt seinen Betrieb ein.
31. Dezember 1995	Bei Norddeich Radio wird der Telegraphiefunk auf Mittelwelle eingestellt.
30. Juni 1996	Schließung des Seefunkdienstbüros.
30. September 1996	Bei Norddeich Radio wird die KW-Telegraphie eingestellt.
30. November 1996	Bei Norddeich Radio wird die Telephonie auf Kurzwelle eingestellt.
15. Dezember 1996	Die Küstenfunkstelle Elbe-Weser Radio wird geschlossen, Norddeich Radio übernimmt den UKW-Seefunkdienst auf der Nordsee.
31. Dezember 1996	Bei Norddeich Radio und Rügen Radio wird die Telephonie auf Grenzwelle eingestellt.
25. Januar 1997	Die Küstenfunkstelle Rügen Radio wird geschlossen, Norddeich Radio übernimmt den UKW-Seefunkdienst auf der Ostsee.
31. Dezember 1998	Bei Norddeich Radio wird der Betrieb eingestellt.

Fußnotenverzeichnis

1 Herneck, F.: Bahnbrecher des Atomzeitalters – große Naturforscher von Maxwell bis Heisenberg. – Berlin 1975. – S. 16
2 Dingler's polytechnisches Journal. – Stuttgart. – 139 (1856) 358
3 Kuczera, J.: Heinrich Hertz. – Leipzig 1977. – S. 33
4 Journal der Russischen Physikalisch-Chemischen Gesellschaft. – St. Petersburg. – 28 (1896) 88ff.
5. Solari, L.: Marconi. – Leipzig 1942. – S. 9
6 Righi, A., Dessau, B.: Die Telegraphie ohne Draht. – Braunschweig 1903. – S. 273
7 Slaby, A.: Entdeckungsfahrten in den elektrischen Ozean. – Berlin 1922 – S. 93
8 Elektrotechnische Zeitschrift. – Berlin 20 (1899) 268
9 Solari, L.: Marconi. – Leipzig 1942. – S. 49
10 Fleming, J. A.: Elektrische Wellentelegraphie. – Leipzig, Berlin 1906. – S. 169
11 Elektrotechnische Zeitschrift. – Berlin 23 (1902) 431
12 Solari, L.: Marconi. – Leipzig 1942. – S. 84
13 Elektrotechnische Zeitschrift. – Berlin 24 (1903) 102
14 Ebenda 24 (1903) 205
15 Solari, L.: Marconi. – Leipzig 1942. – S. 11
16 Slaby, A.: Entdeckungsfahrten in den elektrischen Ozean. – 6. Aufl. Berlin 1922. – S. 240
17 Elektrotechnische Zeitschrift. – Berlin 22 (1901) 38
18 Ebenda 22 (1901) 1
19 Braun, F.: Drahtlose Telegraphie durch Wasser und Luft. – Leipzig 1901. – S. 32
20 DRP Nr. 111578 vom 14. Okt. 1898
21 Festschrift 25 Jahre Telefunken. – Berlin 1928 – S. 17
22 Elektrotechnische Zeitschrift. – Berlin 25 (1904) 523
23 Electrician. – 43 (1899) 829
24 Ebenda 43 (1899) 663
25 Marine Engineer. – London. – 25 (1903) 227
26 Ebenda 26 (1904) 109
27 Ebenda 28 (1906) 256
28 Electrician.– London. – 44 (1899) 106
29 Ebenda
30 Ebenda 44 (1899) 212
31 Marine Engineer. – London. – 25 (1903) 227
32 Hansa. – Hamburg. – 39 (1902) 214

33 Elektrotechnische Zeitschrift. – Berlin. – 25 (1904) 366
34 Marine Engineer. – London. – 24 (1902) 52
35 Ebenda 24 (1902) 251
36 Ebenda 26 (1904) 216
37 Elektrotechnische Zeitschrift. – Berlin. – 25 (1904) 711
38 Bredow, H.: Im Banne der Ätherwellen. – Stuttgart 1956. – S. 116
39 Elektrotechnische Zeitschrift. – Berlin. – 23 (1902) 927
40 Solari, L.: Marconi. – Leipzig 1942. – S. 81
41 Marine Engineer. – London. – 24 (1903) 443
42 Elektrotechnische Zeitschrift. – Berlin. – 24 (1903) 241
43 Archiv des Reichspostministeriums, Akte betr.: Konferenzen für Funktelegraphie 1903–1906 – Bl. 75
44 Zacharias, J., Heinecke, H.: Praktisches Handbuch der drahtlosen Telegraphie und Telephonie. – Wien/Leipzig 1908. – S. 113
45 Physikalische Zeitschrift 4 (1902-1903) 740
46 Archiv für Post und Telegraphie. – Berlin. – 37 (1909) 286
47 Ebenda 37 (1909) 287
48 Jahrbuch der Schiffbautechnischen Gesellschaft. – Berlin. – 9 (1908) 417
49 Ebenda 9 (1908) 425
50 Elektrotechnische Zeitschrift. – Berlin. – 29 (1908) 15
51 Archiv für Post und Telegraphie. – Berlin. – 42 (1914) 559
52 Elektrotechnische Zeitschrift. – Berlin. – 35 (1914) 159
53 Spectrum. – Berlin. – 13 (1982) 45
54 Archiv des Reichspostministeriums, Akte betr.: Versuche mit Telegraphie ohne Draht, April 1905–Juli 1914. – Bl. 8ff.
55 Elektrotechnische Zeitschrift. – Berlin. – 28 (1907) 840
56 Archiv des Reichspostministeriums, Akte betr.: Konferenz für Funkentelegraphie 1906, Ratifizierung des Vertrages. – Band 2. – Bl. 174
57 Elektrotechnische Zeitschrift. – Berlin. – 28 (1907) 904
58 Ebenda
59 Ebenda 29 (1908) 216
60 Ebenda 33 (1912) 218
61 Ebenda 33 (1912) 68
62 Hansa. – Hamburg. – 49 (1912) 461
63 Archiv des Reichspostministeriums, Akte betr.: Geschäftsverhältnisse der Funktelegraphie-Gesellschaft –. Jan. 1907–Okt.1910. – Band 1. – Bl. 5
64 Elektrotechnische Zeitschrift. – Berlin. – 32 (1911) 1144
65 Ebenda
66 Ebenda 33 (1912) 1115

67 Ebenda 33 (1912) 1144
68 Ebenda 33 (1912) 1220
69 Electrical Review. – New York. – 70 (1912) 508
70 Electrical World. – New York. – 62 (1913) 1098
71 Elektrotechnische Zeitschrift. – Berlin. – 28 (1907) 105
72 Ebenda 31 (1910) 516
73 Hansa. – Hamburg. – 45 (1908) 343
74 Jahrbuch der Schiffbautechnischen Gesellschaft. – Berlin. – 13 (1912) 120
75 Elektrotechnische Zeitschrift. – Berlin. – 28 (1907) 299
76 Bredow, H.: Im Banne der Ätherwellen. – Stuttgart 1956. – S. 138
77 Ebenda S. 140
78 Jahrbuch der drahtlosen Telegraphie und Telephonie. – Leipzig. – 7 (1913) 619
79 Hansa. – Hamburg. – 45 (1908) 696
80 Elektrotechnische Zeitschrift. – Berlin. – 31 (1910) 1323
81 Electrician. – London. – 67 (1911) 229
82 Elektrotechnische Zeitschrift. – Berlin. – 33 (1912) 139
83 Festschrift 25 Jahre Telefunken. – Berlin 1928. – S. 223
84 Solari, L.: Marconi. – Leipzig 1942. – S. 158
85 Hansa. – Hamburg. – 49 (1912) 68
86 Ebenda S. 466
87 Ebenda S. 624
88 Bredow, H.: Im Banne der Ätherwellen. – Stuttgart 1956. – S. 164
89 Ebenda S. 165
90 Jahrbuch der Schiffbautechnischen Gesellschaft. – Berlin. –13 (1912) 165
91 Elektrotechnische Zeitschrift. – Berlin. – 33 (1912) 903
92 Hansa. – Hamburg. – 70 (1933) 355
93 Marine Engineer. – London. – 26 (1904) 226
94 Hansa. – Hamburg. – 70 (1933) 1431
95 Elektrotechnische Zeitschrift. – Berlin. – 25 (1904) 236
96 Electrician 44 (1899) 105
97 Telefunken-Zeitung. – Berlin. – 6 (1924) 69
98 Ebenda 4 (1922) 28, 80
99 Festschrift 25 Jahre Telefunken – Berlin 1928. – S. 224
100 Telefunken-Zeitung. – Berlin 8 (1926) 43, 67
101 Ebenda
102 Hansa. – Hamburg. – 71 (1933) 355

Literaturverzeichnis

Annalen der Hydrographie und maritimen Meteorologie. – Berlin. – 28 (1900) ff.

Archiv für Post und Telegraphie. – Berlin. – 28 (1900) ff.

Arndt, O.: Die elektrische Wellentelegraphie. – Braunschweig 1907

Barslag, K.: SOS zur Hilfe. – Berlin 1936

Blake, G. E.: History of Radio Telegraphy and Telephone. – London 1926

Braun, F.: Drahtlose Telegraphie durch Wasser und Luft. – Leipzig 1901

Bredow, H.: Im Banne der Ätherwellen. – Stuttgart 1956

Electrician. – London. – 44 (1899/1900) ff.

Elektrotechnische Zeitschrift. – Berlin. – 20 (1899) ff.

Elwell, C. F.: Der Poulsen-Lichtbogengenerator. – Berlin 1926

Festschrift, 50. Jubiläum der Telefunkengesellschaft für drahtlose Telegraphie. – Berlin 1953

Festschrift, 25 Jahre DEBEG 1911–1936. – Berlin 1936

Festschrift, 25 Jahre Telefunken 1903–1928. – Berlin 1928

Festschrift zur Einweihung der Großfunkstelle Nauen am 29.9.1920. – Berlin 1920

Fleming, J. A.: Elektrische Wellentelegraphie. – Leipzig/Berlin 1906

Fleming, J. A.: The Thermionic Valve and its Developments in Radio-Telegraphy and -telephony. – London 1924

Fürst, A.: Im Bannkreis von Nauen. – Stuttgart 1922

Funkverkehr, Der deutsche. – Berlin 1925

Gallagher, B.: Never beyond reach. The world of mobile satellite communications. – London 1989

Gottschewski, K.: Die unsichtbare Brücke. – Rostock 1987

Hancock, H. E.: Wireless at Sea. – Chelmsford 1950

Hansa. – Hamburg. – 39 (1902) ff.

Howeth, L.: History of Communication – Electronics in the United State Navy. – Washington 1965

Jacod de Boinod, B.L.: Marconi, Beherrscher des Äthers. – Berlin, Wien, Leipzig 1937

Jahrbuch der drahtlosen Telegraphie und Telephonie. – Leipzig 1 (1907) ff.

Jahrbuch der Schiffbautechnischen Gesellschaft. – Berlin 1 (1900) ff.

Kucera, J.: Heinrich Hertz. – Leipzig 1977

Kurylo, F.: Ferdinand Braun. – München 1965

London Illustrated News. – London .– 110 (1897) ff.

Marine Engineer. – London. – 20 (1898/99) ff.

Nesper, E.: Die drahtlose Telegraphie und ihr Einfluß auf den Wirtschaftsverkehr. – Berlin 1905

Ohlsberg, O.: Handbuch für Funkentelegraphisten. – Berlin 1911

Partheil, G.: Drahtlose Telegraphie und Telephonie. – Berlin 1907

Proc. of Institute of Radio Engineers. – Menasha. Wis.– 1 (1913) ff.

Rein, H.: Das radiotechnische Praktikum an der Technischen Hochschule in Darmstadt. – Berlin 1910

Righi, A., Dessau, B.: Die Telegraphie ohne Draht. – Braunschweig 1903

Schiff und Hafen. – Hamburg. – 1 (1949) ff.

Slaby, A.: Die Funkentelegraphie. – Berlin 1901

Slaby, A.: Entdeckungsfahrten in den elektrischen Ozean. – 6. Auflage – Berlin 1922

Solari, L.: Marconi. – Leipzig 1942

Telefunken-Zeitung. – Berlin 4/5 (1921) ff.

Thurn, H.: Das drahtlose Telegraphieren und Fernsprechen mit Hilfe von Katodenröhren. – Berlin 1920

Thurn, H.: Die internationale Regelung der Funktelegraphie und -telephonie (Weltfunkvertrag von Washington 1927). – Berlin 1929

Ulsamer, G.: Feuerschiff Borkumriff. – Berlin/Offenbach 1991

Vierus, D.: Taschenbuch Schiffselektronik. – Berlin 1972

Wagenführ, K.: Festschrift zum 50jährigen Bestehen der Küstenfunkstelle Norddeich Radio. – Hamburg 1957

Weiher, S.V.: Männer der Funktechnik. – Berlin 1983

Zacharias, J., Heinecke, H.: Praktisches Handbuch der drahtlosen Telegraphie und Telephonie. – Wien/Leipzig 1908.

Bildnachweis

Annalen der Hydrographie und maritimen Meteorologie 45 (1917) 205
Annalen der Physik, Leipzig 1902 52, 53, 54, 55
Archiv für Post und Telegraphie 28 (1900) 70
Archiv für Post und Telegraphie 32 (1904) 9, 20, 40, 57, 71
Archiv für Post und Telegraphie 37 (1909) 103,111
Autor 13,16, 17, 19, 30, 32, 36(2), 37(2), 96, 97, 105, 196, 197, 198, 199, 287
Barslag, K.: SOS zur Hilfe, Berlin 1936 79
Braun, F.: Drahtlose Telegraphie durch Wasser und Luft, Leipzig 1901 46, 47, 51
Brentjes, B.; Richter, S.; Sonnemann, R.: Die Geschichte der Technik, Leipzig 1978 13
Catalogue „Navires à la mer" Musée Malraux, Le Havre 1999 173
Der deutsche Funkverkehr, Berlin 1926 187, 188, 189, 190, 208
Deutsch-Nautischer Almanach 7 (1906) 82, 83, 84, 85
Deutsches Technikmuseum, Berlin 151, 183, 216, 220, 226, 233, 247, 254, 261, 263, 270
Dingler's polytechnisches Journal 139 (1856) 8
Electrician 50 (1902/1903) 27, 29
Electrician 93 (1924) 235
Elektrotechnische Zeitschrift 35 (1914) 156
Elwell, C. F.: Der Poulsen-Lichtbogengenerator, Berlin 1926 104
Festschrift 25 Jahre DEBEG 1911–1936 100, 258, 258, 260, 263, 266, 267
Festschrift 25 Jahre Telefunken, Berlin 1928 33, 39, 45, 122, 155, 236, 237
Festschrift 50 Jahre Lorenz A.G., Berlin 1930 103, 105
Festschrift 75 Jahre Norddeich Radio 1907–1982 279
Förderverein Feuerschiff Borkumriff 80
Geheimes Staatsarchiv Preußischer Kulturbesitz I. HA. 89 (2.2.1) Nr. 29921
21, 35, 41, 56
Handbuch für Funkentelegraphisten, Berlin 1911 184, 185
Hansa 49 (1912) 177
Hansa 50 (1913) 130, 204(3)
Jahrbuch der drahtlosen Telegraphie und Telephonie 7 (1913) 162
Jahrbuch der Schiffbautechnischen Gesellschaft 13 (1912)
139, 146, 150, 153, 157, 167, 180, 181, 182
Jahrbuch der Schiffbautechnischen Gesellschaft 15 (1913/14) 160, 163, 164, 165, 166
Jahrbuch der Schiffahrt 1969 289
London Illustrated News 134 (1909) 145, 168, 169, 170, 171
London Illustrated News 135 (1909) 15
Lloyd-Zeitung 1909 50, 149

Museum für Post und Kommunikation, Hamburg
140, 141, 142, 193, 269, 277(2), 278, 280, 281
Nautical Magazine 74 (1905) 72
Nesper, E.: Die drahtlose Telegraphie und ihr Einfluß auf den Wirtschaftsverkehr, Berlin 1905 23, 74, 75
Ocean Voice 305
Partheil, G.: Drahtlose Telegraphie und Telephonie, Berlin 1907 49, 62, 69, 110
Proc. Institute of Electrical Engineers 12 (1924) 251
Proc. Institute of Radio Engineers 12 (1924) 213
Proc. Institute of Radio Engineers 13 (1925) 212
Proc. Institute of Radio Engineers 50 (1962) 12, 14
Righi, A.; Dessau, B.: Die Telegraphie ohne Draht, Braunschweig 1903 26, 58, 68, 95(2), 152
Schiffbau 7 (1905/06) 78
Schiffbau 36 (1935) 264, 265, 267
Seeverkehr 4 (1964) 283
Slaby, A.: Funkentelegraphie, Berlin 1897 38
Telefunken-Zeitung 4 (1921) 217
Telefunken-Zeitung 5 (1922) 40, 48, 49, 109, 148, 241, 245, 246, 249
Telefunken-Zeitung 6 (1923) 67, 210, 214, 224, 243, 244, 248, 250
Telefunken-Zeitung 8 (1926) 44, 73, 191, 218, 252, 257, 271, 272
Telefunken-Zeitung 12 (1931) 34
Telefunken-Zeitung 14 (1933) 211, 221, 222
Telefunken-Zeitung 15 (1938) 253
Telefunken-Zeitung 19 (1931) 268
Telefunken-Zeitung 26 (1953) 119, 234
Telefunken-Zeitung 30 (1957) 282
Thurn, H.: Das drahtlose Telegraphieren und Fernsprechen mit Hilfe von Katodenröhren, Berlin 1920 112, 113, 116, 240
Titze, W., Hildesheim 25 (3)
Vilbig/Zenneck, Fortschritte der Hochfrequenztechnik, Leipzig 1941 273
Welt der Technik 73 (1911) 63, 81, 144, 147
Werbeblatt der Gesellschaft für drahtlose Telegraphie m.b.H. 238
Werbeschrift: EB Communications 302
Werbeschrift: Hagenuk 291
Werbeschrift: Japan Radio Co. Ltd. 297, 300
Werbeschrift: Magnavox Electronics Systems Co. 303
Werft – Reederei – Hafen 3 (1922) 239
Werft – Reederei – Hafen 4 (1923) 242
Wilke, A.: Die Elektrizität, Leipzig 1893 203

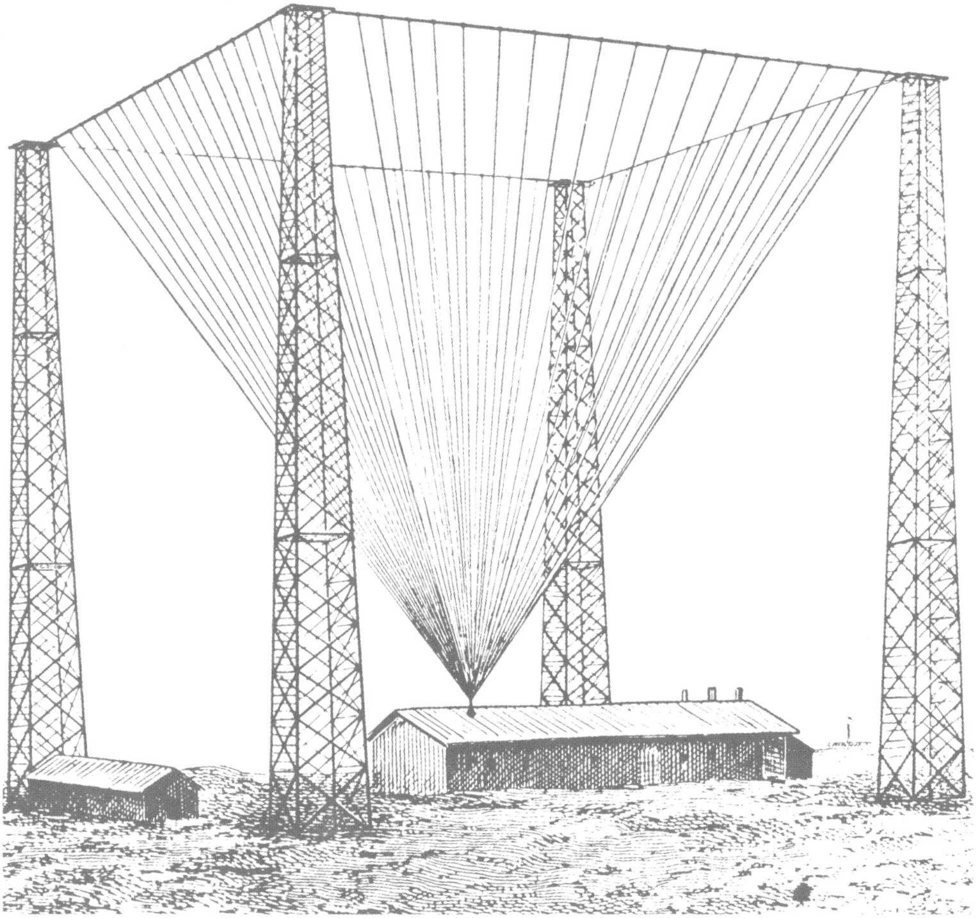

Impressum

Dr. Dieter Vierus: CQD SOS MAYDAY
Vom Knallfunkensender zum Satellitenfunk – 100 Jahre Geschichte des Seefunks
ISBN 3-88412-300-9
1. Auflage 1999

Layout/Lithographie: OmniText, Hammer
Druck: C. H. Wäser, Bad-Segeberg